日照市
改革开放
实录 第五卷

中共日照市委党史研究院
日照市地方史志研究院 编

中国海洋大学出版社
·青岛·

图书在版编目（CIP）数据

日照市改革开放实录．第五卷 / 中共日照市委党史研究院，日照市地方史志研究院编．—青岛：中国海洋大学出版社，2022.1

ISBN 978-7-5670-3110-4

Ⅰ．①日… Ⅱ．①中… ②日照… Ⅲ．①改革开放—成就—日照Ⅳ．① D619.524

中国版本图书馆 CIP 数据核字（2022）第 007899 号

日照市改革开放实录（第五卷）

出版发行 中国海洋大学出版社	
社　　址 青岛市香港东路 23 号	**邮政编码** 266071
出 版 人 杨立敏	
网　　址 http:pub.ouc.edu.cn	
电子信箱 813241042@qq.com	
责任编辑 郭周荣	**电　　话** 0532-85902495
印　　制 日照日报印务中心	
版　　次 2022 年 4 月第 1 版	
印　　次 2022 年 4 月第 1 次印刷	
成品尺寸 170mm×240mm	
印　　张 34.5	
字　　数 365 千	
印　　数 1~1000 册	
定　　价 168.00 元	

发现印装质量问题，请致电 0633—2298958，由印刷厂负责调换。

《日照市改革开放实录（第五卷）》

编审委员会

阳光海岸、活力日照。日照拥有海岸线 168.5 千米，其中优质金沙滩 64 千米

日照市积极推进乡村振兴，图为茶旅融合推动乡村巨变

李世恩 摄

新的市政务服务大厅为市民和企业开启更高效的办事体验服务

格调雅致、书香浸润的城市书房

前　　言

改革开放是当代中国最鲜明的特色,是我们党在新的历史时期最鲜明的旗帜。为了实现中华民族伟大复兴,中国共产党团结带领中国人民,解放思想、锐意进取,创造了改革开放和社会主义现代化建设的伟大成就,实现了中华人民共和国成立以来党的历史上具有深远意义的伟大转折,实现了从生产力相对落后的状况到经济总量跃居世界第二的历史性突破,实现了人民生活从温饱不足到总体小康、奔向全面小康的历史性跨越,为实现中华民族伟大复兴提供了充满新的活力的体制保证和快速发展的物质条件。实践强有力地证明,改革开放是决定当代中国前途命运的关键一招。

改革开放以来,日照市委、市政府团结带领全市人民,认真贯彻党的基本路线和各项方针政策,紧抓机遇,不断深化改革,扩大开放,取得了前所未有的辉煌成就。党的十八大以来,日照市以习近平新时代中国特色社会主义思想为指导,增强"四个意识",坚定"四个自信",做到"两个维护",牢固树立创新、协调、绿色、开放、共享的发展理念,统筹推进"五位一体"总体布局,协调推进"四个全面"战略布局,奋力谱写新时代坚持和发展中国特色社会主义、实现人民对美好生活向往的新篇章。

为深入贯彻习近平总书记关于改革开放的重要论述,按照中共中央党史和文献研究院、中共山东省委党史研究院总体部署,经中共日照市委同意,由中共日照市委党史研究院负责《日照市改革开放实录》丛书征编工作,全面真实地记录改革开放以来日照市经济建设、政治建设、文化建设、社会建设、生态文明建设、党的建设方面的重要发展历程、重大成就和经验启示。

《日照市改革开放实录》丛书的出版,将有助于全市各级各部门更加深刻地认识改革开放的历史必然性,更加自觉地把握改革开放的规律性,更加坚定地肩负起深化改革开放的重大责任;进一步激励全市广大党员干部群众高举习近平新时代中国特色社会主义思想伟大旗帜,不忘初心、牢记使命,开拓创新、苦干实干,勇立改革开放潮头,为加快建设现代化海滨城市,实现日照精彩"蝶变"而不懈奋斗!

目　录
contents

日照市推进机构改革的历程

机构改革是政治体制改革的重要内容,是上层建筑适应经济基础客观规律的必然要求,主要任务是着力转变职能、理顺关系、优化结构、提高效能,形成权责一致、分工合理、决策科学、执行顺畅、监督有力的行政管理体制。通过改革,提供优质公共服务、维护社会公平正义的根本转变,实现政府组织机构及人员编制向科学化、规范化、法制化的根本转变,贯穿改革开放和社会主义现代化建设的全过程。

改革开放以来,日照市先后经历了1993年、1998年、2003年、2008年、2013年、2018年六次系统性机构改革,中间单独进行了乡镇机构改革和事业单位改革。这些以推进行政权力划分和行政职能配置改革为主要内容的行政管理体制改革,既是整个改革开放事业的有机组成部分,也为改革开放事业的深入发展提供了体制机制的保障。

一、1993年县乡机构改革

本次改革自1993年8月开始,至当年12月结束。按照《山东省县级党政机构改革实施方案》和《山东省乡镇管理体制改革实施方案》,日照市制定了全市县、乡机构改革方案,对县(区)级党政机构、乡镇管理体制以及事业单位进行改革。

(一)县级党政机构改革

改革指导思想是从县级党政机关的职能特点和当地的实际出发,以适应建立社会主义市场经济运行机制需要为目标,按照政企分开和精简、统一、效能的原则,转变职能,理顺关系,精兵简政,提高效率,走"小机构、大服务"的路子,把县级党政工作机构建设成为职能配置合理、人员精干、运转协调高效的工作系统,更好地促进当地经济与各项社会事业的发展。

转变职能,强化服务。县委、县政府及其工作部门按照简政放权、政企分开的原则,减少对经济、社会事务的直接管理和不必要的行政干预,加强对本地区经济的统筹规划、组织协调和审计、检查监督工作,通过培育市场、提供服务和运用经济杠杆、法规政策,对经济运行和社会发展实施调控和管理。同时,加强基础设施建设和社会公益事业的发展;重点做好专业经济部门的职能转变。对涉农、涉工、涉商等专业部门的职能进行分解,属于企业的生产经营管理职能交还企业,属于市场调节的职能转移到市场,技术服务、信息咨询等职能交给事业单位和其他社会服务组织,由乡镇管理的事情下放给乡镇。需要保留的行政职能适当集中,实行综合管理。

理顺关系,完善管理体制。理顺党政群内部关系。县委、县政府要明确各自的职责,改善领导方式和工作方法;县委不设与政府对口的工作机构,部门之间合理划分职责范围,明确管理权限和工作关系,避免职能重复交叉。

理顺县与乡镇的关系。进一步向乡镇放权,能下放给乡镇的机构、人财物权全部下放到乡镇管理。

理顺政府与企事业单位的关系。政府优化对企事业单位的领导和管理,坚决按照《企业法》和《事业单位登记管理暂行条例》的规定,扩大和落实企事业单位的自主权,使企业真正成为依法自主经营、自负盈亏、自我发展、自我约束的企业法人。

(二)乡镇管理体制改革

改革指导思想是从有利于保证党对农业和农村工作的领导,有利于加强基层政权建设,有利于改革开放和发展社会主义市场经济的目标出发,贯彻精兵简政和强化服务的方针,坚持从实际出发、因地制宜的原则,强化功能,理顺关系,精干人员,完善运行机制,加强服务体系建设,逐步建立起运转协调、精简高效、适应农村经济和各项事业发展需要的乡镇管理体制。

理顺关系,增强管理功能。明确提出乡镇党委是党的基层组织,是乡镇的政治领导核心;乡镇政府是国家行政机关的基层机关,负有管理本行政区域各项行政工作的重要责任。凡属乡镇党委、政府职权范围内的事情,应由乡镇党委、政府决策。要求县直各部门对乡镇工作多支持、多服务,不得超越职权干预乡镇的工作。

简政放权,增强服务功能。设在乡镇的直接为农业生产和农村工作服务的站所,乡镇党委、政府要强化管理。对工商、税务、法庭等监督执法机构实行双重领导,以县主管部门领导为主,其干部的任免、调动、奖惩必须征得乡镇党委、政府的同意。银行、邮电等中央系统管理单位,要接受乡镇党委、政府的监督协调,其干部的任免、调动、奖惩要征求乡镇党委、政府的意见。实行双重领导和中央系统管理单位的党的组织关系,由乡镇党委管理。

改革后,全市县(区)级党政群机构设置122个,通过撤销、合并、转体,精减78个,减少37.5%;县(区)级党政群机关人员精减816人,减少38.9%;分流人员1514人;下放管理权320余项。乡镇党政机构分流人员684人,减少22.8%;清退计划外临时用工2848人;乡镇事业单位按照转变职能、强化服务、宜分则分、宜合则合的原则进行改革。改革红利逐步释放。

二、1996 年机构改革

本次政府机构改革是在确立社会主义市场经济体制的背景下进行的,是1993年国务院机构改革在日照市的具体实施。改革的核心任务是在推进经济体制改革、建立市场经济的同时,建立起有中国特色的、适应社会主义市场经济体制的行政管理体制。改革的指导思想是本着适应建立社会主义市场经济体制的要求的原则,按照政企职责分开和精简、统一、效能的原则,转变职能,理顺关系,精兵简政,提高效率。

(一)市级机构改革

本次改革自1995年9月开始,至1996年底结束。1995年10月,省委、省政府印发了《中共山东省委、山东省人民政府关于批准〈日照市市级机构改革实施方案〉的通知》,批复了日照市市级机构改革实施方案。1996年1月,市委、市政府印发《中共日照市委、日照市人民政府关于印发〈日照市市级机构改革意见〉的通知》,部署开展日照市级机构改革的工作。

本次改革按照转变政府管理经济职能,逐步建立适应经济与社会发展要求,功能齐全、结构合理、运转协调、灵活高效的行政管理体系目标,对市委、市政府工作机构,人大、政协机关和法院、检察院,社会团体以及事业单位进行了调整改革;并对市直机关和行政性事业单位的"三定"(定职能、定机构、定人员)方案进行审批,重新确定各部门的职责任务、人员编制、领导职数。

1.党政机构的改革调整

撤销合并和重新组建的机构。撤销出版办公室、精神文明办公室,其工作由宣传部承担。撤销组织员办公室,其工作由组织部负责。撤销民族宗教事务办公室,其工作划入市政府办公室。撤销教育督导员办公室,其工作由教育委员会承担。撤销市安全生产委员会办公室,其工作由财政局承担。撤销税收财务物价大检查办公室,其工作由财政局承担。撤销农业委员会,组建市政府农业办公室,作为市政府领导农业和农村工作的参谋与办事机构。撤销农业综合开发办公室,其工作由农业办公室承担。组建贸易局,作为市政府主管商品流通的职能部门,同时挂市政府财贸办公室的牌子,以便于协调金融、保险等部门的工作。撤销水产局和海洋局,组建海洋与水产局。撤销矿产建材局,组建地质矿产局。

成建制改为经济实体和事业单位的机构。商业局、物资局分别改为商业、物资集团总公司,为市政府直接领导的企业,不再保留商业局、物资局牌子,原单位承担的行政职能移交贸易局,在财政体制未理顺之前,向企业过渡阶段的同时挂商业、物资行业管理办公室牌子。轻工业局、纺织工业局分别改为轻工总会、纺织总会,为市政府直属事业单位,暂时保留行业管理职能作为过渡。将原矿产建材局所属建材企业组建为建筑材料工业总公司,同时挂建筑材料行业管理办公室的牌子,归口市经济贸易委员会管理。档案局馆合一,改为以馆为主体,挂档案局的牌子,授权行使有关行政管理职能,为市委办公室领导的副处级事业单位。

改为合署办公和一个机构两块牌子的机构。监察局与纪律检查委员会机关合署,一个机构两块牌子。社会治安综合治理委员会办公室与市委政法委员会合署。台湾工作办公室(挂市政府台湾事务办公室牌子)与市委统战部合署。侨务办公室和外事办公室合署。机构编制委员会办公室与人事局合署。合署办公的作为一个机构计算,合设一个党组,可分别对外开展工作,设置内部业务科室。一个机构挂两块牌子的,不分别设置业务科室,可分别使用两个名称对外开展工作。

保留和改变名称、隶属关系的机构。市委机构保留设置市委办公室(内设机要局、保密委员会办公室,保密办挂市政府保密局的牌子)、组织部、宣传部(内设对外宣传办公室,挂市政府新闻办公室的牌子)、统一战线工作部、政法委员会、政策研究室、市直机关工作委员会。市委、市政府信访办公室改称市委、市政府信访局,由市委办公室、市政府办公室管理,以市委办公室管理为主。老干部局由组织部管理。

市政府保留设置办公室、计划委员会、经济体制改革委员会、教育委员会、科学技术委员会、对外经济贸易委员会、公安局、国家安全局、监察局、民政局、司法局、财政局、人事局、劳动局、交通委员会、水利局、农业局、林业局、粮食局、文化局、广播电视局、卫生局、体育运动委员会、计划生育委员会、审计局、统计局、工商行政管理局、技术监督局、乡镇企业管理局、环境保护局、土地管理局、地方税务局、旅游局、机械化学工业局、外事办公室;经济委员会改称经济贸易委员会,城乡建设委员会改成建设委员会(城市规划和管理职能由其负责),口岸管理委员会改成口岸办公室。法制局、人民防空委员会办公室由市政府办公室管理,物价局由计划委员会管理,国有资产管理局由财政局管理。

2. 人大、政协机关和法院、检察院的机构改革

人大、政协机关的改革按照中共中央《关于地方各级人大、政协的机构改革的意见》和省委印发的《山东省关于各级人大、政协机构改革的实施意见》规定进行改革。

3. 社会团体的机构改革

理顺社团之间、社团与党政部门之间的关系,逐步克服行政化倾向,一般不套用行政机关的级别。除工青妇继续使用行政编制外,其他社团不再使用行政编制。

4.事业单位的改革

本次事业单位改革的主要任务是将一些事业单位承担的行政管理职能移交政府部门,同时将机关分离出的技术性、服务性工作吸纳并承担起来。

对市直事业单位进行了如下调整:市地方史志编纂委员会办公室改称市地方史志办公室,为副处级规格,隶属市政府办公室领导。市老龄委员会更名为市老龄协会,为市政府所属的副处级事业单位,由民政局代管。市对外贸易促进会为处级单位,使用事业编制,由对外经济贸易委员会管理。

本轮改革后,市委市政府共设工作部门49个。

市委工作部门8个:市委办公室、组织部、宣传部、统一战线工作部(台湾工作办公室与其合署、挂市政府台湾事务办公室牌子)、政法委员会(社会治安综合治理委员会办公室与其合署)、政策研究室、市直机关工作委员会、纪律检查委员会(监察局与其机关合署);另设部门管理机构2个(老干部局、信访局保留正处级规格)。

市政府工作部门41个:市政府办公室、计划委员会、经济体制改革委员会、对外经济贸易委员会、教育委员会、科学技术委员会、公安局、国家安全局、监察局(与纪委机关合署)、民政局、司法局、财政局、人事局(机构编制委员会办公室与其合署)、劳动局、建设委员会、交通局、水利局、农业局、林业局、贸易局(挂市政府财贸办公室牌子)、粮食局、文化局、广播电视局、卫生局、体育运动委员会、计划生育委员会、审计局、统计局、工商行政管理局、技术监督局、乡镇企业局、环境保护局、土地管理局、地方税务局、海洋与水产局、机械化学工业局、地质矿产局、旅游局、外事办公室(侨务办公室与其合署)、农业办公室、口岸办公室;另设置部门管理机构4个(其中物价局保留正处级规格,法制局、国有资产管理局、防空办公室为副处级规格)。

(二)市辖区的机构改革

东港区已于1993年进行了改革,本次改革对东港区部分机构和编制进行了适当调整。同时,对市与区(含岚山办事处、日照开发区、山海天旅游度假区)事权划分问题进行了科学合理的处理。1996年7月,日照市政府印发《日照市人民政府关于进一步理顺市区事权关系若干问题的规定》,在设立分支机构、城市规划管理、税收征管等方面,进一步理顺日照市与东港区、岚山办事处、日照开发区、山海天旅游度假区的事权关系。

(三)县乡机构改革

对县级的机构进行了适当调整。根据《中共日照市委、日照市人民政府关于印发〈日照市市级机构改革意见〉的通知》精神,对部分县级机构和编制进行了适当调整,并结合推行公务员制度指导区县制定县直部门的"三定"方案,使工作职能、内部机构、人员编制更加清楚明确。1997年3月,日照市编委印发《关于印发〈关于基层人民法院机构改革的实施意见〉和〈关于县区人民检察院机构改革的实施意见〉的通知》,对基层人民法院和县区人民检察院机构进行了改革。

对乡镇的机构进行了整合。1997年7月,市委组织部、市人事局、市编办印发《中共日照市委组织部、日照市人事局、日照市机构编制委员会办公室关于印发〈日照市乡镇(街道)党政群机构职位设置意见〉的通知》,对乡镇党政群机构、职位设置进行了调整。乡镇机构普遍由原"一办五委"改为保留"一办"(党政办),实行助理制。

改革后,全市各级党政群编制6070人,实有5994人。其中市直编制1402人,实有1252人;市属区机关编制711人,实有759人,街道编制156人,实有196人;莒县和五莲县机关编制1470人,实有1585人,乡镇编制2331人,实有2202人。各级政法编制1872人,实有2406人。其中市直编制701人,实有1082人;市属区编制270人,实有292人;莒县和五莲县编制901人,实有1032人。市直党政工作机构21个转为事业、企业单位或撤并,精减30%;机关实有人员减少386人,机关分流人员464人。

三、2000年机构改革

本次改革自2000年初开始,至2001年底结束。本次改革是1998年国务院机构改革在日照市的延续。改革的指导思想是转变政府职能,实现政企分开,将政府职能定位于宏观调控、社会管理和公共服务,向企业及中介组织放权。改革的目标是建立办事高效、运转协调、行为规范的政府行政管理体系,完善国家公务员制度,建设高素质的专业化行政管理队伍,逐步建立适应社会主义市场经济体制的、有中国特色的政府行政管理体制。

2001 年 3 月,经省批准后,日照市委、市政府印发了《中共日照市委机构改革实施意见》《中共日照市委、日照市人民政府关于日照市人民政府机构改革实施意见》,部署实施市级党政机构改革。

(一)市委机构改革

市委机构的改革原则是进一步理顺市委部门之间、部门内设机构之间的职能关系,进一步理顺与政府部门和人民团体之间的职能关系,进一步理顺与下级党委部门的职能关系。

调整规范机构。保留市纪委(监察局与其合署)、市委办公室(内设机要局、保密办,保密办挂保密局的牌子)、市委组织部(内设市委企业党建干部局)、市委宣传部(内设精神文明建设委员会办公室、市委对外宣传办公室,外宣办挂新闻办公室的牌子)、市委统一战线工作部、市委政法委员会(市社会治安综合治理委员会办公室与其合署)、政策研究室、市委台湾工作办公室(挂台湾事务办公室的牌子)、市委市直机关工作委员会;保留市委老干部局(由组织部管理),保留市委、市政府信访局(由市委办公室、市政府办公室管理,以市委办公室管理为主);档案馆加挂档案局的牌子,行使有关行政管理职能;岚山工委、日照经济开发区工委、山海天旅游度假区工委为市委派出机构。改革后,有市委工作机构 9 个,部门管理机构 2 个,市委工作部门内设科室精简 20% 左右。

精简人员编制。市委机关行政编制精简 15%。单位中从事离退休服务工作的人员和机关后勤工作的工人,其人员编制另行核定。市委部门领导职数一般配备 2 至 3 名,工作任务重、业务面宽的可增配 1 名副职。部门内设科室的领导职数一般配备 1 至 2 名。

(二)市政府机构改革

市政府机构的改革原则是转变政府职能,实现政企、政事、政社分开;精兵简政,优化结构;科学界定职能,合理划分事权;依法行政,规范管理;实事求是,因地制宜。

保留的机构。保留市政府办公室(挂法制办的牌子)、监察局(与市纪委机关合署)、统计局、人事局(编办与其合署)、劳动和社会保障局、民政局、司法局、公安局、财政局、审计局、经贸委、林业局、水利局、粮食局、卫生局、计生委、广电局、旅游局、口岸办、外事办(挂侨务办的牌子)、文化局(划入原宣传部承担的新闻出版行政管理职能,文化局加挂新闻出版局的牌子)、环保局(对市辖区的环保工作统一管理,在东港区、岚山办事处设立派出机构)、防空办(为市国防动员委员会常设办事机构,也是市政府人民防空工作主管部门)、物价局(为发展计划委管理的机构)。

更名的机构。市计划委员会更名为市发展计划委员会,市对外经济贸易委员会更名为市对外贸易经济合作局,市教育委员会更名为市教育局,市科学技术委员会更名为市科学技术局,市建设委员会更名为市规划建设委员会,市交通委员会更名为市交通局,市体育委员会更名为市体育局,市海洋与水产局更名为市海洋与渔业局。

撤销、合并和新组建的机构。市农业局、市农业委员会合并,组建市农业局;市地质矿产局、土地管理局合并,组建市国土资源局,原市建委承担的测绘行政管理职能划入市国土资源局;市侨务办与外事办合并,在外事办挂侨务办的牌子;组建体改委,作为市政府高层次议事协调机构;原体改委更名体改办,作为体改委的办事机构并入市政府办公室,作为市政府办公室的内设机构;撤销贸易局、机械化工局、乡镇企业局,其行政管理职能划入经贸委;市国有资产管理局并入市财政局,在市财政局内设立市国有资产管理办公室;市政府法制局并入市政府办公室,在市政府办公室挂市政府法制办公室的牌子。

上划省垂直管理的机构。市药监局、技术监督局、国家安全局上划省垂直管理。

岚山办事处、日照经济开发区管委、山海天旅游度假区管委为市政府派出机构,其内部机构维持现状不变。

改革后,市政府工作部门共有31个,分别是:市政府办公室(挂市政府法制办公室牌子)、市发展计划委员会、市经济贸易委员会、市对外贸易经济合作局、市教育局、市科学技术局、市公安局、市监察局(与市纪律检查委员会机关合署)、市民政局、市司法局、市财政局、市人事局(市机构编制委员会办公室与其合署)、市劳动和社会保障局、市规划建设委员会、市交通局、市水利局、市农业局、市林业局、市粮食局、市文化局(挂市新闻出版局牌子)、市广播电视局、市卫生局、市体育局、市计划生育委员会、市审计局、市统计局、市环境保护局、市国土资源局、市海洋与渔业局、市旅游局、市政府外事办公室(挂市政府侨务办公室牌子)、市政府口岸办公室;议事协调机构的办事机构1个(市人民防空办公室);部门管理机构1个(市物价局,由市发展计划委员会管理)。机构总量33个。

(三)市直部门事业单位的调整改革

撤销经济协作办、重点建设项目办,其行政管理职能划入发展计划委,在发展计划委内设相应的科室;撤销民族宗教事务局,在市政府办内设民族宗教事务办;撤销城市规划处,其行政管理职能划入规划建设委,在规划建设委设立城市规划办;撤销重点工程建设办;撤销商业行管办、建材行管办、轻工总会、纺织总会,其行政管理职能划入经贸委;组建机械化工办(由原机械化工局改组)、中小企业办(由原乡企局改组)、建材办(由原建材行管办改组)、轻纺办(由原轻工总会与纺织总会合并组建)、贸易办(由原贸易局与商业行管办合并组建),各办由经贸委管理,受经贸委委托负责部分国有资产的管理,承担机关退休人员的管理和服务工作,以及部分企业社会综合治安管理、计划生育、精神文明建设、统计等方面的工作;撤销黄金公司(黄金局),其行政管理职能划入经贸委;大陆桥工作办、大陆桥国际培训中心与调研室合并,在调研室挂大陆桥工作办、可持续发展试验区管理办和大陆桥国际培训中心的牌子。对已经撤并政府部门所管理的事业单位,按照"机构人员随职能走"的原则,在部门"三定"方案中相应调整其隶属关系。

改革前,市级党政机构共有50个,部门管理机构6个,部门内设机构328个,编制人员1568名,实有人员1408名。改革后,市级党政机构共有40个,部门管理机构3个,议事协调机构的办事机构1个,部门内设机构292个。党政机构总量比改革前减少12个,精减21.4%;部门内设机构比改革前减少36个,精减11%。党委机构维持原有数额不变;政府机构减少12个,精减27.3%。行政编制1166名,比改革前减少402名,精减27.9%;实有人员1077名,比改革前减少 331 名,精减 23.5%。

四、2002 年县乡机构改革

本次改革自 2002 年 2 月开始至当年 12 月结束。根据省委、省政府对全省县乡机构改革的指导意见,2002 年 2 月,日照市委、市政府印发《日照市县(区)、乡镇党政机构改革和乡镇事业单位机构改革的实施意见》,指导各区县组织实施。

(一)县(区)党政机构改革

加强和改善党的领导。县级党委从有利于坚持、加强和改善党的领导,有利于全面加强党的思想、组织和作风建设,有利于充分发挥党委的领导核心作用出发,加强宏观管理职能,简化一般性具体管理事项,减少与政府部门、人民团体相重复的业务工作,集中精力搞好党的建设。

转变政府职能。县(区)政府按照政企、政事、政社分开的原则,减少对经济和社会事务的直接管理和不必要行政干预,加强对县(区)域经济和社会发展的规划、协调和服务,强化为农业和农村经济服务的职能,加强农村基层政权建设,加快发展小城镇,促进农业的专业化、市场化、现代化。

按照中央关于党政机关一律不准经商办企业的规定,解除政府主管部门与直属企业和所办经济实体的行政隶属关系,在人财物方面彻底脱钩。工业、商贸等专业经济部门撤并一步到位,不搞过渡,其他政府经济工作机构本着精干的原则,尽量综合设置。所有行政性公司一律改为经济实体。

改革行政审批制度,规范行政审批权力。以国家有关法律法规为依据,取消违反法律法规的审批事项,能精简下放的要坚决精简下放,可改为备案的改为备案管理,可由市场机制代替的通过市场机制来解决。确需保留的行政审批事项,简化程序,减少环节,规定时限,提高效率,改进服务,并建立健全监督约束机制,公开审批程序和结果,接受群众监督。

改革行政执法体制,清理和规范行政执法队伍。改变执法队伍过多过滥、执法行为不规范的状况。各区县根据本地实际情况,综合设置精干、统一的行政执法队伍,实行相对集中的行政处罚权制度,强化行政执法监督机制。

理顺各方面关系。进一步下放属于县(区)的管理权限,使县(区)能够自行解决和处理管理权限内的事务。合理划分县(区)与乡镇事权,理顺各部门之间的职责关系。按照权责一致的原则,将相同和相近职能交由一个部门承担;有些需要由几个部门共同参与的工作,明确分工,分清主次。对于调整转移、下放的职能,以"三定"的形式规定下来,严格执行。

调整机构设置。县(区)党政机构不要求与上级相对应,根据其职能任务和区域特点综合设置。按照精简、统一、效能的原则和中央、省关于县(区)机构设置限额等规定,日照市县(区)党政机构统一设置。

县(区)委工作部门设置。东港区、莒县、五莲县党委工作机构各设置7个、部门管理机构2个,统一设置为:纪律检查委员会机关(监察局与其合署)、办公室、组织部、宣传部、统一战线工作部、政法委员会(社会治安综合治理委员会办公室与其合署)、县(区)直机关工作委员会。部门管理机构可设置为:老干部局由组织部管理,县(区)委、县(区)政府信访局由县(区)委办公室、县(区)政府办公室管理,以县(区)委办公室管理为主。

县(区)政府工作机构设置。政府工作部门统一设置20至22个:东港区因地制宜设置1个,共设置21个机构;莒县因地制宜设置2个,共设置24个机构;五莲县因地制宜设置1个,共设置23个机构。统一设置为:办公室、发展计划局(挂物价局牌子)、经济贸易局、教育局、科学技术局、监察局(与纪律检查委员会机关合署)、民政局、司法局、财政局、人事局(机构编制委员会办公室与其合署)、劳动和社会保障局、城乡建设局、交通局、水利局、农业局(包括畜牧、农机行政管理工作)、卫生局、计划生育局、审计局、国土资源局(分局)、统计局、文化体育局,县政府可设置环境保护局、公安局。

因地制宜设置:东港区设置渔业局,莒县设置林业局、外贸局,五莲县设置林业局。

岚山区工委、办事处机关的机构改革,本着精简、效能的原则,对部分职责任务发生变化的部门和单位,在日照市委、市政府《关于设立岚山工委、办事处的决定》中的机构设置方案的基础上进行微调,理顺市与岚山工委、办事处的职责范围。

精简人员编制。根据中央及省委、省政府关于地方机构改革的要求和日照市实际情况,县(区)党委机关人员编制精简 12%,县(区)政府机关人员编制精简 25%;县(区)人大、政协机关精简 12%;群团机关精简 15%;法院、检察院、司法、公安机关政法专项编制精简 10%;基层"三所"人员编制精简 10%。

(二)乡镇党政机构改革

1.改革的基本原则

转变政府职能。按照建立社会主义市场经济体制和农村社会发展的要求,把乡镇政府职能切实转变到加强行政管理和提供社会公共服务上来。

权责一致。合理划分事权,理顺条块关系,适当扩大乡镇政府经济和社会管理权限,完善管理功能,增强乡镇活力。

精简、统一、效能。精兵简政,优化结构,提高效率,严格控制乡镇党政机构和人员编制的增长。

依法行政的原则。规范政府行为,完善运行机制,推进行政管理的制度化、规范化、法制化建设。

配套改革。把乡镇党政机关改革与事业单位改革结合起来,把精简乡镇机构人员与干部人事制度改革、完善农村社会化服务体系结合起来,统筹安排,综合配套地推进改革。

2.改革的主要内容

转变职能,理顺关系。按照市场经济发展的要求,减少对经济和社会事务的直接管理,加强对乡镇经济和社会发展的统筹规划和组织协调;进一步完善农村社会化服务体系,为农业和农村经济发展创造条件;加强小城镇建设,发挥其中心辐射作用,推进农村城市化进程;加强基础设施建设,保护资源和生态环境,培育和发展市场;进一步加强农村基层政权建设,保证党和国家各项方针、政策和法律、法规的贯彻落实。

乡镇政府要与所办企业脱钩,解除隶属关系,不再以行政命令直接干预企业的经营活动。规范乡镇机关、事业单位各自职能,将机关承担的技术性、辅助性、事务性、服务性工作交给事业单位或中介组织,将事业单位承担的行政管理职能收归机关承担。

机构调整,人员精简。优化机构,完善功能,建立精干高效的乡镇党政机构。乡镇党委、政府机构统一整合为党政办公室、经济发展办公室、社会事务办公室(挂计划生育办公室、社会治安综合治理办公室牌子)三个综合性办公室,其负责人由乡镇党政领导兼任。根据工作需要可配备民政、信访、计划生育等必要的助理员。乡镇以下不再设立管区等管理层次。乡镇人大主席一般由乡镇党委书记兼任,乡镇党委书记兼任人大主席的,可设 1 名专职副主席,具体负责日常工作。乡镇一级不设政协机构。根据《中华人民共和国工会法》规定,乡镇可由工作人员兼管工会工作。

精简乡镇党政机关人员编制。乡镇党政机关人员编制总量精简 20%。精简后,乡镇党政机关人员编制由各县(区)根据《省委、省政府关于印发〈山东省乡镇党政机构改革实施意见〉和〈山东省乡镇事业单位机构改革的意见〉的通知》和《省委编办关于市县机构改革有关问题的通知》规定的编制标准核定。乡镇行政编制的使用范围包括乡镇党委、人大、政府和共青团、妇联、人民武装部的工作人员。

(三)乡镇事业单位改革

改革的基本原则。科学界定乡镇事业单位职责,将事业单位承担的行政管理职能收归乡镇政府。调整乡镇事业单位布局,增强乡镇事业单位活力。大力精简乡镇财政拨款的事业机构和人员,减轻农民和财政负担。坚持以经济建设为中心,加强农业和农村工作,强化为农业、农村和农民服务功能,促进农村改革的深化,推动农村经济与社会事业的协调发展。把乡镇事业单位改革与乡镇党政机构改革、干部人事制度改革和加强完善农村社会化服务体系结合起来,协调配套地推进改革。

规范事业机构设置。进一步理顺条块关系,增强乡镇管理职能。大力压缩财政拨款事业单位,优化事业单位所有制结构。合理调整事业单位布局,避免重复浪费。乡镇财政拨款事业机构实行限额控制。改革后,全市中心镇、8 万人口以上的乡镇设置乡镇财政拨款事业机构(不含教育、卫生事业单位)8 个,其他乡镇设置 7 个。财政所、计划生育服务站、经管站、水利站、农业技术服务站、文化广播站统一设置。中心镇、8 万人口以上的乡镇因地制宜地多设置 2 个机构,其他乡镇因地制宜地多设置 1 个机构。要求乡镇的教育事业单位统筹规划,调整布局,扩大办学规模,提高办学效益,认真解决师生比例不合理、教职工队伍庞大等问题。对乡镇卫生院,要求按照农村卫生体制改革的精神,实行分类管理、分开核算,规范补助范围和方式。

*精简人员编制。*乡镇财政拨款事业单位人员编制精简至平均每个乡镇 35 人。其中,中心镇、8 万人口以上的乡镇核定 40 人左右,5 万人口以下的乡镇核定 30 人左右,其他乡镇核定 35 人左右。

改革前,全市区县党政机构平均达 38 个(含部门管理机构),其中党委 9 个、政府 29 个,有编制人员 1954 名、实有人员 1689 名;乡镇党政编制人员 2577 名、实有人员 2398 名,乡镇财政拨款事业单位平均达 15 个(不含中小学校、卫生院),编制人员 2577 名、实有人员 2015 名。改革后,全市区县党政机构平均 22 个,编制人员 1660 人。其中党委机构维持原有数额不变;政府机构减少 7 个,精减 24%,编制人员 1514 名,精减 20.6%。乡镇党政编制人员 2114 名,精减 18%;乡镇事业单位精减 60%,编制人员 2045 名,精减 20%。

五、2003 年市级机构改革

本次改革自 2003 年 2 月开始,至当年 12 月结束。按照"完善职能、理顺关系、优化结构、精简人员编制、发挥整体功能"的精神,日照市制定了《实施市人大、政协、群团机关"三定"方案的意见》,对市人大、政协、群团机关机构进行改革。改革后,日照市人大、政协、群团机关的行政编制人员减少 45 名,精减 16.2%,分流人员 23 名。

改革后,全市各级党政群编制 5486 人,实有 4589 人。其中市直编制 1417 人,实有 1246 人;东港区编制 1069 人,实有 798 人;岚山办事处编制 313 人,实有 312 人;日照经济开发区编制 101 人,实有 96 人;莒县编制 1509 人,实有 1241 人;五莲县编制 1049 人,实有 896 人;待分配编制 28 人。各级政法编制 2476 人,实有 2455 人。其中市直编制 1131 人,实有 1256 人;东港区编制 278 人,实有 224 人;岚山办事处编制 12 人,实有 12 人;日照经济开发区编制 45 人,实有 46 人;莒县编制 595 人,实有 549 人;五莲县编制 389 人,实有 368

人;待分配编制26人。

六、2004年机构改革

2004年的机构改革是在中国加入世贸组织的大背景之下进行的,是2003年国务院机构改革在地级市的具体实施。改革的主要目标是深化国有资产管理体制改革,完善宏观调控体系,健全金融监管体制,继续推进流通体制改革,加强食品安全和安全生产监管体制建设。

(一)市政府机构改革

2004年12月,按照省委办公厅、省政府办公厅的批复意见,日照市委、市政府印发了《关于日照市人民政府机构改革的实施意见》,部署全市政府机构改革。

改革主要内容是:深化国有资产管理体制改革,本次改革市政府不单独设立国有资产监督管理机构,由市财政局承担国有资产监管职能。将市发展计划委员会改组为市发展和改革委员会,撤销市政府办公室内设的市经济体制改革办公室。保留市经济贸易委员会、市对外贸易经济合作局、市城市管理行政执法局,作为市政府工作部门。将市经贸委管理的市安全生产监督管理局改为市政府工作部门,同时作为市安全生产委员会的常设办事机构。市计划生育委员会更名为市人口和计划生育委员会。将市广播电视局改为市政府直属事业单位,退出政府工作部门序列,暂授权行使有关行政管理职责。将市粮食局由市政府工作部门改为市发展改革委的内设机构,现行体制暂时不变。

改革调整后,日照市政府设置工作部门31个,分别是:市政府办公室(挂市政府法制办公室牌子)、市发展和改革委员会、市经济贸易委员会、市对外贸易经济合作局、市教育局、市科学技术局、市公安局、市监察局(与市纪律检查委员会机关合署,不计入政府工作部门个数)、市民政局、市司法局、市财政局、市人事局(市机构编制委员会办公室与其合署)、市劳动和社会保障局、市规划建设委员会、市交通局、市水利局、市农业局、市林业局、市文化局(挂市新闻出版局牌子)、市卫生局、市体育局、市人口和计划生育委员会、市审计局、市统计局、市环境保护局、市国土资源局、市海洋与渔业局、市旅游局、市政府外事办公室(挂市政府侨务办公室牌子)、市政府口岸办公室、市安全生产监督管理局、市城市管理行政执法局;议事协调机构的办事机构 1 个(市人民防空办公室);部门管理机构 1 个(市物价局,由市发展计划委员会管理);机构总量 33 个。

(二)区县政府机构改革

2004 年 12 月,日照市编委印发《关于区县政府机构改革有关问题的通知》,对区县政府机构改革进行了部署。本次区县政府机构改革的重点是转变政府职能,调整完善政府机构。主要内容是完善区域经济调节体系,将发展计划局改组为发展和改革局;进一步加强安全生产监管体制建设,把安全生产监督管理局调整为政府工作部门;推动人口与计划生育的综合协调,将计划生育局更名为人口和计划生育局;清理规范行政执法队伍,一个部门设置多个执法机构的要在部门内部归并整合,对跨部门综合执法工作机构的设置应慎重把握,有条件设置的,要列为政府工作部门,使用行政编制,计入政府工作机构个数;区县不单独设立国有资产监督管理机构,国有资产监督管理职责由区县党委、政府确定相关机构承担。

改革完成后,全市各级党政群编制 4827 人,实有 3865 人。其中市直编制1172 人,实有 1091 人;市属区机关编制 678 人、实有 580 人,街道编制 186 人、实有 160 人;莒县和五莲县机关编制 1175 人、实有 1009 人,乡镇编制 1616 人、实有 1025 人。各级政法编制 1987 人,实有 2459 人。其中,市直编制 788 人,实有 1397 人;市属区编制 314 人,实有 242 人;莒县和五莲县编制 885 人,实有820 人。

(三)事业单位改革

2004 年,对市建委所属煤气公司、公共汽车公司、建筑设计研究院、城乡建设勘察测绘院、城市建设综合开发公司、经济适用房发展中心、市政工程公司、市政工程管理处和市水利局所属水利制修厂、水利物资供应站、水利建筑安装队、水利勘测设计院、水利打井队、水利局机关生活服务中心等 14 个经营开发服务类事业单位进行改革试点。本次试点工作取得显著成效,共收回事业编制766 个,减少事业人员 1062 人,收缴国有资产 1244.53 万元。

七、2009 年机构改革

本次改革是 2008 年国务院机构改革在地级市的具体实施。改革的重点任务是加强和改善宏观调控,促进科学发展;着眼于保障和改善民生,加强社会管理和公共服务;按照探索职能有机统一的大部门体制要求,对一些职能相近的部门进行整合,实行综合设置,理顺部门职责关系。

(一)市政府机构改革

2009 年 12 月,经省委、省政府批准后,日照市委、市政府印发了《关于日照市人民政府机构改革的实施意见》,部署市政府机构改革工作。

突出转变政府职能。凡市委、市政府已明确取消的行政审批事项,不得写入"三定"方案;取消部门承担的微观管理职责;可交给下级政府承担的职责要下放;将一些技术性、事务性的工作交给事业单位或中介组织承担;进一步加强涉及群众切身利益、关系国计民生的经济社会事务的管理职责。

优化政府组织机构。本次改革对信息化和工业化、人力资源和社会保障、文化广电新闻等方面的职能和机构进行了整合,组建了市经济和信息化委、人力资源社会保障局、文化广电新闻出版局。将市对外贸易经济合作局的职责、市经济贸易委员会的机电产品进出口管理职责、市贸易办公室的内贸管理职责,整合划入市商务局,设置了商务综合执法支队统一负责商务执法。

坚持因地制宜设置机构,构建具有日照市特色政府组织机构体系。为充分体现日照市的港口特色,设置了市政府口岸办公室为政府工作部门。为加强蓝色经济区规划建设工作,发挥日照市鲁南临港产业区的核心优势,加强规划和协调推进工作,在市发改委设置了市蓝色经济区规划建设工作推进协调小组办公室、鲁南临海产业区规划建设工作推进协调小组办公室。

进一步理顺部门职责关系。将市卫生局承担的食品卫生许可、监管餐饮业、食堂等消费环节食品安全的职责划入市食品药品监督管理局,将市食品药品监督管理局承担的食品安全综合协调、组织查处食品安全重大事故的职责划入市卫生局等。通过职责调整,理顺了部门间的职责,避免了职能交叉,责任不清。

明确和强化部门责任。针对部门职责,特别是一些涉及群众切身利益、关系国计民生、社会公众比较关注的部门,在市政府各部门"三定"方案中明确了部门责任,统一表述为"承担×××责任"的表述,共明确和强化部门责任63项。

清理规范议事协调机构和承担行政职能的事业单位。清理规范议事协调机构和承担行政职能的事业单位涉及事业单位的类别划分、人员调整等事宜,本次改革通过职能和隶属关系的调整逐步清理规范。

严格控制机构编制。根据部门职责变化,坚持部门内设机构、领导职数有增有减,总体保持基本平衡,着力优化内部结构,个别确需增加的,须有充分的理由依据。严格落实省编委办公室关于市直部门不再新设副处级以上内设机构的要求,除上级有明确外,未新设副处级以上内设行政机构。

改革后,市政府设置工作部门31个,分别是:市政府办公室(市法制办牌子)、市发展和改革委员会、市经济和信息化委员会、市商务局、市教育局、市科学技术局、市公安局、市监察局(与市纪律检查委员会机关合署)、市民政局、市司法局、市财政局、市人力资源和社会保障局(挂市外国专家局牌子)、市住房和城乡规划建设委员会(挂市城市管理行政执法局牌子)、市交通运输局、市水利局、市农业局、市林业局、市文化广电新闻出版局、市卫生和计划生育委员会、市体育局、市审计局、市统计局、市环境保护局、市国土资源局、市海洋与渔业局、市旅游局、市政府外事侨务办公室、市政府口岸办公室、市人民防空办公室、市安全生产监督管理局、市食品药品监督管理局;部门管理机构2个(市物价局和市金融工作办公室)。其中,监察局与市纪律检查委员会机关合署,列入政府工作部门序列,不计入政府机构个数。

日照经济开发区管理委员会、岚山经济开发区管理委员会(与岚山区人民政府合署)、山海天旅游度假区管理委员会为市政府派出机构。

(二)区县政府机构改革

2009年12月,市委、市政府印发《关于区县政府机构改革的指导意见》,部署区县政府机构改革工作。

着力转变政府职能。加快推进政企分开、政资分开、政事分开、政府与市场中介组织分开,把不该由政府管理的事项转移出去,进一步下放管理权限,深化行政审批制度改革,减少行政许可,实行相对集中审批,从制度上更好地发挥市场在配置资源中的基础性作用,更好地发挥公民和社会组织在社会公共事务管理中的作用。

理顺部门职责关系。科学合理界定部门职责,坚持一件事情原则上由一个部门负责,确需多个部门管理的事项,分清主办和协办关系,明确牵头部门,建立健全部门之间的协调配合机制,形成工作合力,切实解决部门职责交叉和关系不顺的问题。

明确和强化责任。把明确和强化责任作为区县政府机构改革的重要内容。按照权责一致、有权必有责的要求,通过定职责、定机构、定编制,在赋予部门职权的同时,明确其相应承担的责任。推进政务公开、绩效考评、行政问责,强化责任追究,切实解决权责脱节的问题。

调整优化组织结构。整合涉农部门及相关职能,推进大农业部门体制。整合人才市场与劳动力市场,完善就业、劳动权益和社会保障体系。整合文化、广播电视、新闻出版等部门及相关职能,推行大文化部门体制。整合交通、建设等部门的有关职能,形成城乡一体的综合交通运输体系。加强城乡建设规划统筹,建立住房保障体系。理顺医疗管理和药品管理职能,强化食品药品安全监管,落实食品安全综合监督责任,食品药品监督管理机构列入县政府的工作部门。健全基层社会管理体制,完善基层公共服务体系。

加强机构编制管理,理顺管理体制,机构编制部门单独设置,列入党委机构序列。

规范机构设置。根据省委、省政府规定和全市实际,各区县政府机构限额为:莒县、五莲县24个,东港区20个,岚山区19个。区县政府机构设置要体现本级政府的功能特点,机构的具体设置形式、名称、排序,可在规定的限额内因地制宜地确定,不统一要求上下对口,允许一个部门对口上级几个部门。

完善管理体制。按照财力和事权相匹配的原则,科学配置区县政府的财力,增强区县政府提供公共服务的能力。进一步下放社会管理和经济管理权限,推进强县扩权改革,大力促进县域经济发展。积极推进省直接管理县的财政体制改革,依法探索省直接管理县的体制。进一步理顺和明确垂直管理部门与区县政府的权责关系,建立健全协调配合机制,严格执法监管。

　　严格控制机构编制。严格控制机构数量,各区县政府机构数量不得突破限额。实行人员编制总量控制,各区县行政编制总额不得突破限额。同一层级内,可根据职能的调整,对人员编制实行动态管理。确需跨层级调整行政编制的,必须按程序报中央编办审批。严格核定部门和内设机构领导职数。区县政府工作部门领导职数一般按 2 至 3 名配备,工作任务重、业务面宽的综合管理部门可增配 1 名副职。

　　严格执行机构编制审批程序和备案制度。加强对机构编制规定执行情况的监督检查。建立健全机构编制管理与财政预算、组织人事管理的配合约束机制,建立完善机构编制考核、责任追究制度,进一步完善机构编制实名制和公示制。

(三)乡镇机构改革

　　2010 年 12 月,日照市委、市政府印发《关于进一步深化乡镇机构改革的实施意见》,部署全市乡镇机构改革。

　　着力推进政府职能转变。贯彻落实好党和国家在农村的各项方针政策和法律法规,统筹做好农业、农村和农民工作,全力推进工业化、城镇化和农业现代化。现阶段,乡镇主要是履行促进经济发展、增加农民收入、强化公共服务、着力改善民生,加强社会管理、维护农村稳定,推进基层民主、促进农村和谐四个方面的职能。

　　创新基层管理体制。围绕领导协调机制健全、社区建设规划完善、社区综合服务设施齐全、社区化管理和服务全覆盖这一目标,加快推进新型农村社区建设。继续深化行政审批制度改革,进一步清理和精简行政审批事项。调整优化县乡财政收支结构,理顺县乡财政分配关系。建立健全与乡镇职能相适应、符合科学发展观要求的考核评价体系。调整完善乡镇工作考核机制。严格控制对乡镇党政领导的"一票否决"事项。完善乡镇与派驻机构相互支持、协调配合的工作机制。积极推行为民服务全程代理制,乡镇设立便民服务中心,村(社区)设立便民服务点(社区服务中心),并与区县行政审批服务中心联网,建立健全区县、乡镇、村(社区)三级便民服务体系。

　　严格控制机构和人员编制。根据乡镇分类办法规定,综合考虑乡镇总人口、财政总收入、行政区域面积等因素,将乡镇分为三类。依据乡镇分类重新确定其

机构设置,核定人员编制和领导职数。

乡镇党政工作机构和财政拨款事业机构(不含教育、卫生事业机构,下同)均综合设置,实行限额管理。党政工作机构,一类乡镇不超过五个,二类、三类乡镇不超过四个,一般应设置党政办公室、经济发展办公室(挂安全生产监督管理办公室牌子)、社会事务办公室(挂计划生育办公室牌子)、社会稳定办公室(挂社会治安综合治理办公室牌子)。城镇人口较多和建设规模较大的镇设置村镇规划建设办公室。除上述已明确的挂牌机构外,其他党政工作机构不再加挂牌子。

财政拨款事业机构,一类乡镇不超过 6 个,二类、三类乡镇不超过 5 个,统一规范设置的机构是:财政经管服务中心(挂财政所牌子)、农业综合服务中心、计划生育服务中心。乡镇其他财政拨款事业机构由区县在规定的机构限额内,根据自然地理条件、经济社会发展状况和趋势等因素,灵活设置林业、渔业等农业技术推广机构、综合文化服务机构。

重新核定人员编制。乡镇行政编制,一类乡镇按 45 名左右核定,二类乡镇按 30 名左右核定,三类乡镇按 25 名左右核定;乡镇事业编制,一类乡镇按 45 名核定,二类乡镇按 39 名核定,三类乡镇按 34 名核定。以区县为单位,在现有行政编制总额内,乡镇之间可进行动态调整,跨层级调整的,必须按程序报批。核定后的事业编制不突破现有规模。今后乡镇不再新增工勤人员编制,后勤服务实行社会化。

严格按规定核定领导职数。一类乡镇领导职数按 9 名核定,二类乡镇按 8 名核定,三类乡镇按 7 名核定。党委设书记 1 名、副书记 2 名、纪委书记 1 名;政府设乡镇长 1 名、副乡镇长 2 ~ 3 名;人大主席 1 名,人民武装部部长 1 名。在领导职数内,加大乡镇领导交叉任职力度。人大主席可由书记兼任,乡镇长由副书记兼任,纪委书记可由副书记兼任,副乡镇长应有 1 ~ 2 名进入党委班子;党政工作机构主要负责人由乡镇领导副职兼任,另可配备 1 名副科级的副主任。除上述规定职位外,乡镇一般不设其他享受正副乡级干部待遇的领导职位。

推进事业站所改革。推进乡镇事业站所分类改革。按照政事分开的要求,将事业站所承担的行政管理和执法职责划归行政机关。区分事业站所公益性职能和经营性活动,对公益性机构加强财政保障,经营性机构可转制为经济实体。对现有事业站所进行归类整合,综合设置公益类事业站所或服务中心。今后乡镇不再设立经费自理事业单位。

推进街道办事处改革。参照乡镇机构改革的有关精神,将街道办事处机构一并进行改革。结合街道办事处的功能特点,切实转变职能,创新管理体制,优化机构编制,推进事业站所改革。街道办事处的机构编制限额参照同等类型的乡镇。具体机构设置、编制核定,由区县根据其职责和工作需要确定。

改革后,全市乡镇共设置行政机构 226 个,内设机构有所增加;核定行政编制 177 名,低于省里规定的最低标准 202 名,机关空编 485 名(空 27.3%);核定乡镇领导职数 433 名,比改革前减少 130 名(精简 23.1%);设置事业单位 288 个,减少 158 个(精简 35.4%),核定事业编制 2121 名,减少 920 名(精简 30.3%);事业单位超编 983 名(超 46.3%),计划 3 年内完成分流任务。

(四)事业单位改革

2011 年,按照分级负责的原则,对全市事业单位进行清理和规范。全市共撤销事业单位 281 个,核减事业编制 558 名。其中,市级撤销与调整整合的事业单位等共减少 37 个,收回事业编制 238 名,拟转企改制单位 27 个,职能已弱化或消失或收回机关尚有正式人员的单位、各类培训中心、后勤服务中心等共 30 个单位将空编收回,暂时保留,待条件成熟时逐步予以撤销或推向社会,规范单位名称 4 个。清理规范后,市直保留事业单位 312 个。区县级共撤销事业单位 27 个,核减事业编制 51 名;乡镇级共撤销事业单位 160 个,核减事业编制 269 名。同时,按照省编办的统一部署和要求,组织开展了全市事业单位分类工作,2011 年 5 月完成全市分类任务。

八、2014 年机构改革

本次改革是 2013 年国务院机构改革在日照市的具体实施。本次改革按照建立中国特色社会主义行政体制目标的要求,以职能转变为核心,继续简政放权、推进机构改革、完善制度机制、提高行政效能,加快完善社会主义市场经济体制,为全面建成小康社会提供制度保障。重点围绕转变职能和理顺职责关系,稳步推进大部门制改革,整合加强卫生和计划生育、食品药品、新闻出版和广播电影电视等领域管理机构的改革。

（一）市政府机构改革

按照精简统一效能原则，结合日照市实际，稳步推进大部门制改革，规范机构设置，理顺权责关系，完善体制机制，加快形成科学合理、精干高效的市级政府组织体系。

规范机构设置。组建市卫生和计划生育委员会；重新组建市食品药品监督管理局；将原由省垂直管理的市工商行政管理局、市质量技术监督局列入市政府工作部门；组建市规划局；将市政府口岸办公室由市政府工作部门调整为市政府办公室直属机构，作为过渡，暂维持正处级规格运行；将市物价局由市发展和改革委员会管理机构调整为市发展和改革委员会直属机构，副处级规格；将市金融工作办公室由市政府办公室管理机构调整为市政府办公室直属机构，加挂市地方金融监督管理局牌子，副处级规格；将市粮食局由市发展和改革委员会内设机构调整为市发展和改革委员会直属机构，副处级规格；将市民族宗教事务局由市政府办公室内设机构调整为与市委统一战线工作部合署办公，列入市政府工作部门序列，不计入政府机构个数；市政府办公室加挂市政府法制办公室牌子，但实际运行中，作为过渡，将市政府法制办公室调整为市政府办公室内设机构，暂按正处级规格运行。市政务服务中心管理办公室不再与市政府法制办公室合署办公；市住房和城乡规划建设委员会更名为市住房和城乡建设局，不再承担城乡规划管理职责；市国土资源局加挂市测绘地理信息局牌子；将市畜牧兽医局由市政府直属事业单位调整为市农业局管理的事业单位，作为过渡，暂维持正处级规格运行。整合市农业局、市畜牧兽医局、市农业机械管理局所属的执法机构以及市商务综合执法支队负责生猪定点屠宰职责的机构和人员编制，组建市农业综合执法支队，作为市农业局管理的副处级财政拨款事业单位，承担农业综合执法工作，统一承担农产品质量安全、动物疫病防控、农机监理等监管职责；组建市国有资产监督管理委员会，作为过渡，暂作为市政府派出机构；撤销市城市管理行政执法局、市文化市场综合执法局，组建市综合行政执法局，作为市政府直属综合行政执法机构。

优化职能配置。将原市人口和计划生育委员会研究拟订全市人口发展规划及人口政策职责划入市发展和改革委员会;将市商务局的生猪定点屠宰监督管理职责划入市农业局,具体工作由市畜牧兽医局承担;将房屋登记、林地登记、草原登记、土地登记、海域海岛登记等不动产登记职责整合至市国土资源局;将城镇职工基本医疗保险、城镇居民基本医疗保险、新型农村合作医疗等职责整合到一个部门,暂由市人力资源社会保障局牵头负责;依托现有政务服务平台,整合工程建设项目招投标、土地使用权和矿业权出让、国有产权交易、政府采购等平台,建立统一规范的市级公共资源交易平台,制定公共资源交易平台具体实施办法和监管细则;将市道路交通安全管理由市以下垂直管理改为市县政府分级管理体制。

完善相关领域体制机制。创新社会治理体制,改进治理方式,加强社会管理综合治理,健全社区网格化管理、社会化服务机制,搭建基层综合服务管理平台。完善市、县、乡、村食品药品安全监管体系,落实监管责任,加强监管执法和技术监测力量,实施全过程无缝隙监管。健全安全生产监管体制,落实政府相关部门的监管责任和企业的主体责任,加强隐患排查治理体系、安全预防控制和应急救援体系建设,强化安全生产监管执法力量,有效防范重特大安全事故。完善生态环境保护管理体制,创新监管模式,强化基层政府属地管理责任。落实市政府对地方金融组织、金融活动的监管职责和风险处置责任,改进金融监管手段,维护区域金融稳定。完善省级以上开发区管理体制,明确开发区功能定位,规范机构编制管理,促进开发区健康发展。山海天旅游度假区、日照国际海洋城区域内的社会保障、农村合作医疗、最低生活保障、教育、卫生和计划生育等社会事务经办事项,凡市直有经办机构的,均移交市直部门相关经办机构承担。

统筹推进相关改革。结合市政府机构改革,有序推进事业单位分类改革。对承担行政职能的事业单位,逐步将其行政职能划归行政机构,或在政府限额和行政编制总额内将其转为行政机构。实行大部门制的政府部门,按照调整后的职责情况,将其所属事业单位职能相同或相近的相应予以整合,以优化资源配置,发挥整体效益。推动公办事业单位与主管部门理顺关系和去行政化,探索建立事业单位法人治理结构,逐步推进中小学、公立医院等单位取消行政级别。完善人事、收入分配、社会保险、财政、国资管理、绩效考核等事业单位改革配套政策,做好与教育、科技、文化、卫生等行业体制改革的衔接。深入推进经济发达镇行政管理体制改革试点,以扩权强镇为重点,理顺县镇关系,创新体制机制,优化组织结构,完善管理方式,逐步建立适合新型城镇发展特点的行政管理体制。

改革后,市政府设置工作部门32个,分别是:市政府办公室、市发展和改革委员会、市经济和信息化委员会、市商务局、市教育局、市科学技术局、市公安局、市民政局、市司法局、市财政局、市人力资源和社会保障局、市住房和城乡建设局、市规划局、市交通运输局、市水利局、市农业局、市林业局、市文化广电新闻出版局、市卫生和计划生育委员会、市体育局、市审计局、市统计局、市工商行政管理局、市质量技术监督局、市环境保护局、市国土资源局、市海洋与渔业局、市旅游发展委员会、市政府外事侨务办公室、市人民防空办公室、市安全生产监督管理局、市食品药品监督管理局、市民族宗教事务局,以及市国有资产监督管理委员会、市综合行政执法局。

(二)区县政府机构改革

按照精简统一效能原则,结合各自实际,加大机构和职责整合力度,继续推进大部门体制,规范机构设置,理顺权责关系,完善体制机制,加快形成精干高效的区县政府组织体系。

推进机构和职责整合。整合区县卫生部门职责、人口和计划生育部门的计划生育管理和服务职责,组建区县卫生和计划生育局,强化公共卫生和计划生育管理服务,优化配置基层医疗卫生和计划生育服务资源。将畜牧兽医、农机管理机构调整为农业部门管理,其他单独设置的涉农机构整合到农业部门,统筹农业管理资源,强化综合服务功能;相应整合执法队伍,加强农业领域综合执法。整合城市管理领域市容环卫、园林、市政管理等相关机构职责,理顺城市管理部门与城市综合执法机构关系,健全城市管理、执法、服务"三位一体"的大城管体制。加强文化领域管理与执法统筹协调,文化市场综合执法机构统一由文化行政部门管理。

将房屋登记、林地登记、草原登记、土地登记、海域海岛登记等不动产登记职责整合到国土资源部门。将城镇职工基本医疗保险、城镇居民基本医疗保险、新型农村合作医疗等职责整合到一个部门,暂由人力资源社会保障部门牵头负责。依托现有政务服务平台,整合工程建设项目招投标、土地使用权和矿业权出让、国有产权交易、政府采购等平台,加快建立统一规范的公共资源交易平台,推进公共资源交易集中管理。

规范机构设置。区县政府机构设置要体现本级政府的功能特点,机构的具体设置形式、名称、排序等,可在规定的限额内从实际出发确定,不统一要求上下对口,允许一个部门对口上级几个部门。东港区、岚山区政府工作部门不超过22个,莒县、五莲县政府工作部门不超过24个。在机构限额内,具体工作部门及数额由区县政府报市政府确定。区县政府不设部门管理机构,部门内设机构应综合设置,区县级部门不设2人以下科室。清理限额外自行设立的行政机构,此类机构原则上予以撤销或转为部门内设机构,确需保留的须纳入改革方案一并报批。

完善相关领域体制机制。创新社会治理体制,改进治理方式,加强社会治安综合治理,健全社区网格化管理、社会化服务机制,搭建基层综合服务管理平台。完善食品药品安全监管体系,落实监管责任,加强监管执法和技术监测力量,实施全过程无缝隙监管。健全安全生产监管体制,落实政府相关部门的监管责任和企业的主体责任,加强隐患排查治理体系、安全预防控制和应急救援体系建设,强化安全生产监管执法力量,有效防范重特大安全事故。完善生态环境保护管理体制,强化基层政府属地管理责任,创新监管模式,在区县域范围内按区域派驻监管执法机构。落实区县政府对地方金融组织、金融活动的监管职责和风险处置责任,改进金融监管手段,维护区域金融稳定。完善省级开发区管理体制,明确开发区功能定位,规范机构编制管理,促进开发区健康发展。将市道路交通安全管理由市以下垂直管理改为市县政府分级管理体制。

统筹推进配套改革。结合区县政府机构改革,有序推进事业单位分类改革,对承担行政职能的事业单位,逐步将其行政职能划归行政机构或转为行政机构,涉及机构编制调整的,不得突破政府机构限额和行政编制总额。实行大部门制的政府部门,其所属事业单位职能相同或相近的要相应整合,优化资源配置,发挥整体效益。推动公办事业单位与主管部门理顺关系和去行政化,探索建立事业单位法人治理结构,逐步推进中小学、公立医院等单位取消行政级别试点。

完善人事、收入分配、社会保险、财政、国资管理、绩效考核等事业单位改革配套政策,做好与教育、科技、文化、卫生等行业体制改革的衔接。

继续深化乡镇机构改革,完善乡镇政府功能,区分乡镇类型,明确履职重点,调整优化乡镇机构设置,在综合设置机构的基础上,明确岗位设置,确保涉及社会管理、安全生产、环境保护、农产品质量安全、就业社会保障等重点领域工作在乡镇有机构承担、有专人负责。深入推进经济发达镇行政管理体制改革试点,以扩权强镇为重点,理顺县镇关系,创新体制机制,优化组织结构,完善管理方式,逐步建立适合新型城镇发展特点的行政管理体制。

(三)乡镇机构改革

推进简政放权,扩大乡镇管理权限。积极探索政府职能转变的有效途径,按照创建基层服务型政府的要求,根据乡镇发展需要、管理需求、群众意愿、承接能力和基础条件等因素,通过委托等方式,扩大乡镇经济社会管理权限。

调整优化党政、事业机构设置。综合设置乡镇党政工作机构和事业机构(不含教育、卫生事业机构,下同),实行限额管理。

党政工作机构,一类乡镇原则上不超过 5 个,二类、三类乡镇原则上不超过 4 个。调整情况是:保留设置党政办公室(挂政协委员联络室牌子);经济发展办公室不再加挂安全生产监督管理办公室牌子,不再承担相关职责;将社会事务办公室和社会稳定办公室整合设置为社会事务管理办公室(挂卫生和计划生育办公室、社会治安综合治理办公室牌子);加强道路交通安全监管,社会事务管理办公室增加承担所辖区域内道路交通安全监管工作,协助县级道路交通安全管理机构开展道路交通安全宣传教育、有关信息采集、安全隐患排查等工作职责。加强建设工程质量安全和环境保护监管,新设立乡村规划建设监督管理办公室(挂环境保护办公室牌子)。乡镇一般可设置上述 4 个机构,一类乡镇可单独设立社会稳定办公室(挂社会治安综合治理办公室牌子)等。

事业机构原则上不超过 5 个,一般设置为:财政经管服务中心(挂财政所牌子)、农业综合服务中心、民生保障服务中心(可加挂文化综合服务中心、人力资源和社会保障所牌子);加强安全生产监管,新设立乡镇安全生产监督管理办公室,主要职责是贯彻落实上级安全生产工作部署,对安全生产工作进行综合监督管理,分析和预测安全生产形势,建立安全生产工作协调机制,组织开展和配合做好安全生产监督检查和重点行业领域专项整治工作。

推进乡镇综合执法体制改革,加快组建乡镇综合行政执法办公室〔与县(区)综合行政执法局综合执法大队派驻的执法中队合署办公〕。统筹辖区内食品药品、工商(市场监管)等相关县(区)直部门派驻机构和基层监管力量,尽快建立乡镇综合执法平台;通过乡镇计划生育服务中心整合等改革,最大限度地将收回的编制及富余人员充实到乡镇执法队伍中,以加强乡镇执法队伍建设;要以责任到人为中心,建立网格化的综合执法监管体系。

夏庄镇党政、事业机构设置在执行《日照市机构编制委员会关于〈莒县夏庄镇行政管理体制改革试点工作实施方案〉的批复》规定的基础上,按照《关于加强乡村安全生产、建设工程质量安全、环境保护、道路交通安全监管工作的通知》的有关规定,由莒县自行进行调整。

合理配备人员编制和领导职数。在乡镇现有编制的基础上,合理配备乡镇党政、事业机构人员编制,最大限度充实加强乡镇安全生产、建设工程质量安全、环境保护、道路交通安全等一线监管人员编制,确保有足够力量履行监管职责。其中,在安全生产监管方面,企业集中、危险因素多、安全生产监管任务重的,核定编制一般不少于 5 名,其他乡镇一般不少于 3 名;在建设工程质量安全监管方面,乡村规划建设监督管理办公室核定编制一般不少于 5 名;在环境保护工作方面,要明确专职工作人员,一般不少于 3 人。

根据乡镇产业结构和监管任务,充分发挥编制资源使用效益,优化相关领域人员结构。鼓励创新乡镇机构编制和人员管理,统筹使用行政、事业编制,采取人员统一使用、编制分类管理的方式合理调配工作人员;鼓励县(区)在乡镇行政、事业编制总额内,将人员编制向经济发展健康、城镇化水平较高、执法监管任务较重的乡镇倾斜;安排乡镇年度用编进人计划,要优先用于补充安全生产、规划建设等有关专业技术人员。

通过政府购买服务的方式,向社会购买基本公共安全服务、环境保护、检验检测、工程服务等服务事项,弥补乡镇编制和专业技术人员的不足。在村(社区)设立安全监督协管员,协助乡镇相关机构做好日常监管、宣传教育等工作。

乡镇党政工作机构主要负责人由乡镇领导副职兼任,另可配备 1 名副科级的副主任。综合设置的财政经管服务中心、农业综合服务中心、民生保障服务中心可分别配备 1 名副科级的主任;安全生产监督管理办公室主任由乡镇分管领导兼任,另配备 1 名副科级的副主任;综合行政执法办公室(与执法中队合署办公)主任由乡镇党委副书记兼任,配备副主任 2 名,其中 1 名副主任由执法中队中队长兼任,另配备 1 名副科级的副主任。

九、2018 年机构改革

2018 年 2 月 26 日至 28 日召开的党的十九届三中全会审议通过了《中共中央关于深化党和国家机构改革的决定》和《深化党和国家机构改革方案》,以加强党的全面领导为统领,以国家治理体系和治理能力现代化为导向,以推进党和国家机构职能优化协同高效为着力点,改革机构设置,优化职能配置,深化转职能、转方式、转作风,提高效率效能,为决胜全面建成小康社会、开启全面建设社会主义现代化国家新征程、实现中华民族伟大复兴的中国梦提供有力制度保障。10 月 1 日,党中央、国务院批准了《山东省机构改革方案》。10 月 8 日,省委十一届六次全会审议通过《关于山东省省级机构改革的实施意见》,标志着山东省机构改革进入全面实施阶段。12 月 21 日,市委十三届四次全体会议审议通过《中共日照市委日照市人民政府关于日照市市级机构改革的实施意见》,标志着日照市机构改革工作正式进入实施阶段。

(一)市委机构改革

深化市委机构改革,着眼于健全加强党的全面领导的制度,优化市委组织机构,建立健全市委对重大工作的领导体制机制,强化党的组织在同级组织中的领导地位,更好地发挥党的职能部门作用,推进职责相近的党政机关合并设立或合署办公,从机构职能上把加强党的领导落实到各领域各环节,提高市委把方向、管大局、作决策、保落实的能力,确保党的领导更加坚强有力。

组建市监察委员会。落实党中央、省委关于深化国家监察体制改革的部署和要求,将市监察局的职责、市人民检察院查处贪污贿赂、失职渎职以及预防职务犯罪等反腐败相关职责整合,组建市监察委员会,同市纪律检查委员会合署办公,履行纪检、监察两项职责,实行一套工作机构、两个机关名称。不再保留市监察局。

组建市委全面依法治市委员会。为更好地落实全面依法治国基本方略,加强市委对全面推进依法治市的领导,组建市委全面依法治市委员会,作为市委议事协调机构。主要负责贯彻落实全面依法治国基本方略,统筹推进科学立法、严格执法、公正司法、全民守法;研究解决全面推进依法治市的重大事项、重大问题等。市委全面依法治市委员会办公室设在市司法局。

组建市委财经委员会。为加强市委对全市经济工作的领导,统筹做好各项经济工作,推动经济高质量发展,组建市委财经委员会,作为市委议事协调机构。主要负责贯彻落实党中央、省委经济工作方针政策,抓好全市经济工作的总体谋划、统筹协调、整体推进和督促落实等。市委财经委员会办公室设在市发展和改革委员会。

组建市委审计委员会。为加强市委对审计工作的领导,更好发挥审计监督作用,组建市委审计委员会,作为市委议事协调机构。主要负责研究提出并组织实施在审计领域坚持党的领导、加强党的建设政策措施;审议审计监督重大政策和改革方案,审议年度市级预算执行和其他财政支出情况审计报告,审议审计监督其他重大事项等。市委审计委员会办公室设在市审计局。

组建市委海洋发展委员会。为加强市委对海洋工作的领导和统筹协调,大力发展向海经济,组建市委海洋发展委员会,作为市委议事协调机构。主要负责研究制定全市向海经济发展规划、政策;审议确定有关重大战略、重大事项、重大项目,统筹推进海洋经济发展等。市委海洋发展委员会办公室设在市海洋发展局。

组建市委旅游发展委员会。为加强市委对旅游工作的统筹领导,加快实施"旅游富市"战略,组建市委旅游发展委员会,作为市委议事协调机构。主要负责研究制定全市旅游发展规划、政策,统筹推进、协调解决"旅游富市"战略实施中的重大问题等。市委旅游发展委员会办公室设在市文化和旅游局。

市委全面深化改革领导小组、市国家安全领导小组、市委网络安全和信息化领导小组、市委外事工作领导小组、市委农村工作领导小组改为委员会。为加强市委对涉及全市重大工作的领导,强化统筹协调职责,将市委全面深化改革领导小组、市国家安全领导小组、市委网络安全和信息化领导小组、市委外事工作领导小组、市委农村工作领导小组分别改为市委全面深化改革委员会、市委国家安全委员会、市委网络安全和信息化委员会、市委外事工作委员会、市委农业农村委员会,仍作为市委议事协调机构,负责相关领域重大工作的统筹谋划、综合协调、整体推进、督促落实。市委全面深化改革委员会的办事机构为市委全面深化改革委员会办公室,设在市委政策研究室;市委国家安全委员会的办事机构为市委国家安全委员会办公室,设在市委办公室。新组建市委网络安全和信息化委员会办公室,作为市委网络安全和信息化委员会的办事机构。市委外事工作委员会的办事机构为市委外事工作委员会办公室,设在市政府外事办公室;市委农业农村委员会的办事机构为市委农业农村委员会办公室,设在市农业农村局。

市委军民融合发展委员会作为市委议事协调机构,其办公室设在市发展和改革委员会。

设立市委教育工作委员会。为加强全市教育系统党的建设和思想政治工作,设立市委教育工作委员会,作为市委派出机构,与市教育局合署办公。将市委高等学校工作委员会(市高等教育工作办公室)职责划入市委教育工作委员会。市委教育工作委员会主要负责指导全市教育系统党建和思想政治工作,配合做好驻地省属高校党建及相关工作。撤销市委高等学校工作委员会(市高等教育工作办公室)事业单位建制。

组建市委教育工作领导小组。为加强市委对教育工作的领导,全面贯彻党的教育方针,加强教育领域党的建设,深化教育改革,加快教育现代化,办好人民满意的教育,组建市委教育工作领导小组,作为市委议事协调机构。主要负责研究提出并组织实施在教育领域坚持党的领导、加强党的建设政策措施,统筹教育领域思想政治、意识形态工作;审议全市教育发展中长期规划、重大政策和体制改革方案;协调解决教育工作重大问题等。市委教育工作领导小组办公室设在市委教育工作委员会。

组建市委网络安全和信息化委员会办公室。为加强网络安全和信息化工作,组建市委网络安全和信息化委员会办公室,为市委网络安全和信息化委员会的办事机构,作为市委工作机关,对外加挂市互联网信息办公室牌子。主要负责组织开展网络安全和信息化重大问题研究;组织研究起草全市网络安全和信息化总体方案、目标规划、重要政策和重大措施;统筹协调全市网络安全保障体系建设;负责全市网上舆论工作;承担市委网络安全和信息化委员会日常工作等。撤销市互联网信息办公室事业单位建制。

优化市委办公室职责。将市档案馆(市档案局)承担的行政职能划入市委办公室。市委办公室对外加挂市档案局、市委保密委员会办公室(市国家保密局)牌子。

市委组织部统一管理市委机构编制委员会办公室。为加强市委对机构编制和机构改革的领导,理顺机构编制管理和干部管理的体制机制,调整优化市委机构编制委员会领导体制,市机构编制委员会调整为市委机构编制委员会,作为市委议事协调机构,统筹负责全市机构职能编制工作。

市机构编制委员会办公室调整为市委机构编制委员会办公室,作为市委机构编制委员会的办事机构,为市委工作机关,归口市委组织部管理。

市委组织部统一管理公务员工作。将市人力资源和社会保障局的公务员录用调配、考核奖惩、培训和工资福利等公务员管理职责及党群系统事业单位人事管理职责划入市委组织部。市委组织部对外加挂市公务员局牌子。

调整后,市委组织部在公务员管理方面的主要职责是:贯彻执行公务员法律、法规和政策;统一管理公务员录用调配、考核奖惩、培训和工资福利等事务;指导全市公务员队伍建设和绩效管理等。

市委宣传部统一领导文化旅游、新闻出版广电工作。市委宣传部对外加挂市政府新闻办公室、市精神文明建设委员会办公室牌子。

市委统一战线工作部统一管理对台工作、民族宗教、侨务工作。将市委台湾工作办公室(市政府台湾事务办公室)、市民族宗教事务局并入市委统一战线工作部,将市政府外事侨务办公室的侨务管理、港澳事务联络职责划入市委统一战线工作部,市委统一战线工作部对外保留市政府台湾事务办公室、市民族宗教事务局牌子,对外加挂市政府侨务办公室牌子。

调整后,市委统一战线工作部在台港澳工作方面的主要职责是:贯彻执行台港澳工作方针、政策;指导全市台港澳工作,协调涉台港澳重要事项;协调指导我市与台港澳间的经济、文化、学术、科技等领域交流与合作等。

市委统一战线工作部在侨务工作方面的主要职责是:落实中央海外统战工作决策部署和省侨务工作政策、规划;管理全市侨务行政事务,统筹协调有关部门和社会团体涉侨工作;调查研究侨情和侨务工作情况,联系香港、澳门和海外有关社团及代表人士,指导推动涉侨宣传、文化交流工作等。

将市政府外事侨务办公室的海外华人华侨社团联谊等职责划归市侨联行使。不再保留市委台湾工作办公室、单设的市民族宗教事务局。

不再设立市社会治安综合治理委员会及其办公室、市维护社会稳定工作领导小组及其办公室、市委防范和处理邪教问题领导小组及其办公室。为加强市委对政法工作的统一领导,更好统筹协调全市政法机关资源力量,不再设立市社会治安综合治理委员会及其办公室、市维护社会稳定工作领导小组及其办公室、市委防范和处理邪教问题领导小组及其办公室,有关职责交由市委政法委员会承担。

调整后,市委政法委员会在社会治安综合治理方面的主要职责是:负责组织协调、推动和督促全市各级各有关部门开展社会治安综合治理工作,协调处置重大突发事件,研究社会治安综合治理有关重大问题等。

市委政法委员会在维护社会稳定方面的主要职责是:统筹协调全市政法机关等部门处理影响社会稳定的重大事项,协调应对和处置重大突发事件,预防、化解影响稳定的社会矛盾和风险等。

市委政法委员会在防范和处理邪教工作方面的主要职责是:协调指导全市各相关部门做好反邪教工作,分析研判有关情况信息并向市委提出政策建议,协调处置重大突发性事件等。市公安局按照职责分工继续承担反邪教相关工作。

调整市委老干部局管理体制。将市委老干部局由市委组织部管理的机关调整为市委工作机关,归口市委组织部管理。

调整市委市政府信访局管理体制。将市委市政府信访局调整为市信访局,作为市政府工作部门,由市政府办公室统一领导和管理,同时承担市委信访相关工作。

改革后,市委设置市纪委监委机关;工作机关 11 个,正处级规格。

(二)市政府机构改革

深化市政府机构改革,坚持转变政府职能,简政放权,着力破除制约使市场在资源配置中起决定性作用、更好发挥政府作用的体制机制弊端,围绕推动高质量发展,建设现代化经济体系,加强和完善政府经济调节、市场监管、社会管理、公共服务、生态环境保护职能,着力优化政府机构设置、职能配置,全面提高行政效能,构建职责明确、依法行政的政府治理体系,增强政府公信力和执行力,加快建设人民满意的服务型政府。

组建市自然资源和规划局。整合市国土资源局、市规划局、市林业局的职责以及市发展和改革委员会的组织编制主体功能区规划职责,市水利局的水资源调查和确权登记管理职责,市海洋与渔业局的编制海洋主体功能区规划、无居民海岛保护规划以及海域、海岛等资源调查和确权登记管理职责,相关部门的草原(地)资源调查、确权登记、监督管理及自然保护区、风景名胜区、地质公园等管理职责,组建市自然资源和规划局,作为市政府工作部门,保留市林业局牌子。主要负责编制并监督实施全市主体功能区规划,建立空间规划体系;履行全民所有各类自然资源资产所有者职责,统一调查和确权登记,建立自然资源有偿使用制度,对全市自然资源开发利用和保护进行监管;负责测绘和地质勘查行业管理;组织生态保护和修复,开展全市造林绿化工作,管理国家公园等各类自然保护地。

组建市自然资源和规划局东港分局,作为市自然资源和规划局的派出机构,正科级规格。组建岚山区、莒县、五莲县自然资源和规划局(挂林业局牌子),作为区县政府工作部门,实行属地管理。不再保留市国土资源局、市规划局、单设的市林业局。

组建市生态环境局。整合市环境保护局的职责,以及市发展和改革委员会的应对气候变化和减排职责,市经济和信息化委员会的推行清洁生产相关职责,市国土资源局的监督防止地下水污染职责,市水利局的编制水功能区划、排污口设置管理、流域水环境保护职责,市农业局的监督指导农业面源污染治理职责,市海洋与渔业局的海洋环境保护等职责,组建市生态环境局,作为市政府工作部门。主要负责统一行使生态和城乡各类污染排放监管与行政执法职责,监督管理污染防治、核与辐射安全;指导、协调、监督生态保护工作;组织开展全市环境保护督察等。

生态环境部门实行市以下垂直管理体制,具体垂改工作按中央有关改革部署实施。不再保留市环境保护局。

组建市农业农村局。整合市农业局(市扶贫开发办公室)的职责,市委农村工作领导小组办公室、市畜牧兽医局、市农业机械管理局承担的行政职能,以及市发展和改革委员会的农业投资项目、市国土资源局的农田整治项目、市水利局的农田水利建设项目管理职责,市财政局的农业综合开发项目管理、农村综合改革职责,组建市农业农村局,作为市政府工作部门,承担扶贫开发工作职责,保留市扶贫开发办公室牌子,加挂市畜牧兽医局牌子。主要负责统筹研究和组织实施"三农"工作战略、规划和政策,协调解决"三农"工作问题;管理种植业、畜牧兽医、农业机械化、农产品质量安全;负责农业投资管理等。

市扶贫开发领导小组办公室设在市农业农村局,脱贫攻坚期间,市扶贫开发领导小组办公室独立运行,承担市扶贫开发领导小组的日常工作,2020年脱贫任务完成后,根据扶贫工作的新形势作出调整。不再保留市农业局,撤销市委农村工作领导小组办公室事业单位建制。

组建市文化和旅游局。整合市文化广电新闻出版局、市旅游发展委员会的职责,组建市文化和旅游局,作为市政府工作部门,加挂市新闻出版广电局、市文物局牌子,归口市委宣传部领导。主要负责统筹规划文化事业、文化产业、旅游业、文物保护事业发展;统筹规划和指导协调新闻出版、广播电影电视事业及产业发展;推进文化产业、旅游业与相关产业融合发展等。不再保留市文化广电新闻出版局、市旅游发展委员会。

组建市卫生健康委员会。整合市卫生和计划生育委员会(市中医药管理局)的职责,市市级公立医院管理委员会办公室(市市级公立医院管理局)、市老龄工作委员会办公室承担的行政职能,以及市安全生产监督管理局的职业安全健康监督管理等职责,组建市卫生健康委员会,作为市政府工作部门,保留市中医药管理局牌子。主要负责协调推进全市深化医药卫生体制改革,组织实施国家基本药物制度;监督管理公共卫生、医疗服务和卫生应急;负责计划生育管理和服务工作;协调落实应对人口老龄化政策措施,推进老年健康服务体系建设和医养结合工作等。

保留市老龄工作委员会、市市级公立医院管理委员会,日常工作由市卫生健康委员会承担。

不再保留市卫生和计划生育委员会。撤销市市级公立医院管理委员会办公室(市市级公立医院管理局)事业单位建制。

组建市退役军人事务局。整合市民政局的退役军人优抚安置职责,市人力资源和社会保障局的军队转业干部安置等职责,组建市退役军人事务局,作为市政府工作部门。主要负责贯彻落实退役军人思想政治、管理保障等工作政策法规;负责全市军队转业干部、复员干部、退休干部、退役士兵的移交安置和自主择业退役军人服务管理、待遇保障工作;组织开展退役军人教育培训、优待抚恤等;指导全市拥军优属工作;负责烈士及退役军人荣誉奖励、军人公墓管理维护以及纪念活动等。按中央有关改革部署实施。

组建市应急管理局。整合市安全生产监督管理局的职责,市政府办公室的应急管理职责,市公安局的消防管理职责,市民政局的救灾职责,市国土资源局的地质灾害防治相关职责,市水利局的水旱灾害防治相关职责,市林业局的森林防火相关职责,市海洋与渔业局的海洋灾害预警报和防灾减灾相关职责,相关部门的草原(地)防火相关职责,市地震局承担的行政职能,以及市政府防汛抗旱指挥部、市减灾委员会、市抗震救灾指挥部的职责和市森林防火指挥部等有关职责,组建市应急管理局,作为市政府工作部门。主要负责组织编制全市应急总体预案和规划,指导各地各部门应对突发事件工作;建立灾情报告系统并统一发布灾情,统筹应急力量建设和物资储备并在救灾时统一调度,组织灾害救助体系建设;组织指导安全生产类、自然灾害类应急救援,指导火灾、水旱灾害、地质灾害等防治;负责安全生产综合监督管理和工矿商贸行业安全生产监督管理工作等。相关工作按中央有关改革部署实施。不再保留市安全生产监督管理局。

组建市工业和信息化局。整合市经济和信息化委员会的职责,市民营经济发展办公室、省无线电管理办公室日照管理处(市无线电管理处)承担的行政职能,以及市发展和改革委员会的汇总编制工业发展中长期规划和年度计划职责,组建市工业和信息化局,作为市政府工作部门。主要负责拟订工业发展规划、政策并组织实施,推进工业化和信息化融合;监测、分析全市工业行业经济运行态势,进行预测预警和信息引导;组织实施国家、省工业产业政策,研究提出推进工业经济结构调整和升级的措施;推动电子信息产品制造业、软件业和信息服务业等信息产业发展;承担无线电管理、推动中小企业发展工作等。不再保留市经济和信息化委员会。

组建市海洋发展局。在市海洋与渔业局海洋发展政策拟订、海洋经济运行监测、海域海岛综合管理、海洋科技、海洋对外合作、渔业管理、渔船检验和监督管理等职责的基础上,组建市海洋发展局,作为市政府工作部门。主要负责组织拟订海洋发展战略、发展规划、产业政策并组织实施;负责海域使用和海岛保护利用管理;负责海洋经济运行监测评估、海洋科技、海洋对外合作;负责渔业管理和监督管理渔业安全生产;负责渔船检验和监督管理等。不再保留市海洋与渔业局。

组建市政府外事办公室。在市政府外事侨务办公室的外事职责基础上组建市政府外事办公室,作为市政府工作部门。主要负责贯彻执行外事工作法律法规和方针政策,拟订全市外事工作规则制度;综合归口管理全市执行国家对外政策的有关工作,统筹协调重要外事事项等。不再保留市政府外事侨务办公室。

组建市行政审批服务局。整合市政务服务中心管理办公室承担的行政职能,相关部门的行政审批及有关政务服务等职责,组建市行政审批服务局,作为市政府工作部门,加挂市政务服务管理办公室牌子。主要负责审批职责范围内的行政许可事项,提供相关公共服务和便民服务,管理政务服务大厅,对进驻政务服务大厅的各部门审批服务工作及人员进行指导、管理和监督。撤销市政务服务中心管理办公室事业单位建制。

组建市市场监督管理局。整合市工商行政管理局、市质量技术监督局、市食品药品监督管理局(市食品安全委员会办公室)的职责,以及市科学技术局的知识产权管理的相关职责,市商务局的打击侵犯知识产权和假冒伪劣商品、反垄断的相关职责,市物价局的价格监督检查与反垄断的相关职责,组建市市场监督管理局,作为市政府工作部门,加挂市知识产权局牌子。主要负责全市市场综合监督管理,统一登记市场主体并建立信息公示和共享机制;组织市场监管综合执法工作,规范和维护市场秩序;组织实施质量强市战略,负责工业产品质量安全、食品安全、特种设备安全监管,统一管理计量标准、检验检测、认证认可工作;负责全市药品、化妆品、医疗器械的监督管理;负责全市知识产权保护及商标、专利执法工作等。

保留市食品安全委员会,日常工作由市市场监督管理局承担。不再保留市工商行政管理局、市质量技术监督局、市食品药品监督管理局(市食品安全委员会办公室)。

组建市医疗保障局。整合市人力资源和社会保障局的城乡居民基本医疗保险、职工医疗保险、生育保险等职责,市民政局的医疗救助职责,市卫生和计划生育委员会的药械集中采购监督管理相关职责,市物价局的药品和医疗服务价格管理等职责,组建市医疗保障局,作为市政府工作部门。主要负责贯彻实施医疗保险、生育保险、医疗救助等医疗保障制度的政策、规划、标准;监督管理全市相关医疗保障基金,完善异地就医管理和费用结算平台;监督实施药品、大型医疗设备和医用耗材的招标采购政策;组织制定和调整药品、医疗服务价格和收费标准;监督管理纳入医保支出范围内的医疗服务行为和医疗费用等。

组建市城市管理局。整合市综合行政执法局的相关职责,以及市住房和城乡建设局承担的市政公用、市容环卫、园林绿化等城市管理方面的职责,组建市城市管理局,作为市政府工作部门,保留市综合行政执法局牌子。主要负责贯彻执行国家、省、市关于城市管理和行政执法工作的法律、法规、规章;负责市政公用、市容环卫、园林绿化等管理工作;对跨区县重大案件集中行使相关领域法律、法规、规章规定的行政处罚权;指导区县综合行政执法工作等。不再保留单设的市综合行政执法局。

组建市地方金融监督管理局。整合市金融工作办公室(市地方金融监督管理局)的职责,以及市商务局的典当行、商业保理公司的经营监督管理职责,组建市地方金融监督管理局,作为市政府工作部门,保留市金融工作办公室牌子。主要负责拟订全市金融业发展规划和政策,依法制定地方金融监管规则和办法;研究分析金融形势、金融政策和全市金融运行情况,提出改善金融业发展环境、促进金融业发展的建议;协调和推动企业上市、场外市场挂牌工作;依照权限审核审批新型金融组织的设立、变更、终止及业务范围;组织协调有关部门防范化解和处置地方金融风险等。不再保留单设的市金融工作办公室(市地方金融监督管理局)。

组建市大数据发展局。整合市政府办公室以及相关部门的大数据管理、大数据发展规划、大数据基础设施建设、电子政务管理等职责,组建市大数据发展局,作为市政府工作部门。主要负责牵头制定并组织实施全市大数据发展应用规划和政策措施,加快建设"互联网+政务服务";统筹规划大数据基础设施建设,建立完善数据开放平台和标准体系,推动政府数据开放共享利用,承担政务服务平台建设管理工作;指导协调大数据产业发展,健全大数据安全保障体系等。

重新组建市科学技术局。整合市科学技术局的职责,市人力资源和社会保障局(市外国专家局)的外国专家管理等职责,重新组建市科学技术局,作为市政府工作部门,保留市外国专家局牌子。主要负责统筹推进全市创新体系建设和科技体制改革;管理科技成果、科技奖励、科技保密、技术市场和科技信息市场;负责全市引进国外智力工作等。市人力资源和社会保障局不再挂市外国专家局牌子。

重新组建市司法局。整合市司法局的职责,市政府办公室的政府法制工作职责,重新组建市司法局,作为市政府工作部门。主要负责有关地方性法规和市政府规章草案起草;负责立法协调和备案审查、解释;负责行政执法监督和行政复议应诉、普法宣传;负责监狱、社区矫正管理、律师公证和司法鉴定仲裁管理等。市政府办公室不再挂市政府法制办公室(市政府行政执法监督局、市政府行政复议办公室)牌子。

调整市政府国有资产监督管理委员会管理体制。将市政府国有资产监督管理委员会由市政府派出机构调整为市政府工作部门。按照转变政府职能的要求,将市直部门(单位)举办的国有企业交由市政府国有资产监督管理委员会管理。

优化市政府办公室职责。将市口岸港航局的口岸管理职责,市政府调查研究室(市政府大陆桥工作办公室、WTO 法规研究中心)承担的行政职能划入市政府办公室。市政府参事的组织管理和服务职责由市政府办公室负责。市政府办公室加挂市口岸办公室、市政府研究室、市政府参事室牌子。

优化市发展和改革委员会职责。将市粮食局的职责,市经济和信息化委员会的企业技术中心管理、经济运行调节、重要物资和商品紧急调度、研究拟订现代物流业发展规划政策、煤炭行业管理、长输石油天然气管道保护管理、电力管理、节约能源相关职责,市物价局的相关商品价格、服务价格管理和政策制定等职责,相关部门组织实施国家战略和应急储备物资收储、轮换和日常管理职责,以及市服务业办公室承担的行政职能划入市发展和改革委员会。市发展和改革委员会加挂市新旧动能转换综合试验区建设办公室、市能源局、市粮食和物资储备局牌子。

不再保留市粮食局、市物价局、市新旧动能转换重大工程推进办公室(市蓝色经济区办公室)。

优化市交通运输局职责。将市发展和改革委员会的地方铁路规划建设管理相关职责,市经济和信息化委员会的组织协调铁路公路水运航空综合运输、指导协调铁路道口监护管理和综合治理职责,市口岸港航局的港航管理职责,以及市铁路建设管理办公室、市公路管理局等相关事业单位承担的行政职能划入市交通运输局。不再保留市口岸港航局。

优化市水利局职责。将市水利移民管理局、市调水工程建设管理处等市水利局所属事业单位承担的行政职能,以及市防汛抗旱指挥部办公室承担的水旱灾害防御行政职能划入市水利局。

优化市商务局职责。将市经济和信息化委员会的成品油流通监督管理、茧丝绸行业协调管理、散装水泥管理职责划入市商务局。

优化市审计局职责。将市发展和改革委员会的重大项目稽查职责,市财政局的预算执行情况和其他财政收支情况的监督检查职责,市政府国有资产监督管理委员会的相关经济责任审计职责和市属国有企业监事会等职责划入市审计局。不再设立市属国有企业监事会。

强化市财政局职责。根据市政府授权,市财政局集中统一履行市级国有金融资本出资人职责;依法依规履行国有金融资本管理职责,负责组织实施基础管理、经营预算、绩效考核、负责人薪酬管理等工作。

配合做好国税地税征管体制改革有关工作。按照中央、省委部署,配合做好国税地税征管体制改革工作。将有关部门的非税收入征管职责划入税务部门,将基本养老保险费、基本医疗保险费、失业保险费等各项社会保险费交由税务部门统一征收。

改革后,市政府设置工作部门35个,正处级规格。

(三)市人大、市政协机构改革

发挥人大及其常委会在立法工作中的主导作用,健全人大组织制度和工作制度,完善人大专门委员会设置,更好发挥其职能作用。推进人民政协履职能力建设,加强人民政协民主监督,优化政协专门委员会设置,更好发挥其作为专门协商机构的作用。

1.市人大及其常委会机构改革

组建市人大社会建设委员会。为适应统筹推进"五位一体"总体布局需要,加强社会建设,创新社会管理,更好保障和改善民生,推进社会领域法制建设,整合市人大内务司法委员会、财政经济委员会、教育科学文化卫生委员会的相关职责,组建市人大社会建设委员会,作为市人大专门委员会。主要负责研究、拟订、审议全市劳动就业、社会保障、民政事务、群团组织、安全生产等方面的有关议案、地方性法规草案,开展有关调查研究,开展有关执法检查等。

市人大内务司法委员会更名为市人大监察和司法委员会。为适应国家监察体制改革需要,促进国家监察工作顺利开展,将市人大内务司法委员会更名为市人大监察和司法委员会。

市人大监察和司法委员会在原有工作职责的基础上,增加配合深化国家监察体制改革、完善国家监察制度体系、推动实现党内监督和国家机关监督有机统一方面的职责。

改革后,市人大设置常委会工作机构5个,专门委员会8个。

2.市政协机构改革

组建市政协农业和农村委员会。将市政协经济委员会联系农业界、研究"三农"问题等职责调整到市政协农业和农村委员会。主要负责组织委员学习宣传党和国家农业农村方面的方针政策和法律法规,就全市"三农"问题开展调查研究,提出意见、建议和提案,团结联系农业和农村界委员反映社情民意。

市政协文史联谊委员会更名为市政协文化文史和学习委员会。将市政协科教文卫体委员会承担的联系文化艺术界等相关工作调整到市政协文化文史和学习委员会。

市政协科教文卫体委员会更名为市政协教科卫体委员会。

改革后,市政协设置工作机构3个,专门委员会8个。

(四)深化其他领域改革

健全党委统一领导群团工作的制度,推动群团组织改革,增强政治性、先进性、群众性。深化行政执法体制改革,整合精简执法队伍。加快推进承担行政职能事业单位改革,实现政事分开。深化审批服务便民化改革,全力打造审批事项少、办事效率高、服务质量优、群众获得感强的发展环境。配合深化司法体制改革,优化司法职权配置,全面落实司法责任制,配合推进基层法院、检察院内设机构改革。配合推进跨军地改革。

深化市级群团组织改革。认真落实党中央关于群团组织改革的决策部署和省委的要求,着力解决"机关化、行政化、贵族化、娱乐化"等问题,把群团组织建设得更加充满活力、更加坚强有力。市级群团组织设立的党组(党委),接受市委的统一领导,定期汇报工作,确保党的方针政策和决策部署得到贯彻落实。市级群团组织改革与地方机构改革相结合,改革机构设置、优化管理模式、创新运行机制,促进党政机构同群团组织功能有机衔接,支持和鼓励群团组织承接适合由群团组织承担的公共服务职能,增强群团组织团结教育、维护权益、服务群众功能,充分发挥党和政府联系人民群众的桥梁纽带作用。坚持眼睛向下、面向基层,将力量配备、服务资源向基层倾斜,更好适应基层和群众需要。抓好市总工会、团市委、市妇联、市科协等群团机关改革方案落实;推进市文联、市侨联、市社科联等群团机关改革,协同推进县(区)群团组织改革。

根据中央有关文件精神,群团机关除市总工会、团市委、市妇联和市工商联使用行政编制外,其他均使用事业编制,收回现使用的行政编制,人员管理实行"老人老办法,新人新办法",现有机关工作人员继续参照《公务员法》管理。

深化市级行政执法体制改革。2015 年 4 月,省编办将日照市列为综合行政执法体制改革试点市,在省编办的指导下,市编办结合日照市地域小、人口少的实际,围绕下放执法权限、下移执法机构、下沉执法队伍三个方面,制定了以"推进执法重心下移、减少执法层级"为核心的改革方案,在市、县、乡三级同步推进综合行政执法体制改革。日照市在全省率先实现了市、县(区)两级全面推行相对集中行政处罚权,圆满完成了改革试点任务。日照市改革试点经验先后在省机构编制工作暨综合行政执法体制改革会议、省综合行政执法改革现场会、省机构编制工作创新研讨会、省委改革办改革交流研讨会等会议上做了交流发言。

2017 年,在总结改革试点经验的基础上,日照市制定印发了《日照市深化完善综合行政执法体制改革方案》,在跨部门、跨领域综合执法的基础上,重点对完善部门领域内综合行政执法作出部署,不断在完善执法机制、强化执法监督上下功夫,市直、县直部门全部实行部门领域内一支队伍或一个执法机构统一执法,构建了"综合执法+专业执法"的新体制。

2018 年以来,结合党政机构改革和事业单位改革,按照减少层次、整合队伍、提高效率的原则,深化行政执法体制改革。统筹配置行政执法职能和执法资源,大幅减少执法队伍种类。认真贯彻落实中央、省委部署要求,加强市场监管、生态环境保护、文化市场、交通运输、农业 5 个领域的综合执法工作,深入推动城市管理等其他跨领域、跨部门综合执法。减少执法层级,积极推动执法力量下沉,市本级与市辖区原则上只设一个执法层级,避免重复执法。除环保监测监察等中央明确规定实施垂直管理的机构外,其他领域要落实好属地监管职责。

全面清理清退临时人员和聘用人员,严禁使用辅助人员执法。锁定执法人员编制底数,暂保持现状不变,待中央统一明确政策后逐步规范。完善执法程序,严格执法责任,加强执法监督,不断提高执法队伍综合素质和能力。

经过改革,市直26个承担执法职责的部门中,有14个部门实现1支执法队伍,12个部门实现1个科室执法;市级执法队伍压减5支,执法科室压减12个。区县执法队伍全部控制在8支以内,乡镇全面推行网格化管理模式,建立横到边、纵到底、责任到人的网格化执法体系。全市按要求及时锁定市、县(区)执法队伍48支、执法人员编制1999名,全面清理规范临时人员和聘用人员。

深化事业单位改革。全面推进承担行政职能的事业单位改革,将完全、主要和部分承担行政职能的事业单位全部纳入党政机构改革,统筹推进、同步实施。将行政职能划归行政机关,能转职能的不转机构、确需转机构的实行综合设置。单设为行政机构的,要整合相同相近的行政职能,在精简的基础上综合设置,计入机构限额。改革后保留设置的事业单位,名称不再称"委、办、局"。今后,除行政执法机构按中央部署推进改革外,不再保留或新设承担行政职能的事业单位。

强化事业单位公益属性,精简规范设置涉改部门所属事业单位。规模较小、设置分散、职能弱化或交叉重复的,通过合并、撤销等方式进行优化整合;职能消失的事业单位,妥善解决遗留问题后,一律予以合并或撤销。新组建事业单位重新明确职责任务、领导职数、人员编制、内设机构等机构编制事项,机构规格要低于主管部门规格。全面压缩现有事业单位机构编制规模,事业单位总额只减不增;机构编制效能发挥不充分的,相应精简机构编制;严格控制内设机构个数,推行"大科室制"。

继续深化从事生产经营活动类事业单位改革。经济效益较好,具备转企条件的事业单位,按时限要求完成转企改制任务。人员资产规模较小或资不抵债、不具备转企条件的,做好人员安置工作,能撤销的及时撤销。历史遗留问题较多、不能撤销的扎口管理,压缩规模,核减编制,消化在编人员,逐步退出事业单位序列。

按照精干高效的原则设置市委市政府直属事业单位。改革后,市委市政府直属事业单位设置37个。

市委直属事业单位9个：市委党校(日照行政学院、市社会主义学院)、市委党史研究院(市地方史志研究院)、市档案馆、市接待服务中心、日照日报社、市社会科学界联合会、市文学艺术界联合会、市科学技术协会、市归国华侨联合会。

市政府直属事业单位28个：市机关事务服务中心、市投资促进服务中心(市商务局代管)、市住房公积金管理中心、市仲裁委员会办公室、日照中央活力区发展服务中心、日照综合保税区管理服务中心(日照综合保税区管理委员会代管)、日照广播电视台、日照职业技术学院、日照市技师学院、市供销合作社联合社、市红十字会、中国国际贸易促进会日照市委员会、市残疾人联合会、市政府调查研究中心(市政府办公室代管)、市经济发展研究院(市发展和改革委员会代管)、市粮食和物资储备服务中心(市发展和改革委员会代管)、市能源产业发展服务中心(市发展和改革委员会代管)、市钢铁产业发展服务中心(市工业和信息化局代管)、市财政国库支付中心(市非税收入管理中心,市财政局代管)、市政府投融资管理中心(政府和社会资本合作服务中心,市财政局代管)、市社会保险服务中心(市人力资源和社会保障局代管)、市人才开发和公共就业服务中心(市人才创新发展院,市人力资源和社会保障局代管)、市城乡规划服务中心(市自然资源和规划局代管)、市林业技术服务中心(市自然资源和规划局代管)、市交通运输事业管理中心(市交通运输局代管)、市防汛抗旱运行监测中心(市水利工程技术服务中心、市河湖长制管理服务中心,市水利局代管)、市畜牧兽医管理服务中心(市农业农村局代管)、市日韩经贸联络服务中心(市商务局代管)。

按照优化整合的原则调整涉改事业单位。改革后,市级撤销承担行政职能事业单位56个(正处级5个、副处级21个、科级30个),压缩比例为65.9%(其中,处级事业单位压减比例为55.3%);调整为公益类事业单位29个(正处级12个、副处级9个、科级8个)。同时,将部分公益类事业单位纳入承担行政职能事业单位一并改革,市级共整合撤销公益类事业单位27个(正处级1个、副处级2个、科级24个)。全市4个区县承担行政职能科级事业单位共减少80个(正科级29个、副科级51个),整合设置科级事业单位76个,精简压缩比例为

51%。

深化审批服务便民化改革。按照中央统一部署,把机构改革同深化简政放权、放管结合、优化服务改革有机结合起来。全面落实省"一次办好"的改革精神,推行审批服务"马上办、网上办、就近办、一次办"。加快政府职能转变,减少微观管理事务,清理和规范各类行政许可、资质资格、中介服务等管理事项,把更多行政资源从事前审批转到加强事中事后监管上来。加强权责清单管理,推进权责清单标准化、规范化建设,有效规范和约束行政权力运行。扎实推进"减证便民""证照分离"、减轻企业税费负担、降低企业准入门槛、"3440"专项改革、贴心帮办(代办)等措施,减少盖章、审核、备案、确认等各种烦琐环节和手续,不断优化营商环境。全面推进相对集中行政许可权改革,行政审批服务部门可集中行使市场准入、投资建设、国土规划、交通运输、环境保护、安全生产、城市管理、民生保障等领域行政许可权,实行"一枚印章管审批"。推进供水、供电、供气、供暖等人民群众经常打交道的公共事业部门便民化改革,进一步压缩报装时间。加快推进部门政务信息联通共享,着力提升"互联网+政务服务"水平。

执 笔 人:王玄烨

审 稿 人:徐晓君

撰稿单位:日照市机构编制委员会办公室

日照市档案工作的发展历程

　　档案工作是一项记录历史、服务当代、惠及后世的基础性工作,是维护党和国家历史真实面貌的重要事业。改革开放以来,日照市档案事业紧跟国家改革开放的历史进程,实现了由单纯面向党委政府机关服务的封闭、半封闭性工作向为社会各界服务的开放性事业的转变,档案事业各项建设取得了长足发展,也为推动日照经济社会的全面发展做出了重要贡献。1978 年的改革开放揭开了日照档案事业发展的新篇章。40 多年来,日照档案事业见证和记录了日照经济社会的发展变化,置身其中,日照档案事业也走过了不平凡的发展历程,大致可划分为以下三个阶段。

一、恢复职能健全机构,档案事业重新起步(1978 ～ 1985 年)

　　日照市档案馆(局)的前身是日照县档案馆,于 1959 年 3 月成立。1962 年 1 月中共日照县委办公室档案科成立,与县档案馆合署办公,是日照县档案工作的行政管理机构。在"文化大革命"时期,全县的档案工作陷于瘫痪状态。1972 年 11 月,日照县革命委员会办公室设立档案组,行使档案行政管理职能。1978 年 3 月,档案组归属中共日照县委办公室,称日照县委办公室档案组。党的十一届三中全会以后,全县档案系统贯彻中央"调整、改革、整顿、提高"八字方针,开始逐步恢复工作。1979 年 10 月,日照县召开全县档案工作会议,会上对档案工作提出了两项要求:一是做好积存档案文件的清理立卷工作;二是狠抓档案管理和加强开发利用工作。

　　1976年5月至1977年10月,日照县档案组从建立文书档案立卷归档工作和档案管理工作入手,陆续接收县委、县革委、县直机关和撤销单位的档案累计接收46个全宗,共3775卷;1983年至1984年,接收县直31个单位的文书档案,共接收2134卷。随后又下发《人民公社、生产大队档案工作暂行办法(草案)》等文件,以开办培训班等方式,组织全县公社、生产大队对"文化大革命"以来积存的零散文件进行清理立卷,基本结束了"包包捆捆"、无档可查的混乱状态,为开展后续工作奠定了基础。

　　1980年7月,撤销档案组,设立日照县档案局。1981年4月,恢复日照县档案馆,作为中共日照县委、县政府直属的科学文化事业机构,局馆合署办公。1984年5月,日照县档案局在机构改革中被撤销,设立日照县档案科,科馆合一;一个机构,两个名称,档案科隶属于县委办公室。1985年4月,撤销日照县,设立县级日照市,日照县档案科改称日照市委办公室档案科,日照县档案馆改称日照市档案馆。1985年9月,撤销日照市委办公室档案科,成立日照市档案局,列入市政府序列,受市委、市政府双重领导,既是市委的办事机构,又是市政府的职能部门。莒县、五莲县档案管理部门也于1986年陆续恢复和建立。与此

1986年,日照市建成使用的县级市档案馆

同时,各基层档案室也开始恢复机构和档案管理工作,逐步形成了一个组织机构完整、职责分工明确的档案管理网络。

二、依法治档夯牢基础,档案事业步入法制化轨道(1986～2002年)

1987年,以《中华人民共和国档案法》(以下称《档案法》)的颁布实施为标志,日照档案事业进入依法管理的新阶段。档案局(馆)紧紧围绕学习、宣传、贯彻《档案法》开展工作,并以此为契机狠抓档案工作的落实。

(一)档案业务指导逐步规范

1987年5月,市局(馆)内设秘书科、业务指导科、管理科,有编制人员12人,理顺了档案工作机构,进一步加强档案工作的行政管理和保管利用两种职能。

在依法管理档案事业的前提下,市档案局不断改进档案管理工作的方式方法。从1990年起,市内各级机关、企事业单位的档案室广泛开展了以推行综合管理、加强基础业务建设为主要内容的各种达标升级和目标管理活动。至1998年,全市已有604个单位的档案工作达到省级以上先进标准。1999年3月26日,日照市档案局印发了《关于认真贯彻实施〈山东省机关档案工作规范化目标管理认定办法〉全面推行机关档案工作目标管理的通知》,全市机关档案管理工作由过去的达标升级改为档案工作规范化目标管理,认定程序更加规范,内容更加充实科学。期间,全市机关档案室按照《山东省机关档案工作规范化目标管理认定标准》重新进行认定验收,推动全市机关档案管理工作向着更高的管理目标迈进。至2002年底,全市已有全省档案工作先进系统20个,机关档案工作省级先进单位518个,企事业档案工作国家、省部级先进单位115个,其中国家级29个。

为巩固和发展档案工作目标管理成果,日照市档案局从抓基础档案业务建设入手,不断完善档案收集、征集、整理、保管、利用、鉴定、移交等各项规章制度。1997年会同市人大、市政府法制局等相关部门组成执法检查组,对区县和市直单位的档案工作进行档案执法检查,使全市档案工作逐步进入有法可依、有章可循的轨道。

(二)档案资源建设逐步推进

档案资源建设是档案工作的重中之重。20世纪八九十年代,档案接收是国家档案馆收集档案、开展资源建设的主要方式。机构关系理顺之后，随着 1985 年、1986 年档案馆舍的建立，档案接收工作受到高度重视，中央先后多次印发文件，对不同时期的档案接收和移交工作提出明确要求。

1988 年 3 月，日照市政府印发《关于征集档案资料的通告》，市档案局随后印发了《细则》，进一步明确了市档案馆的档案收集范围，收集范围较此前有所拓展，并强调做好二级单位和其他门类档案，以及政治体制改革中撤并单位的档案、革命历史档案的接收和征集工作。1987 年，日照市档案馆重点抓乡镇、办事处档案的收集进馆工作。对全市应进馆的 19 处乡镇、办事处 1984 年撤社建乡前的档案集中进行接收，共接收档案 3699 卷，并对市委整党办、铁路办、落实政策办、工业普查办等撤销机关及团市委、市妇联、机关党委等单位的档案进行了接收，共接收档案 4164 卷，档案总量达 13883 卷。五莲县档案馆也于同年完成了乡镇档案接收工作。1991 年 6 月，中共日照市委办公室、日照市政府办公室印发了《关于地级日照市成立以前形成的档案资料进行全面清理、移交市档案馆的通知》，各机关迅速开展了档案的全面清理整理和移交工作。1992 年 11 月，日照市档案局印发了《关于抓紧档案资料移交进馆的通知》，对部分未及时移交的单位在进馆时限方面作出具体要求。到 1993 年，日照市档案馆完成了对日照市所有应进馆单位 1989 年前档案的接收工作。此次共接收档案 12599 卷，至此，日照市档案总量达 4 万卷。

1996 年颁布实施的《山东省档案条例》再次明确了市、县级档案馆收集档案的时限，规定列入市(地)、县(市、区)综合档案馆收集范围的档案，自形成之日起满 10 年，向市(地)、县(市、区)综合档案馆移交。截至 2003 年，各级档案馆室除了加强对文书档案管理之外，市、区县档案馆还加强了各单位应进馆专门档案的接收工作，逐步由以管理文书档案为主发展为对文书档案、科技档案、专业或业务档案、会计档案等不同门类和照片档案、音像档案、光盘档案等不同载体的档案进行综合管理，室藏档案结构不断完善，收集档案数量日益增加。

(三)档案教育培训逐步展开

档案教育是提高档案工作人员文化素质和业务素质的重要途径。日照市内各档案馆建馆初期，档案工作人员少，而且都未从事过档案工作，主要从实践中获取专业知识。后来,随着档案事业的发展,档案工作人员逐渐增多。为尽快掌握档案专业知识基本技能,各档案馆(科)采取以会代培、现场指导、边干边学、互帮互学的办法,对档案工作人员进行业务培训。每年召开 1 至 2 次档案工作人员会议,或举办整档会、鉴定会、检查评比会等,一是学习档案专业知识,二是结合年度整档工作,让档案工作人员在实践中掌握操作技能,把学习和实践有机地结合起来。到1990 年,在职档案工作人员基本培训一遍。

日照市升为地级市后,培训教育纳入了市档案局(馆)工作议事日程,并制度化。培训教育形式有培训班、训练班、现场学习班等。培训内容除档案理论知识外,实际操作、现场观摩也被纳入主要培训内容。2001 年后,又将档案信息化建设、数字化管理等档案管理现代化手段和新时期档案门类学习列入培训内容。档案工作人员通过培训取得上岗资格证书后,方可持证上岗。截至 2002 年底,培训档案工作人员 500 多人次,举办培训班 15 期。

为提高档案干部队伍的政治素质、文化素质和业务素质,适应各级党政机关、企业单位工作现代化需要,培养具有专业档案知识、文献编纂、综合调研、信息开发、科技教育、执法监督等技能的专门人才,1993 年 2 月,经山东省干部教育工作领导小组批准,中共山东省委党校、山东省档案局联合举办山东省档案系统档案文秘专业业余专科班和本科班。日照市档案局将此视为对档案工作人员进行学历教育、提升档案工作人员学历层次的极好契机,认真组织实施。于同年 8 月成立山东省委党校九三级业余文秘档案大专班日照学区教学领导小组,负责招生培训工作。当年招收 93 级文秘档案专业大专班 3 个,招收学员 174名。1993 年至 1999 年,日照学区共招收文秘档案专科班 7 个,本科班 1 个,有294 人获取专科文凭,46 人获取本科文凭。

三、解放思想、与时俱进,档案事业进入创新发展时期(2003～2019 年)

党的十六大以后,日照档案系统认真履行档案事业行政管理和档案保管利用两种职能,不断创新档案服务工作机制,转变服务职能,拓展服务范围,为开创档案事业的新局面带来了极好的发展机遇。

2002 年 12 月,日照市档案局(馆)升格为正处级单位,档案工作机制进一步理顺；2004年2月，日照市委、市政府下发了《关于进一步加强档案工作的意见》，极大激发了全市广大档案工作者的热情。全市各级档案部门和档案工作者以档案资源、档案管理、档案服务三个体系建设为突破口，档案工作服务理念和管理水平全面提升，档案基础建设、档案信息化建设、档案服务创新等方面亮点频现，档案在服务全市经济社会发展中的作用愈加凸显。2019年，按照党中央关于深化党和国家机构改革的部署要求，市委办公室加挂档案局牌子，市档案馆成为市委直属事业单位，各区县档案局馆也都完成了机构改革任务，党对档案工作的领导更加明确。东港区、岚山区档案馆人员编制均达到11人，增设管理利用、征集编研和信息技术3个科室，为档案工作创造了良好的发展环境，全市档案事业进入全面发展的新阶段。

（一）基础设施跃上新台阶

2007年4月8日，日照市档案馆新馆建成并交付使用，市档案馆(局)迁入办公。该楼总建筑面积5700平方米，二楼为档案库房，面积1200平方米。库房建筑按照"九防"功能设计施工，配套功能设施齐全，大大改善了档案保管和利用条件，为逐步实现现代化管理打下基础。新馆的建成启用，结束了多年来日照

日照市档案馆新馆外景

市档案馆没有独立馆库的历史;东港区档案馆和五莲县档案馆也于 2013 年先后完成了新馆的搬迁工作。截至 2013 年底,日照市档案馆有共 6 个国家综合档案馆,1 个国家专门档案馆,2 个部门专业档案馆,1 个大型企业档案馆,馆舍面积 11263 平方米。2016 年,贯彻全省国家档案行政执法检查整改落实工作暨县级档案馆建设推进会精神,针对区县管库年久失修、面积不达标等问题,在市档案局的推进下,各区县采取财政投资和社会融资等多种方式,莒县、五莲县已初步确定新馆选址,进入规划设计阶段,东港区、岚山区也将新馆建设列入 2017年工作规划。截至 2019 年底,东港区已将区档案馆建设纳入区政府广场南片区拆迁改造,莒县档案馆主体工程已经封顶,五莲县档案馆结合招商引资工作,积极联系馆建投资事宜,同时主动跟进,做好图纸审查、消防设施、馆内设备配备等建设前准备工作。

(二)档案信息化建设取得新突破

档案信息化是新时期拓展综合档案馆服务功能、提升档案服务水平的重要平台和手段。日照市档案局从 2002 年着手建设数字档案管,至 2007 年数字档案馆建成,档案信息化建设工作走在了全省的前列。

2003 年,日照市档案局制定出台了《日照市档案局(馆)2003 — 2005 年档案信息化建设规划》《日照市档案局(馆)2003 年信息化建设计划》,9 月中旬建立档案局(馆)内部局域网,10 月开通日照档案信息网,初步构建了馆藏文件目录数据库、重要全宗全文数据库、多媒体数据库和现行文件数据库,日照市档案局(馆)档案信息化建设进入实质实施阶段。

2004 年至 2005 年,共录馆藏机读目录 45 万条,基本实现了馆藏档案的文件级检索。2006 年随着日照市档案馆新馆建设的启动,日照市数字档案馆建设进入全面实施阶段。2007 年,日照市数字档案馆建设及科研课题实施进入关键阶段,同年 5 月,日照市档案馆新馆建成启用,同时日照市数字档案馆正式开通。数字档案馆坚持创新引领,及时跟进电子政务、电子商务以及大数据、云计算、人工智能的发展应用,进一步加强电子文件归档、电子档案管理、档案信息系统安全保护等重点难点问题研究,着力推动实现以信息化为核心的档案管理现代化。2019 年成功创建全国示范数字档案馆。

截至 2019 年底,日照市档案馆数字化档案原文总量达 516 万页,占馆藏应数字化档案的 96.5%。建有 6 个专题数据库(其中目录数据库 132.68 万条,以人名为检索要素的民生档案数据库 28.1 万条、声像档案数据库 2.24 万条,以及照片、图书、现行文件数据库 2.61 万条),目前建有局域网、电子政务外网行政服务域、电子政务公共服务域及互联网 4 个网络平台、1 个互联网站,实现了全市数字档案管理的统一平台、信息资源集中统一管理和利用,全市档案信息化建设水平明显提升。2016 年开通日照档案微信公众号,2019 年日照档案信息网全面改版,力争实现档案工作与多媒体的相互融合。

2019 年 9 月 6 日,日照市档案馆通过全国示范数字档案馆测评,成为 2019 年度全国第一家通过测试的数字档案馆

在日照市档案馆的推动下,区县档案馆信息化建设也逐步推进。截至 2019 年,东港区档案馆已完成了馆藏档案案卷级、文件级数据库建设,其中 1949 年后的案卷目录 5549 条、文件级目录 66784 条,并建立全文数据库,共计 35 万页,全部实现了数字化管理。莒县档案馆共录入馆藏档案目录 418304 条,其中案卷级目录 46478 条、卷内文件级目录 369806 条,归档文件级目录 32021 条,档案全文数字化加工共 8 万页,实现了部分档案资料、照片的电子检索和阅览。五莲县档案馆以市局档案管理系统为平台,已录入档案目录 628821 条,其中归

档文件目录 70612 条,卷内目录 511972 条,照片档案目录 1746 条。

其他专业档案馆也陆续启动档案信息化工程。日照港(集团)有限公司档案馆以"档案服务到桌面"为主题,实现由业务基础建设中心向档案信息资源建设中心的转变。2009 年 5 月,日照市城市综合地下管线信息管理系统研发成功并投入运行,日照市城市建设档案馆建立了日照市城区地形图地理数据库和综合地下管线信息数据库,录入各类管线点 194638 个,覆盖日照市城区 360 千米主次干道的所有管线。

同时,日照市档案馆利用技术和设备优势,先后帮助市委组织部、市人事局,东港区、日照经济开发区、莒县组织部等单位开展干部人事档案全文数字化扫描工作,整体提升了全市干部档案的信息化管理水平。

(三)档案管理水平取得新高

1. 深入开展档案业务监督指导工作

把档案执法与档案管理考核相结合,是做好档案管理工作标准化、规范化建设的有力抓手。自 2003 年起,以《山东省档案管理考核办法》为依据,日照市连续开展机关、企事业单位档案管理年度考核工作,有力提升了全市机关、企事业档案管理水平,至 2011 年,全市纳入考核的 772 家档案馆(室)中共有 36 家达到档案管理省特级标准,352 个档案馆(室)达到省一级标准。2009 年,日照市档案馆成功通过国家一级综合档案馆测评,成为山东省第一家国家一级综合档案馆。

2012 年起,日照市档案局以档案行政执法检查替代档案年度考核检查,运用《档案法》《山东省档案条例》等档案相关的法律法规,指导全市档案工作规范化建设。2016 年,市档案局探索建立执法检查常态化工作机制,改变拉网式、集中式执法检查工作模式,重点加大对存在违法问题的单位的执法监督力度,集中力量解决档案管理的突出问题,建立法规业务科牵头、相关科室共同参与的档案业务指导新机制,依法及时处理档案违法行为,最大限度地预防档案违法案件的发生,使档案行政执法检查工作实现常态化。

结合档案年度管理考核,日照市档案局与市人大、市政协、市委机关工委组成联合检查组,每年在区县、市直单位中开展《档案法》和《山东省档案条例》执

2009 年 8 月 28 日，日照市档案馆顺利通过国家测评，晋升国家一级档案馆，成功跨入全国先进行列

行情况大检查。进一步加大《档案法》的宣传力度，提升《档案法》的知晓度、认知度和公信度。2011 年，日照市档案局通过联合发文、联合检查、召开联席会议等方式，对 2006 年以来的 17 个省级重点项目、市级重点项目及重大活动档案工作进行登记备案和监督指导。全市档案意识明显增强，重视、支持档案工作的氛围和依法治档局面已经形成。

2. 档案管理手段不断改进

随着各种新技术在档案工作领域的广泛应用，档案管理手段不断改进，档案现代化管理水平稳步提高。以数字档案馆为平台，以政务网络为依托，开展市直机关档案集约管理与集成服务的新模式，是日照市档案局新时期档案工作的一项创举。2007 年，日照市档案馆在依法做好到期应进馆档案接收工作的同时，针对日照市机关单位办公用房紧张的实际，对在市级机关大楼和日照大厦集中办公的市直机关单位的档案提前接收进馆，每年将上年度形成档案整理完成，经数字化加工后即移交进馆，实行档案集中保存、数字化查阅利用，这样既避免了机关单位档案室低水平重复建设，优化了政府资源配置，又使档案得到安全保管，档案资源的控制关口大大前移，也为各单位及社会查阅利用提供极大便利;同时有效解决了目前机关档案分散管理带来的种种弊端,探索出一条切实可行的机关档案管理新路子。

3.档案安全管理不断完善

确保档案的绝对安全是各级档案部门的首要责任,档案部门也视档案安全为生命,不断完善档案安全管理工作。在档案安全设施配备上,新建档案馆普遍设有温湿度自动控制系统、门禁系统、火灾自动报警系统和自动灭火系统,档案库房入口安装视频报警装置、库内安装空气净化除菌设备,档案馆周界安装红外报警及视频监视系统,档案安全有了物质和技术上的保障。在档案安全制度建设上,安全管理规章制度覆盖到档案管理各个环节的工作,特别是档案保管和利用环节的安全更是成为档案安全工作的重中之重,"档案馆档案利用办法""利用档案资料手续的相关规定""档案库区安全管理制度""调卷归卷制度"等安全管理制度严密细致。市和区县档案馆还分别制定了灾害应急预案,定期进行演练,并对各项安全制度的落实情况进行检查。在档案信息安全技术措施上,积极采用建立专网、建立磁盘阵列和光盘两级存储结构等技术措施,以确保档案信息资源和信息系统的安全。截至 2019 年,日照市档案局与陕西汉中市档案局已完成了第八轮数字档案异地备份工作。同年 12 月,日照市档案馆赴山东省档案馆电子文件(档案)容灾备份中心,顺利完成第五批次电子档案异地容灾备份工作。此次备份的电子档案数据包括日照市档案馆、各区县档案馆和部分专业档案馆,实现了日照市及所有区县电子档案数据全部异地存放于省容灾备份中心。

(四)档案资源建设取得新成果

档案资源建设是实现档案事业可持续发展的重要基础性工作。自 2004 年开始,日照市各级档案管理部门持续开展了档案资源建设年活动,通过接收传统文书档案和面向社会征集等形式,一大批反映日照历史、民风民俗、城乡文化的档案资料和以丁肇中为代表的名人档案得到有效收集保管。档案资源总量快速增长,结构进一步优化,特色更加凸显。全市各级各类档案馆(室)馆藏档案数量由 2003 年的 16.21 万卷增长到 2019 年 140.20 万卷。逐步形成了档案门类齐全、载体多样、地方特色鲜明的档案资源体系。

1. 各级各类档案馆室档案资源不断丰富

各级档案室作为保管档案的基层机构,所保管的档案是各级各类国家档案馆档案的主要来源。改革开放后,全市各级档案室加强文件材料归档工作,工作范围逐步由以管理文书档案为主发展为对文书档案、科技档案、专业或业务档案、会计档案等不同门类和照片档案、音像档案、光盘档案等不同载体的档案进行综合管理;从纸质档案占绝对主导地位,发展到照片档案、音像档案、电子档案、实物等载体形式的档案日益增多。截至 2019 年底,全市各级各类档案馆、室照片档案近 6.5 万张,是 2003 年馆、室藏量的 6 倍多;音像档案 1664 余盘,是 2003 年馆、室藏量的 3 倍多。

2. 主动接收、记录重要活动和区域变化情况

在新的历史时期,档案部门解放思想、更新观念,在不断做好档案接收、征集工作的基础上,努力创新,积极开展了主动记录社会发展轨迹、留存重要档案资料的工作。档案部门主动融入全市中心工作,及时把握重大活动、重大事件的生成,规划部署档案资料的征集接收工作。2005 年制定了《关于向市档案馆送交重大活动(事件)声像档案的通知》,对重大活动事件范围、档案形成责任单位、送交要求和时限进行了明确;随后又出台了《日照市重大活动档案管理征集办法》《日照市重大活动档案管理办法》;完成了中国水运会、世界帆船锦标赛、茶博会、房博会、创国家卫生城等 20 多项重大活动档案的征集接收工作。市城建档案馆利用航拍无人机等新手段,拍摄日照山字河机场、淄博路中心商务区等 90 余项重点工程,收集照片档案 40000 余张、视频档案 3000 余分钟。

3. 档案征集工作积极开展

向社会征集档案资料是对档案接收工作的有益补充,也是档案馆丰富馆藏的重要渠道之一。市和区县档案馆采取在社会媒体刊发征集档案信息、采集重要线索、走访重点人物、举办征集活动等多种方式,将有关日照历史记忆的档案资料征集进馆。其中针对 300 多位见证日照经济社会发展的 1949 年前的老党员、离退休老干部、一线工作者、劳动模范进行采访、录音、拍摄,开展口述档案的征集工作,累计抢救、搜集和整理即将消失的第一手影音资料 5000 余分钟,并征集散存在社会与个人手中的珍贵历史资料、老照片 2000 余件。

2006年6月25日，日照市档案局（馆）召开档案工作征集座谈会。邀请曾担任过市级领导职务的退休干部、市摄影家协会等部门、单位的有关专家，为档案征集工作建言献策

　　制定《日照市著名人物档案管理办法》，做好名人档案的征集工作。通过制定名人档案征集工作方案，举办名人档案征集座谈会，确定征集对象、范围、重点，成立征集小组，实行人员包干负责等措施，广泛开展名人档案征集工作。档案部门赴海阳县复制了丁肇中母亲王隽英的手迹档案；与中国著名作家周金品取得联系，征集到5个版本的丁肇中人物传记、《通向J粒子的道路——丁肇中的成功之路》手稿、丁肇中获诺贝尔奖中文演讲稿等；征集赵德发、李应该、王延周、丁肇中等名人档案2000余件，内容囊括本人作品、底稿、证件、奖品、照片、声像、宣传稿等。

　　以编纂《日照家谱选录》为契机，市档案馆将家谱作为一种家族档案和地方历史文化遗产，面向社会广泛征集有关资料，采取全员征集、区县档案馆联动、民间征集、网络征集等方式，利用报纸、广播、电视发布征集公告，利用论坛、微博、微信新兴媒体宣传收集家谱档案的意义、作用及与百姓的关联，通过"大资源+大宣传+大征集"格局，市档案馆家谱数量由原来的不足200册到现在的43个姓氏66种628册，并及时完成了《日照家谱选录》编撰工作，编写文稿30万字,选录家谱 67 部。

(五)档案利用服务工作成效显著

提供利用服务是档案工作的立足点和最终落脚点。改革开放以来,市档案局不断探索档案服务新模式,改变"等客上门"的被动服务模式。变为主动"开门迎客",围绕中心、服务大局,努力做到党和国家工作部署到哪里,档案服务就跟进到哪里;经济社会发展到哪里,档案工作就延伸到哪里。

1. 着眼民生,开展新型档案服务

2006 年,各级档案部门为落实科学发展观,积极开展探索服务民生、服务经济社会发展的民生档案工作。2008 年,中共日照市委办公室、日照市人民政府转发日照市档案局《关于加强民生档案工作的意见》,以民生需求为导向,整合馆藏民生档案资源,加快民生档案开放、审查和查询利用工作,编制公布民生档案公开指南,通过设立公开栏、网上公开等多种形式,为群众查询档案提供便利。2007 年,以日照市创建文明城市为契机,举办"档案进家庭"活动,活动过程中,全市共有 18600 户家庭建立起家庭档案,提升了档案的文化辐射力。

2008 年 11 月 21 日,日照市召开纪念改革开放三十周年家庭档案经验交流会

2.整合档案与现行文件两种资源,创建文档服务新形式

2002 年 3 月,日照市成立了市档案馆现行文件服务中心,面向社会提供党委、政府公开信息查阅利用服务。2004 年,日照市档案局根据全市社区建设特点,将各级政府制定的内容涉及社区居民关心的劳动就业、计划生育、住房改革等方面的"红头文件"建立了目录数据库,并编纂了《现行文件汇编》发放到社区,供社区居民随时查阅与自己权益相关的现行文件,使现行文件服务延伸到社会的基层。2007 年,市档案馆新馆建成使用后,在档案馆一楼大厅设立文档服务查询平台,设立日照市文档信息服务中心,整合馆藏档案和党委、政府公开信息资源,集中向社会提供档案和党委、政府公开信息查询服务。2008 年 5 月 1 日,在《中华人民共和国政府信息公开条例》正式实施的同时,市档案馆设立了政府信息公开查阅点,并被市政府确定为日照市第一个政府公开信息综合查阅点。市档案馆 2010 年开展了"市民之家"的建设,结合群众的利用诉求,整合各类民生档案信息资源,利用现代管理技术与手段,建立起了集政策档案查阅、市情宣教、市民文化休闲于一体的文档查阅和利用服务新思维和新模式。2019 年,文档服务又创新开展了"馆际联动、档案互查、跨馆出证"工作模式,即市档案馆与相关综合档案馆之间通过签订远程利用协议,运用档案数字化成果,积极推进流程再造,采用线上线下相结合的方式开展档案远程利用,实现馆际之间档案互查共享,让群众在当地档案馆即可享受异地查档带来的便利,不必再为赴外地查档来回奔波。

3.加强爱国主义教育基地建设,多形式拓展服务功能

2007 年,日照市档案馆新馆启用。为充分发挥档案馆爱国主义教育基地的作用,档案馆以一楼 1200 平方米的开放式展厅为平台,配置电子触摸屏、电动三面翻、无线音响、液晶电视等设施设备,使档案馆在展览中具备了声、光、电等多种表现形式;打破单一模式,与其他部门、单位、协会、联合办展,丰富展览内容;开展馆校合作、馆企合作,扩大与周边学校、企事业、旅游等单位的共建。在重要时间节点,先后举办了纪念中华人民共和国成立 60 周年暨地级日照市建立 20 周年成就展、"中共党史档案资料展"和"中国档案珍品展"。为配合党的群众路线教育实践活动、"三严三实"专题教育以及"两学一做"学习教育等活动,

2015 年 6 月 5 日，时任山东省委副秘书长、省档案局局长杜文彬在时任日照市副市长杨留星的陪同下参观市党性教育主题活动室

先后举办"为民务实清廉——党的群众路线档案资料展""一带一路重要节点城市——日照与海洋展""中国好家风——日照姓氏家谱文化联展""不忘初心、牢记使命"档案文献展等系列主题展览；不定期组织开展"小记者走进档案馆"、日照职业技术学院学生课外实践等活动；依托馆藏资源，先后出版《日照档案志》《日照县志》校注，编印《见证莒县·70 年》等一批精品图书；推出"档案话今昔""资政参考"精品编研作品，建设"党性教育主题活动室"，搭建起全市党员干部教育平台。市城建档案馆为全市 116 处优秀历史建筑普查建档，编制形成《日照历史建筑寻访图集》。日照港档案馆《档案揭秘》荣获山东省优秀档案编研成果奖，纪录片《逐梦强港》荣获山东省档案学优秀成果奖。这些工作最大限度地发挥了档案工作服务大局、服务民生、存史育人的独特功能。

（六）档案机构及档案干部队伍建设不断加强

1.档案机构设置科学化、规范化

在原有科室基础上，随着实际业务开展的需要，经市编委批复，市档案局于 2006 年 12 月增设信息技术科，2008 年 10 月增设文档服务科；编制人数由 2003 年 15 人增至 2009 年 21 人。岚山区 2004 年成立以来，一直没有独立的档案机构,经过积极争取,2007年岚山区档案局正式挂牌成立。至此,全市各区县全部成立了档案专职管理机构。

2.档案从业人员文化程度普遍提高

档案干部队伍不断壮大,人员文化程度日益提高。以全市综合档案馆为例,2003年,全市档案人员大专及以下文化程度的占半数以上;至2019年底,本科学历及以上文化程度占75%以上。1996年之前,档案人员中专、高中文化程度的比例最高;自2000年开始,档案人员本科学历比例增高,档案人员中专、高中文化程度及以下人员比例快速下降,由2003年的12%降至2019年的0.08%。档案干部人数的增加、素质的提高,为全市档案事业的可持续发展奠定了坚实的人才基础。

3.加强培训,为提升档案从业人员业务能力搭建平台

20世纪90年代以后,在职学历教育在在职教育中已不占主要地位,取而代之的是各级档案部门组织开展的岗位培训和继续教育。每年上半年举办的机关、企事业单位档案工作人员培训班,组织授课人员就文书档案、科技档案、照片档案、会计档案、政府公开信息移交,以及档案管理软件使用等重点业务知识进行讲解,与参训人员就文件材料收集、档案管理、档案信息化建设、编辑研究等业务问题进行交流探讨。此外,档案部门还为水利、财政等系统和单位进行了专门培训,及时满足了档案人员掌握专业知识与技术的需求。

至2019年,全市共有档案馆11个,其中地级市档案馆1个,区县档案馆(室)5个,专业(门)档案馆3个,企业档案馆1个,基层档案室千个。专职档案人员312人,全部做到持证上岗。全市档案管理体系日趋完善,初步形成了一支文化层次较高、专业素质较好、富有活力的档案干部队伍。

执 笔 人:宋莉媛

审 稿 人:惠　霞

撰稿单位:日照市档案馆

日照市开展对口支援工作的历程

自 2008 年以来,根据党中央、国务院的决策部署,按照省委、省政府统一安排,日照市开展了对口支援北川县及桃龙藏族乡灾后恢复重建工作、对口支援新疆麦盖提县工作和东西部扶贫协作重庆市黔江区工作。在各级党委政府的正确领导下,日照市圆满完成了对口支援北川县及桃龙藏族乡灾后恢复重建工作,对口支援的麦盖提县和扶贫协作的黔江区实现了贫困县摘帽。按照中央确保如期打赢脱贫攻坚战的部署,深入贯彻习近平总书记关于扶贫工作重要论述,认真落实全国"两会"精神,进一步加大帮扶力度,助力麦盖提县和黔江区进一步巩固脱贫成果,为全面建成小康社会做出贡献。

一、日照市对口支援北川县灾后恢复重建工作

2008 年 5 月 12 日 14 时 28 分,四川省汶川县发生里氏 8.0 级地震,震中位于四川省汶川县映秀镇与漩口镇交界处,造成极其重大人员伤亡和经济损失。地震发生后,在党中央、国务院和中央军委坚强领导下,在国务院抗震救灾总指挥部直接指挥下,灾区各级党委、政府带领广大军民,有力有序有效地展开了抗震救灾工作,取得了重大阶段性胜利。2008 年 6 月 4 日,国务院第 11 次常务会议通过《汶川地震灾后恢复重建条例》,6 月 8 日,国务院令第 526 号予以公布,这标志着 5·12 汶川地震从抗震救灾阶段转入灾后恢复重建阶段。

7 月 3 日,国务院发布《关于做好汶川地震灾后恢复重建工作的指导意见》,为灾后重建规划提出了基本目标:力争用 3 年左右时间完成灾后恢复重建的主

要任务,使灾区群众的基本生活生产条件达到或超过灾前水平,并为可持续发展奠定坚实基础。2008年6月18日,《汶川地震灾后恢复重建对口支援方案》正式颁布,统一部署对口支援任务,创新提出"一省帮一重灾县,举全国之力,加快恢复重建"。明确要求19个省市以不低于1%的财力对口支援重灾县市3年。7月28日,山东省委、省政府召开全省对口支援北川灾后恢复重建工作会议,贯彻落实党中央、国务院关于汶川地震灾后恢复重建工作一系列政策措施和指示精神,总结前一段支援灾区抗震救灾工作,分析对口支援恢复重建形势,部署全省对口支援北川灾后恢复重建工作。印发了山东省委办公厅、山东省政府办公厅《关于印发山东省对口支援北川灾后恢复重建工作方案的通知》和《山东省对口支援北川灾后恢复重建项目管理办法(试行)》。根据党中央、国务院的统一部署,山东省对口支援四川省绵阳市北川羌族自治县(以下简称北川县);按照山东省委、省政府统一安排,日照市对口支援北川县桃龙藏族乡(以下简称桃龙乡),并参加北川新县城灾后恢复重建工作。

(一)组织筹备阶段(2008年5月至2008年7月)

成立工作领导小组。为做好桃龙乡灾后恢复重建和北川新县城援建工作,根据中共日照市委、日照市人民政府《关于设立对口支援北川县桃龙乡灾后恢复重建工作机构的通知》,日照市委、市政府成立了日照市对口支援桃龙乡灾后恢复重建工作领导小组,由市政府主要负责人为组长,有关单位主要负责同志为成员的领导小组,全面领导对口支援北川县桃龙乡灾后恢复重建工作。领导小组下设办公室和桃龙工作指挥部,办公室设在市发改委,时任日照市发改委副主任任办公室主任,时任日照市规划和建设委员会副主任任办公室副主任、桃龙工作指挥部总指挥。根据工作需要,中共日照市委组织部从市直部门报名人员中选派13名干部到日照市援川办和桃龙工作指挥部工作,组成援川工作机构。选派的干部分别来自市政府办公室、市发改委、市财政局、市建委等市直有关部门。

落实工作职责。日照市对口支援桃龙乡灾后恢复重建工作领导小组办公室(以下简称日照市援川办)职责:贯彻落实国家和山东省委、省政府有关支援灾区灾后重建的决策部署;拟定全市对口支援桃龙乡灾后恢复重建工作方案,研究制定鼓励对口支援桃龙乡的政策措施。负责与山东省政府有关部门的工作联系,接受工作指导,与绵阳市、北川县、桃龙乡加强沟通和协调;负责提出市级对口支援桃龙乡灾后年度重建投资计划,统筹解决规划重大项目和资金安排。组织协调各级各有关部门开展对口支援桃龙乡灾后恢复重建工作,统一调度全市对口支援工作进展情况。组织协调师资、医务人员、人才培训、专家咨询、科技服务、劳务输出等方面的工作。组织和引导企业及社会各界参与对口支援。负责全市对口支援桃龙乡重要信息发布工作。承担日照市委、市政府和市对口支援领导小组交办的其他事项。桃龙工作指挥部职责:负责与绵阳市、北川县、桃龙乡的联系与协调工作;负责与山东省北川工作指挥部的工作联系,接受工作领导;领导日照市在桃龙乡的对口支援工作;组织实施援建项目,协调解决现场援建工作中的各类问题。

(二)对口支援桃龙乡灾后恢复重建(2008 年 7 月至 2009 年 9 月)

对口支援北川灾后恢复重建农村饮用水、沼气、卫生室、村村通电视等设施;援建桃龙乡驻地基础设施项目建设;按照山东省统一安排,积极组织参与智力援助工作,做好教育、防疫、卫生、人才培训,劳务输入输出、农业科技等支援工作。

执行受损农户永久性住房修复和重建工作。山东省对口支援北川灾后恢复重建工作全面启动后,要求具备条件的市抓紧开展对口援建乡镇地震受损农户永久性住房工作。在日照市对口援建的桃龙乡进出正常道路尚未打通的情况下,日照市援建人员克服道路不通、沿途存在极大安全隐患等重重困难,2008年 8 月 13 日进驻桃龙乡,并于 20 日在乡驻地正式挂牌办公,对农户永久性住房建设进行技术指导。据桃龙乡党委政府统计,需重建农户住房总数 855 户,其中,需要修复的 792 户,需重建的 63 户。后经进一步排查,又增加 67 户农户住房需要修复。指挥部人员围绕农户永久性住房建设工作,加大技术指导力度,突出羌藏民族文化特色,保证了桃龙乡农村永久性住房建设工作的顺利推进。2008 年底,在北川关内西部五乡镇中率先完成 922 户桃龙乡受损农户永久性住房的修复和重建任务,让群众在安全舒适的住房中度过了春节。

执行桃龙乡灾后恢复重建总体规划编制和建设。在北川通往桃龙乡道路无

日照市援建的桃龙藏族乡广场

法打通的情况下，2008 年 8 月 6 日，日照市的专业技术人员不顾个人安危，绕道 600 多千米进入桃龙乡，高标准编制了《桃龙乡灾后恢复重建总体规划》和《桃龙乡驻地详细规划》，为援建桃龙乡打下了基础。规划主要援建项目：桃龙乡小学、卫生院、文化（广播）站、居民健身活动广场、乡驻地街道、供排水工程、垃圾填埋场等 7 项工程，总投资 2493 万元。为早日让桃龙乡广大群众受益，解决孩子学习、就医等困难，日照市援建人员克服建材紧缺、价格偏高、运输困难、生活不适应等困难，急桃龙乡群众之所急，想桃龙乡群众之所想，带领山东锦华建设集团、日照新港市政工程有限公司和日照市方正监理有限公司及时进驻桃龙乡开展前期工作。2008 年 12 月 6 日，举行了桃龙乡援建项目开工仪式，日照市成为山东省在北川"关内"12 个乡中率先开工援建项目建设的市。经过努力，项目于 2009 年 9 月全部竣工并通过验收。山东锦华建设集团援建的桃龙乡建筑工程、日照新港市政有限公司援建的乡镇驻地市政工程获"绵州杯"优质工程奖。桃龙乡干部群众评价，日照的援建让桃龙乡发展跨越了 30 年。

完成过渡安置板房建设任务。援建桃龙乡过渡安置板房。绵阳到桃龙的直达道路不通，绕行需经 650 多千米高原山路，且余震、泥石流、滚石、塌方频发，道路时通时断，面对这样的严峻形势，日照市援建人员认真调查研究，审时度

日照市援建的桃龙藏族乡小学

势,果断决策,赶在汛期到来之前,抢先启运援建物资并率先将物资全部运抵桃龙乡,并集中力量加快施工。从 2008 年 6 月 24 日第一批援建物资安全运抵桃龙,到 7 月 17 日 121 套板房主体安装全部结束,用时 24 天,日照市是北川西北部道路没有直通的 5 个乡镇中第一个启运物资、第一个开工建设的援建市,援建工作得到了北川县委县政府和山东省前线指挥部的肯定。7 月 27 日,经山东省建设厅批准,日照市援建桃龙乡 133 套活动安置房完成验收,并与桃龙乡党委政府办理了交接手续。

二期援建盐亭县过渡安置板房。6 月 25 日,山东省前线指挥部向日照市下达援建盐亭县 31 个点 1000 套板房的建设任务,后经现场勘察最终确定为 28 个安置点、880 套活动板房。接到任务后,日照市援川"前指"在盐亭县黄甸、玉龙、金孔 3 个片区 12 个乡镇 28 个援建点的板房建设工作已全面展开,到 7 月 24 日,共建成板房 424 套。2008 年 7 月 19 日,日照市对口援建工作机构完成组建后,援川工作人员于 7 月 24 日立即开赴灾区一线,与已在灾区连续奋战 40 余天的日照市援川"前指"第二批组成人员连夜进行工作交接,迅速布置剩余 456 套板房安装工作。经过连续奋战,于 8 月初提前 10 天完成山东省委、省政府下达给日照市的二期援建盐亭县 886 套过渡安置板房的安装任务,为全省提前

1 个月完成过渡安置板房建设做出了贡献。

开展其他各项援建任务。根据山东省对口支援北川灾后恢复重建工作领导小组安排,完成总投资 170 万元的桃龙乡人畜饮水工程,彻底解决了全乡 4500 多人的饮水问题,实现了户户通自来水的目标,受到广大藏羌同胞高度赞誉。投资 11 万元完成桃龙乡场镇环境综合整治,进一步改善和提高了全乡市政基础和公共服务设施水平,吸引居住在高山偏远地方的居民向驻地搬迁。日照市卫生局先后向桃龙乡派出 5 批医疗卫生队,切实保障了日照市援川干部和建设施工人员的身体健康,并主动与桃龙乡卫生院协作,为桃龙乡小学和群众开展医疗服务。日照市科技局、畜牧局投资 10 万元,在桃龙乡联合组织实施了"自然(环保)养猪法试验示范"科技援助项目,取得了良好的示范作用。日照市审计局为确保过渡期安置板房基础工程造价合理真实,保证资金使用效益,对援建项目进行了全过程审计。日照市妇联捐助 3 万元,在桃龙乡组织开展了"援助受灾母亲"活动,对在地震中受灾、生活困难的 30 位母亲进行了救助。

(三)北川新县城援(承)建建设(2009 年 10 月至 2010 年 11 月)

根据国务院统一部署,由山东省统筹资金,统一组织实施北川新县城异地重建工作。按照北川新县城规划和工业园区规划,重点援建北川新县城道路主干线、污水和垃圾处理等基础设施,援建教育、医疗、文化、体育、广播电视等设施;搞好工业园区"七通一平"建设。日照市根据山东省对口支援北川灾后恢复重建工作领导小组办公室下达的项目计划和承担的工作量参与北川新县城建设,并积极引导日照市企业以市场化运作方式到北川工业园投资兴业。日照市的主要工作任务:援建北川新县城道路——东纵五路、东纵六路、东纵九路 3 条市政道路工程建设任务。按照山东省北川工作指挥部的安排,承建白杨坪片区安居房工程,承建援建的 3 条市政道路强电附属工程。

成立援建北川新县城工作机构。2008 年 11 月,国务院常务会议正式审查通过了北川新县城选址。2009 年 5 月 12 日,北川中学的开工正式拉开了北川新县城建设的序幕。根据山东省援建北川新县城建设专题会议精神,在加快桃龙乡驻地援建项目建设的同时,日照市将援建工作重心逐步向北川新县城建设转移。2009 年 6 月,经日照市对口支援桃龙乡灾后恢复重建工作领导小组批准,组建了日照市援建北川新县城工作指挥部(与桃龙工作指挥部合署办公)。从桃龙乡援建人员中抽调部分人员到新县城工地开展工作,后根据工程建设需要又从日照市建委、日照市交通局选派了4名专业技术人员参加新县城援建项目建设。日照市援建北川新县城工作指挥部成立后,迅速与北川新县城建设指挥部对接,优先确定了施工工地临时设施搭建区,建设了营地,并在施工队伍进场前,提前完成了计划援建的3条道路的地质勘查、图纸审查、项目放线、料场平整等各项前期工作,为顺利完成援建任务奠定了基础。

完成援建北川新县城市政道路工程。按照山东省对口支援北川灾后恢复重建工作领导小组办公室《关于下达山东省对口支援北川新县城市政配套工程建设项目投资计划的通知》的要求,日照市负责援建北川新县城东纵五路(禹龙路)、东纵六路(禹羌路)、东纵九路(滨河路)3条市政道路工程建设。工程内容包括道路、雨水、污水、给水、路灯、道路绿化、交警设施土建部分及桥涵等设施,3条道路总长7.48千米,计划总投资10765万元。根据建设计划调整,2010年初山东省对口支援北川灾后恢复重建工作领导小组办公室下达《关于调整东纵五路援建范围及投资计划的通知》,追加日照市援建道路716.84米、926.43万

日照市援建企业正在建设北川新县城滨河路

元。至此，日照市援建北川新县城市政道路总长达到 8.196 千米、总投资 1.3 亿
元。2009 年 6 月 30 日，日照市援建北川新县城市政道路工程开工建设。全体援
建人员克服工期紧、施工基础差、生活条件艰苦等重重困难，按时完成 3 条道施
工任务。特别是东纵九路(滨河路)，它是进出北川新县城的必经之路，以建设的
高标准、高质量经受住了各种重型工程车辆的考验。2010 年 8 月 31 日，3 条道
路顺利通过山东省北川工作指挥部和北川县政府组织的综合验收，9 月 20 日
完成资产移交。3 条市政道路工程全部荣获四川省工程建设最高奖项"天府杯"
金奖。滨河路建设工地获"山东省援建北川安全文明工地"称号。

按时完成承建白杨坪片区安居房工程。2010 年 2 月，山东省北川工作指挥
部下发《关于委托你市承建白杨坪片区安居房任务的通知》，安排日照市承建白
杨坪片区 52 号、60 号地块安居房工程，总投资 2 亿元，这是山东省援建北川新
县城期间下达的最后一个计划任务，也是最后一个开工的项目。面对地质情况
复杂、施工难度大、时间极其紧迫的不利因素，日照市讲政治、顾大局，敢于担
当，勇挑重担，全体援川人员克服经常停水停电、建材紧缺、施工场地地质条件
复杂、生活极其艰苦的困难，倒排工期，压实责任，争分夺秒，昼夜奋战，仅用 58

日照市援建企业正在建设北川新县城白杨坪片区安居房

天就完成了 34 栋单体建筑、10 万多平方米主体工程的建设,创造了北川新县城建设的"日照速度"。5 月 12 日,北川新县城白杨坪片区 52 号、60 号地块安居房主体工程封顶仪式隆重举行。2010 年 9 月 20 日,日照市向北川县政府完成资产移交,为山东省援建承建北川新县城所有建设项目的全面交付做出了突出贡献。白杨坪片区主体工程被四川省住建厅评为四川省结构优质工程。全部工程获绵阳市工程建设最高奖项——"绵州杯"和四川省工程建设最高奖项——"天府杯"优质工程。锦华集团、日建集团获"四川省省级安全生产文明施工标准化工地"称号。

其他各项援助任务。成功承办了桃龙乡党政考察团、北川县赴山东党政培训班(两期)、在鲁挂职干部培训班、农业专业技术带头人培训班、村(社区)支部书记培训班、先进模范人物培训班等 7 批(次)、近 300 名北川干部群众到日照市的参观考察活动。积极配合"日照安康家园"圆满完成接纳安置来自地震灾区的 700 多名灾区儿童的任务。

(四)对口支援北川灾后恢复重建后续工作(2010 年 12 月至 2016 年 12 月)

2010 年 11 月 4 日,日照市援建人员全部从北川撤回日照,对口支援北川灾后恢复重建工作圆满完成,日照市援川办、桃龙工作指挥部撤销。从 2010 年 12 月起,日照市对口支援北川灾后恢复重建工作转入后续阶段。根据山东省对口支援办公室要求,各市后续工作主要职责是:负责与山东省对口支援办公室和山东省北川工作联络处以及各工程施工单位的联系协调;加强对援建任务施工单位的管理,督促各施工单位及时履行质量保修义务,在国家规定的保修期限和保修范围内,做好日照市援建项目的质量保修和维修工作;依据援建项目合同和审计决算报告办理资金清算事宜,并负责本市承担的援建项目工程质量保证金的管理;与北川县开展合作交流;做好其他善后工作。根据山东省对口支援北川灾后恢复重建工作领导小组《关于做好对口支援北川灾后恢复重建后续工作的通知》和日照市委书记的批示要求,日照市委组织部会同日照市援川办公室、日照市编办就日照市援川后续工作机构及组成人员制定了实施方案。参照省里的做法,援川工作结束后,后续工作由日照市对口支援办公室统一管理。鉴于援川工作的特殊性、连续性,日照市委组织部同意从现有援川干部中选派日照市桃龙工作指挥部副总指挥、日照市援川办综合协调组副组长、日照市援川办规划建设组副组长负责后续工作,时间暂定一年。

承建安居房维护保修工作。2010年12月,按照山东省北川工作联络处《关于配合做好北川新县城安居房分配工作的通知》要求,援川后续人员与承建企业锦华集团、日建集团有关人员到北川新县城,用一个月的时间对承建的白杨坪片区52号、60号地块安居房工程质量进行了全面核查,集中处理了入住前发现的工程质量问题,维护了日照援建的形象。在日照市后续工作机构的大力配合下,北川县政府顺利完成了日照市承建的安居房分配工作,保证了社会稳定。为进一步加强援建承建工程质量保修工作,确保援建承建工程健康运行,日照市援川后续人员分别于2011年3月和5月,两次组织施工企业、监理单位负责人和有关管理技术人员到北川新县城进行了全方位、大规模的援建承建工程项目质量回访活动,对日照市援建的3条市政道路、桃龙乡援建工程项目,以及承建的安居房和道路强电项目进行了维护,确保运行良好。对日照市的援川后续工作,山东省北川工作联络处给予高度评价,特别是组织的工程质量回访活动,为其他市起到了示范带头作用。

完成援建承建工程结算工作。一是完成了日照市援建北川新县城道路剩余工程款拨付工作;二是积极协调北川新县城工作指挥部和绵阳市审计局对日照市承建白杨坪片区52号、60号地块安居房项目工程进行审计结算;三是主动推进日照市所承建3条道路的强电工程项目审计结算工作。针对承建北川新县城项目审计中日照市援建北川新县城工作指挥部、日照市施工监理企业与北川新县城建设指挥、绵阳市审计局、北川县财政局存在的材料价格认定标准、费用认定、工程量确认等方面存在的分歧,后续工作人员据理力争,出具了书面意见,补充完善了有关资料,有力地维护了日照市施工企业的合法权益。由于北川方面的原因,本该2011年5月前完成的承建项目审计结算直到2016年12月才最终确认。审计结果为:承建白杨坪片区52号、60号地块安居房项目工程款1.86亿元;承建3条道路强电工程项目工程款1259.50万元。以上款项到位后,于2017年5月23日及时全部拨付给承建企业,圆满完成了所有承建款的结算任务。按照市财政局的要求,2017年8月10日,工程款产生的剩余利息全部上缴市财政,并核销了援建、承建工程开立账户。至此,对口支援北川灾后恢复重建工作全部结束。

完成157万元援建资金缺口申请工作。2010年5月,山东省审计厅审计组对日照市抗震救灾资金管理使用情况进行审计时,因日照市抗震救灾时期生产的板房和已购买的板房材料处理尚未与生产企业达成一致,审计组未将157万元捐赠资金扣除,致使日照市援建资金产生157万元缺口。发现问题后,后续机构人员与日照市审计局立即形成说明材料向山东省审计厅、山东省对口支援办汇报,并多次到山东省审计厅、山东省对口支援办反映。经过努力,山东省审计厅同意将157万元捐赠资金从援建资金中调减,弥补了日照市援建资金缺口,为日照市挽回了损失,避免了不必要的支出。

完成援建资金审计等各项工作。一是2011年8月3日至10日,积极配合日照市审计局审计组完成了日照市援川办公室主任任职期间的经济责任履行审计工作;二是2015年9月16日至19日,完成了山东省审计厅审计组对日照市对口支援北川灾后恢复重建资金管理使用情况的审计工作。日照市对口支援办公室会同日照市财政局、日照市审计局,对省审计组提出的问题及时向日照市政府和山东省对口支援办公室进行了汇报,并积极进行了整改,顺利完成了审计工作。

完成其他工作。一是2011年1月,按照日照市委宣传部安排,邀请桃龙乡党委、政府和群众赴日照市参加2011年日照春节联欢晚会,期间做了大量协调和服务工作,圆满完成了桃龙乡群众到日照的全部活动。二是与北川县桃龙乡党委政府和北川茶叶企业进行沟通,配合日照市贸促会等有关部门,于2011年6月10日至13日,邀请4家北川茶叶企业到日照参加了"第二届中国日照绿茶节"活动。三是积极协调日照市城建档案馆,对所有援建、承建工程档案资料按程序进行了移交,确保援川工程档案资料长期保存。对援川期间发展的党员的组织关系,按规定向有关组织完成了档案资料移交工作。四是为迎接建党90周年,全面展示日照市抗震救灾和对口援建工作,保留珍贵历史档案资料,与日照市委组织部、日照市委宣传部、日照市妇联、日照市档案局等有关部门经过一年多的收集、整理,完成了《铭记——日照市支援四川地震灾区抗震救灾与对口援建工作纪实画册》的编辑印发工作。

(五)经验启示

两年多的援建工作,日照市全体援建人员始终坚持以科学发展观统领工作全局,注重遵循"科学援建、务实援建、和谐援建、艰苦援建、阳光援建"的工作理念;注重在险恶复杂的环境中寻找创造推进工作的机会和条件;注重援建工程质量、工程安全和工程进度的有机统一;注重凝聚方方面面的智慧和力量;注重用援川精神凝聚人心,鼓舞士气。

援川工作的顺利推进,得益于援建方和受援方之间的相互尊重,相互理解,相互支持和密切配合。作为援建方,援建人员时时处处充分尊重当地党委、政府在灾后重建中的主体地位,尊重当地干部群众的意见和建议,尊重当地民族习惯和文化特色。特别是在援建之初,在对当地情况还不了解的情况下,更需要他们的支持与配合。制订每一项规划、确定每一个项目、落实每一项措施,日照市都是在充分征求当地党委、政府和干部群众意见的基础上,达成共识后,进行决策和落实。作为受援方,在整个援建过程中,他们时时处处为援建人员着想,积极帮助援建人员排忧解难。在实施桃龙乡援建项目过程中,当村民得知援建施工队伍正在为拆迁犯难时,他们主动放弃了多年沿袭下来的"人工拆迁、建筑材料回收"的传统拆迁模式,积极配合施工队伍清理现场,尽快完成拆迁,为援建项目的顺利开工创造了良好条件。在援建北川新县城工程建设的项目审批、临时板房区搭建、水电通信设施保障以及工程推进过程中遇到的困难和问题,北川县有关部门单位和当地干部群众都提供了最大的方便,给予了最大的支持和帮助。正是因为有了当地干部群众的理解支持和密切配合,才有了日照援建桃龙乡和北川新县城项目的一系列重要成果。

援川工作的顺利推进,得益于全市上下牢固的政治意识、大局意识和不断研究新情况、探索新规律的开拓创新意识。援川期间,全市各级各部门各单位围绕援川中心工作,服务援川工作大局,无论是人力、物力还是财力,只要是援川工作需要的,不讲条件,不讲价钱,全力支持,为援川工作的顺利开展创造了良好的外部环境。从全省情况来看,日照市承担的援建工程量不算是最大的,也没承担标志性建设工程,但日照市对口援建的桃龙乡则是北川"关内"最偏僻的乡,一开始进出桃龙需要绕道600多千米,且道路异常凶险,无论是援建人员的进出,还是设备设施及各种建材的运输,都存在极大的风险和安全隐患。日照市承担的援建北川新县城的3条市政道路工程,有2条与施工便道重合,在工程施工和工作协调等各个方面都面临很多困难和压力。特别是作为全省最后一个调整项目计划、最后一个开工的承建项目——白杨坪片区10万多平方米安居房工程,是山东省里交给日照的一项极其繁重而紧迫的任务,在时间紧、工程量大的情况下,要做到与其他市一样保质保量按期交付,工作难度和工作量之大,可想而知。这一切,都需要不断研究新情况、解决新问题、探索新规律,需要不断创新工作理念、创新思维方式、创新方式方法。

援川工作的顺利推进,得益于全体援川干部和援建人员的不惧艰险、不怕困难、勇于奉献、吃苦耐劳的精神。援川人员远离家乡,长期在地震灾区工作生活,不同程度地存在水土不服的情况,在饮食和气候上普遍不适应,特别是长期居住在"四面透风不隔音、夏天闷热冬天冷"的板房里,这对大家的身体健康造成了很大的影响。但就是在这样艰苦的环境条件下,援川干部没有一个有怨言,没有一个退缩。震后的北川气候异常、天气多变,特别是夏天,高温潮湿,昼夜温差大,蚊叮虫咬,湿疹困扰,援川人员长期工作生活在这样的环境里,每个人都不同程度地存在内分泌失调、湿疹失眠等健康问题,每个人的办公桌和宿舍内都有一堆药。援川干部的年龄大都在40岁左右,在单位是骨干,在家庭是顶梁柱。但远隔千里,家庭得不到照料,孩子的学习生活全部要由家属独自承担,这就是和平年代的奉献和牺牲。援建期间,17名援川干部昼夜奋战在灾区一线,和北川人民一道并肩作战800多个日日夜夜;日照市建设系统先后派出37人(次)、日照市卫生系统先后选派41人(次)专业技术人员到北川参与援建工作;日照市财政局、审计局、监察局也先后多次派出专业人员对援建资金物资使用情况进行现场监督检查和跟踪审计;新港市政、锦华集团、日照市政、日建集团等4家施工企业和方正、天衡、日星等3家监理企业、近3000名施工人员参与到桃龙乡和北川新县城工程建设中。期间,无论是援川干部,还是医护、审计、监督人员;无论是援建企业的技术管理人员,还是一线施工工人,都没有因为灾区的环境恶劣、条件艰苦而退缩，都没有被援建过程中的重重困难所吓倒，充分体现了"听党指挥、为民奉献；吃苦耐劳、连续作战；高效务实、追求卓越"的日照援川精神。

援川工作的善始善终，得益于后续工作人员发扬日照援川精神，勇于担当、事不避难的工作态度。2010年11月，随着日照市在北川援建人员全部撤回，2010年12月援川工作转入后续工作阶段。主要工程建设任务已经完成了，但大量后续工作还需要做好。面对援建承建工程质量保修、援建资金结算、承建工程审计结算、有关财务档案资料整理移交等工作，特别是承建工程审计结算这块硬骨头，后续工作人员发扬日照援川精神，不推诿，不避难，勇于担当，恪尽职守，以坚忍不拔的毅力做了大量协调工作。面对北川方面提出的材料结算价格认定标准、有关费用认定、工程量确认等问题，后续工作人员多次带领施工企业赴川，与北川方面据理力争、多次谈判，有力地维护了承建施工企业的合法利益，历时6年终于完成了承建审计结算任务，为日照市的援川工作画上了一个圆满的句号。

二、日照市对口支援新疆麦盖提县的工作

援疆工作在党和国家工作大局中具有特殊的重要地位，进一步加强和推进新形势下的对口援疆工作具有重要的经济和政治意义。根据中央新疆工作座谈会议精神和关于实施援助新疆建设的战略部署，按照山东省委、省政府安排，日照市委、市政府分别于1997年和1998年向新疆派出第一批、第二批各7名由党政干部和教育、卫生、林业、水利、电力等专业技术人员组成的援疆工作组，到新疆喀什地区地直和莎车县、泽普县、岳普湖县的相关部门开展援疆工作。2010年3月30日，全国对口支援新疆工作会议召开，会议提出推进新一轮对口援疆工作，确定北京、天津、上海、深圳、广东、辽宁、山东等19个省市承担对口支援新疆的任务，日照市对口支援新疆麦盖提县。日照市委、市政府高度重视对口支援工作，围绕"社会稳定和长治久安"的新疆工作总目标，选派精兵强将，组成专门队伍，实行经济、民生、教育、科技、卫生、人才、社会事业、基础设施建设等全方位支援。2010年至2019年，日照市在三轮援疆工作中，先后选派484名援疆

干部赴麦盖提县工作,另有日照港集团和山东五征集团干部职工50余人参与援建工作。累计实施对口支援麦盖提县项目254个,投入援建资金24.81亿元,按时、圆满地完成了援建任务,为麦盖提县的经济发展、社会稳定和长治久安做出积极贡献。

(一)调集精兵强将,组建过硬援疆队伍

日照市委、市政府高度重视援疆工作组织机构建设,坚持精挑细选,选调精兵强将,组建工作班子,建立完善日照市援疆工作机构,切实加强组织领导,确保援疆工作取得实效。

第一期日照市援疆工作组织机构。1997年,根据中央统一部署,山东省从日照市、临沂市、枣庄市抽调人员组成第一批援疆工作队,共29人。日照市从党政、教育、卫生、林业等部门选调9名干部、专业技术人才,由时任岚山党工委常务副书记、岚山办事处管委会副主任为组长,时任日照一中副校长为副组长,成立日照市援疆工作组,参与山东省支援新疆喀什地区的工作,历时3年。

第二期日照市援疆工作组织机构。1998年,按照中央统一部署和山东省安排,日照市再次选调7名专业技术人才组成援疆工作组,参与第二批山东省援疆工作队,被分配到喀什地区泽普县、岳普湖县的农业、水利、教育、卫生、电力等部门,开展对口支援新疆工作。由第一批日照市援疆工作组组长、副组长代为管理和负责组织协调工作,至2001年结束。

新一轮援疆工作开展后。2010年,中央决定开展新一轮援疆工作,根据省委、省政府安排,日照市对口支援麦盖提县。日照市委、市政府高度重视,成立了由市委书记、市长任组长,常务副市长、组织部部长任副组长,市直19个部门和日照港集团有限公司主要负责人为成员的援疆工作领导小组,组建了市援疆办和市援疆工作指挥部。各成员单位也普遍成立了由主要负责人任组长的对口援疆领导机构,各区县也明确了分管领导和责任单位,麦盖提县同时成立了相应的组织领导机构,形成了上下相一致和两地相呼应的良好局面。市委市政府还印发了《关于加强和推进对口支援新疆工作的实施意见》,明确了日照市对口援疆的任务目标和职责分工。同时,建立了援疆资金稳定增长机制。到2016年,援疆工作领导小组成员单位扩大到32个部门和单位。

(二)全面推进援疆各项工作

自对口支援新疆麦盖提县以来,日照市委、市政府一直高度重视援疆工作,在省委、省政府的正确领导和受援地党委政府的大力支持下,日照市援疆工作认真贯彻中央、省关于对口援疆工作的一系列指示精神,坚持从民生项目推进、从促进就业着力、从人才支持突破、从教育援疆创新、从自身建设保障,扎实推进对口援疆各项工作,取得了显著成效。

1.重质量,讲效率,民生援疆进展顺利

日照市先后实施援疆民生项目98个,投入资金9.09亿元,其中"交钥匙"项目14个,"交支票"项目75个,合作共建项目9个。主要有以下几个特点:一是试点示范项目建设又快又好。日照市承担的省委书记试点项目——刀郎中学,建设面积达8.4万平方米,全县6100多名初中生喜迁新校。南疆最大的安居富民工程、省长示范工程——亚胡木丹新村,568户安居房全部竣工交付,2203名村民高高兴兴地搬进了新房。省长示范项目——现代农业百眼机电井项目,仅用2个月零10天完工,工程可灌溉耕地5万亩,年增产粮食290万千克,惠及灌区群众4万余人。二是安居富民工程等基础设施推进迅速。安居富民房

完善村道设施,推行改水改厕、亮化美化工程,安装户用太阳能灯15700盏、太阳能高杆路灯620盏

推进民生扶贫，建成安居富民房 1.71 万套、农村公租房 98 套，累计建设 4.77 万套，全县农村家庭全部入住新房

及配套工程投入援疆资金 3.55 亿元，其中建设安居富民房 30400 户，占农村总户数的 85%；主动探索安居区、美化区、畜牧区"三区同建"模式，高标准完成 18 个村庄的建设任务；投入援疆资金 4200 万元，用于百万亩防风固沙生态林基地滴灌、供水管网等设施建设，为提高植树成活率发挥了关键作用。三是医疗服务和教育设施项目全面完工。民政福利园区、麦盖提县维吾尔医院、远程医学会诊中心和 120 卫生急救中心项目的建成，使受援地卫生服务能力和水平得到大幅提升；建设完成 20 个乡的远程教育网络项目，填补麦盖提县远程教育空白。投资 4761 万元的央塔克乡寄宿制双语小学项目被评为"自治区安全文明工地"，并荣获"山东省优质结构工程杯"。麦盖提县疾控中心项目喜获山东省建筑工程质量最高奖"泰山杯"。四是基层阵地建设和就业培训扎实推进。新建和改扩建农村基层组织 37 个，建设并启用了新城社区和工业园社区阵地。就业培训实训基地的学生公寓楼和实训车间已经启用，累计培训劳动力 40045 人次，实现就业 29633 人。

2. 强特色，增就业，产业援疆呈现良好势头

2010 年以来，共实施产业援疆项目 38 个，涉及援疆资金 4.34 亿元。一是麦盖提县工业园区基础设施日益完善。建成园区企业服务中心和 2.2 万平方米标准化厂房以及日处理 4000 立方米的污水处理厂，整个园区达到"七通一平"

新疆日照港物流园新建红枣加工产业园 1.5 万平方米,招引满疆宏果业等 4 家企业入驻运营,增加红枣加工能力 4 万吨,实现 300 多人就业

标准。招引力诺瑞特光伏太阳能、万亩金银花种植提取等 78 家企业落户园区,从业人数达到 4500 人次。二是鼓励民族群众就地就近就业成效明显。针对维吾尔族群众外出打工语言不通、不愿远离家乡就业的实际,2014 年以来,共设立 3800 万元产业发展扶持资金,通过贷款贴息、投资补助、生产性补贴等措施,鼓励劳动密集型企业进乡入村设厂,先后扶持 17 家服装企业,在全县 9 乡镇、14 个村布点 24 处,新上缝纫机等设备 7150 台,吸纳在家门口就业的当地群众 7840 人。三是文化旅游开发进展顺利。建成启用了刀郎乡里、刀郎农民画基地、刀郎湖等项目,开工建设了麦盖提县刀郎文化园,提升了麦盖提县文化旅游产业的内涵。四是农业园区建设速度明显加快。与喀克夏勒村进行村企合作共建,投资 1.4 亿元建成了 4000 平方米科研展销楼 1 栋、智能温室大棚 2 个和日光温室大棚 20 个,新上电动三轮车组装生产线 1 条,积极吸纳 400 多名当地农民到园区打工。2012 年初,五征集团村企合作、建设农业示范园的做法得到中央新疆办副主任李兴民的表扬和肯定,被省指挥部列为山东省十大援疆典型之一。

3.传帮带,广交流,人才援疆呈现新亮点

2010 年以来,共实施人才援疆项目 17 个,援疆资金 0.57 亿元。一是探索人才援疆新路子。在省委组织部的部署下,组织 32 名麦盖提县干部到日照进行"项目带人才、带头人带团队"的"双带"培训,并成功探索了"1+X"人才援疆模式。自治区党委副书记韩勇专门作出批示,自治区党委组织部以文件形式在全疆推介。二是高标准做好人才援疆各项"规定动作"。先后选派 129 名教师、62 名医生、12 名林业技术人员赴麦盖提县支教支医支农;配合有关部门选派 5 名麦盖提县科技英才赴日照培训,选派 283 名麦盖提县未就业大学生到日照培训。按照应训尽训的原则,超额完成了对 482 名麦盖提县干部赴山东轮训工作。组织 33 名党政干部到山东挂职、155 名干部到日照参加社区、农林、城建、交通、规划和园区建设管理等培训。三是紧扣"一带一路"深化战略合作。按照市委、市政府关于围绕"丝绸之路经济带"建设,搞好日照与喀什深度合作的要求,在深入调研对接后,提出了加强两地合作的意见和建议。日照市委、市政府与喀什地委、行署签署了《"一带一路"建设战略合作框架协议》,协议涵盖口岸港口、商贸物流、产业、文化旅游、县域园区等 5 个方面的合作内容,深化了双方多领域战略合作。

4.抓教育,重实效,教育援疆实现新突破

把教育援疆作为做好援疆工作的突破口来抓。一是抓好寄宿制学校建设。在实现全县初中、高中学生集中在县城寄宿就读的基础上,重点抓央塔克乡寄宿制双语小学改扩建和全县 25 处农村小学供暖配套建设,着力改善双语小学寄宿条件。其中,央塔克乡寄宿制双语小学于 2016 年 6 月交付,可满足全乡 1300 名 4 至 6 年级小学生寄宿就读。二是深入开展教研援疆活动。利用学校结对共建平台,由日照市教育局选派 29 名小学初中、高中教研员分别到麦盖提县开展了为期两周的教研援疆活动,分层次对每门课的教学教研工作进行了一对一指导、交流和研讨。整个教研活动针对性强,实际效果好,得到了当地教育部门、广大教师和省指挥部的高度评价。三是强化教干队伍业务培训。为进一步深化教育援疆工作,共举办中小学书记校长、教务主任、政教主任、兼职教研员和幼儿园园长五个班次、五类培训,培训人数 105 人。一个班次对应一个

专题内容和针对性方案,组织受援地教师到日照市 15 所学校学习考察,共举办教育教学理论讲座 32 场,进一步促进了当地教育管理水平的提升。四是不断探索创新教育援疆模式。为了让新疆孩子享受到内地的优质教育,2014 年,日照市从日照实验高中挑选了 9 名骨干教师负责麦盖提实验中学一个班级的教学,开办了不出家门的"内高班"。同时,按照省委、省政府统一安排,在日照实验高中开办"山东对口支援高中班",促成 105 名当地高中生到日照就读。2015 年 9 月,时任省委常委、组织部部长的高晓兵来疆调研,对日照市开办不出家门的"内高班"的做法给予了充分肯定,要求在教育、卫生援疆工作中进一步探索。经过沟通论证,日照市又于 2015 年开办了不出家门的"内初班",从日照新选派 3 名一线骨干教师,与在疆的 5 名初中援疆教师整合在一起,全面负责刀郎双语中学初一年级一个班的管理教学,坚持开门授课、推门听课、全员教研、全员带教,发挥了很好的示范引领作用。2016 年 6 月,经日照市援疆指挥部与援受两地教育部门充分论证,对麦盖提县实验中学实施"业务托管式"组团支援。由"班"到"校",深化了组团式教育援疆的实践与探索。日照市大力开展教育援疆的做法,得到了时任省委书记姜异康、省长郭树清的充分肯定,并专门做出批示。

5.严管理,树形象,着力打造日照援疆精神

新一轮援疆工作开展以来,日照市共派出长期援疆干部、人才共 80 人,其中干部 30 人,教师 16 人,医生 25 人,其他专业技术人员 9 人;派出的短期援疆人员共 193 人。为加强对这支队伍的管理,市指挥部始终把自身建设作为一项基础性工作常抓不懈,坚持从完善制度入手,严肃"白天不拆帮、晚上不出门"及"八条禁令""十不准"等工作纪律,使之成为援疆干部人才的行为习惯。结合创先争优活动,按照省指挥部统一部署开展了"面对组织关怀,我怎么办""三讲三靠,争当优秀援疆干部人才""援疆为什么、在疆干什么、离疆留什么"等主题活动,深化拓展"弘扬四树精神、争当四特援疆干部"主题实践活动,熔铸了"务实、创新、为民、奉献"的日照援疆精神。日照市指挥部先后被评为山东省"援疆工作先进集体"、日照市"党的建设先进集体"、喀什地区"文明单位"、麦盖提县"民族团结进步模范单位","热爱伟大祖国 建设美好家园"主题教育活动"先进集

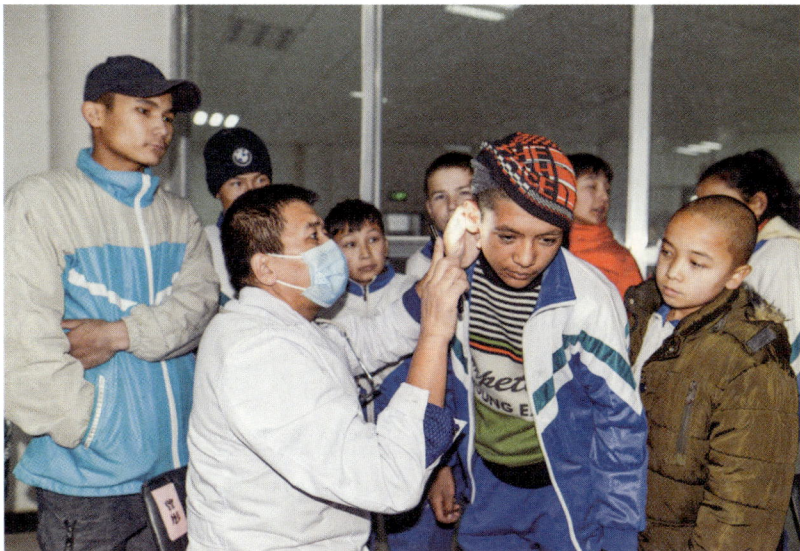

支医人才到麦盖提县二中开展义诊

体"，80多人次作为省市县"援疆工作先进个人""先进党务工作者""优秀共产党员"被表彰。

（三）经验启示

前后密切协作，高效运转联动。市援疆指挥部作为援疆工作的责任主体和实施主体，在援疆一线抓重点、破难点，全力推进援建项目建设。处在后方的市直各有关部门根据援建需要，从各个方面给予全力支持，形成了前后协同、高效联动的良好局面。市援疆办充分发挥协调服务职能，组织筹备"喀交会"、市党政代表团赴麦盖提县考察、麦盖提县党政考察团赴日照市考察等重大活动，接待招商、考察等小型团组多人次。市委组织部发挥干部人才援疆的牵头作用，周密做好人才选派、干部挂职培训等工作。市经信委、市商务局积极组织企业赴麦盖提县考察对接，帮助推进产业合作。市住建委从规划设计、招投标和援建企业管理等方面全面服务援疆项目建设。市财政局建立了援疆资金稳定增长机制，为援疆工作提供了有力保障。日照港集团领导多次赴麦盖提县对接项目，协调解决原材料短缺、施工环境不完善等困难，抽调精干力量，精心组织施工，加快日照刀郎产业园等项目建设。市人社局积极协调日照职业技术学院、日照师范学校做好麦盖提县未就业大学生的培养工作。

立足当地实际,创新工作模式。一是创新实施"人才援疆+"模式。采取一名援疆人才与一名受援地人才结对子的方式开展帮带培训,既能最大限度地发挥援疆人才的作用,放大人才援疆效应,又能提升受援地人才的业务理念和技术水平,为当地留下一支"永不走"的专业人才队伍。这一做法得到了省、市领导和新疆维吾尔自治区领导的充分肯定并在全自治区援疆工作中进行推广。二是实行"三个做主"民主管理模式。在亚胡木丹富民安居工程建设过程中,日照市从尊重群众意愿入手,创新实施群众"三个做主"做法,即盖什么样的房子、怎么建房子、选择什么样的致富路子,尽量由群众做主。这一做法得到了自治区党委领导的充分肯定,陆续又延伸拓展为民生大事、发展大事、稳定大事都由群众做主的"三个做主"民主管理模式。三是探索"村企合作、多元投资"的模式。喀克夏勒村是五征万亩现代农业示范园中的一个村庄。根据村民意愿和园区建设需要,采取"村企合作、多元投资"的模式,对村庄进行了整体搬迁和土地流转,使群众既能住上安居富民新房,又能享受土地流转收益,还能到园区就业获得工资性收入。

大力宣传发动,营造浓厚援疆氛围。市委、市政府多次召开常委扩大会议、市政府常务会议和专题会议,市援疆工作领导小组也多次召开全体成员会议,学习贯彻中央新疆工作座谈会和全省对口支援新疆工作会议等重要会议精神,安排部署日照市对口援疆工作,动员各级各部门把思想统一到中央和省委、省政府的决策部署上来。加强与省援疆办、省援疆指挥部的汇报衔接和各成员单位之间沟通联系,定期调度汇总全市援疆工作情况,编印《援疆工作简报》和《新一轮援疆工作专报》,建立起了前后衔接、左右畅通的信息沟通渠道。市内新闻媒体加大了对援疆工作的宣传,日照日报、日照电视台等不定期刊(播)发援疆稿件。由于宣传发动到位,在全市营造了关心、支持援疆工作的浓厚氛围。同时,切实加强与省内、疆内主要新闻媒体的沟通联系,及时宣传日照市援疆工作取得的成效。

三、日照市扶贫协作重庆市黔江区工作

东西部扶贫协作机制是我国自改革开放以来,党和国家动员组织东部较发

达省市对西部欠发达地区和部门提供经济援助和技术人才援助,从而实现东西部优势互补、缩小差距、促进贫困地区发展和贫困人口脱贫致富的一项扶贫政策,是党中央、国务院根据邓小平共同富裕理论所制定的一项重大战略决策。1996年10月,《中共中央、国务院关于尽快解决农村贫困人口温饱问题的决定》,确定北京、天津、上海、广东等13个沿海发达省市对口支援内蒙古、甘肃、云南、广西等西部贫困省区,其中,山东省对口帮扶新疆维吾尔自治区。2010年6月,经国务院批准,国务院扶贫办对浙江、四川、天津、甘肃等13个省市区的东西扶贫协作关系进行了调整,其中,山东省由帮扶新疆10个县调整为帮扶重庆市14个国家扶贫开发工作重点县。此次调整,山东省人民政府印发了《关于推进扶贫协作重庆工作的意见》,明确了济南、淄博、枣庄、东营等14个市与重庆市14个贫困县区结对开展扶贫协作工作,其中,日照市对口帮扶黔江区工作。扶贫协作重庆市黔江区是日照市继援川、援疆工作后又一项对口支援任务。

(一)工作机构

根据山东省人民政府《关于推进扶贫协作重庆工作的意见》的精神,山东省发展和改革委员会负责全省对口支援和东西部扶贫协作工作。为加强新形势下对口支援和东西扶贫协作工作,根据《中共山东省委、山东省人民政府关于深入推进对口支援和扶贫协作工作的意见》的精神,2018年10月,市委、市政府成立了日照市对口支援和扶贫协作工作领导小组,小组实行双组长制,组长由党政主要领导担任,全面负责对口支援和扶贫协作工作的领导、组织和协调工作。领导小组下设办公室,办公室设在市发展改革委。日照市对口支援和扶贫协作工作领导小组办公室承担领导小组日常工作,负责组织实施、协调服务和督促落实等工作。

(二)工作情况

2010年,山东省人民政府《关于推进扶贫协作重庆工作的意见》明确了山东省济南、淄博等14个地级市与重庆市14个贫困县区结对开展扶贫协作工作,其中日照市对口协作黔江区。2011年,山东省进一步明确要求各市携手一个经济实力强的区县共同参与扶贫协作,日照市确定的是东港区。2018年底,根据中央、省有关要求,日照市又增加了岚山区参与结对帮扶工作。

2010年以来,日照市累计援助黔江区扶贫协作资金9337.4万元,实施援建项目110个;两地互派挂职干部17名;日照市支教、支医、支农人员累计137人次,干部人才交流、产业扶贫、劳务协作、携手奔小康等扶贫协作工作取得良好成效。

突出教育扶贫特色。教育扶贫是切断贫困代际传递的根本措施。2010年底,在双方政府签订的《山东省日照市——重庆市黔江区东西扶贫协作框架协议》中就将教育扶贫列入帮扶工作重点,每年都选取教育领域的项目进行帮扶。日照市选派到黔江区的支教教师通过座谈交流、集中评课、专题讲座等形式,扩大交流范围,增强了交流效果。同时,黔江区多次组织教师到日照对口学校跟班学习,以跟岗学习、座谈交流、现场观摩等形式进行学校管理、党建工作、教学管理、团队建设、特色学校建设等方面学习交流。2012年、2013年援建的中塘乡中心小学学生宿舍楼、食堂和标准化操场,从根本上解决了400多名留守儿童的食堂就餐和住宿困难,让780名孩子有了一个干净整洁的活动场所,告别了"晴天一身土,雨天一身泥"的生活,极大地改善了孩子们的学习生活条件。2012

2019年9月21日,时任日照市委副书记、市长李永红到黔江区中塘镇双石村小学校实地调研援建项目并赠送学生书包

年,在得知黔江区石会中学女子宏志班学生的 2012、2013 年度学习生活费用没有着落时,日照市将资助宏志班学生列入帮扶项目,出资 20 万元帮助 50 名贫困家庭女生顺利完成了学业,为她们的人生发展提供了一个台阶。2013 年援建的黑溪镇小学食堂解决了 300 多名小学生的就餐问题。2015 年帮扶 12 万元资助了 30 名贫困大学生,解决了他们的生活困难。2016 年援建的城西街道册山完小学生食堂解决了 657 名在校师生就餐难的问题。2020 年,至信科技公司为黔江中学捐赠了价值 312 万元的智慧校园项目。

农业产业合作取得新进展。按照 2016 年全省扶贫协作工作会议部署,为进一步做好新形势下扶贫协作黔江区工作,日照市积极探索,以农业产业合作为突破口,带动贫困户就业脱贫,取得了初步成效。在双方合作的基础上,积极推动日照市岚山区尚品种植专业合作社与黔江区蓬东乡琼敏种植股份合作社开展葡萄等水果种植合作,确定了由尚品种植专业合作社提供葡萄苗木、技术管理、产品加工等服务,蓬琼敏种植股份合作社提供土地、用工、市场销售的合作模式,栽种葡萄、长果椹、桃、樱桃等 280 亩,其中葡萄 110 亩。双方合作为当地贫困群众脱贫带来了机遇,已流转农民土地 200 亩,每亩土地流转费 300 元;带动 68 户 160 人实现家门口就业,人均年收入 3 万元,其中建档立卡贫困户 11 户、36 人。在推进尚品种植与琼敏种植成功合作的基础上,日照市又加大力度,促成了尚品种植与重庆农全农业开发有限公司在黔江区黑溪镇改革村合作建设四季花果园项目,项目已流转土地 1580 亩,带动了当地贫困群众的就业。2019 年,日照市为黔江区引进了无花果生物科技开发项目。该项目系山东佳品农业科技开发有限公司在黔江区的招商引资项目,已在黔江注册新公司(重庆市佳荣食品科技有限公司),2020 年,新建无花果加工厂,该项目已于 2020 年 6 月 2 日开工建设。

援建项目成效显著。2010 年以来,日照市累计帮扶资金 9337.4 万元,完成贫困村基础设施建设、高山移民搬迁、扶贫产业、教育、卫生帮扶等援建项目 68 个,为生活困难群众脱贫发挥了引领示范作用,取得了较好的经济和社会效益。2011 年援建的石会镇 500 亩武陵山保供蔬菜基地项目(其中钢架大棚 200 亩),每亩增收 1000 元,解决了 300 户农民的务工问题。为发展特色种植

黔江区新华乡石钟村产业发展配套建设项目,总投资 130 万元,资金来源为日照市援建资金。建设内容包括硬化产业路 2 千米,种植辣椒 500 亩并配套建设烘烤房 1 个,带动全村贫困户人口 61 户 253 人实现种植增收和就近务工。图为建设中的辣椒烘烤房

业,2013 年,日照市援助 100 万元建设了太极乡红心猕猴桃标准示范基地,基地占地 2000 亩,为 100 多名搬迁移民提供了工作岗位。2015 年援建的水田乡石郎村三组、四组的 3.3 千米村道项目建成后,解决了附近 3400 多名群众出行难的问题,带动 300 多户困难农民脱贫。2019 年,日照市援建金溪镇发展蚕桑 10000 亩,采取"桑+"模式发展的立体农业 5000 亩,该镇在地桑园面积跃居重庆市乡镇第一。针对黔江区老百姓受山区地形和气候环境影响,髋膝骨关节病多发的现状,日照市发挥两市区中医院结对优势,创新实施"前方支医专家+后方组团帮扶+远程医疗会诊"协作模式,为贫困患者实施髋膝关节免费置换手术。截至 2019 年底,已成功为 162 名建卡贫困患者和贫困残疾人实施手术,共计 190 台次。市人民医院与黔江区中医院共同组织开展了"免费白内障手术——光明行动",为 48 名贫困患者实施白内障手术,共计 50 台次。两大健康扶贫亮点项目累计为当地贫困群众节省 470 多万元,收到"救治一人、脱

2018 年 7 月,贫困群众髋膝关节免费置换项目启动仪式举行

贫一户、幸福全家"的良好效果,有效破解了因大病重残致贫返贫的难题,得到了当地干部群众的普遍赞誉。中国政府网、山东卫视、重庆卫视等新闻媒体多次予以专题报道,重庆市卫健委将髋膝关节免费置换项目推广到全市 14 个贫困区县。国务院扶贫办副主任夏更生到黔江区中医院进行了实地调研,对髋膝关节免费置换项目给予高度评价。前方支医医生日照市中医院骨科博士柏明晓荣获重庆市脱贫攻坚先进个人(山东扶贫协作重庆专业技术人员唯一获奖者),并受到时任重庆市委书记、市长等领导的亲切接见。

积极推进产业合作。日照市连续组织参加了 2011 ～ 2019 年共 9 届中国(重庆)国际投资暨全球采购会(简称"渝洽会")。通过"渝洽会"平台,利用国家西部大开发、扶贫开发等政策,先后组织日照瑞能、海通丝业、新贵科技等 28 家企业到黔江考察合作事宜,与黔江区签署了合作协议。其中,日照瑞能公司与乌江电力合作煤炭物流项目已在黔江落地;五征集团、日照银行已在重庆市开展了业务。2015 年 3 月,山东新贵科技股份有限公司与万州经销商开展了啤酒智能保鲜系统销售合作业务,成功开拓了万州市场,并与黔江啤酒生产企业洽谈了投资合作事宜。在两地党委政府主要领导的直接推动下,日照海通集团经多次实地考察论证,2020 年 1 月中旬正式落地黔江。企业拟投资 3.5 亿元,其中一期投资 8000 万元,在黔江建设集基地培育、缫丝生产、食品加工、丝

2020 年 3 月 25 日,日照海通集团在黔江区投资设立的重庆海通丝绸有限公司举行挂牌仪式,重庆海通丝绸有限公司于 2020 年 1 月注册完成,注册资金 2000 万元

绸制品于一体的全产业链项目,推动当地蚕桑产业提档升级,带动当地群众增收致富。该项目是今年鲁渝扶贫协作投资额最大的产业项目,省级援助资金已安排 1300 万元用于支持项目建设。黔江区委、区政府对该项目高度重视,将其列入重庆市级重点项目,由常务副区长联系包保。海通集团顺利接手当地金石片区近 3 万亩优质蚕桑基地,12 名专业技术人员赴黔江开展春耕生产技术指导。

交流合作进一步加强。积极推动双方高层领导互访活动,加强扶贫协作工作对接,做好扶贫协作顶层设计。建立了工作联系制度,由日照市发展和改革委员会和黔江区发展和改革委员会、黔江区扶贫开发办公室承担具体业务工作。每年双方都派出由分管市区领导带队的代表团考察访问,对接扶贫协作工作。2018 年以来,两地互访交流更加密切,日照市委副书记、市长于 2018 年、2019 年连续两年率团到黔江区考察对接。2019 年,黔江区委书记、区长分别率团到日照市推进落实扶贫协作事项,双方召开高层联席会议 2 次。2019 年,两地政府部门间互访交流 60 批 530 余人次,日照市有 15 个市直部门和单位主要负责人带队到黔江区对接交流。

2020年2月25日至3月10日，分三批通过"乘专机、点对点"形式输送79名黔江籍务工人员（建卡贫困人口60人）到日照市相关企业工作

为推进扶贫协作工作走深走实，经日照、黔江两地有关部门和机场等单位的共同努力，2019年10月24日，由华夏航空公司执飞的日照—黔江—贵阳航班首航，开创了鲁渝14个扶贫协作结对市县（区）中首个实现直航的重大突破，被确定为2019年度鲁渝扶贫协作重点创新性工作。航线的开通为深化两地扶贫协作插上翅膀，有力地促进了两地人才交流、文化融合、劳务协作、消费扶贫和旅游产业的发展。借助航线开通的机遇，"畅游渝东南·领略武陵风"重庆黔江及武陵山地区旅游产品推介会在日照市举行；市文旅部门组织日照周边区县17家重点旅行社负责人到黔江采风踏线实地考察；日照市先后组织4批山东游客到黔江及渝东南区域旅游，两地游客量达到2000多人次，初步打造形成"到日照看海、来黔江看山"的旅游品牌。航线开通后，由市政府分管领导率队，市工信等部门先后组织3批28家企业到黔江考察对接产业合作，日照美佳集团与当地食品加工企业签订了货值700万元的豆腐干供货合同，至信科技公司为黔江中学捐赠了价值312万元的智慧校园项目。在新冠肺炎疫情防控期间，日照市充分利用了航线优势，第一时间为黔江区捐赠口罩4.27万只；分三批通过"乘专机、点对点"的形式输送务工人员79人（建卡贫困户60人），这一做法得到了国务院扶贫办的充分肯定。

另外,为做好人力智力援助,调动日照市干部到黔江区帮扶工作的积极性,市发改委、市委组织部、市财政局三部门联合出台了《关于在黔江工作的东西扶贫协作干部生活补助的通知》,体现了组织对扶贫协作工作的重视和对帮扶干部的关心,为开展人力智力支持创造了条件。

执 笔 人:马德团　逄焕彬　李　萍　张国栋
审 稿 人:马德团
撰稿单位:日照市发展和改革委员会

日照市粮食流通
体制改革历程、成就及经验

　　日照市作为东部沿海开放城市,地理位置优越,粮食工作较之内陆地区有着显著的港口和区位优势。改革开放以来,历届日照市委、市政府十分重视粮食工作,遵循不同时期国家粮食方针政策和体制改革要求,坚持粮食流通体制改革以市场化为导向,逐步实现了粮食购销市场化、市场主体多元化,探索出一条符合市情粮情、适应经济发展要求的粮食体制改革路径,为保护种粮农民利益、促进粮食生产稳定发展、保障国家粮食安全发挥了十分重要的作用。

一、日照市粮食流通体制改革历程

　　改革开放以来,我国粮食流通体制改革稳步推进,完成了从计划经济体制到社会主义市场经济体制的历史性变化,实现了粮食供给由长期短缺到总量基本平衡、丰年有余的历史性转变,创造了用占世界 9% 的耕地养活 20% 人口的伟大奇迹。日照市的粮食流通体制改革历程与全国、全省同步,经历了初步探索、深化改革、完善提高、转型升级四个发展阶段。

(一)日照市粮食流通体制的初步探索期(1979 ~ 1992 年)

　　党的十一届三中全会之前,我国粮食流通体制长期实行统购统销的计划经济体制。从 1978 年党的十一届三中全会到 1992 年邓小平视察南方谈话,粮食流通体制改革一直处在初步探索阶段。在此阶段,国家实行以政策调整和责任制建立为特征的改革措施,寻求在粮食统购统销体制下搞活粮食经济的办法,激励农民多种粮、种好粮,满足国民经济迅速发展需要。

1.以政策调整为导向的粮食流通体制改革

调减征购基数,提高统购价格和超购加价比例。为帮助农民减负增收,按照国务院统一部署,从 1979 年夏粮征购开始,调减粮食征购基数、大幅提高粮食统购价格和超购加价幅度,超购加价幅度由原来的 30% 调高至 50%。由于粮食统购价格提高而销价不动,购销价格形成倒挂,为稳定市场、平抑物价,价差亏损全部由国家财政承担。同时,国家开展粮食议购议销,恢复粮食集市贸易,逐步放宽农村政策,充分调动农民种粮积极性,为粮食流通体制改革作了物质上和思想上的前期准备。

实行征购、销售、调拨包干,统购以外的余粮允许多渠道经营。1979 年,依据国家粮食部颁发的《关于粮食和食用油脂油料议购议销试行办法》,成立日照市粮油议价购销公司(后改称粮油贸易公司),专门负责管理经营全市粮油议购议销工作。1983 年经国务院同意,日照市坚持计划经济为主、市场调节为辅原则,实行购销调拨包干,明确下放粮油议购议销价格管理权限,在完成粮油统购任务后允许多渠道经营,进行市场调节。这期间,农村家庭联产承包责任制的实行和粮食流通体制改革的推进带来了农业生产力的解放和粮食生产的跨越发展,粮食连年丰收。全市粮食总产量由 1978 年的 30.4 万吨增加到 1983 年的 45.2 万吨,其中小麦由 1978 年的 5.95 万吨增加到 1983 年的 15.4 万吨,并于 1984 年首次出现农民卖粮难。

改粮食统购为合同定购。1985 年 1 月 1 日,中共中央、国务院发出《关于进一步活跃农村经济的十项政策》,明确粮食、棉花取消统购,改为合同定购。山东省从 4 月 1 日起取消粮食统购,改为合同定购,这标志着实行了 32 年的统购统销制度开始逐步退出历史舞台。粮食合同定购价格按"倒三七"比例(30% 按原统购价,70% 按超购价)计价,取消超购加价。定购粮食品种为小麦、玉米、稻谷,后来又增加了瓜干和大豆。对合同定购外粮油,农民自由购销。日照市粮食部门(粮所)与农民签订粮油定购合同书,按新的定购价格结算,落实粮油定购"三挂钩"政策。实行合同定购后,政府抓粮食收购的力度逐步减小,致使合同定购签订量大幅减少。1986 年仅完成粮食合同定购 2.94 万吨,比 1984 年减少 2.81万吨。为扭转局面,日照市采取清欠定购尾子等办法,自 1987 年起连续多年超额完成国家粮油定购任务。1991 年,国务院将合同订购改为国家订购,从 1992 年底起,全市每年粮食订购任务为 6 万吨,其中小麦 4.46 万吨左右,其余为玉米、稻谷等。

工商行业用粮退出统销,农村统销粮压缩。国家在实行粮食合同定购、稳定农民负担的同时,为保证城镇居民口粮供应和减轻财政负担,自 1984 年起,逐步削减行业用粮计划,压缩平价粮油供应。日照市按照省统一安排,1984 年先对饮料酒粮食供应放开,实行议价供应;1985 年又对酒精、溶剂、浆纱、味精、淀粉和其他工业用粮油放开,取消平价供应计划;1986 年将火车、轮船、飞机旅客用平价粮油放开;1988 年又将食品、饮食、糕点和副食、酿造用粮油全部退出统销。到 1989 年,城镇供应统销粮油的范围只保留居民口粮和事业供应两项,同时压缩农村统销粮。将沿海渔民、经济作物区农民和城郊菜农的口粮供应放开,只保留因灾缺粮、库区缺粮人口的粮食供应。行业用粮退出统销和压缩农村统销粮减轻了财政负担,也为快速增长的城镇人口口粮供应提供了物质保障。

建立国家储备粮和地方储备粮制度。1990 年,针对一些主产区农民"卖粮难"、粮食部门储粮难、产区和销区调销不畅的现象,国务院决定建立国家专项粮食储备制度,成立国家粮食储备局,以保护农民种粮积极性,增强宏观调控能力,保证粮食供应和粮价稳定。当年全市收购国家专项储备小麦 1 万吨。1992 年 10 月份,国有粮食企业在保持合理周转库存外,山东省又下达日照市地方粮食储备计划 0.35 万吨的通知。1993 年,市、县(区)两级地方粮食储备规模增加到 1.65 万吨。粮食储备制度的建立增强了政府调控市场的能力,为粮食市场化改革奠定了基础。

放开粮食销价。1985 年,我国对农村用粮按统购价销售(即购销同价),对定量供应的市镇人口口粮仍按统销价供应(即购销倒挂),工业用粮全部放开,实行议价供应;随后又逐步提高定量供应的粮食统销价格,到 1991 年,日照市粮食统销价格提高至每 50 千克小麦 21 元,玉米 15 元,分别比 1985 年提高了 7.50 元、5.50 元。我国虽提高了粮食统销价格,但因销价提高幅度偏低,购销倒挂问题仍没有解决,粮食部门政策性亏损日趋增多。为此,从 1992 年我国开始实行购销同价,粮食供求矛盾得到缓解,财政负担开始减轻。按照省政府统一部署,日照市从当年 10 月 1 日起,放开了粮食销售价格,对定量人口口粮供应只保留定量标准和户粮关系,供应价格随行就市。这一改革本着"稳购活销"的原则,在国家掌握定购粮和专储粮粮源的基础上,推进粮食销价改革,进行市场化探索,对减轻财政负担、减少粮食企业亏损无疑是一项有益之举。

2. 以责权统一为导向的粮食管理体制改革

划小核算单位。按照省粮食局部署,自 1979 年起,由原来县级粮食局统一核算盈亏改为基层企业独立核算。之前基层粮所和县直粮食企业均为报账单位,"花钱往上要,盈亏不关心"的现状不利于企业财务核算管理。划小核算单位后,每个基层企业的盈亏情况一目了然,为加强企业经营管理创造了条件,粮食部门开始由管理分配型向经营核算型转变。

实行粮油购销调拨包干办法。为解决长期"四统一"(统一收购、统一销售、统一调拨、统一储存)形成的少购多销少调等地方保护和"大锅饭"问题,1981年山东省在全国率先实行粮油购销差额管理、调拨包干办法,明确粮食征购、销售和调拨包干基数,一定三年不变。包干后,完不成收购计划的,其差额部分相应抵减当地开支;销售超销不补,节余归地方;如完不成调拨计划,欠调部分找补平议差价;调入地区如需增加计划外调入,以议价粮补给。1982 年,国务院颁布《关于实行"粮食征购、销售、调拨包干一定三年"的粮食管理办法》,规定包干期内,各省多购少销的粮食归地方掌握,丰歉自行调剂。为了与国家政策衔接,省政府要求实行的"包干"办法延续至 1984 年。日照市积极落实粮油购销包干办法,从紧安排粮食收支计划,力求做到多购少销保调,平衡有余。第一轮粮油购销包干期完成较好,得到上级表彰。1985 年,粮食统购改为合同定购,当年没有延续包干办法。1986 年,省政府决定,省对各市、地再实行粮食购销调拨包干。1988 年,又明确 1988 至 1990 年粮食购销调拨包干一包三年不变,后又延续到 1991 和 1992 年。这项办法的实施对强化地方政府和粮食部门的粮食购销管理责任、平衡粮油收支、应对城镇非农业人口过快增长带来的粮油供应压力都起到了较好的缓冲作用。

财务管理体制下放到县。中华人民共和国成立初期,粮食财务体制是从中央到地方垂直管理的,随后又下放到省级管理。自 1985 年起,山东省粮食企业财务管理体制由省级下放到县级管理。这有利于地方政府和财政部门对粮食企业财务状况的监管,解决了粮食部门长期统收统支和吃"大锅饭"的问题。

推行经济责任制。1988 年,粮食企业全面实行经营承包责任制,一定三年,确定承包基数和完成承包任务后的分成比例,对超额完成承包利润的企业实行奖励,企业职工工资直接与企业经济效益挂钩。到 1989 年,日照市粮油供应、加工、饲料企业和农村粮管所全部实行了承包经营责任制。承包经营责任制的推行在一定程度上实现了所有权和经营权的分离,调动了生产经营者和广大职工的积极性,企业经济效益明显提高。1991 年实行新一轮承包,推行风险抵押承包和工效挂钩,竞标上岗,利益分成,责任到人。制度推行后,全市粮食企业的创利水平有所增长,但也暴露出一些问题。例如,对投标者实际经营能力和政治素质考察不够,造成部分企业承包后经营不好,轻则承包任务落空,重则在经营中上当受骗,造成不应有的损失;还有的企业承包人不重视企业长远发展,不及时维修维护设备,企业缺少发展后劲。

(二)日照市粮食流通体制深化改革期(1992 ~ 2005 年)

1992 年邓小平视察南方谈话和党的十四大提出建立社会主义市场经济体制的总目标,推动粮食流通体制改革向纵深发展。

1.粮食流通体制的深化改革

粮食经营"两条线运行"改革。依据国务院《关于深化粮食购销体制改革的通知》《关于粮食部门深化改革实行两条线运行的通知》,日照市于 1995 年下半年启动建立以政策性业务和商业性经营"两条线运行"的机制,深化粮食企业改革。对全市 1992 年 3 月 31 日以前的粮食政策性财务挂账 4826 万元实行停息,由财政逐年弥补消化;同时明确企业经营性亏损挂账 1000 多万元,由企业自行解决。从制度上划清政策性与经营性业务的界限,一方面由国家财政承担政策性业务亏损,减轻了粮食部门亏损挂账压力;另一方面企业自负盈亏,对促进企业增强市场风险意识、提高经营能力和盈利水平无疑是一件好事。

"四分开一完善"和"三项政策一项改革"。1998 年,中央 1 号文件提出"四分开一完善"(即政企分开、中央与地方责任分开、储备与经营分开、新老粮食财务挂账分开和完善粮食价格机制)的改革原则,进一步深化粮食流通体制改革。

日照市对这次改革高度重视,要求粮食部门广大干部职工把思想统一到国务院确定的改革方向和原则上来,增强改革的自觉性、紧迫感和责任感。按照国务院《决定》的精神,主要进行五方面改革:一是转换粮食企业经营机制,实行政企分开。二是全面落实粮食市、县(区)长负责制。三是完善粮食储备体系,实行储备和经营分开。四是妥善解决粮食财务挂账,改进资金管理办法。五是建立和完善政府调控下市场形成粮食价格的机制。

为切实保证农民增产增收、保护农民种粮积极性,1998 年下半年,在贯彻"四分开一完善"改革的过程中,国务院又提出粮食流通体制改革"三项政策一项改革",即按保护价敞开收购农民的余粮、粮食购销企业实现顺价销售、粮食收购资金封闭运行三项政策和加快国有粮食企业改革,确立自主经营、自负盈亏的新机制,确保粮食流通体制改革顺利实施。日照市委、市政府要求粮食部门严格执行国家粮食销售价格政策,一方面按保护价敞开收购农民余粮,做到不拒收、不限收、不停收;另一方面实施销售目标责任制和激励机制,同时落实好资金封闭运行,严格执行"钱随粮走"政策。据统计,全市每年在完成粮食定购任务 6 万吨的基础上,1998 年,又按保护价收购农民余粮 3.2 万吨,顺价销售粮食 6 万吨;1999 年收购保护价粮食 3.5 万吨,顺价销售 10.3 万吨;2000 年收购保护价粮食 2.1 万吨,顺价销售 12.6 万吨;2001 年收购保护价粮食 5.81 万吨,顺价销售 6.89 万吨。用一手抓收购、一手抓促销的办法,推动"四分开一完善"改革措施的落实。

粮食购销市场化改革。2004 年 5 月,国务院发出《关于进一步深化粮食流通体制改革的意见》,提出深化改革总目标。总目标可概括为:放开购销市场,直接补贴粮农,转换企业机制,维护市场秩序,加强宏观调控。这次改革标志着粮食流通体制完全迈上了社会主义市场经济的轨道。

为贯彻好中央和省粮改工作的要求,日照市适时出台粮食流通体制改革措施,确保各项改革政策落实到位。一是积极稳妥地放开粮食收购市场、价格和经营,改对粮食企业补贴为对种粮农民直接补贴。从 2004 年夏粮收购时起,取消粮食定购任务,价格随行就市,允许有收购资格的粮食经营者入市收购。粮食购销企业成为市场主体,参与市场竞争,承担市场风险,实行自负盈亏。2004 年全年购进粮食16.5万吨,其中本地收购10万吨。二是加强地方储备粮管理体系建设。市政府决定筹建市级粮食储备库,于2004年9月底完成了5万吨地方储备粮的充库任务。三是建立粮食安全预警机制。四是积极推进国有粮食购销企业改革。五是努力转变粮食行政职能。市、县(区)两级粮食部门积极调整工作职能,由管理国有粮食企业改为管理全社会粮食行业,由直接管理具体事务改为间接调控粮食安全,由主要依靠政策管理改为依据法律法规行政。

2.粮食企业体制的深化改革

粮食企业"四放开"和"三项制度"改革。1992年3月,市委、市政府发出了国有企业改革动员令,对全市国有流通企业进行经营、价格、分配、用工"四放开"改革。同时,下发了《关于深化企业干部人事制度改革的意见》《关于深化企业劳动人事、工资分配、社会保险制度改革的意见》《关于企业实行全员劳动合同制的试行办法》,推动企业干部人事、用工、分配"三项制度"改革。这次改革旨在打破以前计划经济"统"得过死,企业自主权少、经营不活的问题,打破了企业长期以来形成的干部能上不能下、职工能进不能出、工资能高不能低的弊端,也打破了"一大三铁"的局面,即打破干多干少一个样的"大锅饭",不论经营好坏干部稳坐的"铁交椅",不论劳动好坏职工照端的"铁饭碗",不论效益好坏职工照发的"铁工资"。经过改革,至1994年,全市粮食系统有38家企业共1490名职工实行了全员劳动合同制,改变了干部职工的思想观念,为进一步深化粮企改革奠定了基础。

发展粮食企业集团。1996年,在"两线运行"改革思路指导下,省粮食局提出"积极调整企业组织结构,大力培植和组建企业集团"的要求,日照市结合粮食部门实际,加大了对市直粮食企业组织结构的调整力度。市直粮食企业形成了新瑞粮食工业集团、金谷粮油集团、粮油贸易总公司等集团化企业运营模式。集团成立初期,确实发挥了"船大抗风浪"的优势,但由于企业负债大、经营管理水平有限等原因,20世纪90年代末,企业经营遇到了前所未有的困难。

国有粮食企业产权制度改革。按照十五大提出的关于建立现代企业制度的要求,1999年下半年,日照市粮食企业产权制度改革开始启动。到2003年底,全市改制改组粮食企业46家,其中组建有限责任公司6家,股份合作制7家,出售转让7家,租赁14家,破产8家,转民营4家,转岗分流职工1700多人。在这轮粮食企业产权制度改革中,除粮食储备库、农村粮管所等粮油购销企业保持国有独资未进行改革外,市、县(区)直属经营性粮油企业均进行了改革。按照一企一策原则,采取股份制、股份合作制、出售转让、租赁、破产重组等多种形式,盘活企业资产。改制后,企业经营层持大股,职工普遍参股,经营好坏直接关系到经营者和职工的切身利益,企业经营者和职工的工作积极性得到充分调动。但由于受企业资产状况、经营方向、管理水平等条件限制,改制后企业经营发展情况参差不齐,有的得到较快较好发展,有的则遇到生存困难,甚至破产被收购。

国有粮食购销企业改革。2005年3月,根据省统一部署要求,全市国有粮食购销企业改革启动。日照市明确了改革范围,除承担粮食储备和军粮供应的企业继续实行国有独资外,其他国有粮食购销企业全部进行改革;改革的重点难点是搞好国有粮食购销企业职工的身份置换和分流安置工作。2005年10月,全市开始启动国有粮食购销企业职工身份置换、分流安置工作。农村粮管所职工按每年工龄600元、市直粮食购销企业职工按每年工龄760元标准给予经济补偿。2005年12月底前,改革工作全部完成。除职工分流安置外,还整合优化了县级粮食收储企业的组织结构。同时,划转剥离了国有粮食购销企业的政策性亏损挂账。

(三)日照市粮食流通体制的完善提高期(2005~2017年)

2005年以来,日照市、县(区)两级粮食行政管理部门积极转变职能,围绕服务"三农"、依法管粮、促进粮食产业发展和落实粮食安全责任制四大主题,主动作为,取得了许多全国、全省创新型典型经验,主要有以下几方面。

1.农户科学储粮工程

为改善储粮条件,实现"藏粮于民"。2007年6月,莒县、五莲县粮食部门用自有资金分别外购彩钢板、塑料材质小粮仓260个,免费发放给农户进行试验。日照市在全省最早开展此项工作,被列为"全省农户科学储粮示范试点市",该项工作得到了国家、省粮食局领导的充分肯定。根据试验结果选定彩钢板材质的小粮仓(俗称"小康仓")为示范仓进行推广。该项工作自2008年启动以来,深

农户科学储粮示范仓

受农户欢迎,每年推广 2 万户以上,其推广量均为全省、全国前列。

2010 年,市粮食储备库建立了农户科学储粮示范仓试验基地,以验证其安全、减损、无药剂等技术指标,为进一步改进"小康仓"生产工艺和指导农民科学储粮提供依据。日照市先后 6 次更换粮仓顶盖模具、12 次调整出粮嘴工艺。2011 年,第五代农户科学储粮示范仓定型并在全省推广,获得 2 项国家实用专利。日照市开展科学储粮工作的做法,得到了国家、省粮食局的高度肯定,先后获得中国粮油协会科学技术奖三等奖、日照市科学技术奖二等奖。省政府办公厅印发特刊予以肯定,国家粮食局在日照市召开农户科学储粮专项建设会议,并多次在全国、全省专业会议上进行推广。

农户科学储粮示范仓的资金,采取中央投资补助、地方财政配套和农户自筹相结合的方式进行筹集。其中中央投资 30%,其余 70% 由地方财政配套和农户自筹。自 2009 年起,市财政每年补助 200 万元,县(区)财政给予每个示范仓50 元至 80 元的补助,即农户只需支付 50 元至 80 元资金就可获得一个标准示范粮仓。2007 年至 2017 年,全市累计争取省以上农户科学储粮资金 2755.48

万元,其中中央投资 1440 万元,省级投资 1315.48 万元。到 2018 年,全市已累计发放科学储粮示范仓 23.97 万个,占全市种粮农户(粮食直补农户)的 47.4%,每年帮助农民减少储粮损失达 2 万余吨,相当于开发 5 万亩粮田。

2.粮食储备和应急体系建设

地方粮食储备体系虽始建于 20 世纪 90 年代,但规模小,难以发挥保障应急供应和调控市场作用。深化粮食流通体制改革后,市、县(区)两级加大地方财政投入,扩大地方储备粮规模。2006 年,全市地方储备粮规模达到 5.15 万吨,2007 年达到 8 万吨。之后,地方储备粮规模又多次增加,至 2016 年达到 13.1 万吨,其中市级储备达 7 万吨。过去,储备粮都是原粮,不利于应急粮食供应,2008 年 3 月,日照市开始建立成品粮储备。按照山东省关于建立成品粮储备的要求和《日照市粮食供应应急预案》的规定,全市建立成品粮储备 2000 吨,其中面粉 1500 吨,大米 500 吨。该储备全部建立在市级单位,指定日照市军粮供应中心负责储备管理,保障军需民食和企业经营用粮的供需。

地方储备油也实现从无到有。2008 年 1 月,日照市建立地方储备油 800 吨,其中散装油 700 吨(国标四级大豆油),小包装成品油 100 吨(国标一级大豆油),均为市级储备。2010 年 10 月,全市地方储备油增加至 2500 吨,其中散装油 2300 吨,小包装成品油 200 吨,并扩大至县(区)级。

2004 年 4 月,日照市出台首部《日照市粮食安全应急预案》。规定市、县(区)两级粮食部门建立骨干粮食收储、加工和供应体系,掌握部分骨干粮食加工和粮油供应网点,强化应急状态下政府宏观调控市场手段。2007 年 10 月,市政府修订印发《日照市粮食供应应急预案》,替代原有《日照市粮食安全应急预案》。全市设立 23 个应急价格监测网点,指定 134 家粮食应急加工企业,加工、配送、供应等环节实现城乡全覆盖,初步构建起粮食应急保障网络。2015 年至 2016 年度,全市共投资 935.7 万元,为 8 家应急企业修建成品粮库等设施。

3.粮食行政执法和质量监测体系建设

依据省政府《关于贯彻国发〔2006〕16 号文件完善粮食流通体制改革政策措施的意见》,日照市于 2008 年 12 月设立了监督检查科、粮食检测中心,开展行政执法、监督检查、社会粮食统计、粮食质量检测等工作,以促进粮食行政管理职能转换到位。粮食处罚权于 2016 年移交至日照市城市管理局。为提高粮情监测预警能力,日照市将 70 余家涉粮企业纳入粮食统计范围,设置 20 多个价格监测点,定期调度和评估分析粮油购销、库存、价格等数据,做到"未涨先知、未抢先知",为调控市场提供决策依据。

4. 放心粮油工程

2006 年深化粮食购销体制改革后,粮食市场主体呈现多元化,粮油质量参差不齐,"放心粮油"工作被提上议事日程。2007 年,市政府办公室转发《日照市粮食局关于实施放心粮油工程的意见》,强调:"粮食行业协会要发挥好政府、企业、消费者之间的纽带和桥梁作用,按照省粮食行业协会要求,抓好会员单位放心粮油产品和放心粮店推荐、认证工作。"市粮食局、市粮食行业协会发出《关于在全市开展"放心粮油"产品和"放心粮油"销售店(点、柜)申报评审工作的通知》。2008 年初,市粮食行业协会首次进行评审,授予山东日照军粮供应站等 18 个单位首批"放心粮油"销售店(点、柜)称号,授予莒县金穗工贸有限公司"莒州"牌特制一等小麦粉等 4 个企业生产的 6 种产品"放心粮油"产品称号。同时,市粮食行业协会根据《日照市"农村放心粮油示范店"认定暂行办法》规定,认定 21 家市级"放心粮油进农村"粮店。

2008 年 9 月,中国粮食行业协会在日照市召开 2008 全国大型粮油企业年会。与会企业代表共同签署《深入推进放心工程,确保粮油食品安全承诺书》,承诺从原料采购、生产加工、出厂检验、售后服务等环节把好质量关,让广大消费者放心。2009 年,日照市军粮供应中心开设全省首家网上粮店,日照市粮油质检中心开始运作,进一步加强放心粮油产品监管工作。

2011 年,"日照市放心粮油工程"作为由政府推动、企业参与、粮食行政主管部门运作的"民心工程"被正式实施,将创建城市放心粮店、农村放心粮油示范店列为粮食部门年度考核内容。市和各县(区)依托有实力的粮食经营企业成立放心粮油配送中心,做到品牌、质量、配送统一。全市授牌的"放心粮油"企业坚持诚实守信、文明经营的服务宗旨,向社会公开承诺粮油保质、保量、包退、包换,并设立监督电话,自觉接受社会监督。2011 年至 2016 年,全市争取省级扶持资金 1070 万元,市、县(区)财政配套资金 292.6 万元,建成 6 家放心粮油配送中心,认定 13 家放心粮油加工企业、21 个放心粮油产品、111 个放心粮油销售店,覆盖全市 50 个乡镇街道。

5. 临港粮油产业的崛起

2001 年之前,日照市只在岚山港建有中粮黄海粮油工业(山东)有限公司,日照港石臼港区并没有大型粮油工业项目。2001 年,日照市粮食部门响应市委、市政府提出的招商引资兴市战略,成功引进由山东省粮油集团总公司和新汶矿业集团有限公司共同出资 3.5 亿元兴建的特大型油脂加工企业——山东新良油脂有限公司,该企业成为落户日照港西港区的首家大型临港粮油企业,2003 年正式投产。2004 年,临沂三维公司斥巨资在山东新良油脂有限公司北侧建设大型油脂项目,2005 年建成投产后又与美国邦基公司合资经营。在此期间,日照港西港区散粮码头建成投产,大豆卸船后用输送带直接送达厂区仓库,大大降低了运输费用。日照优越的区位优势,吸引了中纺粮油、中储粮等央企纷纷来投资建厂。大型民企凌云海糖业、昌华集团等也在日照开发区建厂,与日照港散粮码头相配套,利用进口大豆榨油销往内地,豆粕作为优质饲料原料,形成日照大豆加工产业集群。到 2013 年,日照已有中粮黄海粮油工业(山东)有限公司、邦基三维油脂有限公司、中纺粮油(日照)有限公司、中储粮油脂日照有限公司、山东新良油脂有限公司、日照市凌云海糖业集团有限公司、莒县博大植物油有限公司、山东恒隆粮油有限公司等 8 家大型大豆油生产企业,年加工大豆能力达 750 万吨,占全国大豆总产能的 6%。

日照港散粮码头

日照港散粮仓

　　日照市是国家"粮安工程"规划、"十三五"粮食物流发展规划中确定的沿海粮食物流节点城市,围绕打造"千亿级"粮油食品产业任务目标,依托港口和区位优势,以粮油产业园为载体,综合施策,做大做强粮油产业,逐渐发展成为全国重要的粮油进口集散基地之一。日照临港粮油产业的蓬勃发展带动了日照口岸粮食进口数量的大幅度提升。"十三五"以来,日照港每年进口大豆突破 1000 万吨,约占全国大豆进口总量的 12% 左右,居全国沿海港口前列。

　　伴随着日照港与日照大豆加工业的崛起,全市粮油仓储业也得到了蓬勃发展。除原有日照市粮油中转仓储企业外,与日照临港粮油加工业同步进入的,还有中储粮日照直属库、中储粮油日照储备库、山东省石臼粮食储备库等国字、省字号的大型粮油储备库,均以接卸、储备进口粮食、油脂为主,为日照临港粮油产业提供配套保障。截至 2018 年底,全市粮油仓储设施总容量达到 335 万吨。其中中央企业仓容 145 万吨,省、市、县(区)地方国有粮库(含日照港)仓容 65 万吨,其他社会粮油加工经营企业仓容 125 万吨,粮油流通设施建设得到很大提升。中储粮油脂总公司日照基地仓储项目(仓容 143 万吨)是中储粮油脂总公司在国内最大的仓储物流基地。

　　6. 粮食安全责任制的落实与考核

　　日照市按照省政府部署,自 2016 年 8 月起开始实施粮食安全责任制考核。

日照临港粮油产业园全景

出台了《日照市人民政府关于落实粮食安全责任制的实施意见》,印发了《日照市粮食安全责任制考核工作方案》,制定了《日照市粮食安全责任制考核评分细则》,实行百分制量化考核,形成责任部门单位日常自我评价与年终联席会议考核工作组考核评价相结合的机制,重点考核各级政府主要负责人粮食安全保障措施落实情况。考核涵盖了粮食生产、流通、储备、产业发展等多个环节,近30项指标,涉及全市18个部门,其中发改委(粮食和物资储备局)是牵头部门。通过发挥考核的指挥棒作用,弥补短板,夯实粮食安全基础。经省对市、市对县(区)的层级考核,2016年以来,日照市及各县(区)粮食安全考核工作均达到粮食安全优秀等级。

(四)日照市粮食流通体制的转型升级期(2017~2019年)

党的十九大报告明确提出,要确保国家粮食安全,把中国人的饭碗牢牢端在自己手中。2018年习近平总书记在视察山东时又着重强调,农业大省的责任首先是维护国家粮食安全。这充分体现了国家对粮食安全的高度重视,为推动新时代粮食流通改革发展指明了方向。日照市委、市政府围绕实施国家粮食安全和乡村振兴战略,以农业供给侧结构性改革为主线,加快实现粮食行业转型升级。

1. 做好粮油品牌,健全配送网络

自2017年下半年起,为推动粮食转型升级,国家启动"优质粮食工程"建设。日照市结合市情粮情，做了以下工作。

培育骨干粮油食品企业，打造日照好粮油品牌。自 2017 年下半年起，日照市结合市情粮情，明确提出对粮油品牌的引导扶持政策，以此带动调整种植结构，做到优粮优价，促进农民增收增产，让广大市民享受到日照特色健康优质粮油产品。从全市筛选培育骨干粮油食品企业 20 家，重点培育年销售收入过 50 亿元的龙头企业，年销售收入过 5 亿元的龙头企业，提升全市优质粮油食品供应能力。以精制粮、专用油、特色小包装产品等为重点，加大绿色优质粮油产品研发力度，打造以莒县南涧小米、涛雒大米、五莲小杂粮和开发区大豆油为代表的区域公共品牌，丰富好粮油花色品种，培育一批拥有较强市场竞争力的本土品牌和知名品牌，把优质安全粮油送上百姓餐桌。

健全粮油配送网络，增强区域粮食调控能力。按照 2019 年市政府第 42 次常务会议的研究意见，建设日照市粮食和物资储备应急保障中心项目，由市粮食和物资储备服务中心负责推进，项目包括日照市区域性成品粮油配送中心和新的市级储备库，采取分别立项、同步规划、分期建设的办法推进实施，对增强区域粮食调控能力、保障粮食安全、提升军粮供应能力，促进粮食产业发展具有十分重要的意义。2019 年 10 月 8 日，项目成功通过市发改委立项审批，项目总占地面积 86 亩，总投资 1.5106 亿元，总建筑面积 29816.37 平方米，建设地点位于日照市山海天旅游度假区两城街道 204 国道以南、两城大道以西。项目分两期开工建设，将建成成品粮油仓，大米加工、包装车间，稻谷原粮仓、恒温库，物资储备库，粮食物资综合保障服务楼，粮食浅圆仓 8 个（设计 5 万吨），平房仓 6 个（设计 5 万吨）及配套附属设施等一站式服务中心。

2. 建立社会化粮食产后服务体系

2018 年，以莒县和五莲县 2 个产粮大县为重点，依托日照三兴食品有限公司、莒县百禾粮油购销有限公司、五莲县粮食储备库、五莲县日金农业机械服务专业合作社，集中建设了 4 个粮食产后服务中心，累计投资 1238 万元。购买烘干设备、输送清理设备，维修仓房，硬化地面，可提供"代清理、代干燥、代储存、代加工、代销售"的"五代"服务，便于农民存好、用好、卖好粮食，促进粮食种植结构调整，增加农民收入。

3. 加强粮食流通监管、质量检测

为加强粮食流通监管,国家开通12325热线电话,接受全社会对粮食流通违法违规行为的举报。2018年3月,日照市已完成热线管理业务员业务培训。热线的开通,建立了合理、合法、正常反映问题的渠道,有利于粮食粮食部门发现问题、及时处置,避免发生粮食流通领域群体事件,有助于引导良好舆论氛围。

2018年以来,先后投资1400余万元,在完善市级粮食质量检测中心的同时,重点建设莒县、五莲县粮食质量检测站,提升市县粮食质量监测能力。针对夏粮收购期间部分产区小麦呕吐毒素超标的现象,相关部门及时购买了快速检测设备,严格执行国家有关小麦的收购标准,确保入库小麦质量安全。构建起"来源可核查、流向可追踪、信息可查询、责任可追究"的全过程粮油质量监管机制,为广大群众安全健康消费粮食保驾护航。

4. 粮食行政机构改革,增强政府调控能力

为贯彻落实党中央关于机构改革的决策部署,根据省委、省政府批准的《日照市机构改革方案》,2018年12月,日照市开始全面实施市级机构改革,为加快建设人民满意的服务型政府提供坚强有力的体制机制保障。

按照《关于日照市市级机构改革的实施意见》优化市发展和改革委员会职责,其中"将市粮食局的职责……相关部门组织实施国家战略和应急储备物资收储、轮换和日常管理职责,划入市发展和改革委员会。市发展和改革委员会加挂市粮食和物资储备局牌子。""整合市服务业办公室、市粮食质量检测中心(市社会粮食调查统计信息中心),组建市粮食和物资储备服务中心,为市政府直属正处级事业单位,由市发展和改革委员会代管。"改革后的粮食干部、职工初心不变,积极担当新时代粮食行业深化改革、转型发展的重大责任和历史使命,坚决守住管好"天下粮仓",全力保障新时代国家的粮食安全。

5. 国企公司制改革,组建企业集团

为进一步增强市级粮食宏观调控和粮食安全保障能力,2019年12月31日,市委、市政府按照深化市属国有企业改革和转变事业单位职能要求,依据《中共中央国务院关于深化国有企业改革的指导意见》等规定,决定组建日粮发

展集团,建立现代企业制度和法人治理结构,实现国有资产保值增值。

日粮发展集团是国有独资有限公司,注册资本1亿元,由市政府出资设立。市发改委、市粮食和物资储备服务中心履行行业主管职责。由山东省日照粮食储备库、日照市军粮供应站2个企业和日照国家粮油批发市场、日照市粮食局机关服务中心、日照市粮食干部培训中心、日照市国家粮食储备服务中心、日照市股份制发展服务中心5个自收自支事业单位改革组建而成。

日粮发展集团成立后,其功能定位为日照市政策性粮油管理、军粮供应和物资储备平台,服从市政府宏观调控,负责市级地方储备粮油收购、轮换及物资储存管理,负责大宗粮油商品和物资代存、贸易及物流服务,负责日照市区域内驻军的粮油供应,满足驻军和居民对其他商品的需求。

2020年12月,市政府办公室印发《日照盐业集团有限公司与日粮发展集团有限公司合并重组方案》,成立日照盐粮集团有限公司,建成一家集粮油储备销售、盐产品产销、海水养殖、非盐商品经营、盐粮产业发展于一体的综合性企业集团。

6. 创新发展"互联网+粮食"电子商务新业态

2018年起,日照市粮食系统以互联网为载体,积极推进数字化粮库建设、构筑智慧粮食管理平台、发展"互联网+粮食"电子商务结出丰硕成果,率先在全省地方国有粮食企业中通过电子交易市场轮入储备粮,喜获"国家粮食电子交易平台交收库"授牌,成为全市首家获得"仓单质押融资业务"的粮食企业。2019年11月,通过国家粮食电子交易平台实现首次竞拍轮出储备粮。在提效率、避风险、降成本的同时,也为日照市未来更好发展粮食电子商务打下了坚实的基础。

二、日照市粮食流通体制改革取得的成就

改革开放以来,日照市的粮食流通体制改革始终坚持贯彻落实国家、省有关部署要求,解放思想、审时度势,结合市情粮情,积极探索,循序渐进地进行改革,确保改革顺利推进和社会和谐稳定,促进粮食事业又好又快发展。整个粮食流通体制改革历程充分展现了从计划经济体制向社会主义市场经济体制转变

的全过程,对加快发展社会主义经济、早日全面建成小康社会具有深远的历史意义。

(一)适应新时代要求的粮食流通体制建立完善

日照市的粮食流通体制改革实现了粮食流通由部门垄断到逐步放开、再到完全市场化的转变,工作职能由管理经营一体化到管理、经营分离,再到依法管粮、经营职能社会化,可谓是一个巨大的系统工程。在整个改革过程中,日照市始终坚持改革总目标,一步一个脚印朝着建立新时代粮食流通体制的目标前进,最终形成了集粮食购、销、调、存、加各职能于一身,除粮食储备、军供粮油之外全部市场化运作的粮食流通体制。国有粮食企业和职工减少,转换为社会化法人运营,粮油流通市场得以建立和完善。粮食部门积极担当新时代粮食行业深化改革、转型发展的重大责任和历史使命,响应中央机构改革部署,转换工作职能,以满足国家粮食宏观管理的需要,全力保障新时代国家粮食安全。

(二)服务"三农"的职能进一步强化

日照市粮食部门始终十分重视服务"三农"的工作。在粮食收购放开之前,日照市粮食部门贯彻落实粮油收购"三挂钩"政策、粮油收购款兑现政策,开展为交粮群众送茶水等活动。粮食收购放开之后,日照市执行按保护价收购的政策和为交粮大户服务等工作。在与农民有联系的领域,均做到了政策到位,服务周全细致,杜绝了坑农、害农现象的发生。随着粮食流通体制改革的不断深化,除国家出台直接补贴粮农的政策,日照市还把过去补贴给粮食企业的资金给到农民手中,怎样在农民奔小康的过程中为农民多办实事,被提上议程。因此,农民科学储粮、放心粮油工程、扶持种粮大户等举措应运而生,帮扶手段逐步完善,服务"三农"的工作取得了可喜的成绩。特别是"小康仓"的推广和普及,深受农民的欢迎和喜爱。

(三)政府调控市场的手段和能力得到提升

经过30多年的粮改,尤其是2004年至2006年的深化粮食流通体制改革,加强了政府粮食宏观调控和粮食法制化建设,使政府调控市场的手段和能力得到明显提升。加强政府调控市场的手段之一,是制定政府粮食供应应急预案。日照市规定,在粮食市场波动时,各部门应有应对手段和措施。加强政府调控市场的手段之二,是加强粮食储备体系建设。日照市认真贯彻执行中央、省关于加强粮食储备体系建设的要求,1992年至2017年,市、县(区)先后投资近8000万元建设了19万吨现代化的高大粮食储备库,建立了13.1万吨粮食储备规模,并于2015年重新修订出台了《日照市地方储备粮管理办法》,实施现代信息化管理手段,确保储备粮的数量、质量安全。加强政府调控市场的手段之三,是加强粮食法制建设。以法管粮成为新形势下的必要手段。国务院颁布《粮食流通管理条例》和国家粮食局有关配套细则出台后,日照市粮食部门积极开展学习宣传活动,加强法规业务培训,配齐配强粮食行政执法人员,加快配套规章和办法的制定工作,加强粮食市场监管检查力度,以规范粮食市场流通秩序,促进粮食市场的稳定繁荣。加强政府调控市场的手段之四,是实施粮食安全责任制的落实与考核。2016年以来,为强化国家粮食安全观,政府把粮食安全工作提到新的高度,通过建立政府联席会议制度的工作机制,将粮食生产、流通、储备诸环节中多部门的工作职责串联起来,明确责任,细化标准,严格考核,确保粮食安全责任制的落实。

(四)粮油产业实力增强

粮食流通体制改革促进了日照市粮油产业的快速发展。改革开放前,粮食流通的主要目的是保障当地供应,粮油产业发展滞后。党的十一届三中全会之

日照市粮食储备库

后,日照市粮食部门顺应改革大势,通过深化粮食流通体制改革、粮食企业改革和粮食部门职能转换,形成多元化投资的粮油产业格局,粮食产业得到快速发展。据统计,2001 年至 2019 年,日照市全社会粮油加工业、仓储中转业完成固定资产投资近百亿元,具备年加工粮油 1100 万吨、进口中转粮油 1800 万吨的能力,成为全国少有的几个集粮油进口、加工、转运于一身的基地之一。2010 年以来,日照市共投资 10.2 亿元,维修改造"危仓老库",新建粮食仓储设施 220余万吨,较好地满足全市粮食流通需要。

三、日照市粮食流通体制改革的经验

回顾日照市粮食流通体制改革的历程和取得的成就,不难发现,粮食流通体制改革并不是只有粮食部门本身就能完成的,它是从中央到地方各级政府及有关部门共同努力的结果。总结日照市粮食流通体制改革经验,主要有以下几点。

(一)各级党委、政府的正确领导是粮食流通体制改革成功的保证

日照市各级党委、政府非常重视粮食流通体制改革工作。在历次改革中,该项工作都被列入重要议事日程,日照市认真研究改革路径和切入点,制定周密细致的改革实施方案,动员粮食干部职工,积极稳妥地推进改革。如 2005 年 3月,市政府专门成立了由分管市长任组长,分管秘书长、粮食局局长任副组长,发改委、财政、劳动保障、国土资源、审计、国税、地税、工商、农发行等部门负责人为成员的日照市粮食流通体制改革和国有粮食企业改革领导小组,多次召开会议研究改革方案制定、实施等具体事宜。每次改革,都根据当时的经济发展水平和社会有关方面的承受能力,加强宣传教育,做深做细粮食干部职工的思想工作,把"要我改"变成"我要改",落实改革举措,实现改革目标。

(二)不断探索学习是粮食体制改革成功的基础

日照市的粮食流通体制改革都把改革目标和成效放在首位,在改革前认真开展调查研究,学习借鉴其他城市的成功做法,征询有关部门及干部职工的意见,结合日照实际制定符合本地特点的改革方案。如 1995 年的"两条线运行"改革,市政府组织粮食、财政两部门赴天津学习改革经验,回来后制定了日照的改

革方案,符合上级改革要求和日照实际。2005年国有粮食购销企业改革,市政府牵头组织粮食、劳动、财政及县区到苏北学习,参照他们的职工身份转换经济补偿标准、政策,制定日照的改革方案,职工安置政策、经济补偿标准与周边地区相似或略高,改革进展比较顺利且无后续问题。日照市的粮食流通体制改革按照统分结合原则,大的关键事项全市统一步调;小的次要事项放权给县区,允许有差别。既达到了实现改革总体目标的任务,又体现了地域差别,不搞一刀切。

(三)正确处理改革、发展、稳定的关系和粮食干部职工思想认识上的统一是粮食体制改革成功的根本保证

日照市的粮食流通体制改革之所以能平稳有序地开展,顺利实现改革目标,是因为正确处理了改革、发展、稳定的关系,是粮食干部职工思想观念不断转变、顺应改革大势的结果。粮食流通体制改革的最终成功,是与粮食干部职工的理解与支持分不开的。在各个阶段,粮食干部职工都能认真学习党的路线方针政策,更新思想观念,识大体、顾大局,积极投身改革洪流,做支持改革的促进派,使改革得以顺利进行,按时、保质保量地完成改革任务。

执 笔 人:葛庆文　汲洪涛　滕彩文
审 稿 人:杨云开
撰稿单位:日照市粮食和物资储备服务中心

日照市全面推进新教育实验发展①

2010 年 7 月,第四次全国教育工作会议召开。中共中央、国务院印发了《国家中长期教育改革和发展规划纲要(2010 — 2020)》,描绘了中国未来十年教育改革和发展的宏伟蓝图,要求全党全国要积极行动起来,按照优先发展、育人为本、改革创新、促进公平、提高质量的工作方针,确保 2020 年我国基本实现教育现代化,基本形成学习型社会,进入人力资源强国行列。省、市各级部门分别出台了《关于贯彻〈国家中长期教育改革和发展规划纲要〉的实施意见》。

如何从日照的实际出发,全面贯彻落实《教育规划纲要》成为摆在全市教育工作者面前的一项艰巨任务,日照教育人深深思考着日照教育改革与发展面临的机遇与挑战:素质教育的深化需要新的举措,教师专业发展需要新的平台,学生成长需要关注当下生命的课程,凝聚学校、家庭的教育合力需要新的方式方法,提升学校的办学品位需要新策略。

---

① 新教育实验是由全国政协常委兼副秘书长、民进中央副主席、中国陶行知研究会副会长兼秘书长、苏州大学教授、博士生导师朱永新先生发起,以"营造书香校园、师生共写随笔、聆听窗外声音、培养卓越口才、构筑理想课堂、建设数码社区、推进每月一事、缔造完美教室、研发卓越课程、家校合作共建"等十大行动为路径,以"帮助师生过一种幸福完整的教育生活"为价值追求,以"基于草根行动,追求理想教育"为特点的教育改革行动。

新教育不仅契合了教育的真谛和主旨,而且全面体现了以人为本的素质教育理念,提出了一套切合中国实际、切实可行、便于操作和掌握的学校发展行动策略,为教师专业发展和学校校本研究找到了一条行之有效的途径。它的潜力论和个性论也为学校、教师和学生的卓越发展提供了无穷的激励和动力源泉。

一、从初步引进到全面推广阶段（2010 ～ 2015 年）

一次机缘巧合，让日照与新教育有了一次美好的遇见。2010 年暑期，朱永新教授在日照市金海岸小学作了题为《让师生过一种幸福完整的教育生活》的主题报告，新教育的理念、思想、行动犹如一场"及时雨"，为日照教育提供了崭新的路径和方法，让正在苦苦思考的日照教育人豁然开朗，为之振奋。从此，日照开启了新教育实验探索之路。

理念是行动的先导。2010 年 12 月，市教育局统一为学校配备了《新教育》《理想课堂的三重境界》《教师阅读地图》《新教育实验"在农历的天空下"项目书》《新教育实验"读写绘"项目书》等实验用书。全市广大教干教师认真研读，并组织开展研讨交流活动，深入了解新教育实验的理念、观点、方法和步骤。这批"宝典"对日照新教育实验起到了重要的引领作用。

日照市教育局印发了《关于在全市开展新教育实验的通知》，采取分步推进的策略，在城区义务教育学校先试先行，待取得一定经验后再全面推广，确保新教育实验在日照市能够顺利有效开展。2010 年 12 月 21 日，在日照市金海岸小

2020 年 7 月，朱永新教授作主题报告

2010 年 12 月 21 日,日照市新教育实验启动仪式暨培训会议举行

学举行日照市新教育实验启动仪式,48 所义务教育学校作为第一批实验学校加入新教育实验。

日照选择新教育,是基于对教育的深深思考,是在日照基础教育发展到关键时期做出的战略性选择,是日照教育新活力的新起点。

在具体措施过程中,从日照教育的客观需求出发,日照教育人注重在结合上做文章,探索、提出了"36 字工作方针",即"行政推动、制度规范、榜样引领、培训提升、活动推进、网络分享、中心辐射、项目带动、宣传促进",推动新教育实验各项工作扎实开展。

行政推动,促进新教育顺利实施。实施新教育,全面落实素质教育,是我们的战略选择。从市到区县、乡镇、学校,分别成立了主要领导任组长的新教育工作领导小组,形成了上下联动、齐抓共管,全方位、立体化的运行机制。

制度规范,促进新教育科学发展。建立健全规章制度,促进实验管理的科学化、规范化和制度化,形成了"优质发展、全面提升"的良好局面。

榜样引领,促进新教育推广发展。日照市定期组织实验学校和骨干团队参加新教育研究院组织的各项培训研讨活动。同时,重视培养自己身边的榜样。通过定期举办"榜样言说""榜样展示"等活动,为实验教师创造共享经验、相伴前行的机会。

培训提升,提高实践新教育的能力。充分利用各类榜样资源,通过专题讲座、公开课、讲师团、开放周等活动,组织跟进式培训、订单式培训、专题化和跟班蹲点式培训,开展新教育理论与实践培训,提升实验学校实施新教育的能力。

活动推进,搭建新教育交流学习平台。每学期举行学校、教师、学生、家长参与的各种新教育活动,全方位展示新教育阶段性研究成果,推动新教育实验广泛、深入实施。

网络分享,打造共同的成长摇篮。信息技术是新教育得以深度开展的桥梁和通道。日照市陆续开通新教育相关网站和微信公众号,在日照教育云平台设立"新教育"专栏,发挥了积极的宣传作用。加强各类数字化教学和学习资源的整合应用,实现优质资源共建共享。

中心辐射,推动新教育优质、均衡发展。日照市制定了《新教育联盟发展管理办法》,组建了涵盖所有实验学校的 26 个发展共同体,形成联盟捆绑式发展机制。通过开展"联校研修""资源共享""开放交流"等活动,充分发挥典型学校的榜样作用,带动周边学校协调发展,共同奏响新教育交响乐。

项目突破,促进新教育"点上深化、面上推广"。日照市制定了《关于组建新教育实验相关项目研究中心的方案》,在中小学成立项目研究中心,集中优势资源,力求在点上突破,及时总结经验予以推广,形成了具有日照特色的新教育发展模式。

宣传促进,营造良好的实验氛围。通过本地全媒体平台,如《日照日报·文教周刊》新教育专栏、日照电视台《日照新闻》《社会零距离》、日照广播电台《阳光地带》《大家论教》栏目等,广泛宣传新教育实验带来的可喜变化,形成了"报纸上有字、广播里有声、电视上有影"的浓厚宣传氛围。

6 年以来,从先期试点到后期跟进,再到全面推开,日照市所有义务教育学校准确把握新教育的理念和内涵,积极践行新教育"十大行动",重视现有教育资源的挖掘,从学校和教师的实际出发,努力体现特色和亮点,在创新上求突破,帮助学校寻找到了适合学校发展的研究项目和课题,彰显了学校的文化品位和个性。

二、深入推进阶段(2016～2019年)

2016年,随着"十二五"圆满收官和"十三五"顺利开局,日照新教育也走到了一个新的历史起点。为贯彻落实"五大发展理念"和"提高教育质量"的战略要求,全面提升全市教育现代化水平,日照市教育局紧紧围绕立德树人的根本任务和全面实施素质教育的要求,坚持市域统筹、行政推动、区域一体化发展策略,加强新教育与教育综合改革的深度融合,在全市深入探索,新教育工作的新突破。

新教育在日照落地6年,硕果累累。在实验过程中,日照教育人一边行动一边思索。基于新教育,又不拘泥于新教育,在新教育"十大行动"的基础上,日照提出了具有本土特色的以新德育为统领的"十新项目"研究。"十新项目"研究,为学校的教学管理、教学改革、教师发展、课程建设、家校合作等提供了新支撑。

基于新教育"十大行动",日照市提出了"打造新校长、建立新制度、建设新校园、培养新教师、研发新课程、构建新课堂、应用新技术、实施新评价、引领新父母、培育新学生"等"十新项目"。2018年初,又加入了"践行新德育"项目,开创了日照新教育工作的新理论、新路径、新局面。

践行新德育。落实立德树人的根本任务,坚持育人为本、德育为先,大力培育和践行社会主义核心价值观,以培养学生良好思想品德和健全人格为根本,以促进学生形成良好行为习惯为重点,坚持教育与生产劳动、社会实践相结合,坚持学校教育与家庭教育、社会教育相结合,不断完善中小学德育工作长效机制,全面提高中小学德育工作水平,培养德、智、体、美、劳全面发展的社会主义合格建设者和可靠接班人。

打造新校长。以校长职级制改革为契机,加强校长队伍专业化、职业化建设,培养具有先进办学理念、浓厚法治意识、扎实政策理论水平、高尚道德品质、强烈事业心和责任感、高超管理能力和精湛业务素养,特别是具有较高的课程领导能力的校长队伍。

建立新制度。立足于调动师生自我发展的内在需求和强化行政力量推动的外在保障,建立适应时代要求、以学生发展为核心、体现民主和法治特征、协调校内和校外关系的现代学校制度,建立现代学校章程,构建完善现代学校治理体系。

建设新校园。建设凝聚书香、数字、法治、人文、科技、艺术、运动、绿色、平安等现代元素并有机整合统一、适应学生发展的现代文明校园。

培养新教师。促进教师专业成长,塑造一支熟悉党的教育方针政策,具有终身学习、自主发展愿望,有强烈的敬业精神、良好的职业道德、精湛的业务水平、健康的心理素质、较强的教育科研能力、积极的创新意识、持久的合作理念,适应现代教育教学需求、面向未来的有理想信念、有道德情操、有扎实学识、有仁爱之心的"四有"教师队伍。

研发新课程。落实国家课程方案要求,推进国家课程校本化、校本课程特色化,组织开展国家课程的二次开发,加强课程整合,优化科目结构,指导学校研发一批富于开放性、综合性、实践性、发展性的具有日照特色的卓越校本课程。

构建新课堂。将新教育理念与学科教育教学深度融合,落实学生主体地位,尊重学生个性差异,引导学生进行自主、合作、探究学习,构建体现"六度"(参与度、亲和度、自由度、整合度、练习度、延展度)特征和"三重"(落实有效教学框架,发掘知识内在魅力,知识、社会生活与师生生命共鸣)境界要求的高效课堂。

应用新技术。以教育信息化带动教育现代化,建设覆盖城乡各级各类学校的教育信息化体系,促进优质教育资源普及共享,推进信息技术与教育教学深度融合,实现教育思想、理念、方法和手段全方位创新,提高教育质量,促进教育公平。

实施新评价。树立科学的质量观,把落实"立德树人"根本任务和促进人的全面发展作为衡量教育质量的根本标准。瞄准提高教育质量和培养学生核心素养,积极落实国家、省有关教育评价改革要求,建立完善科学系统的教育教学质量评价体系。充分发挥教育教学评价的科学导向作用,推动全市教育事业科学健康发展。

引领新家长。建立家校家委会、家长学校,完善家访机制、家校共育机制,开展亲子共读,建立新型的家校合作方式,发挥家长在学校教育和家庭教育中的作用,形成家校育人合力,为学生的成长创造良好的条件。

培育新学生。遵循教育规律和学生成长规律,注重学生个性发展,聚焦适应现代社会发展和学生终身发展需要的核心素养和学业要求,着力培养学生高尚的道德情操、扎实的科学文化素质、健康的身心、良好的审美情趣,努力培养具有中华文化底蕴、中国特色社会主义共同理想、国际视野的新学生,培养德、智、体、美全面发展的社会主义建设者和接班人。

日照市新教育实验范围进一步扩大,涵盖学前教育、义务教育、高中教育和职业教育,把新教育实验作为推进全市教育改革创新,全面实施素质教育,提高教育教学质量的重要载体,并将之与教育综合改革深度融合,全面优化了日照教育生态,促进了各级各类教育健康发展,提升了教育发展水平。

历经近 10 年的实践与探索,日照新教育走出了自己的特色之路,创造出日照特色"十新项目",符合日照实际,具有现实意义,是一项综合性、系统性的改革行动。各学校以"十新"项目为目标,以新教育"十大行动"为路径,传承与创新融合,与党和国家的方针政策紧密结合,将新教育落细落实落小落好。

三、日照新教育发展成就

日照新教育在创新中求发展,在结合上做文章,在实效上下功夫,实现了学校发展模式、教育科研范式、教师行走方式、学生生存状态和家庭教育模式"五大改变",有效引领了日照教育的改革与发展,获得了社会、家长和各级领导与专家的高度赞誉,得到社会各界的一致好评。新教育实验已成为全市教育改革的一面鲜明旗帜和实施素质教育的重要载体。

2011 年,《新教育实验让日照孩子"幸福学习"》被评为年度日照市"十大民生新闻";2013 年,《实施十大行动,实现五大改变——日照市全面开展新教育实验》荣获年度日照市机关工作创新成果一等奖;2018 年,《开放课程育人功能的实践探索》荣获山东省基础教育教学成果一等奖。

至 2019 年底,日照实验区连续 7 年被评为"全国新教育实验优秀实验区",17 所学校被评为"全国新教育实验示范校";5 名校长被评为"全国新教育智慧

2010 年至 2019 年，日照市多次在全国新教育实验评选中获奖，图为 2018 年度榜样教师领奖

校长"，7 名校长获提名奖；4 名教师被评为"全国新教育榜样教师"，9 名教师获提名奖；239 所学校被评为"全国新教育实验优秀学校"，505 名教师被评为"全国新教育实验优秀教师"；6 个教室获全国"十大完美教室"奖，8 个教室获提名奖；10 项课程获全国"十大卓越课程"奖，14 项课程获提名奖；44 所学校获批成为全国首批新生命教育基地学校。在新教育研究院组织的全国新教育新生命行动叙事、人文教育叙事评选等活动中，日照市选送的作品总计获全国特等奖 20 个，一等奖 45 个，二等奖 62 个。日照市参选的获奖数量、层次和比例，在全国 160 多个地市、区县级实验区中名列榜首，这是日照教育人深耕新教育的结果。朱永新教授对日照市实验工作给予高度评价，2018 年 11 月做出批示："日照新教育实验从探索到深入，再到创新，走出了自己的特色之路，成为把新教育与教育综合改革深度融合的典范，值得全国其他实验区学习和借鉴。希望日照实验区再接再厉，再创辉煌。"

（一）新教育推动践行新德育

借推进新教育"十新项目"的契机，日照市适时提出了以新德育统领新教育实验的工作策略。2019 年，新教育国际高峰论坛以"新时代　新德育"作为论坛主题,日照市倡导的"新德育"成为2020年全国新教育实验的研究主题,这是全市新德育研究的结果。

开展新德育主题实践活动。先后举行"新时代,新少年"全市中小学生主题演讲比赛、"享受阅读,回归初心"城区中小学生演讲比赛、"新时代,新教育,新阅读"城区征文评选活动、"开卷·筑梦"主题征文活动、全市优秀传统文化与语文学科融合教学研讨会、全市汉字书法大赛等,引导学生牢固树立心中有祖国、心中有志向的意识,确保家国、志向与学习生活紧密联系,根植于学生的心灵。中小学传统文化教育成为全市的响亮品牌,《山东教育报》头版头条报道了日照市开展"传统文化浸润人生"主题教育的经验做法;2017年,省教育厅第29期《教育工作动态》就这项工作取得的经验向全省进行了推广。

深化学科德育工作。一是把用好新教材作为落实立德树人根本任务的主要载体。以教育部义务教育政治、语文、历史统编教材实施为契机,组织新教材培训与研讨活动,落实德育教育、传统文化教育,充分发挥课程的育人功能。二是充分挖掘学科教学中的德育因素。在各学科优质课评选中,倡导学科从育人角度审视教学内容,充分梳理教材中的德育承载点,挖掘各学科蕴含的内在德育价值,强化学科核心素养与德育教育的深度融合。三是大力开展学科德育实践活动。积极开展与课堂教学内容相结合的各种实践活动,创建人文德育课程、生活德育课程、生态德育课程,强化课程育人功能。开展中小学生研学旅行活动,组织编写了《日照市青少年社会实践版图》,为中小学生开展社会实践活动搭建平台,让学生走出校园,认知社会,接触自然,引导学生了解国情、乡情、爱国、爱家乡,开阔眼界,增长知识,增强社会责任感,培养创新精神和实践能力,全面提升学生综合素质。由于在新教材施教和学科德育实施过程中的积极探索,2018年11月,日照市成为人民教育出版社课程教材研究所在山东的首个实验区;2019年5月14日,举行了"人民教育出版社课程教材研究所实验基地"揭牌仪式。

积极进行思政课改革创新。为贯彻落实习近平总书记提出的学校思想政治理论课教师座谈会精神,促进全市思政课改革创新,日照市教育局就推进课程资源建设、深化课堂教学改革、提升课程实施水平和育人质量提出了指导性意见。2019 年暑期，日照市组织了全市中小学教师思政课一体化培训，随后分别举行了小学、初中道德与法治和高中思想政治学科课堂教学展示与研讨活动，落实课程理念，引导教师对课堂进行反思与重构，让课堂改革创新的典型成果惠及更多师生，为更好地推进思政课改革创新提供了策略借鉴。

日照市以新教育实验为载体，全面落实立德树人根本任务，德育课程改革取得了突出成绩，德育工作经验叫响全国。《山东教育报》、省教育厅网站和《中国德育》杂志宣传推广了日照市推进德育课程一体化建设的经验做法。市教育局推进德育课程建设的经验做法被评为全国中小学德育工作优秀案例，被教育部向全国推广。

（二）新教育培养了新校长

校长是一所学校的灵魂，一位好校长就是一所好学校。2015 年，日照市全面实施中小学校长职级制改革，推动教育专家办学，完善学校管理和改革新制度，创设新平台，打造新校长，实现新作为，激发办学活力，提升了教学管理水平。一支专业化的校长队伍逐步形成，在全国不同的平台上不断发出日照校长的声音。通过中小学校长职级制改革，倒逼市域内整体推动学校内涵发展，日照市教育质量稳步提升，教育软实力逐年增强。全市现有齐鲁名校长 5 名，日照名校长 25 名，撑起了日照教育发展的脊梁。

（三）新教育打造了学校的新制度和新文化

学校制度是学校发展的保障。日照市各级各类学校以新管理突破为契机，在教育教学管理中不断改革探索适合学校发展实际的措施和方法，实现了管理创新，推动了学校优质特色发展。

学校文化涵养学校气质。在新教育理念的引领下，各学校更新办学理念，提升凝练学校文化，办学理念更加鲜明、校园文化更富特色，文化育人氛围更加浓厚。广大师生在传统文化的浸润熏陶下变得气质儒雅、精神高贵、思想丰盈。

班级是学校教育工作最基层的单位，是育人的主阵地。新教育"缔造完美教室"行动营造了良好的育人氛围。岚山区刘英华老师的"缔造完美微型课堂"获得2018 年山东省教学成果奖二等奖。岚山区把"十佳完美教室"作为推进新教育实验的重要项目，全区广大青年教师把"缔造完美教室"作为自己在新教育天地里

2019 年 12 月,日照市新教育"缔造完美教室"专题论坛举办

施展才华的最好舞台,精心耕耘,缔造完美教室,营造出一种幸福完美教育生活的空间。2019 年底,日照市举行了全市"缔造完美教室"系列评选活动,评选出完美教室一、二、三等奖 55 个。12 月,举办了全市新教育"缔造完美教室"论坛,11位优秀班主任做了"缔造完美教室"主题演讲,发挥了典型的引领作用。

(四)新教育改变了教师精神面貌

日照市始终把教师专业发展作为新教育实验的第一要务,搭建教师素养提升平台,以打造一支"师德高尚、业务精湛、结构合理、充满活力"的高素质、专业化教师队伍为目标,扎实推进教师教育工作。建立完善《日照市教学新秀选拔和管理办法》《日照市中小学教学能手选拔和管理办法》《日照市名师名校长建设工程实施方案》《日照市中小学学科带头人选拔和管理办法》《日照市功勋教师选拔和管理办法》等系列制度。按照教学新秀、教学能手、学科带头人、日照名师、特级教师、功勋教师的梯次发展顺序,分层构建市、区(县)、校三级骨干教师发展体系,培养一批教学名师和学科领军人才,充分发挥他们在区域改革创新中的示范引领和辐射带动作用,促进全市教师队伍素质的整体提高。

几年来,日照市教育局组织各学科教学研讨会、优质课评选和教师素养大赛近 400 场次,促进了教师专业水平的提升。2019 年,日照市承办省级以上活动 15 次,与会人数近 2 万人次;30 余人在省级以上会议上举行公开课或获奖;45 名教师在全省会议上做经验交流;市教科研中心教研员在省级以上会议做经验介绍 20 余次,有 2 人在全国会议上举行公开课。2019 年,在全省中小学实验教学说课比赛中,日照市选派的 27 名教师有 23 人获得优秀案例奖,获奖率达 85.2%,位居全省第二。

教育科研成为新教育实验的助推剂,引领教师树立问题即课题的意识,推动课题研究工作走深走实,"以研兴校、以研促教",让教科研成为学校、教师发展的新动能。在 2018 年省级教育教学成果奖评选中,日照市获特等奖 1 项,一等奖 1 项,二等奖 6 项,创历史最好成绩。截至 2019 年底,全市共立项并结题 100 余项山东省教育科学规划课题、300 多项山东省教育教学研究课题,居全省前列。

(五)新教育催生了学校的新课程

课程是学校办学理念的落实载体。日照市深入贯彻国家基础教育课程改革精神,以实现课程育人价值、促进学生的生命成长为目标,突出课程在学校教育实践中的核心地位,不断深化课程改革,推进学校课程体系建设,丰富学校课程文化,实现了国家和地方课程校本化、校本课程特色化,满足了学生全面而有个性发展的需求。

为深入推进课程体系建设,日照市结合日照和学校实际,聚力打造了德育课程体系、卓越课程体系、海洋教育课程体系三大特色课程体系,初步形成了具有日照特色的课程体系品牌。

将德育课程改革统一纳入全市基础教育综合改革和中小学德育综合改革行动计划之中,指导学校开发实施德育校本课程近 300 项,精品德育课程近百项。在新教育"研发卓越课程"行动的指引下,形成了以"学生生命成长"为核心,以智识技能课程(真)、公民成长课程(善)、研学活动课程(美)为主体的"卓越课程"体系。各学校从实际出发,结合学校特色和师资力量,关注生命、关注自然、关注社会、关注科学等一大批校本课程应运而生,极大地丰富了学生当下的生命成长。"课程建设年计划""一校一品"建设、"十新项目"论坛等活动让日照学校焕发生机,比如新营小学研发的"七彩 1+X"课程,站在儿童立场,点亮孩子们的七彩童心,成就孩子们的七彩生活,成为全市、全省乃至全国课程研发的典范,他们多次应邀在省内外进行经验介绍。

创新采取"一体两翼、多元融合"的海洋教育模式,从地方课程、校本课程、基地建设、教师专业发展、项目学习、课堂教学改革等多个维度、多元式、立体化推进,融入海洋教育教和学的改革,提升课程实施水平和育人质量。"一体"即融海洋教育与学生核心素养发展于一体。基于地域、海域特色,开发中小学海洋教育资源、研发海洋教育课程,围绕以学生为中心、以问题为主线的项目式学习等学习方式,在海洋教育实施过程中着力培育学生的科学精神、实践创新能力,引导学生学会学习,培养学生的责任担当意识等,自然地融海洋教育与学生核心素养发展于一体,实现学生综合素养的提升。"两翼"指课程研发与课程实施,即由市级教科研部门教研员、专业研究人员及部分中小学骨干教师等组成课程研发共同体,编制区域海洋教育课程纲要,按照一定的内容序列和逻辑结构,研发出具有地域特色的中小学海洋教育教材;通过海洋教育课堂教学改革、学习方式转变、主题实践活动及研学活动广泛开展等全面落实海洋教育。多元融合指在海洋教育课程实施过程中,创新教与学的方式,将海洋知识传授、海洋科学素养培育、学生实践创新能力培养、生态文明素养培育、德育及社会主义核心价值观教育等融会贯通,形成多维、多元、立体的海洋教育实施模式。建立学校、社会和科研院所联合攻关推动海洋教育研究和实施的机制,探索一套在市域层面基于优质课程资源,整体推进海洋教育实施的体制机制。

(六)新教育建构了学校的新课堂

课堂是学校的主阵地。日照市将新教育理念与学科教育教学深度融合,引导教师从教本课堂向学本课堂转变,从学科教学向学科教育转变,落实学生主体地位,尊重学生个性差异,引导学生进行自主、合作、探究学习,构建了"自主性学习、互助性学习、反思性学习、练习性学习、补偿性学习"的"五环节"课堂教学基本范式,体现了"六度"特征和"三重境界"要求。

在2014年新教育国际高峰论坛上,日照市"以'学'为本,构筑理想课堂"专题报告引起强烈反响。2018年初,市教科研中心组织召开了全市基础教育课堂教学改革经验交流会,总结交流全市高效课堂三年行动计划推进经验,启动了基于核心素养培育的课堂教学改革。市教育科学研究中心在总结实验成绩的基础上,组织小学、初中、高中骨干教师编写了《高效课堂教学策略与教学设计》系列丛书,该丛书获2016年山东省教育科学优秀成果奖二等奖。

（七）新教育推动了新技术的应用

在新教育"构建数码社区"行动引领下，日照市不断加强学校内外网络资源的整合，打造学习型的网络社区，逐步构建起覆盖全市城乡各级各类学校的教育信息化体系，推动信息技术与教育教学深度融合，促进优质教育资源普及共享，实现了教育思想、理念、方法和手段的全方位创新，大大推动了学校现代化进程。

市教育局着力打造日照教育云平台，开发了区县、学校空间，成立名师工作室，组织网上教研活动。截至2019年底，平台注册用户30多万人，教学视频、文章和图片等资源达200多万条，各学科协作组2000余个，实现了教学资源共建共享，为教师个性化教学和学生的个性化学习搭建平台。

（八）新教育完善了学校的新评价

新教育"为了一切的人，为了人的一切"的发展论，"无限相信学生的潜能"的潜力论和"强调个性发展，注重特色教育"的个性论，指导学校树立科学的质量观、人才观，把促进人的全面发展、适应社会需要作为衡量人才培养质量的根本标准，瞄准提高教育质量和培养学生核心素养，建立并不断完善科学系统的教育教学质量评价体系。

为彻底改变传统的德育与学科教学"两张皮"现象，真正把教育做成培养生命、完善生命、生成生命的事业，着眼于促进基础教育内涵发展和教育质量全面提升，日照市实行"底线管理+特色发展"的校长指标评价体系。其中，"底线管理"包括学校党的领导、学校安全、规范办学等最基本的内容，"特色发展"包括办学理念、发展愿景、课程建设、师资队伍、学生发展、校园文化建设及办学特色等指标。通过科学的指标考核体系，促使校长专心办学、回归课堂、潜心从教，通过实施学校发展规划、教学改革创新，推动学校内涵发展、全面提升办学质量。

（九）新教育引领出了新父母

家庭是孩子的第一课堂，父母是孩子的第一任老师。家庭教育开展的如何，关系到孩子的终身发展。日照市引导父母依据教育学、心理学经典理论，遵循孩子身心发展规律，不断提高家庭教育水平。特别是在"亲子共读"理念引领下，数以万计的父母开始捧起久违的书本跟孩子一起读书，一起晨诵，一起做笔记，一起完成旅行课程，一起成长，共同进步。

　　日照市认真落实习近平总书记"注重家庭、注重家教、注重家风"重要指示精神,积极深化和推进家庭教育实验区工作,遵循家庭教育规律和学生成长规律,发挥家庭教育在少年儿童成长过程中的重要作用,提高家长家庭教育水平,在工作制度完善、队伍建设、家长委员会和家长学校建设、科学研究等方面取得了良好成效,推动家庭教育和学校教育、社会教育的有效衔接,实现了辖区内家庭教育指导中心 100% 全覆盖及家庭教育工作常态化,初步构建起学校、家庭、社会密切配合、协同推进的教育网络,有力促进了广大未成年人的健康成长和全面发展。日照市家庭教育工作进入全省先进行列,2017 年市教育局被省教育厅评为"山东省家庭教育示范基地",全省仅有 2 个市获此称号,日照市位列其中。2017 年,日照市立项省家庭教育专项课题 51 项。2018 年,在全省家庭教育实验基地工作经验交流暨观摩研讨活动中,金海岸小学、五莲实验学校、日照实验高中被省教育学会家庭教育专业委员会列为第二批实验学校。日照市不断完善育人方式,以家校协同育人为核心,以实验基地建设为示范,积极探索家校协同育人的新模式。《大众日报》《山东教育报》和省教育厅网站都对日照市构建学校、社会、家庭"三位一体"育人网络的经验做法进行了报道。

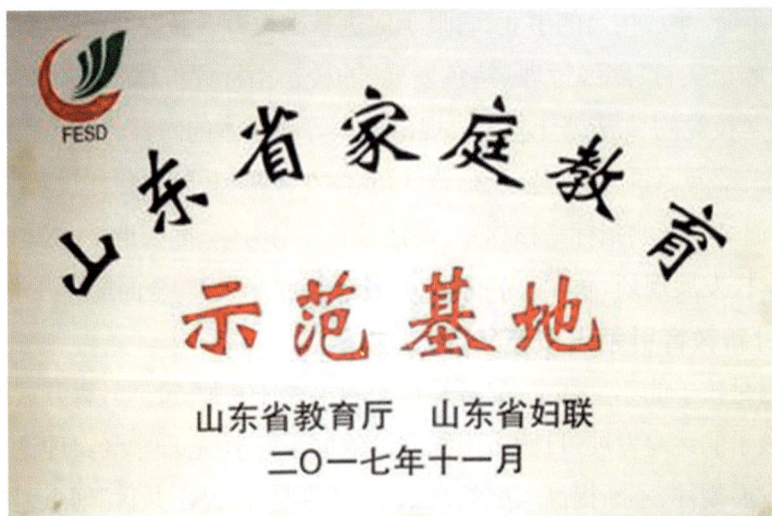

2017 年 11 月,日照市被评为山东省家庭教育示范基地

（十）新教育培育出了新学生

书籍是人类知识的载体，是人类智慧的结晶，是人类进步的阶梯。习近平总书记曾说，要提倡多读书，建设书香社会。不断提升人民群众思想境界、增强人民群众精神力量，中华民族的精神世界就能更加厚重深邃。新教育发起人朱永新教授说，一个人的精神发育史就是他的阅读史，一个民族的精神境界很大程度上取决于这个民族的阅读水平。日照市把阅读活动的开展与学生核心素养的培养紧密结合起来。

2017年4月23日世界读书日之际，日照市印发了《关于在全市中小学深入开展读书活动的意见》。组织了"耕读在流光里"师生诵读活动，每月一主题，将阅读贯穿全年，发挥教师的引领示范作用，让阅读成为常态，成为师生的生活习惯。为推进书香校园、书香家庭和书香社会建设，从2014年起，连续6年组织全市中小学暑期读书活动，共收到征文7000多篇，评出了学生组、教师组和家长组一、二、三等奖3000多个。2017年至2019年，组织3届全市小学生英语绘本创作展评活动，共收到征文300余篇。活动的开展激发了学生阅读的兴趣，拓展了学生的文化视野，发展了学生的语言素养。

自2013年以来，日照市连续7年组织全市中小学生英语口语大赛，参赛中小学生超过2万人，引导学生用英语讲好家乡故事和中国故事，培养了中小学生的英语卓越口才，激发了广大中小学生的英语学习热情和爱国热情，营造了良好的英语学习氛围，发展了学生核心素养，推动了全市中小学英语课程实施水平的全面提升。

新教育实验推进了日照市普通高中优质特色高质量发展，高考成绩稳步提高，育人质量不断提升。多年来，日照市"双一流"高校录取万人比、全部本科录取万人比居全省前茅，为高校输送了大批品学兼优的优秀人才。日照市高中教育区域差距、校际差距进一步缩小，学生成才路径得到拓展，多元发展成效显著。

（十一）新教育实验助推了区域教育改革的深化

日照市以"新德育"为引领，立足新教育本土化实践，大力推进"十新项目"实施，加强新教育与素质教育的深度融合，推动了区域教育改革创新。市教育局

2018年11月,全市新教育现场会汇报演出举行

深入推进新教育实验,立足于"让师生过一种幸福完整的教育生活",在加强市级统筹、一体化推进的基础上,坚持分类施策,精准发力,创造性地开展了有日照特色的新教育实验,成效显著。

为展示各区县实施新教育实验的新成果,从2016年起,日照市每年举行一次新教育现场会。2016年12月在岚山区举行了以"握手十新 相约岚山"为主题的全市新教育现场会;2017年12月在莒县举行了以"相约莒国故里 共话幸福教育"为主题的全市新教育现场会;2018年11月在东港区举行了以"新时代,新教育,新动能"为主题的全市新教育现场会;2019年11月在山海天旅游度假区举行了以"践行新教育 美丽山海天"为主题的全市新教育现场会。各区县教体局结合本区域实际,深入推进新教育实验,坚持全面推进、全员参与,打造了良好的教育生态,促进了新教育实验与学校德育、课堂教学改的深度融合,实现了学校内涵发展和特色发展,助推了区域教育优质均衡高质量发展。

2019年3月,全国新教育日照开放周暨"研发卓越课程"专题研讨会在日照市举行,来自全国的1300余名代表参加了活动。日照市10所学校展示了近几年的课程建设与实施的成果,得到了与会专家和代表的高度评价。十三届全国政协常务委员兼副秘书长、民进中央副主席、新教育实验发起人朱永新教授在贺信中指出，9 年来，日照新教育以务实的精神、踏实的行动，在创新中求发展，在结合上做文章，在实效上下功夫，实现了学校发展模式、教育科研范式、教师行走方式、学生生存状态和家庭教育模式"五大改变"，很好地引领了日照教育的发展方向，新教育实验已成为日照市教育改革的一面鲜明旗帜和实施素质教育的重要载体。9 年里，日照新教育在"十大行动"的基础上，创造性地提出了根植本土的以新德育为统领的"十新项目"，走出了自己的特色之路。

2019 年 11 月，朱永新教授对新教育实验提出希望

2019 年 11 月，在新教育国际高峰论坛上，朱永新教授对日照市的新教育实验提出希望："日照新教育实验聚焦'卓越课程'研发与实施，落实立德树人根本任务，卓有成效地推进了区域教育改革，在实验中成长出一批新教育的榜样教师，改变了学生的生存状态，并且通过全国开放周等活动，有效引领了其他区域的新教育实验。希望日照新教育能够不忘初心，继续创新，不断创造新的经验，取得新的发展。"

行动就有收获，坚持才有奇迹。日照市通过新教育实验，不断深化基础教育课程教学改革，创新育人方式，课程实施水平和育人质量不断提升，办学特色日益凸显。我们将不断总结经验，把新教育实验与基础教育综合改革有机结合、深度融

合,把让师生"过一种幸福完整的教育生活"从理想走向现实,不断创新新教育实践,全面推进日照市教育高质量发展,为全国新教育实验贡献日照智慧,为建设美丽富饶、生态宜居、充满活力的新日照贡献新教育智慧!

执 笔 人:王宇江　孙善丽　徐　姗
审 稿 人:刘汉营
撰稿单位:日照市教育局

日照市大学科技园
开发建设的历程、成效及经验

2001 年，为抓住高校扩招机遇、更好地实施"科教兴市"战略，日照市委、市政府决定建设大学科技园。日照大学科技园的成立是市委、市政府为实施"科教兴市"战略、突破人才科技"瓶颈"而作出的一项重要举措。2021 年，市委、市政府审时度势，作出"城市+大学"共同体建设的重要部署，充分发挥高校科技创新"策源地"作用，为全市新旧动能转换和高质量发展提供强有力的科技引领、智力支持和人才保障。

一、日照市大学科技园发展的基本历程

（一）决策与启动实施阶段（2001 年）

一是成立专门机构。市委、市政府为强化对引进大学、建设大学科技园工作的组织推动，于 2001 年 4 月成立了争引大学和推进高新技术产业化工作领导小组，11 月成立了大学科技园工委、管委及其办公室。工委、管委领导由市领导兼任。工委、管委办公室作为市委、市政府的专门工作机构，列市委工作部门序列（财政拨款事业单位），于 2001 年 12 月 6 日开始办公。2001 年 9 月，设秘书科、发展规划科、联络合作科；2002 年 1 月，增设建设服务中心；2002 年 9 月，设立高等教育服务中心、物业管理服务中心；2004 年 10 月，设立高校后勤协调管理科、政工科；2008 年 12 月，市编委《关于调整日照大学科技园机构编制的批复》批准工委办公室、管委办公室更名为工委、管委，时有财政全额预算管理事业编制 26 名，内设秘书科、联络合作科、创意产业科、发展规划科、高校后勤协

调管理科、政工科、财务科7个科室,在编23人。下属3个正科级经费自理事业单位:建设服务中心、高等教育服务中心、物业管理服务中心,编制21人,在编19人,编制外聘用2人。市编办批准设立60个公共管理服务岗位,实行人才派遣管理,所需经费列入财政预算。另有下属高校后勤服务有限公司、文海经贸有限公司、学术交流中心企业职工125人。按照市编委批复,大学科技园工委、管委的工作职责为:负责贯彻落实上级各项工作部署,做好大学科技园建设管理中的各项协调服务工作;负责提出区域规划建议和项目引进意见,协助进入大学科技园的单位办理有关手续和相关事宜,协调解决有关问题;负责引进大学、科研机构,推进产学研合作,促进人才创业、科技孵化和成果转化;负责联系进园高校,协调高校后勤社会化管理事务和高校安全稳定工作;按照城市管理有关职责划分,负责园区内有关市政公用事业的管理工作;负责管理使用市财政拨付的专项资金,监督管理直属单位的国有资产管理工作;负责协调市有关部门设在大学科技园内的派出机构的工作,配合有关部门做好有关社会行政事务管理工作;指导党的关系在大学科技园工委的单位的党的建设和精神文明建设工作。2009年9月,为适应园内文化创意产业业态发展,市编办批准增设创意产业科;2011年高校后勤协调管理科加挂学生生活区保卫科牌子;2012年10月,撤销物业管理服务中心。

二是出台政策文件。2001年11月28日,市委、市政府出台了《关于积极引进大学和科研院所建设大学科技园发展大学经济的意见》,正式将建设大学科技园作为实施"科教兴市"战略的载体,并将其列为当时全市各项工作的一号工程加以推进,文件同时确定了建设用地、收费、财政扶持等相关问题的基本政策。在用地上,到日照市兴办高等教育的,以划拨方式供地;建设科技中心、研发基地和大学校办产业兴办高科技公司的,以出让方式供地,土地出让金政府收益部分将根据项目的经济、社会效益情况,酌情给予优惠。在收费上,兴办高等教育和建设科研中心、研发基地、高科技企业的,有关行政性收费属市级收入支配的,在政策允许范围内给予最大限度的优惠;有关事业性收费属市级收入支配的,根据项目的经济、社会效益情况,在政策允许范围内按一定比例予以优惠。在财政扶持上,大学和科研院所到日照市兴办高等教育、建立研发基地有经营性收入的,市政府将根据其对地方财政收入的贡献情况,给予适当扶持。在基础设施配套上,日照市委托天津大学规划院完成了日照大学科技园的总体规划,确定了基础设施配套方案并开始实施。

　　三是确立了规划范围。2001 年大学科技园成立时,市委、市政府出台的《关于积极引进大学和科研院所建设大学科技园发展大学经济的意见》明确大学科技园规划区是:山东路以北,卧龙山以南,烟台路以东,青岛路以西,规划总用地面积约 10 平方千米。2003 年 5 月,《关于扩大日照大学科技园用地控制范围的专题会议纪要》确定,按照 10 所以上大学、10 万以上在校生的规模,调整日照大学科技园原建设用地规划,扩大用地范围。具体范围是:在原规划的基础上向西扩至临沂路,向北扩至德州路以北 1000 米,总控制面积 24.6 平方千米,比原规划建设用地增加 17.3 平方千米。调整后的日照大学科技园建设用地分为高等教育、科技研发、成果转化、科技商务、公共服务、商住、学生生活等 7 个基本功能区。各功能区遵循相对集中、互为依托的原则进行布局,其中,高等教育区用地约 11 平方千米,高教生活区用地 2.89 平方千米,科技研发区用地 1.92 平

日照市大学科技园原始地貌

方千米,科技商务区用地 1.75 平方千米,成果转化区用地 3.29 平方千米,居民生活区用地 0.56 平方千米。按照调整后的建设用地范围,制定日照大学科技园建设总体规划和控制性详规。规划以建设"大学科技园、文化旅游园、生态观光园"为目标,坚持以人为本和生态化、园林化、现代化的理念,充分考虑大学建设的特点。

(二)大规模建设(2002 ~ 2006 年)

建设大学科技园是日照市委、市政府为实施"科教兴市"战略而作出的一项重要决策。为推进这一决策的落实,大学科技园工委、管委及办公室坚持思路创新、工作创优,扎实有效地开展工作,建立了"工程建设定期会商制度、联合现场服务制度、限时办理回复制度、工作主办责任制度"等四项行之有效的制度,加强对所有建设工程的跟踪服务和现场服务,明确和落实解决问题的具体措施、责任人员及时间要求,保证了工程建设进度。在协调工作中,牢固树立整体观念和服务意识,坚持把服务的基础建立在兼顾大学、部门、群众、投资者利益的最佳结合点上,较好地处理解决了落实优惠政策与影响部门利益的矛盾、推进重点工程建设与群众谋求生活出路的矛盾;在总体规划中坚持按照一定比例为驻地村预留发展用地,并超前规划设计饮食服务等商业设施,用以解决群众的生活出路;在工程建设中明确要求,凡符合上级有关规定,适宜于本地施工队伍或被征用土地村承建的工程,尽量安排由本地施工队伍或被征用土地村承建。这样一来,既兼顾了各方利益,又调动了各方积极性,保证了大学科技园建设的顺利推进。大学科技园实质性运作只有一年多的时间,就建成了 26 栋、近 30 万平方米的建筑,5300 多名大学生顺利入住就读,其中学生生活区一期工程 7.5 万平方米的建筑,仅用 7 个月时间就完工交付使用;为园内配套的 4 条道路也仅用 4 个月就竣工通车。这样的建设速度,在日照和山东高校建设史上都是少有的。

2002 年,曲阜师范大学日照校区、山东体育学院日照校区建成启用。曲阜师范大学日照校区校园占地面积 1066 亩,建筑面积 30 余万平方米;山东体育学院日照校区占地 800 余亩,总建筑面积 21 余万平方米,其中场馆面积 8.5 万平方米。2003 年至 2004 年,济宁医学院日照校区、山东水利职业学院建设启用。济宁医学院日照校区占地面积 1026 亩,校舍建筑面积 9.86 万平方米,职工生活区建筑面积 12.35 万平方米;山东水利职业学院占地面积 1133.13 亩,总建筑面积 49 万平方米。2004 年至 2005 年日照职业技术学院新校区建设启用,山东外国语职业学院成立。日照职业技术学院占地 1242 亩,建筑面积 42.6 万平方米;山东外国语职业学院占地面积 886.2 亩,校舍建筑面积 24.10 万平方米。日照市技师学院前身为日照市技工学校,2005 年与日照市职工中等专业学校合并,2008 年升格为高级技工学校,并迁至日照大学科技园新校区,2012 年经山东省人民政府批准,改建为日照市技师学院,学院占地 553 亩,总建筑面积 17.1 万平方米。日照航海工程职业学院占地 515 亩,校舍建筑面积 10.4 万平方米。

2004 年宏观调控后,日照市积极克服土地、资金等困难和压力,在困境中求发展,到 2006 年,共有 6 所入园高校,在校生达到 5.5 万人。按照"高校办教学、社会办后勤"的市校合作办学模式,高校学生生活区由园区统一组织、社会各方投资建设,实现社会化。在建设过程中,实行开发性安置失地农民,组织被占地村利用征地补偿金投资建设学生公寓,围绕高校后勤发展服务业,有效解决了失地农民安置问题。曲阜师范大学、济宁医学院、山东水利职业学院、日照职业技术学院 4 所高校的学生生活区由大学科技园组织建设,共有 7 个村集体、4 家企业以及大学科技园建设服务中心参与投资,先后建成学生生活区 6 个(其中,大学科技园高等教育服务中心代管 4 个,山海天城建集团自管 2 个),总占地面积 860 亩,建筑面积 48 万平方米,建有学生公寓楼 59 栋(其中社会投资建设 44 栋,大学科技园投资建设 15 栋),入住学生 4.8 万人。在具体运作过程中,

日照市大学科技园鸟瞰图

日照市坚持"政府主导、园区主办、规范管理、市场运作、服务学校、共同发展"的原则,切实加强管理,精心搞好服务,全面实施 ISO 9000 质量管理体系,既减轻了学校的负担,又为学生提供了良好的学习生活环境。2004 年,日照大学科技园被市委、市政府授予"创新奖"。2006 年,在全省庆祝建党 85 周年暨保持共产党员先进性教育总结大会上,日照大学科技园被表彰为"山东省先进基层党组织"。

(三)平稳运行与调整转型(2007 ~ 2020 年)

随着全国高校扩招工作基本完成,争引大学工作的难度越来越大。这一时期,一是继续推进入园高校发展。2008 年和 2010 年,日照技师学院、日照海事专修学院新校区相继建成,进园高校达到 8 所。总体上,在校生人数不断增加,由 2006 年的 5.5 万人增加到 2015 年的 7.8 万人。同时,自园区成立以来,积极争取引进重点大学和理工类大学,主要争取了中国地质大学、哈尔滨工程大学、哈尔滨金融学院、西安电子科技大学、西安翻译学院、山东财政学院、山东科技大学等高校,但因宏观政策、地方财力等原因未成顺利争引高校落户。比如,自2002 年至 2008 年,工委先后 10 多次到中国地质大学洽谈,校方领导也多次来日照实地考察,中国地质大学海洋专业的学生自 2005 年起连续 3 年到日照实习,其间也多次形成会谈纪要,但最终未果。二是解决历史遗留问题。工委班子正确看待大学科技园在过去几年快速发展过程中遇到的困难和问题,积极争取市委、市政府支持,返还部分园内拍卖土地的政府收益,核定了大学科技园公共管理服务岗位,帮助山东外国语职业学院走上了民办高校的运行轨道,缓解了建设负债和园区运行压力。三是积极推动园区转型升级。针对"大学科技园"应有之义,围绕大学科技园的转型升级,提出实施科教立园、产业兴园、创新强园战略,推进人才培养基地、科技研发基地、文化创意基地、创业孵化基地建设,提高人才培养能力、科技创新能力和服务经济社会发展能力。2012 年,市第十二次党代会提出了"加快大学科技园转型升级,增强创新创意创业功能"的要求。期间,大学科技园重点争取了创意产业园的建设。创意产业园于 2008 年开始筹建,市委、市政府成立了创意产业园建设协调领导小组;2009 年市政府现场办公,同意创意产业园选址(青岛路西、山海路南、市委党校规划选址东、山东水利职业学院北),同时上报了大学科技园成立创意产业园投资发展公司的建议方案。2013 年 11 月,市政府重新确定了创意产业园选址和开发主体,由日照市城投、华信、雅都、青苹果 4 家企业成立合作公司开发建设。清大华创科技孵化器于 2010 年 12 月被认定为国家级科技企业孵化器,建筑面积 3 万平方米,目前在孵企业 78 家。大学生创业服务中心(电子商务科技园)建筑面积 3500 平方米,2013 年 9 月正式运营,2014 年 9 月被省商务厅认定为山东省电子商务示范基地,2014 年 10 月被认定为日照市大学生创业孵化基地,现已入驻百度营销大学、阿里云·中国万网、中国创业智库等企业项目 17 个。

2007 年 11 月,时任中央政治局常委、中央纪律检查委员会书记、中央组织部部长贺国强视察大学科技园

2015 年 9 月 16 日,日照市机构编制委员会印发《关于调整日照大学科技园管理体制等有关事项的通知》,中共日照市委大学科技园工作委员会(日照大学科技园管理委员会)更名为中共日照市委高等学校工作委员会(日照市高等教育工作办公室)。日照大学科技园高等教育服务中心和建设服务中心两个正科级事业单位及高校后勤服务公司和文海公司两家全民所有制企业整建制划入市住建局,具体负责大学科技园管理机构调整后的高校后勤服务工作。2018 年 12 月,市委高等学校工作委员会(日照市高等教育工作办公室)更名为市委教育工作委员会,由市委常委、宣传部部长兼任市委教育工委书记;市委教育工委与

市教育局合署办公,下设市教育工作委员会党建服务中心,为正科级事业科室。2020年3月,根据工作需要,增设高等教育科。2020年12月,市教育工委党建服务中心更名为市委教育工委高校党建服务中心,升格为副处级事业单位。

二、日照市大学科技园取得的初步成就

在市委、市政府的正确领导下,自大学科技园启动建设以来,始终坚持科教园区的基本定位,紧紧围绕"引大学、建大学、用大学"核心任务,从无到有、快速发展,取得了重要的阶段性成果,为推动全市经济社会发展发挥了积极作用。

(一)高等教育水平取得跨越式发展

大学科技园在引大学、建大学方面成效显著,从根本上改变了日照高等教育落后的面貌,实现了高等教育的跨越式发展。一是初步形成了多类别的院校结构体系。大学科技园成立前,日照市只有一所普通高职院校(日照职业技术学院),到2019年底,园内有8所院校,设有博士一级学科3个,硕士招生专业43个,本科专业70多个,专科专业190多个,理工类占60%以上。高等教育、职业教育、民办教育协调发展,院校结构、办学层次、专业体系不断优化。二是办学规模不断扩大。在生源竞争日益激烈的形势下,各院校发展良好,各类在校生已达8.3万人。据统计,每年约有2000名多名非本地户籍的毕业生留在日照工作,还有一万多名大学生离开日照,成为日照良好环境的宣传员。三是办学水平不断提高。曲阜师范大学被批准为山东省首批重点建设的应用型特色名校,山东水利职业学院被批准为山东省首批重点建设的技能型特色名校,日照职业技术学院通过国家示范性高等职业院校建设验收,日照市技师学院被批准为国家级高技能人才培训基地。山东外国语职业学院升格为山东外国语职业技术大学,成为全国首批15所本科层次职业教育试点之一。日照航海工程职业学院获批为高等专科院校,2017年9月开始招生。

(二)大学作用初步发挥

一是人才培养方面。各院校先后组建了工学院、生物科学学院、航空学院等二级学院,新增汽车技术、制药工程、工业机器人技术、飞行器制造技术等40多个专业。曲阜师范大学日照校区重点打造土地规划、旅游管理、数字传媒、印

刷工程技术、电气与自动化等优势明显、特色鲜明的科技服务平台。山东体育学院日照校区重点办好体育教育、运动训练和民族传统体育3个传统优势专业，更好地服务日照体育教育事业发展。山东水利职业学院重点建设水利工程与管理、现代交通工程技术、建筑产业现代化施工与管理、智能装备制造、新一代信息技术等5个专业群。日照职业技术学院突出建设海洋生化、装备制造、旅游服务、汽车服务、文化创意、通用航空等11个对接地方主导产业的特色专业群，重点培育智能制造、汽车服务、创意设计3个专业群和水产养殖技术、旅游管理2个特色专业。日照市技师学院重点做大做强数控加工、汽车检修、电气自动化、会计、电子商务、旅游等传统专业，做活智能制造、工业机器人、新能源汽车制造与维修等新兴专业。山东外国语职业技术大学以外经贸为特色，逐步形成了优势突出的外语、经贸类品牌专业群。日照航海工程职业学院增加了海洋工程、船舶工程、港口管理类专业，打造航海类品牌专业群。截至2019年底，各类在校生8.2万人，其中在读博士、硕士研究生2000余人。

二是科技合作方面。以园内高校为主体成立了日照市科技合作促进会，依托曲阜师范大学设立了日照市信息工程、印刷工程、电气自动化工程技术研究中心，依托日照职业技术学院设立了日照市海洋生物工程技术研究中心、建筑特种工培训考核基地、交通行业特有工种职业技能鉴定站、海洋渔业培训考试中心、食品药品检验检测中心等服务机构，依托山东水利职业学院设立了日照市水工机械工程技术研究中心。

三是校企合作方面。曲阜师范大学日照校区与山东海洋文化旅游发展有限公司在科技开发、人才培养、实习实训等方面开展多形式、多层次合作。济宁医学院日照校区与市食品药品监督管理局合作共建药物研发与药品检验中心；与高新区、北京大学药学院合作共建药物研究院，与日照荣信水产食品集团合作成立海洋医用食品联合研发中心，研发新型海洋医用食品生产技术。山东外国语职业技术大学发挥举办者山东华信工贸集团的资源优势，开设华信班、蓝海班等"名企定向班"，保证学生"入学即就业，毕业即上岗"。日照市技师学院与日照市土地储备集团共建日照远大学院，在日照市国丰远大住宅工业有限公司挂牌成立日照远大学院实训基地；与韩国乙支大学、日照市儒科光学眼镜有限公司开展校企三方合作,推动眼视光专业的设置和招生工作,为企业储备更多人才,实现校企共赢。园内高校与日照钢铁、亚太森博、日照港等企业合作,开展"订单培养"。日照职业技术学院与现代汽车集团共建现代汽车学院,与五征集团共建五征学院,与中兴通讯共建中兴通讯信息学院,与日照至信科技共建日照智慧城市研发中心,与通用电气共建智能平台,与南京埃斯顿合作开发机器人应用项目。

四是智力服务方面。发挥高校智库作用,依托园内高校设立了文化产业、汽车产业、茶文化及产业、水文化、外向型经济、农村发展等社科研究基地。

五是资源共享方面。日照职业技术学院与市质监局共建日照质检中心。高校文体设施向社会开放,被市委、市政府列入 2014 年度为民办实事重点项目。2020 年 11 月,市委教育工委牵头成立日照市大学生思想政治教育研究会,推动高校思政资源共享,进一步提高驻地各高校大学生思想政治教育水平,培养德才兼备、全面发展的中国特色社会主义合格建设者和可靠接班人,促进日照市高等教育事业发展。

(三)新兴产业开始起步

依托园区高校人才优势,电子商务、文化创意、服务外包等新兴产业呈现良好发展态势。一是项目建设方面,电子商务科技园(大学生创业服务中心)于 2013 年 9 月开始运营,2014 年 9 月被省商务厅认定为山东省电子商务示范基地,2014 年 10 月被认定为日照市大学生创业孵化基地,现已入驻百度营销大学、阿里云·中国万网、中国创业智库等企业项目 17 个,带动大学生就业创业 300 余人。清大华创科技孵化器 2010 年被认定为国家级科技企业孵化器,目前在孵企业 78 家。二是校办产业方面,园内高校积极开展引企入校,探索"校内设厂"等校企合作办学模式,山东外国语职业技术大学青苹果数字出版、沃索思服务外包、众生云计算中心,日照职业技术学院海大自动化科技等项目发展良好。日照职业技术学院被确定为山东省文化产业发展"金种子"计划孵化器建设试点单位,学院文化创意中心入驻创意设计企业(工作室)20 个。三是产业人才培养方面,曲阜师范大学、济宁医学院、日照职业技术学院、山东外国语职业技术大学、日照市技师学院被省商务厅批准为省级服务外包人才培训机构。

（四）辐射带动效应初显

一方面，大学科技园直接助推了地方经济社会发展。大学科技园的建设，既为日照增加了人才供给，为日照经济社会发展提供了有力的人才智力支持，又增加了日照的"人气""文气"和"商气"，直接拉动了投资、消费和就业；同时，大学的进驻使原先的城乡接合部成长为现在的"大学城"，加快了城市化进程。另一方面，大学科技园从根本上提升了城市核心竞争力。大学科技园的建设为日照带来了重要的人才资源、科技资源、教育资源、文化资源，优化了城市人口结构，完善了城市功能，改善了全市投资环境，丰富了城市人文内涵，提高了日照"宜居、宜业、宜学、宜游"水准，已成为日照城市活力、城市魅力、城市实力的重要标志，为日照发展增添了新的优势。市委、市政府高度重视深化市校融合发展，积极推进"城市+大学"共同体建设，成立工作专班，加快构建"资源共享、平台共筑、学科共建、人才共用、创新共融"的校地协同发展新格局，高等教育服务经济社会发展的能力不断提升。

三、日照市大学科技园建设的经验

实践充分证明，日照市委、市政府高瞻远瞩，建设大学科技园的决策是完全正确的。随着大学人才科技文化优势向区域经济社会发展优势的转化，大学科技园建设给日照经济社会发展带来深远突出的影响。

（一）优化环境是大学科技园发展的根本所在

日照市委、市政府始终高度重视大学科技园的建设，专门出台《关于引进大学和科研院所、建设大学科技园、发展大学经济的意见》，把大学科技园建设作为全市五项重点工作之一，采取强有力的措施予以推动。市委、市政府建设大学科技园的决策得到了全市上下的一致认同，市直有关部门特事特办，给予了热情支持；东港区和秦楼街道主动配合，及时化解各种矛盾；驻地干部群众想长远、顾大局，积极为大学科技园建设做贡献。大学科技园之所以能够快速发展，关键是全市上上下下认识高度一致，方方面面大力支持。正是有了这样的软环境，大学科技园才能获得快速发展。市委高度重视大学科技园发展，2次市委常委会在高校召开，市委主要领导多次到高校讲专题党课，推动高校高质量发展。

2020年,日照市投入3.12亿元,对大学科技园6个学生生活区的9299间宿舍进行改造提升,为学生公寓安装空调、粉刷墙壁、改造卫生间、封闭阳台、更换桌椅,在园区新建球场、步道等设施,惠及学生4.8万人。

(二)抢抓机遇是大学科技园发展的重要前提

大学科技园成立之初,我国高等教育正处在快速扩张阶段。大学科技园抓住机遇、只争朝夕,短短二三年时间内便迅速发展起来,创造了超常规的"日照速度"。大学科技园之所以能够快速发展起来,关键在于决策效率和工作效率高,从而抓住了历史性机遇,抢先形成了规模。机遇稍纵即逝,实践也证明,如果当初抓晚了、抓慢了,大学科技园就不会有今天的规模。

(三)开拓创新是大学科技园发展的重要动力

大学科技园的建设是全新的工作。面对这样一项开创性的工作,大学科技园坚持把市委、市政府的决策部署和要求化为创造性实践,不断更新观念,创新体制机制,创新方式方法,在实践中创造出了"政府创造环境,高校自主办学""高校搞教学、社会办后勤",开发式安置失地农民等一系列新思路、新举措、新机制,创造了特色鲜明的日照大学科技园模式,被市委、市政府授予"创新奖"。实践证明,创新是发展之源。只有不断地探索创新,各项事业才能始终充满活力、不断向前发展。2019年8月,大学科技园被省科技厅、省教育厅批准为省级大学科技园。

(四)合作共赢是大学科技园发展的重要基础

通过市校合作,高校办学条件显著改善,办学规模和办学水平迅速提高;地方投资环境更加优化,使企业获得了持久的人才和科技支撑。统筹高校后勤社会化建设与开发式安置失地农民,组织被征地村利用征地补偿金建设学生公寓,围绕高校发展后勤服务业。仅公寓租金一项,即实现年人均收入1000多元,同时还提供了2000多个就业岗位。这样既解决了高校学生后勤设施配套问题,降低了高校办学成本,又解决了失地农民的就业增收问题,失地农民生活水平不断提高,为大学科技园建设奠定了坚实的群众基础。

(五)队伍建设是大学科技园发展的重要保障

大学科技园自成立之日起,就始终坚持带出一流队伍、干出一流业绩,把队伍建设放在首位来抓。在思想教育、能力培训、干部人事管理、规章制度建设和机关文化建设等方面,形成了一整套"崇尚实干、激励创新、弘扬正气"的高效能管理体系,凝聚起了"团结、拼搏、高效、创新"的大学科技园精神,锻造出了一支特别能战斗、特别能吃苦、特别能奉献的干部职工队伍,为大学科技园的建设提供了有力的组织保障。全体干部职工以高度的事业心、责任感,全力以赴投入开发建设,在各种困难和考验面前,始终表现出了奋发有为的昂扬斗志和扎实高效的工作作风,被省委表彰为"山东省先进基层党组织"。

执 笔 人:刘兆华
审 稿 人:牟敦峰
撰稿单位:中共日照市委教育工作委员会

日照市海运业发展历程、成效及经验

海运业是交通运输业的重要组成部分,是国民经济重要的基础性产业,是对外贸易的重要途径。作为新兴的沿海港口城市,日照素有"两港通四海、一桥系亚欧"之美誉,是泛黄海经济圈和环太平洋经济圈的重要港口城市,位于我国沿海主轴线中段,环黄渤海经济圈、环太平洋经济圈和新亚欧大陆桥经济带结合部,与韩国、日本隔海相望,发展海运业具有得天独厚的地理区位优势。日照市委、市政府高度重视海运业发展,1994年作出加快地方海运业发展的重大决策,1996年把发展日照海运业列为"十大市长工程"之一,成立专门的行业管理部门,组建海运集团,日照市海运业发展逐步实现了从小到大、从弱到强的局面,对促进全市经济发展起到了积极推动作用。

一、日照市海运业发展历程

山东半岛是中国最早进行海洋活动和对外交流的地区之一,先秦时期,山东海运业初步形成规模,并逐渐发展壮大。日照海岸线达168.5千米,早在隋文帝时期,日照石臼就开辟了南北两条航线,北路至朝鲜半岛、日本列岛的海运航线,南路至广州再南下、西进海夷道。明代建卫设所,安东卫与石臼所开始与海外贸易活动,清康熙年间已有荻水口、岚山头口、栈子口、涛雒口、夹仓口、石臼口、龙王口等7个自然口岸;清光绪年间,商业更加繁荣,史称"江淮红粟达神京,转运都由石臼行"。石臼口岸帆船云集、商贸兴隆,至清末,石臼的航运业已初具规模,专业性运输帆船50多条,三桅风船20多条,年吞吐量3万余吨,各种商号 70 余家,日照逐渐发展成为近代海上丝绸之路的重要枢纽。

伴随时代变迁、技术进步,日照市海运业与全国、山东省一样,逐步实现从木质、风帆动力船到钢质、内燃机动力船的嬗变。中华人民共和国成立以来,日照市海运业发展大体可分萌芽起步阶段、较快发展阶段等 6 个阶段。

(一)萌芽起步阶段(1949 ~ 1992 年)

1949 年 10 月 1 日,中华人民共和国宣告成立,这给全国海运业的发展提供了广阔前景,山东海运业也步入新的发展阶段。随着山东海运业的发展,日照市的海运业发展也进入了萌芽起步阶段。

这一时期,日照海运企业数量少,规模小。1988 年以前日照海上运输分别由石臼、岚山民间运输站管理,运输站业务受山东省民间运输管理处领导,1988 年 6 月民间运输站撤销,1988 年 7 月,成立日照市(县级)交通局石臼航运管理所和岚山航运管理所。1989 年 12 月,成立日照市航运管理处,隶属于日照市交通委员会领导,主要职能包括:贯彻执行国家关于水路运输的方针、政策、法规,结合日照市实际制定具体实施办法和规定,并组织实施;管理水路市场秩序,促进水运业健康发展。

(二)较快发展阶段(1993 ~ 1997 年)

1992 年底,日照市交通系统全面推行以改革企业干部人事制度、精简机构、推行全员劳动合同制、改革分配及保险制度、放开搞活生产经营、建立激励机制和风险机制等为主要内容的企业改革,许多从事海上运输的海运企业相继注册成立,1993 年至 1996 年,先后成立了日照市水产海运公司、岚山海洋运输公司、兖矿日照船务公司。

随着经济的发展,海上运输市场日趋活跃,海运市场繁荣、利润丰厚,"一艘船抵过一家企业"成为这一时期的共识。1994 年,市委、市政府在对海运业发展问题进行专题调研后,提出了关于加快日照市地方海运事业发展的意见。1995 年 3 月,成立日照市航运管理局,为正处级事业单位,隶属于日照市交通委员会管理,经费自收自支,原隶属日照市交通委员会的石臼航运管理所、岚山航运管理所划归日照市航运管理局管理。日照市航运管理局编制了《日照市海运业"九五"规划》,出台了《日照市水路运输管理暂行规定》,加强行业管理和指导,日照海运业由此进入较快发展时期。至 1995 年底,日照市海运企业数量发展到 11 家,其中交通部批准的企业 8 家,船舶 54 艘(千吨级以上的船舶 7 艘),总功率 1.5 万千瓦,总载重吨达到 3.1 万吨。其中规模较大的是山东日照海洋运输集团公司、日照市水产海运公司、兖矿日照船务公司。

市委、市政府为加快日照海运事业发展步伐,发挥集团优势和整体效应,膨胀规模,增强竞争力,振兴日照经济,1996 年 5 月,经市政府同意,决定将日照海洋运输公司与岚山海洋运输公司合并组建为山东日照海洋运输集团公司。山东日照海洋运输集团公司是国有独资企业,隶属于日照市航运管理局,共有职工 201 人(其中技术人员 99 人),固定资产 6257 万元。拥有"日照""日耀""陆桥 1"3 艘运输船舶,总价值 3210 万元,总载重吨达 18800 吨,总功率 6700 千瓦,主要从事俄罗斯远东地区、日本、韩国、东南亚等国际近洋运输和国内航线货物运输。集团公司成立后,当年新增运力 1.1 万吨,总运力达到 4.2 万载重吨,完成货运量 37 万吨。占全市海上运力的 50%。是日照海上运输的骨干企业。

日照市水产海运公司是交通部于 1993 年批准成立的国有海运企业,隶属于日照市水产集团公司。公司成立之初,主要经营山东至国内沿海各港间货物运输、船舶修理等业务,拥有货船 2 艘、甲板货船 2 艘、工程起重船 1 艘,总运力达 3240 吨,后来业务范围扩大至经营国内沿海运输和港内工程施工作业,兼作船代、货代及船员外派等业务。

兖矿日照船务公司是 1996 年成立并开业的国内沿海海运企业,原名称为日照唐海船运公司,注册资金 2000 万元。该公司主要为兖州矿务局主业服务,专门从事煤炭运输及其他散装物资运输业务。

山东日照海洋运输集团公司、日照市水产海运公司和兖矿日照船务公司的成立,标志着日照海运业步入了规范化、专业化发展的轨道,推动了日照市海运业的快速发展。

1. 海上运力发展情况

这一时期是日照市海上运力得到较快发展,各种类型的船舶相继投入运营。新增散货船 4 艘,其中包括日照港第一艘自己的驳船"日港驳 1";新增杂货船 4 艘;新增轮油船 1 艘。

初建成的日照港鸟瞰

2.海上客运发展情况

日照的海上客运,历史上曾有石臼所—青岛航线,后来随着陆上交通的发展,海上客运日益萎缩,到"六五"末,旅客年发送量仅为5229人,仅为最高年份1965年的7.1%,遂于1985年3月取消航线。

1990年,第一艘游艇投入运营,该船系玻璃钢船体,有15个客位,标志着日照市海上旅游客运正式启动。

表1 1990~1997年海上旅游客船运力情况

年份	1990	1991	1992	1993	1994	1995	1996	1997
艘数	1	2	1	3	1	1	4	6
客位(人)	15	27	15	40	15	15	40	60

3.航线发展情况

1990年10月4日,日本"太阳贵族"油轮在岚山港举行第一船煤焦油运往日本的通船剪彩仪式;1997年,日照港至美国东海岸航线正式开通,其后陆续开通了8条新航线,覆盖韩国、日本、美国东海岸等地。

（三）回落调整阶段（1998 ~ 2001 年）

1997 年底,不断蔓延的亚洲金融危机开始危及海运业,日照市海运业同全省、全国海运业情况一样,国际干散货、集装箱运输市场以及我国沿海散货运输市场都受到了严重的影响。由于国际需求减少,进出口贸易下滑,经济增速放缓,国际航运市场不景气,全市海上货运量、货运周转量以及海运企业营业收入、利润等指标全面下滑,企业亏损严重,船舶停航、企业停产,致使全市海上运力不断萎缩。2001 年,日照市地方海上运力只有 4700 载重吨,仅为 1997 年的 7.8%。日照海运业发展跌入低谷,步入回落调整期。

1. 海上运力发展情况

这一时期是日照市海运业发展最困难的时期,举步维艰,地方海上运力退出多、新增少,不断萎缩,仅保有 4700 载重吨运力也处于停运状态。

1998 年岚山港投资 1200 万元购买了一艘拖轮,船名为"岚港拖 5"。1999 年,新增杂货船"鲁日海 02"1 艘,1999 年,新增"鲁日海 01"散货船 1 艘。

2. 海上客运发展情况

这一时期,市委、市政府高度重视旅游业发展,并出台了一系列优惠政策,大力鼓励扶持旅游业发展。2000 年,市委、市政府将旅游业确定为经济增长点,着力打造日照市景区景点,建立省级旅游度假区,开展全方位的旅游宣传。在日照市旅游业发展的带动下,海上旅游发展较快。同年,日照市航运管理局制定并出台了《日照市旅游船舶管理规定》。2001 年,联合东港区政府、日照海事局制定了《关于进一步加强乡镇船舶安全管理的意见》,海上旅游船舶管理和文明经营迈上了一个新台阶。

表 2 1998 ~ 2001 年海上旅游客船运力情况

年份	艘数	客位(人)	客运量(万人)
1998	15	150	—
1999	9	90	5.38
2000	23	233	5.35
2001	34	349	7.8

(四)快速发展阶段(2002～2007年)

这一时期国际贸易快速增长、国内经济高位运行,国内生产总值增幅达到9.5%,进出口总额同比增长35.7%,海运市场需求旺盛,日照市海运业逐步走出低谷,艰难起步,实现了凤凰涅槃。

2002年,日照市开展"提高行政效率,改善投资环境"活动,开展大招商活动。日照市港航局抓住机遇,加大招商引资力度,先后有南京金茂船务有限公司法人代表杨秀文、浙江温州船东陈余和、青岛船东韩治东、浙江乐清顺昌船务有限公司法人代表张松林等前来日照考察海运市场投资环境。2002年,日照市第一家外地民营企业——日照金茂船务有限公司成立并投入运营,随后浙江、福建、青岛等地客商在日照投资海运业,为日照海运业发展注入新的活力;原山东日照海洋运输集团公司、日照市水产海运公司等国有企业的职工,纷纷自主创办海运企业,陆续成立了日照市陆海船务公司、日照福之达海运公司、日照华勇海运公司等一批民营海运公司,日照市地方海运业进入快速发展时期。

2002年底,运力达到2.6万载重吨,完成货运量16万吨,货物周转量1.88亿吨千米。2003年9月,海上运力达到5.1万载重吨,跻身全省沿海货运力前三名。2007年,日照市海上运力发展到9.74万载重吨。

水路运输服务业增长迅速,至2005年底,国内船货代理企业已达82家,国际船舶代理企业23家,比"九五"期间分别增长173.3%和155.6%,海上货运量一跃而达到200万吨,是2001年的33.9倍。货物品种有煤炭、矿砂、矿粉、水泥、粮食、其他农副产品、钢材、木材、建材、机电产品、集装箱、原油、化工材料等。

1.海上运力发展情况

新增散货船11艘;新增杂货船10艘,总载重吨14113吨,总功率8902千瓦,工程船舶共计新增9艘,其中锚艇1艘,起重船2艘,总吨位2501吨。

2.海上客运发展情况

2003年,按照《山东省小型客(渡)、旅游船运输企业经营资质管理办法》的规定,组建成立了4家旅游客运公司,通过委托经营管理的方式,使海上旅游船舶实现了公司化管理,进一步规范了海上旅游客运市场秩序。到2005年,海上游艇运力发展到133艘,1519客位。

2003年7月1日，日照—韩国平泽客箱班轮航线正式开通。日照与韩国平泽的距离为372海里，水上航行时间约为17小时。客箱班轮每周三班，每班可提供108个箱位和540个旅客客位，年旅客通过能力可达15万人次。运营船舶为"中韩桥"号，2005年12月更换为"彩虹"号，该船为客、箱、车多用船，总载重吨24946吨，净载重吨3711吨，735客位，载箱200TEU，载车90辆。受全球金融危机影响，该航线于2008年10月停航。

日照港国际客运站于2003年建成并投入使用，是日照—韩国平泽客箱班轮航线的配套项目，占地2030平方米，配有建筑面积达3019平方米的候船厅，是2003年"十大市长工程"之一，创造了183天建设完成的日照候船厅速度。

表3 2002～2007年海上旅游客船运力情况

年份	艘数	客位(个)	客运量(万人)	客运周转量(万人千米)
2002	36	378	9.5	95
2003	46	522	12	120
2004	88	1029	16	135
2005	133	1519	30.5	226.2
2006	142	1560	43	430
2007	180	2257	52	500

3.航线发展情况

2003年至2005年共开通8条航线，分别是日照至韩国平泽客箱班轮航线、青岛—岚山—宁波—温州航线、青岛—岚山—广州航线、岚山—泉州—漳州航线、厦门—日照内贸集装箱航线、日照—福州—广州—温州—日照集装箱班轮航线、岚山—泉州—厦门航线、岚山—蛇口/黄埔航线、岚山—泉州—漳州航线。

4.管理体制变革情况

2001年，全国新一轮港口体制改革启动，主要是将原来由交通部管理的港口以及由交通部和地方省政府双重管理的港口全部下放地方，由港口所在城市人民政府管理。为适应港口体制改革的需要,2001年7月,日照市航运管理局更名为日照市港航局。2006年12月,根据省政府办公厅《关于深化全省港航管理体制改革的意见》和日照市委办公室、市政府办公室《关于印发〈日照市港口联合方案〉的通知》精神,日照市人民政府办公室印发《关于日照市港航管理局主要职责内设机构和人员编制规定的通知》,日照市港航局更名为日照市港航管理局,负责日照市港口和水路运输的行政和行业管理工作,负责日照市港口发展领导小组决策事项的督查落实,承办市委、市政府交办的其他事项等职能,共编制22人,内设6个科室,原石臼航运管理所更名为日照市港航稽查大队,岚山航运管理所更名为日照市港航管理局岚山分局。

(五)稳步发展阶段(2008～2012年)

2008年,由美国"次贷危机"引发的全球性金融危机全面爆发后,接着又爆发了欧洲债务危机,使得全球经济发展受到严重影响,国际需求减少,进出口贸易下滑,经济增速放缓,国际海运市场低迷。日照市海运业进入稳步发展时期,新增地方海上总运力达36.58万载重吨,海运企业达到22家,最大海运企业运力规模超过6万载重吨,最大船舶单船运力超过2万载重吨,平均单船运力达到5715吨。

1.海上运力发展情况

新增散货船6艘,分别为是"华东16""华厦1""福之达6""宏泰158""宏泰""陆海鑫",总吨43460吨,净吨33938吨,载重吨96782吨,功率17356千瓦。

新增拖船2艘,分别是:"华勇拖7",2010年12月建成,总吨906吨,净吨271吨,载重吨947吨,功率3530千瓦;"华勇拖10",2010年3月建成,总吨699吨,净吨1338吨,载重吨749吨,功率6246千瓦。

2.海上客运发展情况

2010年12月,日照港(香港)船务公司从韩国购买了"日照东方"号客箱班轮,该船单次可容纳640名乘客,运载230标箱。2011年2月,受金融危机影响停航两年之久的日照至韩国平泽客箱班轮航线恢复运行,仍然每周3班,每周一、三、五从平泽发往日照,二、四、日从日照发往平泽,海上航行约17小时;10月,中韩陆海联运汽车货物运输日照通道正式开通,进一步畅通了日照与韩国的经贸往来和人文交流。2012年,日照至平泽客箱班轮航线运输旅客达14.93万人次,同比增长20.89%,在全国15条同类航线中运营业绩位列第四。

海上旅游业快速发展,到2012年,日照市海上旅游船客运企业17家,海上旅游客运船舶已达242艘,3435客位,海上运输客运量达105万人次。海上旅游客运向旅游化、舒适化、高速化方向发展,旅游船舶向大客位方向发展,40客位以上的高速、豪华旅游客船3艘。

表4 2008～2012年海上旅游客船运力情况

年份	艘数	客位(人)	客运量(万人次)	客运周转量(万人千米)
2008	209	2560	64	768
2009	213	2600	80	950
2010	223	3131	90	965
2011	230	3301	98	980
2012	242	3435	105	1041

3. 管理体制变革情况

2008年,日照市港航管理局更改为参照公务员法管理单位,日照市港航稽查大队和日照市港航管理局岚山分局保持不变。日照市在全省率先完成引航体制改革,原日照港集团公司所属的日照港引航公司,变更为"日照港引航站",为自收自支正处级事业单位,由日照港航管理局代管。

2009年3月,《日照港总体规划》交通运输部和山东省人民政府联合批复。日照港共规划两大港区(石臼港区、岚山港区),7个作业区,280个生产性泊位,远期通过能力达到6亿吨;自然岸线29.7千米,码头岸线86.6千米,陆域面积约89平方千米。根据《日照港总体规划》,日照港是我国综合运输体系的重要枢纽和沿海主要港口,是国家重要的能源和原材料运输口岸、煤炭装船港和沿海集

客箱班轮

装箱运输支线港。是山东省、日照市全面建设小康社会、率先基本实现现代化的重要依托,是山东省发展现代制造业、优化区域产业结构和布局的重要支撑,是山东省中南部及河南、山西、陕西等中西部地区扩大对外开放,参与经济全球化的战略资源。

通过落实《日照港总体规划》,在2006年建成亿吨大港的基础上,2010年日照港用4年时间,实现港口货物吞吐量翻番,建成双亿吨大港,港口功能实现了由单一的煤炭输出港向以煤炭、矿石、液体石油化工、粮食、木片、水泥等为主的多功能、综合性大港转变,成为全国沿海港口中的主枢纽港,为日照市海运业的发展和转型升级奠定了基础。

(六)转型升级阶段(2013 ~ 2019 年)

2014 年 8 月,国务院出台《关于促进海运业健康发展的意见》,坚持把改革创新贯穿于海运业发展的各领域各环节,以科学发展为主题,以转变发展方式为主线,以促进海运业健康发展、建设海运强国为目标,以培育国际竞争力为核心,为保障国家经济安全和海洋权益、提升综合国力提供有力支撑。其重点任务是优化海运船队结构,积极发展原油、液化天然气、集装箱、滚装、特种运输船队;完善全球海运网络,大力发展铁水联运、江海联运,推进深水航道和集疏运体系建设;推动海运企业转型升级,促进规模化、专业化经营,提升抗风险能力和国际竞争力;大力发展现代航运服务业,提升海运业国际竞争力,推进安全绿色发展等。日照市海运业进入科学发展的转型升级期。

1. 海上运力发展情况

船舶运力结构得到优化。至 2019 年底,日照市共有省际水路运输企业 20 家,船舶 47 艘,共 42.39 万载重吨,位居山东沿海第四位,资产规模 11.33 亿元。其中省际普通货船运输企业 15 家,省际油品运输企业 5 家。油船 12 艘,共 6.77 万载重吨;普通货船 28 艘,共 34.03 万载重吨;多用途船 3 艘,共 1.42 万载重吨;拖船 4 艘,共 2489 载重吨。万吨级以上船舶 13 艘、共 28.07 万载重吨,分别占船舶量、运力总量的 27.7%、66.2%,最大船舶恒泰洋 75569.1 载重吨;油船 12 艘,共 6.77 万载重吨,分别占船舶数量的 25.53%、运力总量的 15.97%。在船舶运力结构上,改革了普通货船为主的局面,形成了普通货船、油船、多用途船、拖船、旅游船舶、客船等不同类型的共同发展的良好态势。

港航经济实现快速增长。至 2019 年底,日照市港口货物吞吐量完成 4.64 亿吨,同比增长 6%,居全国沿海港口第七位。其中外贸货物吞吐量 3.05 亿吨,同比增长 3.42%。集装箱吞吐量 450.15 万标箱,同比增长 12.06%。金属矿石、原油、煤炭、木材、粮食等 7 个货种吞吐量超过千万吨。在水运市场竞争激烈的情况下,"十三五"期间船舶减少 21 艘、运力减少 4.04 万载重吨载。截至 2019 年 12 月,全市拥有地方海上货运运力 42.39 万载重吨、地方海上旅游客运运力 4776 客位、远洋客船 1 艘(420 客位)。引领船舶 10302 艘次,实现业务收入 1.52 亿元,引领超大型船舶艘数创历史新高。

海上客运发展迈上新阶段。2014 年底,日照港集团公司从意大利购置了新"日照东方"轮,由日照海通班轮有限公司经营管理。新"日照东方"轮核定载客 473 人,船旗国为巴拿马,总吨 25318 吨,船级社 RINA,总长 198.99 米,型宽 26.6 米,设计航速 24 节,船上娱乐设施齐全,于 2015 年 4 月 12 日正式上线运营。

表5 2015～2019年海上旅游客船运力情况

年份	艘数	客位(人)	客运量(万人次)	客运周转量(万人千米)
2015	262	4270	105	6551.58
2016	262	4252	77.92	7599.45
2017	265	4268	56.33	6952.27
2018	267	4295	46.92	6283.9
2019	234	4680	42.95	6852.24

至2019年底,日照市共有市内旅游客运公司21家,旅游船舶234艘,4680客位。小型游艇184艘,1813客位;大型旅游船舶50艘,2867客位。

2.航线发展情况

日照港现已开通了100余条国际国内航线,每月航班150多个,航线覆盖

2017年10月17日,"日照—东南亚"集装箱班轮首航仪式举行

中国沿海主要港口和韩国、日本、东南亚等国家和地区港口,日照至平泽,日照至釜山、日照至东南亚、日照至日本关东等航线运营良好。开通了日照至欧洲、中亚、越南国际集装箱班列,至澳大利亚、中东的件杂货班轮航线,至东南亚的集装箱航线,至日本关东、关西集装箱航线。日照港集团公司"无车承运人"资质正式通过交通运输部审核,成为全国首批试点企业、全省10家资格企业之一,业务量居全省第五位。

3.管理体制变革情况

2016年2月,市委调整理顺了日照市口岸、港航管理体制,设立了中共日照市委口岸港航工作委员会,将市政府口岸办公室职责、市港航管理局职责,以及市交通运输局的水路行业规划政策的制定实施、水路交通运输监督管理、水路工程建设和工程质量安全生产监督管理、指导水路安全生产和应急管理工作等7项职责进行整合,组建了市口岸港航局。

2018年,日照市实施机构改革,市口岸港航局口岸职责纳入市政府办公室,港航职能整合到市交通运输局,行政审批职能并入市行政审批服务局。

二、日照海运业发展取得的成效

(一)促进了日照市经济社会发展

经过多年的发展,日照市海运业规模不断壮大,促进了日照市经济社会发展。"十五"时期,实现利税1233.07万元,从业人员达1198人。2014、2015年,水上运输业对全市GDP贡献率分别达到1.29%、1.02%。2019年完成海上货量767万吨、货运周转量111.6亿吨千米;完成海上客运量42.95万人、客运周转量6852.24万人千米。

日照至韩国平泽客箱班轮的开通,深化了日照市与韩国的经贸往来,推动了日照市的对外开放。港口对城市经济的贡献率和带动作用明显增强,"十二五"期间,日照港累计直接向日照纳税费61.4亿元,直接社会贡献总额155亿元,带动地区外贸进出口总值1480亿元。2019年,日照市全年完成货物进出口总值1052.56亿元,同比增长17.5%,其中货物出口406.63亿元,同比增长0.1%;货物进口645.92亿元,同比增长32%。

（二）带动区域性国际航运物流中心建设

日照市第十二次党代会和政府工作报告中明确提出,要大力培育临港物流业,加快打造区域性国际航运物流中心。海运业是建设区域性国际航运物流中心的重要载体,在海运业发展的带动下,日照市国际国内代理、船舶管理、无船承运人等航运服务业达390多家。山东省第一个、全国第三个国际航贸综合性服务中心——鲁南(日照)国际贸易与航运服务中心建成启用,实现了"一条龙"通关办理、"一中心"聚集经营、"一站式"电子口岸、"一平台"物流贸易等功能。"十二五"期间,日照市争批海关监管场所29家,成为山东监管场所最多的口岸;海关征收关税持续上升,5年累计为国家贡献税收2043.7亿元。集装箱粮食指定口岸和进境木材检疫除害处理区投入运营,肉类和冰鲜水产品指定口岸建成,日照口岸已发展成为全国重要的铁矿石、镍矿、木材、煤炭、原油等集散地和粮食进口口岸。

（三）"一带一路"对外开放形成新格局

2014年4月,日照口岸获得海铁联运资质,开通了至韩国釜山港的集装箱班轮,至中亚的海铁联运、至蒙古的海陆联运业务,增强了日照与沿桥沿带国家和地区开展经贸合作的优势。围绕海运业上下游产业链,推动港航、港铁、港企业等以租赁、参股、合资等多种方式开展合作,日照市与新加坡裕廊港合资成立了日照港裕廊码头有限公司,成功实现了国际先进管理经验的引进、吸收、提升和输出。截至2019年,共有航线38条,其中外贸航线8条,内贸航线30条。日照港已经发展成为我国北方的内贸集装箱基本港和外贸支线港。日照港集团与巴基斯坦卡西姆港、马来西亚皇京港、几内亚科纳克里港建立了深度合作关系,第一个海外码头运维项目——巴基斯坦卡西姆港卸煤码头正式运营,成功实现了对"一带一路"国家的管理输出。

山东岚桥集团在收购并运营了澳大利亚北部最大港口——达尔文港(99年产权)之后,又成功收购了巴拿马最大港口——玛岛港(永久产权)。新建造的3艘30万吨级油轮全部投入运营。

三、日照海运业发展的经验

中华人民共和国成立以来日照海运业的发展历程,揭示了以下经验。

(一)人才是海运业发展的关键因素

海运业专业性强,门槛高,不仅需要企业经营管理人才,还要有船舶驾驶、海上航行、货物贸易、物流管理专业人才,还需要熟悉海商法以及海事、海关相关法规的专业人才。日照市海运业的发展历程启示海运专业人才是海运业发展的关键因素。正因为日照海运集团等国有企业的发展,锻炼、培养了一大批专业人才,日照海事学院的发展,顺应了海运业发展的需要,日照海运业才能顺应大势,走出低谷,浴火重生、凤凰涅槃。

(二)投资是海运业发展的重要引擎

海运业是投资密集型企业。一艘船动辄千万元甚至上亿元,而且船舶保养维修、燃油消耗、船员工资以及船舶港口使费等企业经营成本高企。国有海运企业在2000年前后退出后,在日照从事海运业的主要是民营企业,资金短缺,投资后劲不足是制约日照海运业做大做强的重要因素。事实上,日照海运业正是通过招商引资,引进外地投资商,再加上本地的努力,才能走出低谷,重新崛起。

(三)港口是海运业发展的重要依托

日照市拥有四亿吨大港,丰富、充足的货源以大量围绕港口发展的船货代理企业,给海运业发展创造了优越的环境和重要依托。日照市海运业发展占据了地利、人和,只要国际国内海运市场需求旺盛这个天时具备,日照海运业就会乘势而起,走向繁荣。

(四)软环境是海运业发展的必要条件

日照市作为新亚欧大陆桥东方桥头堡,是"一带一路"倡议中的重要枢纽城市。随着海洋强国、强省战略的实施,向海经济将迎来新的发展机遇,日照市海运发展的软环境也将进一步优化。

海运业具有运量大、运距远、能耗少、运价低的特点,契合国家节能减排、实现绿色低碳、可持续发展的要求。对于日照而言,发展海运业是调整产业结构、转变经济增长方式、培育新的经济增长点的重要举措。

近十几年来,日照市海运发展面临江、浙、闽等地的激烈竞争,他们在企业税收奖补、新办企业和新增运力奖励、高级船员享受人才扶持政策等方面,明显优于日照市,造成日照市海上运力不断流失,这是日照海运业持续发展无法回避的问题。

执 笔 人:李绪双

审 稿 人:贾宏伟

撰稿单位:日照市交通运输局

日照市畜牧业发展历程及经验

畜牧业是国民经济的重要组成部分,其发展程度是衡量现代农业发展的重要标志之一。改革开放前,农村长期实行政社合一的人民公社体制,大牲畜以役用为主,为集体所有;集体养猪占有一定比重;畜禽饲养作为一项家庭副业而存在,多为一家一户分散饲养。1978 年,日照市肉蛋奶总产量约为 6.9 万吨,为2019 年的 14.5%。改革开放以来,历届日照市委、市政府高度重视畜牧业发展,将其作为发展农村经济、增加农民收入的重要产业,把兽医工作作为公共卫生安全的重要组成部分,列入国民经济和社会发展的重要议事日程,有力促进了畜牧兽医事业的持续稳定发展。经过 40 多年的努力,日照畜牧业实现了由小副业向大产业的转变、由肉蛋奶极度短缺到产品富足的转变、由传统畜牧业向现代畜牧业的转变。

一、日照市畜牧业发展的基本历程

纵观改革开放 40 年的历程,根据各历史时期的发展特点,日照畜牧业发展可大致分为数量增长阶段、结构调整阶段、现代畜牧业阶段三个发展阶段。

(一)畜牧业数量增长阶段(1978 ~ 1989 年)

1978 年,党的十一届三中全会作出把党和国家的工作中心转移到经济建设上来,实行改革开放的历史性决策,拉开了农村改革的序幕。随着改革开放,各项政策逐步完善,农村经济体制改革全面展开,家庭联产承包责任制贯彻实施,特别是 1985 年国家放开畜产品价格,取消生猪统派统购制度,充分调动了农民发展畜牧业生产积极性,加上粮食产量连年增长,为畜禽养殖提供了较充足的饲料来源,日照市相继建设了一批包括肉类、禽蛋、奶类的生产基地,畜牧业商品化、规模化、专业化程度不断提高,副食品供应紧张的状况得到缓解,历史上"养牛为耕田,养鸡为过年,鸡鸭产蛋换油盐"的年代在多数农村地区成为过去,畜牧业实现了从畜产品短缺到供求基本平衡的历史性转变。

设立畜牧兽医管理机构。1959 年 11 月成立日照县畜牧局,专门管理畜牧工作;后改为兽医站、兽医服务站;1981 年恢复畜牧局;1984 年 6 月,与农业局合并为农牧局;1989 年 12 月,日照市畜牧中心与市畜牧食品公司分离,设立市畜牧兽医工作办公室,隶属市农业委员会;1994 年 2 月,市农业委员会畜牧兽医工作办公室改称为日照市畜牧兽医技术服务中心,升格为副处级,隶属市农牧局管理;1996 年 10 月,日照市畜牧兽医技术服务中心改称为日照市畜牧局(副处级),隶属市农业局;2001 年 7 月,日照市畜牧局调整为正处级,隶属市农业局;2008 年 7 月,日照市畜牧局更名为日照市畜牧兽医局,由市政府直属管理;2014 年 11 月,将日照市畜牧兽医局由市政府直属事业单位调整为市农业局所属事业单位;2018 年 12 月,将日照市畜牧兽医局与下属事业单位日照市动物疫病预防控制中心、日照市畜牧站整合,组建日照市畜牧兽医管理服务中心,为市政府直属事业单位,由市农业农村局代管。

恢复畜牧业生产。1979 年,党的十一届四中全会通过了《中共中央关于加快农业发展若干问题的决定》,鼓励家庭养畜和大牲畜的养殖;1980 年,国务院批准了农业部《关于加快发展畜牧业的报告》,通过政策和市场的放开,农民开始有了生产经营的自主权。日照市委、市政府积极贯彻落实农业改革开放政策,认真贯彻执行国民经济调整、改革、整顿、提高的八字方针,1982 年 12 月 13 日,日照县畜牧局制定了《畜牧业生产发展规划》,对 1983 年至 2000 年的畜牧业发展进行了规划,规划途径分两步走:第一步是 1985 年之前引进和培育畜禽新品种,大力开展家庭养殖业生产,畜牧业总产值翻一番,逐步走向社会化畜牧业生产;第二步是到 2000 年争取翻三番,在专业化畜牧业基础上,广泛采用机械设备,发展稳定、密集、高效的畜牧业生产。为完成畜牧业发展计划,按照立足当前、着眼长远、因地制宜、适当集中的原则,进行畜牧业区划,将全县划分为东北部沿海平原奶牛奶羊家禽区(两城、丝山、石臼、奎山、城关)、北部低山丘陵牛羊兔区(河山、南湖、下湖、陈疃、三庄、竖旗)、西部丘陵牛猪兔区(高兴、焦山、西湖、黄墩)、南部坡路平原猪牛羊区(碑廓、巨峰、大坡、汾水、岚山、虎山)。通过一系列政策措施,调动了农民发展畜牧业生产的积极性。1989年,日照市生猪存栏32.6万头、出栏36.15万头;肉牛存栏2.12万头、出栏0.07万头;奶牛存栏0.02万头;肉羊存栏18.5万只,出栏19.1万只;家禽存栏218.6万只,出栏145.1万只;肉兔存栏24.4万只,出栏40.9万只;特种动物存栏1.15万只,出栏6.15万只。肉蛋奶总产量4.4万吨,畜牧业产值0.87亿元,占农业总产值的比重为19.34%。

推行技术承包责任制。1982年,畜禽养殖大户开始兴起,当时每户的养殖规模仅为5头猪、3头牛、10只羊、200只左右的蛋鸡。1983年,为适应形势发展的需要,按照全省农牧生产责任制会议精神,日照建立了以岗位责任制为中心的各项管理制度,把岗位工作责任制与经济指标相结合,加强经营管理,做到责、权、利有机结合,干部职工干事创业的热情明显高涨。通过推行技术承包责任制,加强畜牧业生产的产前、产后服务工作,扶持畜禽饲养专业户、重点户发展,做到优先签订技术承包合同、优先提供良种、优先进行技术指导、优先进行服务的"四优先",有力调动了广大养殖户的积极性。据不完全统计,1983年,全市81643个养殖户与乡镇兽医站签订了技术承包合同;1986年,全市18个乡镇畜牧兽医工作站的178名干部职工参加了技术承包;到1990年,全市21个乡镇对生猪实行阉割、防疫承包,对95%以上的母猪实行了配种、防疫阉割承包。随着技术承包责任制的全面推广,畜牧业生产呈现蓬勃发展、全面增长的局面,养殖大户规模不断扩大,户数逐年增加到2000多户。据资料记载,1987年列入专业养殖户的标准是:养大牲畜5头以上、养猪20头以上、养羊30只以上、养鸡500只以上、养貂狐貉20只以上、养蜂20箱以上。

动物疫病得到基本控制。旧时农家称畜、禽疫病为"瘟",极少防范,1949年后动物疫病才逐步得到防治和控制。1979年,春秋两季防疫猪瘟45.32万头,猪丹毒44.25万头,防疫密度达92%。20世纪80年代,随着畜禽养殖业的发展,日照积极贯彻"防重于治"和"防、检、治"并举的方针,综合防治措施得以加强,到1986年,基本控制了曾一度危害严重的兔瘟、水貂犬瘟热、小鹅瘟等动物疫病。日照市发生的动物疫病主要有细菌性疫病、病毒性疫病、寄生虫病。曾发生和流行的疫病主要有猪瘟、猪丹毒、猪附红细胞体病、猪流行性腹泻、猪传染性胃肠炎、猪气喘病、仔猪副伤寒、仔猪白痢、仔猪水肿病;牛流感、奶牛结核病、奶牛焦虫病;羊传染性胸膜肺炎;兔瘟、兔巴氏杆菌病;水貂犬瘟热、水貂巴氏杆菌病;鸡新城疫、禽霍乱、鸡马立克氏病、鸡大肠杆菌病、鸡沙门氏菌病,鸡球虫病;鸭瘟、鸭病毒性肝炎等。

(二)畜牧业结构调整和质量提升阶段(1990 ~ 2009 年)

1989 年 12 月,日照市畜牧中心与市畜牧食品公司分离,设立市畜牧兽医工作办公室,出台鼓励畜牧业发展的政策措施,支持畜禽养殖专业户发展,理顺畜牧业产销体系,加大畜牧业投入,日照畜牧业进入了一个快速发展时期,畜禽饲养从家庭副业逐步转变为规模化、标准化的专业饲养,人畜混居、畜禽混养的落后状况得到改变,专业饲养规模和畜产品加工能力迅速扩大,形成了畜牧业国有、集体、独资、合资、个体、股份合作等多种经济成分共同发展的格局。对外开放扩大、科技进步加快、产业化经营起步都支撑引领着畜牧生产经营者依托资源、面向市场、依靠科技发展节粮型生猪、肉鸡、草食畜牛羊,畜产品结构进一步优化,牛羊禽肉占肉类比重不断增加,改变了"猪肉当家"的局面,奠定了日照市畜牧业的基本产业结构。畜牧业在国民经济中的地位发生了根本性变化,成为使广大农民脱贫致富的重要产业,畜产品产量逐年提高,市场供应丰富,肉蛋奶供应实现自给。畜牧业在农业总产值中比重由 1978 年的 5.46% 提高到 2000 年的 20.2% 左右,逐步从家庭副业发展成为农村经济的一个支柱产业。同时,地方性法规不断完善,防疫体系建设不断加强,启动了国家无规定动物疫病区[①]建设,形成了市、县、乡、村四级联动的防疫工作体系。特别是"十一五"以来,针对重大动物疫病、质量安全事件多发频发的状况,大力发展标准规模养殖、着力构建安全保障体系、努力提升监管应对能力,在有效控制安全事件影响的同时,

---

① 无规定动物疫病区是国家为了防控动物疫情发生、促进畜牧业发展、保护公众健康、维护公共卫生安全而建的,在一定期限内没有发生规定性动物疫病,并经依法验收合格的区域。建设无规定动物疫病区,是世界动物卫生组织(OIE)积极推行的动物疫病管理办法,是国际公认的区域动物疫病防治水平的标志。

综合生产能力、科技创新能力显著提高,重大动物疫病防控体系、畜产品质量安全监管体系逐步建立完善,为现代畜牧业发展奠定了坚实基础。

成立日照市畜牧业生产领导小组。为加强对全市畜牧业生产的领导,促进畜牧业生产进一步发展,1991年5月,日照市政府办公室成立日照市畜牧业生产领导小组。[①]1991年5月,副市长带队,赴惠民地区惠民县、东营市广饶县、潍坊市寿光县(今寿光市)、淄博市临淄区西单村考察畜牧生产情况,学习先进经验,正确认识工作中的问题和差距,采取一系列有力的措施,将日照市畜牧业生产水平推向新的高度。2009年,日照市肉蛋奶总产量28.52万吨,畜牧业产值39.55亿元,占农业总产值的比重为26.39%;生猪存栏115.2万头、出栏161万头,肉牛存栏8.46万头、出栏6.54万头,奶牛存栏0.8万头,肉羊存栏75.61万只、出栏85.34万只,家禽存栏2643.8万只、出栏4667万只,肉兔存栏283.2万只、出栏400.2万只,特种动物存栏58.3万只、出栏115万只;全年推广人工授精生猪9.4万头、肉牛5498头、奶牛4442头,玉米秸秆青贮16.33万吨,建设永久性青贮池27.3万立方米。各年份肉蛋奶产量见表1。

表1 肉蛋奶生产、产值、占农业的比重情况

年份 \ 类别	肉类产量 (吨)	蛋类产量 (吨)	奶类产量 (吨)	畜牧业产值 (吨)	占农业总产值 的比重(%)
1990	31842	14106	1083	0.81	16.64
1991	31998	15406	816	2.45	18.0
1992	100383	37869	5523	7.28	23.5
1993	101849	42277	4558	8.36	20.42
1994	117101	55036	10850	13.43	22.14
1995	139756	67386	11740	17.17	22.6
1996	173555	90995	10034	19.81	22.58

[①]日照市畜牧业生产领导小组由副市长任组长,市政协副主席、市政府副秘书长、市农委主任任副组长,市外贸局、市财政局、市计委、市工商局、市商业局、市联社、市粮食局、市农委、市农委农机办、市农委畜牧办等部门相关领导任成员。

年份 \ 类别	肉类产量	蛋类产量	奶类产量	畜牧业产值	占农业总产值的比重
1997（调整）	100000	58600	1800	14.75	18.8
1998	190977	101033	4705	14.12	17.07
1999	180770	94232	5509	14.85	20.2
2000	134357	85513	1950	16.30	19.10
2001	175908	94736	2173	18.39	21.26
2002	150772	99855	2860	19.84	21.61
2003	136899	74827	4158	21.37	22.71
2004	146173	89418	6673	25.94	23.52
2005	159655	121828	5594	25.33	20.90
2006	161150	117971	5952	26.18	20.35
2007	156427	122991	6015	34.00	22.50
2008	143125	105343	11678	38.26	26.97
2009	155374	116688	13177	39.55	26.39

注：1991年前的统计数字不含莒县、五莲县；1997年后对外公布的肉蛋奶数字以统计部门的为准。

调整优化畜牧产业结构。1992年8月15日，日照市人民政府出台了《关于加快发展畜牧业的决定》，明确提出调整畜牧业结构，加快发展节粮高效畜禽；发展适度规模饲养，建立生产基地，发展小规模大群体的工厂化生产；开发饲草资源，发展食草动物，推广三元种植。另外，在加快科技兴牧步伐、深化流通体制改革、多渠道资金投入等方面提出多项举措。日照市各级畜牧兽医部门以提升生猪、禽等传统养殖业发展，突出发展牛羊兔等节粮型草食动物，大力发展奶业，加快发展肉羊、蜂、五莲黑猪、日照麻鸡、貂狐貉等优势、特色畜禽养殖为指导思想，大力发展畜牧业，畜牧养殖结构不断优化，各种生产要素得到有效整合，当地资源优势得到充分发挥。在生猪生产上，能繁母猪群体不断优化，二元杂交母猪、三元杂交猪的生产比重逐步提高；在蛋鸡生产上，逐渐由数量扩张向质量提高转变；在肉禽生产上，注重加快标准化养殖基地的建设步伐,2009 年,日照市新建年出栏 10 万只以上肉鸡肉鸭养殖基地 20 处,肉鸡肉鸭年饲养能力比 2005 年增加 3040 多万只;在牛、羊等食草动物生产上,加快优良品种普及与推广。肉类产量中,1990 年,生猪占 83.07%、禽肉占 7.09%、牛羊兔肉占 9.66%;1994 年,牛羊禽兔肉产量达 3.29 万吨,占肉类总产量的 28.1%,比 1989 年提高 13.6 个百分点;猪肉占比由 1989 年的 85.5% 降到 1994 年 71.9%;2009 年,猪肉占 53.3%、禽肉占 37%、牛羊兔肉占 9.7%。各年份畜禽养殖结构情况见表 2。

表 2　畜禽养殖结构情况

单位:万头(只)

类别\年份	生猪		肉牛		奶牛	肉羊		家禽		肉兔		特种动物	
	存栏	出栏	存栏	出栏	存栏	存栏	出栏	存栏	出栏	存栏	出栏	存栏	出栏
1990	29.27	34.09	2.33	0.21	0.02	16.84	20.64	268.68	196	23.3	35.94	1.57	5.54
1991	29.56	33.23	2.03	0.35	0.01	15.91	21.92	319.8	206.5	49.2	63.1		
1992	27.20	34.89	2.03	0.52	0.04	20.52	28.65	352.6	248.1	194.9	276.1	0.72	1.13
1993	75.15	91.3	7.51	1.56	0.03	62.8	67.39	866.5	763.9	185.1	478.2	0.68	0.97
1994	88.95	96.48	10.88	2.79	0.04	90.73	83.69	1060.5	968.0	232.24	436.6	1.01	1.33
1995	89.55	110.80	13.95	5.34	0.04	113.3	123.2	1101.2	1195.9	257.85	483.3	1.56	0.98
1996	97.58	130.75	14.54	6.0	0.03	141.1	148.5	1754.2	1915.7	348.94	716.2	1.52	1.44
1997	100.2	142.32	19.32	6.39	0.04	147.0	177.0	1808.1	2605.5	359.54	778.0	4.18	4.95
1998	102.4	136.97	18.47	6.71	0.04	144.35	186.03	1841	2654.1	256.47	596.6	3.48	
1999	96.35	128.9	16.85	6.37	0.04	155.35	191.7	1775.5	2400.7	265.03	584.0	3.33	5.25
2000	99.95	129.3	16.21	6.42	0.04	154.8	176.8	1903.3	2697.5	309	611		
2001	83.9	122.5	10.22	5.60	0.08	94.1	137.1	2078.9	3407.0	371.9	688.8		22.44
2002	93.24	116.61	12.08	5.69	0.39	101.57	123.71	1871	2996.6	163.1	275.3		
2003	93.61	119.71	12.32	6.58	0.27	113.36	133.86	1978.7	3058.7	151.5	242.5		
2004	94.92	122.42	12.24	6.90	0.19	115.01	133.02	1979.1	3040.3	138.3	250.0	25.8	19.97
2005	96.25	140.25	12.42	9.25	0.24	112.14	119.45	1987.1	2798.7	171.9	269.1	25.5	70.50
2006	95.36	140.63	12.29	10.02	0.23	104.4	122.5	1824.6	2946.0	138.6	191.0	34.7	102.7
2007	99.95	139.6	12.49	10.13	0.33	102.71	121.9	1976.3	2911.4	134.0	206.6	38.1	106.9
2008	105.6	135.05	8.14	7.6	0.6	64.52	71.78	2113.3	3283.6	193.4		53.09	34.42
2009	101.4	149.56	8.38	7.36	0.76	66.77	81.07	2395.2	3938.4	255.6		73.57	168.3

注:1992 年前的统计数字不含莒县、五莲县;1997 年后对外公布的肉蛋奶数字以统计部门的为准。

　　加快转变畜牧业发展方式。1990 年后,各级政府分别采取不同形式的扶持政策支持畜禽养殖专业户的发展,积极支持有实力的各类工商企业和合作组织,兴建大规模、高水平、现代化的养殖企业和生产园区,调动了基层发展畜禽规模化生产的积极性。1997 年,日照市委、市政府把畜牧业生产列入"乡镇动态位次管理"的考核内容,推动规模养殖场区发展,畜牧业规模化步伐加快推进,已初步形成政府推动、龙头带动、项目拉动、合作组织牵动等多种规模养殖发展模式。各区县围绕当地主要畜禽品种,鼓励引导各行各业参与养殖场区建设,同时注重加强对规模养殖区建设工作的指导和督促力度,积极培育典型,搞好示范带动,认真做好技术指导和技术培训工作,解决规模养殖场区建设中的关键技术问题,畜禽养殖场区逐步走上了规范化建设轨道。2009 年底,日照市畜禽规模养殖场(户)累计达到 19167 个,比 2005 年增加 20.4%,其中生猪规模饲养比重 66%、蛋鸡 89%、肉鸡 99.3%、奶牛 98.3%、肉牛 31.3%,比 2005 年分别提高 33.5、13.9、5.2、9.03 和 4.4 个百分点。

　　着力提升畜牧业组织化程度。日照市委、市政府重视、支持农民专业合作社发展,2000 年,在五莲县召开的日照市畜牧合作经济组织工作现场会议,推广了五莲县石场乡养鸡协会、日照经济开发区奎山街道大岭养鸡协会、莒县时代波尔山羊产业化经营合作社的先进经验,2000 年底,日照市有畜牧合作社 98 个,其中政府牵头型 18 个、股份合作型 22 个、龙头企业带动型 11 个;养殖协会 47 个,涉及生产、加工、运销等多个领域,年经营额达到 2200 万元;联系农户 1.22 万户,会员年均增收 862 元。2006 年 10 月,《农民专业合作社法》颁布,各级畜牧兽医部门认真宣传和实施,引导养殖能人、村两委干部、畜禽加工企业组建各类畜牧合作组织,把规范提高作为首要任务,指导现有合作社健全规章制度、规范内部管理、促进健康发展,切实提高生产组织带动能力。2008 年 3 月 8 日,举办了日照市畜牧业合作组织建设培训会议。在本地调研和外出考察学习的基础上,2008 年 6 月 11 日,日照市政府办公室下发了《关于加快发展畜牧业合作组织的意见》,在全市形成了畜牧合作组织迅速发展的良好氛围。通过协调龙头企业和经济组织,围绕生产、加工和流通开展多形式、多层次的经济合作,逐步提高了畜牧生产的组织化程度。2008 年底,全市已发展畜牧业合作组织 113 个(其中合作社 70 个、协会 43

个),占全市农村合作组织的 50%,发展社员(会员)8726 个,带动场户 2.2 万个。2011 年,日照市规范发展畜牧合作社的"三步一线"法①发展模式,得到市委书记批示表扬,同时获得省畜牧兽医局局长批示,并在《山东畜牧情况交流》上刊发,在全省推广。2017 年,全市已组建 1000 多个畜牧合作经济组织,成立了奶业协会和兽药饲料协会,畜牧业组织化水平迈上新台阶。

不断强化动物疫病防控工作。1997 年 7 月,《中华人民共和国动物防疫法》颁布实施,1998 年,国家对严重危害养殖业生产和人体健康的动物疫病实行计划免疫制度,首次将畜禽实行计划免疫制度以法律形式固定下来,标志着我国将畜禽疫苗接种工作纳入了法制化管理轨道。1998 年,省计划委员会(现省发改委)、省畜牧办(现省畜牧兽医局)批复日照市市级及莒县、五莲县三个无规定动物疫病区建设项目;2002 年,又将日照市的莒县、五莲、东港区、岚山区列入无疫区缓冲区新建项目。2003 年 2 月 17 日,省政府第 157 号省长令下发《山东省无规定动物疫病区管理办法》,对无规定动物疫病区的规划建设、动物防疫及其监督管理活动进行了明确。2008 年,国家对严重危害养殖业生产和人体健康的动物疫病猪瘟、高致病性禽流感、高致病性猪蓝耳病和牲畜口蹄疫(包括猪口蹄疫、奶牛 A 型和牛羊亚-I 型三种)实施强制免疫。除强制免疫外,规模养殖场户根据自身养殖实际,自行采购疫苗实施程序化防疫。

日照市委、市政府把动物疫病防控工作特别是重大动物疫病防控工作作为发展畜牧业的一项重要工作,认真贯彻"以人为本、依法防治、科学防控、群防群控"的原则,各级畜牧兽医部门依法加强对动物防疫活动的管理,扎实开展春秋两季集中强制免疫,科学预防、控制和扑灭动物疫病。自 2000 年起,实施无规定动物疫病区项目建设,逐级配备化验监测设备,培训检验员,完善疫病化验监测体系。2003 年,日照市政府成立市重大动物疫病防控领导小组,有计划、有重点、有目标地扑灭国家控制的 19 种重点疫病,发布了《高致病性禽流感、口蹄疫、猪瘟、鸡新城疫等四种重大动物疫病防治应急预案》。自 2009 年起,日照市畜牧兽医局每年编制印发《日照市动物疫病监测方案》《日照市高致病性禽流感

---

① "三步一线"法指:制定方案、开展调研,选取典型、重点规范,典型引路、面上铺开三个步骤。

和口蹄疫等主要动物疫病流行病学调查方案》，据此在全市组织开展动物疫病监测和流行病学调查，通过一系列强有力的措施，基本消灭了牛肺疫、牛气肿疽、山羊传染性胸膜肺炎、马媾疫、口蹄疫、猪水疱病等危害严重的疫病；基本控制了炭疽病、布氏杆菌病、结核病、牛疥癣病、马鼻疽等人畜共患和流行面广的疫病；有效控制了猪瘟、猪囊虫病、鸡新城疫等疫病的大流行，降低了发病率，确保了全市动物疫情形势稳定，为畜牧业的健康发展奠定了基础。

重大动物疫情应急演练

（三）现代畜牧业发展阶段（2010 ～ 2019 年）

随着社会经济的全面发展，需求结构发生明显变化，畜产品消费呈现多元化格局，对质量安全的要求越来越高；随着国内外市场的全面放开，市场竞争日趋剧烈，对畜牧产业综合竞争力的要求越来越高；随着低碳经济时代的全面到来，传统高消耗、高污染的增长方式难以持续，对维护畜牧生态环境的要求越来越高。因此，加快现代畜牧业①发展成为这一时期畜牧业的发展方向。

为进一步做大做强现代畜牧产业，加快现代农业发展步伐，促进社会主义

---

① 现代畜牧业是在传统畜牧业基础上发展起来的，利用现代畜牧兽医科学技术和装备及经营理念，基础设施完善，营销体系健全，管理科学，资源节约，环境友好，质量安全，优质生态、高产高效的产业。它以布局区域化、养殖规模化、品种良种化、生产标准化、经营产业化、商品市场化、服务社会化为特征，是现代农业的主要组成部分。

新农村建设,2008年11月1日,日照市政府出台了《关于加快发展现代畜牧业的意见》,明确提出加快推进畜牧业发展方式转变,建立健全畜牧业发展保障体系,积极营造现代畜牧业发展环境;2010年4月12日,省政府出台了《关于加快发展现代畜牧业的意见》,明确提出以发展高产、优质、高效、生态、安全、品牌和循环型畜牧业为目标,以建设现代畜牧产业体系和提高畜产品产量、质量、效益为重点,坚持产业化带动、规模化发展、标准化生产,积极转变畜牧业发展方式。日照市以产业化经营和区域化开发为主线,数量、质量、结构同步推进,产前、产中、产后同向融合,科技、改革、政策同时发力,资源、环境、市场同心突破,积极推动畜牧业上规模、上水平,现代化畜牧业步伐进一步加快。

加快畜牧业转型升级。突出特色,选准重点,加大畜牧业结构调整力度,推动优势生产基地的形成和发展。2012年,《山东省畜牧业"十二五"发展规划》将莒县列为鲁中南生猪生态生产基地、山东半岛高端禽肉产品出口加工基地,东港区、岚山区、莒县列入蛋鸡养殖基地县,东港区、岚山区列入山东省特种动物养殖基地县。

突出良种繁育推广。畜禽良种是现代畜牧科技的核心体现,也是现代畜牧业发展最关键的物质要素。随着畜禽规模养殖的快速发展,畜禽养殖硬件水平快速提高,为畜禽良种选育和推广提供了内在动力和现实需求。日照市重视畜禽品种的改良工作,从基础设施建设、良种保护使用等环节支持畜禽种业发展,有计划地进行畜禽品种资源调查,开展地方优良畜种选育工作,在长期的养畜实践中培养出了五莲黑猪、日照麻鸡等地方优良品种。同时,建立

日照泰森食品有限公司加工车间

种畜场和地方品种繁育基地,利用先进的人工授精技术,对生猪、肉牛、家禽等进行品种改良;利用良种补贴项目,加大对种畜禽场的管理,引导加快生猪、奶牛、肉牛、家禽等种质资源的改良;20世纪初开始引进国外畜禽良种进行繁育推广,加快了畜禽改良工作的进程,养禽品种改良尤为明显。全市初步形成了由3个国家级原种场、25个二级场(父母代场)和供精站组成的畜禽良种繁育体系,畜禽良种推广率达95%以上。2010年,山东省日照原种猪场被农业部确定为第一批国家级生猪核心育种场,成为山东省唯一一家上榜企业。五莲黑猪地方品种被列入国家畜禽遗传资源库。畜禽良种繁育推广工作的开展,既改进了畜禽及其产品的质量,又增加了养殖规模与数量,大大提高了日照市畜牧业的生产水平。

地方品种——五莲黑猪

蜂产业快速发展。日照养蜂历史悠久,1949年之前饲养中华蜜蜂,1959年从浙江等地引进了意大利蜂,到1970年后,日照市养蜂数千群,多为意大利蜂。20世纪80年代进入快速上升阶段,1986年,日照市蜂群数量达到1万群。之后进入了20多年的调整—巩固—发展期,2015年,日照市有养蜂专业户(或兼业户)183家,蜂群数量发展到24232群,其中100~300群蜜蜂的占55.6%,100群以下的占26%,蜂蜜总产量由1986年的80万千克上升到 160 万千克,蜂王浆 2100 千克,蜂花粉 1600 千克;蜂胶 2000 千克,蜂产业总产值达 1.48 亿元,在全省居第 8 位。为促进蜂产业转型升级,2016 年 6 月 6 日,日照市畜牧、发改、财政、科技、国土、农业、林业、环保及供销合作社联合社等 8 个部门出台了《日照市蜂产业转型升级实施方案》,根据日照市各地蜜源植物丰富程度、地理生态、养蜂生产状况及蜂产品企业分布,划分为蜜蜂授粉、养蜂生产、蜂产品加工出口和蜂业旅游示范四大优势区域,围绕经营体制创新、科技创新、蜂文化主题旅游建设、示范基地创建、授粉增产、良种繁育、"互联网+蜂业"信息化、名优品牌培育等八大重点工程建设,着力转方式、调结构、创优势,加快推动蜂业提质增效转型升级。日照市蜂业已形成蜜蜂养殖业、蜜蜂授粉业、蜂产品加工业和蜜蜂文化旅游观光业等四大产业模式,蜂产品年加工量和出口量位居全省第一、全国第二;"嗡嗡乐园"被评为全省"十大畜牧品牌"。

山东华康蜂业的"嗡嗡乐园"建成,成为全国最大的以蜜蜂体验为主题的畜牧旅游示范区

创建现代畜牧业示范市。2013 年,日照市被山东省畜牧兽医局列为全省 3 个创建现代畜牧业示范市的地级市之一。2013 年 11 月 29 日,日照市人民政府在莒县召开创建现代畜牧业示范市暨无规定动物疫病区评估启动工作会议。2014 年 10 月 20 日,市政府出台了《关于创建现代畜牧业示范市的意见》,在日

照市规划建设现代生猪、奶牛、蛋鸡、肉禽、节粮型和特种养殖六大产业示范区，实施良种和品牌建设、生态养殖示范、动物疫病防控、质量安全保障、龙头企业培育、科技创新、饲料兽药优化升级、经营体制机制创新等"八大工程"，加强对畜牧业的财税、金融、养殖用地、机构队伍建设等"四项支持"。到2017年，建立起较为完善的现代畜牧产业体系，努力使日照市成为山东省现代畜牧业发展的先行区和样板区。

2013年11月29日，全市创建现代畜牧业示范市暨无规定动物疫病区评估启动工作会议在莒县召开

强化生态畜牧业①建设。2011年1月22日，山东省人民政府颁布《山东省畜禽养殖管理办法》，明确提出根据全省畜牧业发展规划、土地利用总体规划和城乡规划，编制全省畜禽养殖布局规划，科学划分畜禽养殖区、禁止养殖区、控制养殖区，对畜禽养殖场、养殖小区选址作了明确规定，优先扶持发展生态循环养殖。2013年10月8日，国务院颁布《畜禽规模养殖污染防治条例》，明确将畜

---

①生态畜牧业是按照生态学和生态经济学原理，运用系统工程方法，把现代生物科学、生态技术和畜牧科技有机结合，把畜牧业与种植业、农村生态建设有机结合，实现畜牧业持续协调发展的一种新型生产体系。种养结合、健康养殖、资源循环、环境友好、节约高效是生态畜牧业的主要内容和特征。

禽养殖废弃物综合利用作为防治畜禽养殖污染的根本手段。生态畜牧业成为这一时期畜牧业发展的新特点。2013年4月16日,日照市人民政府出台了《日照市畜禽养殖布局规划》,对各功能区具体界限进行了详细规定,各区县政府也分别制定《畜禽养殖布局规划》,规划了禁养区、控养区和适养区。2013年以来,各级政府有序开展禁养区内养殖场关闭搬迁工作,在2017年全市依法完成禁养区内畜禽养殖场(小区)和养殖专业户关闭搬迁工作的基础上,大力推进畜禽粪污资源化利用,2018年7月,日照市印发了《日照市加快推进畜禽养殖废弃物资源化利用工作方案》,为全市加快推进畜禽养殖废弃物资源化利用工作提出了根本原则。各级畜牧兽医部门坚持保供给与保环境并重,坚持源头减量、过程控制、末端利用的治理路径,以畜牧大县和规模养殖场为重点,以肥料化和能源化为主要利用方向,在指导和服务上持续发力。全市规模化养殖场粪污处理设施装备配建率从2016年的不足55%,提高到2019年95.25%,粪污综合利用率达到85.36%,粪污处理利用模式基本建立。

千方百计稳定生猪生产。2018年8月初,农业农村部通报了辽宁省沈阳市发生非洲猪瘟①疫情,这是我国首次发生非洲猪瘟疫情,且全国呈现连续多发态势,防控形势异常复杂严峻。2018年8月31日,农业农村部采取非洲猪瘟特别重大(Ⅰ级)疫情应急响应措施。对此,日照市委、市政府高度重视,迅速进入临战状态,在全市范围内全面开展疫情风险隐患排查、紧急流行病学调查,对全市所有生猪养殖场开展拉网式排查,严防死守,全力做好非洲猪瘟防堵工作,全市未发生非洲猪瘟疫情,防控工作成效明显。2019年,受非洲猪瘟疫情影响,生猪产业链各环节均遭受严重冲击,产能明显下滑,生猪生产形势面临严峻挑战。因猪肉供应紧张,市场价格持续上涨,给人民群众特别是困难群众生活带来极大影响,引起了党中央、国务院的高度重视。日照市委、市政府多次召开会议研究部署稳产保供工作,日照市政府出台了《关于促进全市生猪生产保障市场供应

---

①非洲猪瘟是由非洲猪瘟病毒引起的猪的一种急性、热性、高度接触性传染病,非洲猪瘟不是人畜共患病,不感染人,但是生猪发病率和死亡率可达100%,是危害养猪业的"头号杀手",我国将其列入一类动物疫病。

的意见》《日照市地方猪肉储备工作方案》，出台生猪稳产保供 11 条政策措施，涵盖财政补贴、信贷保险、养殖用地、生态环保、行政审批、监督管理、猪肉储备等多个方面，完成地方猪肉储备 1000 吨，对稳定生猪生产、保障市场供给、推动生猪产业高质量发展发挥了重要作用。

2018 年 9 月 17 日，日照市召开全市非洲猪瘟防控工作会议

提升安全发展保障能力。 为保障人民群众生命财产安全和畜牧业持续健康发展，日照市不断强化重大动物疫病防控和畜产品质量安全监管工作。一是强化免疫和消毒灭源。按照"政府保密度，业务部门保质量"的工作要求，每年组织开展春秋两季重大动物疫病集中强制免疫工作，全力做好动物 H7N9 流感、布鲁氏菌病防控工作，积极推动消毒、检疫、监管等各项综合防控措施的落实。二是健全疫病防控体系。每年与各区县签订《动物防疫工作责任书》，明确各级政府、各有关部门重大动物疫病防控工作职责，对因工作失职、渎职而导致重大动物疫情发生和扩散蔓延的有关责任人员实行责任追究，建立健全了日照市重大动物疫病防控责任体系。三是建设覆盖动物疫病、检疫监督、饲料兽药、质量安全的畜牧兽医监测体系。5 个兽医实验室通过农业部兽医实验室考核，并具备病原学监测能力；岚山区、莒县、五莲县建成 4 处动物无害化处理厂并投入使用；对岚山区、莒县、山海天 3 处省级公路动物卫生监督检查站进行了标准化改造建设。四是加大畜产品质量安全监管力度。实施饲料兽药优化

升级工程和质量安全提升工程,推行兽药生产企业 GMP 认证和兽药经营 GSP 认证。加强动物卫生检疫监督工作,严把产地检疫、屠宰检疫、交通运输查验和畜禽交易市场监管四个关口,每年开展畜产品质量安全整治,建设了以动物检疫电子出证、畜产品质量安全视频监控为主的市级畜产品质量安全信息监控平台,保障了检疫、流通环节畜产品质量安全的有效监管。加强畜产品监测,市级开展畜产品质量安全监测,产品覆盖肉蛋奶、饲料、蜂产品、种畜禽、兽药等全部畜牧业领域,畜产品抽检合格率达到 95% 以上。与食安、卫生、质监、公安等部门建立了信息交流和会商机制,形成了畜产品质量安全监管合力。五是无规定动物疫病区建设。胶东半岛无规定动物疫病区是我国首个高致病禽流感无疫区及高致病性禽流感、口蹄疫双病无疫区,涉及胶东半岛 8 市 43 个县,自1998 年启动创建,2013 年进入迎查准备阶段,经过多年努力,日照市较完整地建立了动物疫病控制、动物防疫监督、动物疫情监测及动物防疫屏障等体系,有效控制了动物疫病发生。2016 年,农业部发布第 2413 号公告明确了将日照市东港区、岚山区,莒县、五莲县作为缓冲区的胶东半岛免疫无口蹄疫区和免疫无高致病性禽流感区正式通过评估验收,达到国家免疫无口蹄疫和免疫无高致病性禽流感区标准。

迈入高质量发展新阶段。为进一步推动农业供给侧结构性改革,促进全市畜牧业高质量发展,2019 年 12 月,日照市出台了《关于进一步促进畜牧业高质量发展的意见》,明确了 10 条硬性举措,着力提升规模化标准化水平、提升产业化水平、科技化水平和组织保障能力。到 2022 年,全市畜牧业产业体系更加健全,区域布局、产品结构进一步优化,培育形成一批龙头企业和全产业链示范区,为 3 年内畜牧业的发展绘制了蓝图,标志着日照市畜牧业发展迈入高质量发展阶段。

二、日照市畜牧业发展取得的成绩

(一)畜牧生产实现了持续稳定增长

改革开放以来,日照市畜牧业持续发展,特别是"十三五"以来有了长足发展。2019 年末,全市肉蛋奶总产量达 47.58 万吨,同比增长 16.47%。生猪存栏

96.86万头、出栏156.02万头;家禽存栏3584.17万只、出栏13103.46万只;羊存栏36.98万只、出栏52.55万只;牛存栏7.4万头、出栏4.74万头;奶牛存栏1.68万头,蛋鸡存栏816.2万只。牧业总产值85.13亿元,占农业总产值比重的26.6%;牧业增加值34.72亿元,占农业增加值比重的19.3%。畜禽养殖结构进一步优化。肉类产量中,猪、牛、羊、禽、兔肉的比重分别为38%、3.07%、2.28%、55%和0.72%,畜产品优质率达到90%以上。饲料生产企业51家,产量突破582万吨(含单一饲料425.99万吨),实现产值169.4亿元;兽药生产企业6家,经营企业123家,兽药总产值0.2亿元。

莒县华山家庭农场

(二)畜牧产业实现了质量、结构、效益的全面改善

畜产品"瘦肉精"专项抽检合格率在99%以上,生鲜乳三聚氰胺检测合格率100%,始终保持无重大动物疫情和重大畜产品质量安全事件发生的良好局面。在提升生猪、禽等传统养殖业的同时,节粮型畜牧业发展速度加快,生产结构逐步优化,区域集中度进一步提高,形成了生猪、肉禽、蛋禽、食草动物、特种动物等多个畜牧产业带,区域比较优势进一步凸显,区域间协调性明显增强。畜禽养殖效益稳中有升,在国内宏观经济下行压力加大的形势下,生猪、蛋鸡等养殖效益良好,同时吸引民间资本投资畜牧业,建设了一批肉鸡、奶牛产业基地和牧草种植、生物沼气能源基地,日照市畜牧业现代化程度进一步提高。

日照鲜纯生态牧业有限公司建成了目前国内单体面积最大的隧道通风式全封闭恒温牛舍

（三）畜牧发展实现了调整、融合、拓展的深入推进

通过政策倾斜、指导服务和监测预警，畜牧业转方式、调结构步伐加快，规模化、标准化、产业化、组织化水平进一步提高，产销对接力度进一步加大，畜牧业稳定发展的长效机制正逐步构建起来。畜牧业发展的融合度进一步提高，产业内部连接更加紧密，系统内部互动性更强，畜牧与财政、发改、金融、科技、环保等部门支持畜牧业发展的合力进一步加大，畜禽养殖保险等政策得到了进一步完善和落实。畜牧业在继续发挥保障畜产品供应、扩大劳动力就业、增加从业者收入、壮大地方经济等作用的同时，维护公共卫生安全、承载生物技术应用、促进生态旅游休闲、传承农牧文明等作用得到拓展，发展空间进一步扩大。

（四）畜牧功能实现了稳定、保障、支撑的综合发挥

针对畜产品价格波动较大的严峻形势，日照市各级畜牧兽医部门认真落实国家和省、市的决策部署，加强监测预警，正确研判生产形势和价格走势，通过落实各项扶持政策和发展措施，有力保障了肉、蛋、奶等主要畜产品供应充足。畜牧业促进农民增收作用进一步加大，2019年，日照市人均牧业产值达到2762元，为抑制物价过快上涨、应对经济危机赢得了主动权，为保持经济平稳较快发展、维护社会和谐稳定作出了重要贡献。《日照市畜禽养殖布局规划》出台后，畜

禽养殖"退户入区、退村入园"的政策全面推进,畜禽散养比例进一步下降,畜禽养殖污染治理进一步强化,畜牧业促进新农村建设的作用进一步发挥。

三、日照市畜牧业发展的经验

(一)党委政府高度重视

没有各级党委、政府的重视和支持,就没有畜牧业的长足发展。日照市委、市政府高度重视畜牧业发展,在不同的发展阶段和发展时期,立足日照市畜牧业发展的历史、传统、基础、产品等方面,借鉴先进地区经验,审时度势,科学决策,准确定位,出台了一系列指导意见和扶持政策,有力地促进了畜牧业的较快发展。1992 年 8 月 15 日,日照市人民政府出台了《关于加快发展畜牧业的决定》;2003 年 3 月出台了《关于加快发展畜牧业的意见》;2004 年 9 月出台了《关于进一步加快畜牧业发展的意见》;2008 年 10 月出台了《关于加快发展现代畜牧业的意见》,各级政府将畜牧业发展和重大动物疫病防控纳入各级政府目标管理考核体系,把重大动物疫病防控经费列入各级年度财政预算,从 2009 年开始建立畜牧业发展专项资金,对标准化养殖、合作社发展、秸秆青贮和无公害畜产品认证等给予扶持;2011 年制定发布了《日照市畜牧业振兴规划(2011-2015年)》;2014 年 10 月出台了《关于创建现代畜牧业示范市的意见》;2018 年 1 月出台了《关于加快绿色畜牧业发展的意见》;2019 年 12 月出台了《关于进一步促进畜牧业高质量发展的意见》等。日照市各级畜牧兽医部门敏锐把握上级政策导向、省级以上扶持重点和产业发展方向,多方调研论证,积极争取,先后抓建了一批事关畜牧兽医事业长远发展的项目,培育了一批潜力巨大、效益明显的经济增长点,为推动畜牧产业的发展奠定了坚实的基础。

(二)筑牢疫病防控"底线"

动物疫病防控是畜牧业发展的安全屏障,影响公共卫生安全大局。推进现代畜牧业发展,第一位也是最基本的就是要抓好重大动物疫病防控。一直以来,动物疫病都是畜牧业安全生产最大的威胁,同时也是影响畜产品质量安全和公共卫生安全的重要因素。据统计,70% 的动物疫病可以传染给人类,75% 的人类新发传染病来源于动物或动物源性食品,全国每年因动物疫病造成的直接经济损失超 600 亿元、间接经济损失达 3000 多亿元。做好动物疫病防控工作,既是法律法规规定的明确职责,又是保障畜产品质量安全和公共卫生安全的迫切需要,也是加快发展现代畜牧业的必然选择,不仅关系到广大养殖场户的根本利益、现代畜牧业的健康稳定发展,也关系到人民群众的身体健康和整个社会的和谐稳定大局。日照市高度重视动物疫病防控工作,各级政府把防控重大动物疫情作为重要职责,不断健全完善动物疫病防控的组织指挥、强制免疫、疫病监测、疫病追溯、应急处置等体系,按照"政府保免疫密度,部门保免疫质量"的总体要求,明确各级政府、部门、企业以及饲养场(户)等之间的防控责任制,落实了行政和技术双轨责任制;建立了稳定的重大动物疫病防控经费投入保障机制,将防控所需的疫苗、检测、应急储备、村级防疫员补贴、无害化处理补贴、扑杀补偿、检疫等经费列入财政预算;强化各项综合防控措施,扎实抓好春季和秋季基础性强制免疫工作,重点抓好疫病监测预警工作,扎实做好病死畜禽无害化处理,全力做好 H7N9、布鲁氏菌病等人畜共患病的防控工作,全方位做好突发疫情应急等准备工作,有效构建了重大动物疫病防控工作的长效机制,为促进现代畜牧业绿色、安全、健康、可持续发展筑牢了安全保障。

(三)守住质量安全"红线"

民以食为天,食以安为先。畜产品质量安全是食品安全的重要组成部分,事关人民群众的健康和生命安全,事关经济发展和社会和谐。发展现代畜牧业,必须统筹好数量、质量和效益的关系,把畜产品的质量安全摆到与数量安全同等重要的高度。日照各级畜牧部门在切实抓好畜产品生产、确保主要畜产品有效供给的同时,清醒把握畜产品质量安全监管面临的严峻挑战,认真贯彻《畜牧法》《动物防疫法》《食品安全法》等法律法规和行业管理办法,按照"强化源头控制、加强区域互动、实行全程监管、确保质量安全"的工作思路,全面强化畜产品质量安全监管,规范和引导畜牧经济健康有序运行。加强对规模饲养场的监管,严格落实官方兽医监管责任制,建立健全各类养殖档案,切实做到畜产品质量安全可追溯;加强兽药质量监管,强化兽药生产、经营、使用三大环节的质量监控,全面推行兽药生产标准化,依法经营规范化;加强饲料质量监管,按照《饲料和饲料添加剂管理条例》,将工作重心由"发展"向"安全"方向转移,加快推进规范化建设,严禁违规添加有害物质;加强检疫监督,加大对产地、畜产品屠宰加工及流通环节的检疫监督力度,加强产品质量检验和抽检工作,坚决杜绝未经检疫或检疫不合格的产品流入市场。一系列强有力的措施,使畜产品质量安全监管工作在制度建设、体系队伍建设、执法监管、风险监测、标准化生产、品牌化推进等方面都取得了重要进展,畜产品质量安全水平不断提升,为现代畜牧业发展和新农村建设保驾护航。

(四)大力实施科技创新工程

畜牧业科技创新水平决定着畜牧业生产力水平,畜牧业科技进步进程决定着畜牧业现代化建设进程。推进畜牧业现代化,关键在科技进步和创新。日照市将畜牧业科技创新作为推动畜牧业发展的重要内容,着力提升畜牧业科技创新能力,加快畜牧科技创新步伐,提高科技创新对畜牧业的贡献率,使科技创新真正成为支撑畜牧业发展的核心动力,用科技创新引领畜牧业快速发展。扶持和发展标准化规模养殖,夯实畜牧业科技创新的基础;针对优良畜禽品种、先进机械装备、程序化防疫与环境控制等领域,加大扶持力度,为畜牧业科技创新提供政策、项目和资金支撑;围绕产业绿色发展,深化全产业链发展新模式、新方式;加强体系建设,为畜牧业科技创新提供人才和组织支撑;建立新型推广模式,加大畜牧兽医技术推广力度,一批新品种新设备得到应用、先进技术得到推广,有力地推动了畜牧发展方式的转变,科技创新成效显著。

日照市畜牧兽医领域获得各级各类科研成果近百项,其中日照方圆笼具有限公司获得畜禽养殖设备专利 10 多项;山东海能生物工程有限公司自主研发的"25-羟基胆钙化醇"为国内首个获得批准与备案的产品,为国内领先、国际先进水平;山东华康蜂业实施的蜜蜂优异种质资源发掘与抗逆配套系的选育项目被列入山东省农业良种工程项目;山东纪华家禽育种有限公司建成了山东省优质鸡品种资源活体基因库,承担了农业部"育繁推"一体化示范项目。山东五征集团开发的五征养蜂车,填补了中国养蜂机械化的空白,改变了中国养蜂业的传统生产模式;日照麻鸡、五莲黑猪等地方品种通过国家遗传资源鉴定。

(五)狠抓干部队伍建设

一支过硬的干部队伍,是一个行业健康发展的基本保证。"三农"工作重心在基层,日照市注重加强基层畜牧兽医队伍建设,下大力气狠抓畜牧兽医管理体制改革。2006年,国务院和省政府关于推进兽医管理体制改革的意见下发后,日照市积极行动、及时推进,2008年初,日照市政府下发了《加快推进畜牧兽医管理体制改革工作的通知》,于2010年在全省第一个完成基层兽医体制改革工作。突出抓好乡镇畜牧兽医站和村级动物防疫队伍建设,加快村级动物防疫员改革进程,通过制度化支撑、市场化选聘、职业化建设、网格化管服、常态化考核"五位一体"破除固有弊病,岚山区、莒县、五莲县已建立起一支专业化、职业化、年轻化的村级动物防疫安全协管员队伍,为畜牧业生产发展、重大动物疫病防控、畜产品质量安全管控筑牢了第一道防线。把畜牧兽医队伍继续教育作为内强素质、外树形象的重要举措来抓,加强畜牧兽医从业人员的技能培训,2010年以来,日照市每年组织基层业务骨干到青岛农业大学、山东农业大学、南京农业大学、扬州大学等高校进行培训,加快现代畜牧科技知识的更新和普及,不断提高依法行政、服务基层的能力。日照市畜牧系统广大干部职工牢固树立为民服务的宗旨,主动适应畜牧业发展新形势、新任务和新要求,积极履行发展畜牧生产、科技推广、动物疫病防控、畜牧业投入品及畜产品质量安全监管等职责,为日照畜牧业发展作出了积极贡献。

执 笔 人:王春平

审 稿 人:刘寒冰

撰稿单位:日照市畜牧兽医管理服务中心

日照市农业机械化发展
与改革的历程、成就及经验

　　日照市地处鲁东南地区,山地、丘陵、平原相间分布,农业机械化发展不平衡。1980 年以前,多数地区的粮食种植和收获主要依靠人力、畜力,队营农业机械是主要经营形式。改革开放以来,随着家庭联产承包责任制的实施和完善,农村经济显著增长,为农业机械化发展创造了新的环境和机遇。日照市历届市委、市政府抓住机遇、因势利导,积极改变农机经营规模和经营方式,鼓励、支持农民个人购置各种农业机械从事生产和运输,农业机械化发展迅速,农业动力和机械结构发生了根本变化,建立了比较健全的农机服务体系,农业机械在农业生产中发挥了越来越重要的作用。

一、改革开放以来日照市农业机械化发展与改革的历程

　　总结日照农业机械化近 40 年的发展历程,大致经历了奠定基础、加快进步、跨越发展三个历史发展时期。

(一)以国营和村集体投入为主的农业机械化经营模式奠定了日照市农机化发展的基础(1978 ～ 1983 年)

　　20 世纪 60 年代,当时的日照县的农业生产方式主要是人力、畜力,使用一些手工工具、畜力农具、半机械化农具等,机械化程度很低。随着人民公社管理体制的改变,少数生产队开始自筹资金购置小型拖拉机,以国营和村集体投入为主的农业机械化经营模式逐渐发展起来。到 20 世纪 70 年代以后,队营农业机械数量显著增多。1978 年,日照市农用拖拉机达到 1140 台,总功率约为

17346千瓦(2.36万马力)。由于队营农业机械数量多,机动灵活、使用方便,因此普遍为农民所接受。改革开放以后到1983年,域内队营拖拉机已达近万台,为日照市农业机械化发展奠定了基础。

(二)多种所有制、多种经营形式并存的农业机械化经营模式加快了日照市农业机械化发展(1984～2003年)

1.家庭联产承包责任制促进农业机械化经营模式转变

进入20世纪80年代,农村实行家庭联产承包责任制后,农民有了经营和劳动上的自主权,这极大地调动了农民家庭的粮食生产积极性。1983年党中央1号文件明确准许农民购置拖拉机以后,队营机械也逐渐分配到家庭中,原有村级农机队大部分解体,农机服务以家庭购机自我服务为主,联户、个人购置农业机械的数量大增,所占比重也显著增加,农机所有制和经营形式除国营、社营、队营形式外,还出现了合作经营、农户经营形式。进入20世纪90年代,一些经济条件较好的村兴办起农机服务队,主要为村民集中开展耕、耙、播、种、收等服务。20世纪90年代中后期,随着农业形势的发展,有些农机经营户的收入不断增加,在农村先富起来,逐渐拥有越来越多的农业机械,成为"农机专业大户"。同时,有关部门还指导一些有实力的村购置大型机械,建设农机大院,农业机械化经营模式进一步发生变化。

2.乡镇拖拉机站、农机站推动基层农业机械化发展

20世纪80年代初期,乡镇农机管理服务组织有三种形式:管理服务一体化的管理服务站;管理站、农机站(即原公社拖拉机站)分设;农机管理站。1987年11月,按照省农业机械服务公司提出的乡镇农机站"以农为主、综合经营"的建设方针要求,日照市理顺了乡镇农机管理和服务体系。1991年3月,日照市对乡镇农机管理站、农机服务站、农用石油供应站实行"三站合一",成立乡镇农机管理服务站(简称农机站),实行农机管理、服务、经营一体化。1993年,全市69个乡镇建立了农机管理服务站,80%的乡镇农机站初步实行了管理、服务、经营一体化。农机管理服务站是农机化工作的基层单位,是联系广大农民的桥梁和纽带。随着农机供应、油料供应、维修、推广、培训、监理、信息和工程开发"八条服务线"的延伸,乡镇农机管理服务站"围绕服务办实体、办好实体促服务",加

快基础建设,拓展服务内容,成为乡镇一级农机新技术推广、农机购置补贴、农机安全监理、农机化统计等工作的主要力量,在推动基层农机化发展方面发挥了重要作用。

3. 农机公司的兴起为农民自主购买小型农机提供了渠道

1984年开始,日照市建立起以县城为中心、布局比较合理的农机供应网络,基本达到了农民购买整机不出县、购买配件不出乡的要求。随着开放政策的落实,一些单位和个体经营者也陆续开始经营农机商品。1989年以后,国营、集体、个体经营者迅速增加,但县农机服务公司仍然是农机产品供应的主要渠道。1991年,农机市场全部放开,一改过去独家经营的局面,竞争趋势日益激烈。为确保主渠道优势,在山东省农机总公司的带头下,日照市成立了日照农机(集团)公司,主要是对外签订购货合同,利用自身资金和渠道优势,集中了大量先进农业机械,形成了农机系统内的半垄断经营状态,为广大农民群众购买手扶拖拉机、小型拖拉机等提供了便利。随着乡镇政府机构改革的不断深入和"三定"工作的全面开展,乡镇农机管理服务站的事业管理与企业经营逐步分离。1994年6月开始,按照山东省农业机械管理局印发的《关于在全省基层农机经营服务实体中大力推行股份合作制的意见》,对部分较好的乡镇农机管理服务站的经营部分实施了股份合作制改造。1996年,原乡镇农机管理服务站的站办实体和改制后的经营服务部分,大多数成为企业性质的乡镇农机站(队)或农机服务公司,继续为农民提供农业生产机械化作业服务。

4. 以手扶拖拉机为主的各种农业机械开始进入千家万户

农村推行家庭联产承包责任制后,20世纪90年代前后,日照农村出现了以农民自买自用为特征的第一次农机热潮。受当时经济条件所限,这一时期大多数农民购买的是小型机械并以自用为主,由于手扶拖拉机用途非常广泛,既适用于家庭分散经营,又适用于农田作业,还可用来搞短途运输,很受农民欢迎,因此手扶拖拉机和小四轮拖拉机的增速很快。1993年,随着农民收入的增加,小四轮拖拉机、约为18.375千瓦(25马力)以上的"泰山"系列、"东方红"系列拖拉机逐渐进入千家万户。1995年以后,随着"西征东进"跨区作业的推广和开展,小麦收获机械得到快速发展,出现了以小麦机收跨区作业为特征的第二次农机热潮。小麦割晒机和小麦联合收获机开始成为广大农机手青睐的复合型、高性能农业机械,为农业增效、农民增收发挥了重要作用。

1989 年,全市农机总功率达到 37.39 万千瓦,拥有农用拖拉机 1.08 万台,配套农机具 7110 台(套)。1991 年始,以五莲县为重点示范县,在全市组织开展机械化旱作农业开发,到 1996 年,全市共实施开发面积 68 万亩,机械深耕、沟播镇压、化肥深施、地膜覆盖 4 项措施的推广率基本达到 100%,农机化配套机具在大范围内得到推广。1994 年,日照市各级党委政府因地制宜积极推广小麦联合收获机和化肥深施机械化技术推广。通过实施机械化沃土工程,农业机械化发展"3413"计划等一系列农机化技术推广项目,到 2000 年,全市农机总功率达到 144.26 万千瓦,农用拖拉机达到 7.31 万台,联合收割机发展到 282 台。进入 21 世纪,通过实施农业机械化创新示范工程,在小麦生产实现机械化的基础上,重点推进玉米收获生产机械化、经济作物和农产品加工机械化。

5.农机管理开始走上规范化道路

随着农村生产责任制的发展,农机经营管理冲破了单一经营结构,冲破了"大锅饭""平均主义"和"官办"模式,进入了一个多种经营形式办机械化的新时期。一是健全乡镇农机化管理机构,扩大服务领域,提高经济效益,使之不断巩固、完善和加强。到 1989 年,全市 22 处乡镇设有农机管理站、农用石油供应站、拖拉机站,共有人员 125 人,农机资产总值 157 万元。二是搞好农机化服务网络,建立农机供应服务、农机维修服务、农机技术培训服务和农机科技推广服务 4 条服务线,开展优质服务。随着拖拉机等从事公路运输的比重增加,产生了农机安全监理问题,农机安全生产工作成为农机管理的重点工作之一。1993 年,按照省农机局提出的农机供应、油料供应、维修、推广、培训、监理、信息和工程开发"八条服务线",日照市大力发展实业增加效益。随着市场经济的发展,农机供应、油料供应和工程开发被逐渐分离出去,农机管理服务内容逐步稳定,主要包括农机维修、农机推广、农机培训、农机监理、农机统计等,农机管理越加规范。特别是在农机监理方面,1980 年后,各级农机安全监理机构先后设立,配备农机安全监理人员,乡镇农机站设兼职农机安全监理员。根据农业部和省政府通知,日照市先后对拖拉机"一机二牌二证"到"一机一牌一证"的挂牌办证工作进行了梳理和规范。为更好地管理农用拖拉机,1990 年 10 月 19 日,日照市公安局、市农委、市农机办举行了农用拖拉机委托管理交接仪式,至此,凡上道路行驶的专门从事运输和既从事农田作业又从事运输的拖拉机及其驾驶员由农机安全监理机构管理。为加强农机监理队伍建设,2003 年,在全市开展了以思想道德、机关作风、管理队伍、行政执法等规范化建设为主要内容的"农机管理规范化建设年"活动,大力推行政务公开、承诺服务、"一站式"服务。

(三)国家强农惠农政策的实施为日照市农业机械化发展提供了强大动力支持(2004 ~ 2019 年)

1.《中华人民共和国农业机械化促进法》等法律法规的颁布实施激励了广大农民发展农业机械化的积极性

改革开放以来,日照市农业机械化事业得到了较快发展。在农业机械户营为主的情况下,农机管理呈现出量大、面广、分散的特点,由于没有一个比较系统的农机管理法规,农业机械的生产、销售、使用、维修及经营服务等方面的很多问题的解决无法可依,农机法规建设与农业机械化工作发展不相适应的矛盾越来越突出。从 1993 年开始,山东省相继出台并实施了《山东省农业机械安全监督管理办法》《山东省农业机械管理条例》,规范了农机部门的职责、农业机械化的发展保护扶持政策和农业机械的科研、生产与经营服务,规范了农机执法行为。2004 年 11 月 1 日,《中华人民共和国农业机械化促进法》施行。这些农机法律法规的实施,进一步鼓励、扶持农民和农业生产经营组织使用先进适用的农业机械,为农民群众购买、使用农业机械提供了法律依据,保障了农机手的合法权益,激励了广大农民发展农业机械化的积极性。

日照市认真贯彻落实农机法规,加强农机执法队伍的建设,依法行政,依法管机,使全市农机系统执法人员明确了执法的目的、意义和流程,做到了文明执法,热情服务,进一步提高了农机执法人员的行政执法能力和管理工作水平。日照市先后开展了"平安农机""文明农机修配网点"创建和"农民满意农机产品"评选等活动,规范了市场秩序、提高了产品质量,优化了农机执法工作环境,营造了良好的农机化发展氛围,有力地保障了农民群众的合法权益,促进了日照市农业机械化事业的健康发展。

2.农机购置补贴政策的实施激发了农民购买农机的热情

2004 年,《中共中央国务院关于促进农民增加收入若干政策的意见》提出"提高农业机械化水平,对农民个人、农场职工、农机专业户和直接从事农业生产的农机服务组织购置和更新大型农机具给予一定补贴。"日照市争取省级以上资金 75 万元,市级投入财政补贴资金 50 万元,极大地激发了农民购买农机的热情,补贴新购机具 627 台,拉动农户直接投入 250 万元。2004 年至 2019年,累计落实中央财政购机补贴资金 3.18 亿元,市级财政配套资金 1290 万元,补贴机具 15.04 万台、受益农户 11.61 万户,直接拉动购机投入 11.75 亿元。

2012 年农民群众购买农机现场

从 2012 年始,日照市实施农机报废更新资金补贴,先后在五莲县和莒县实施农机报废更新补贴试点工作,累计落实资金 1235.65 万元,报废更新补贴机具 1619 台,受益农户 1480 户。农机购置补贴政策的落实,促进了农机由自助型向经营型转变,形成了农机社会化服务市场,农机作业规模化集约化经营效益收入已成为增加农民收入的新亮点。农机购置补贴政策让农民实实在在地享受到了国家惠农政策的"大红利"。

3.农机深松作业补助促进了农业可持续发展

自 20 世纪 80 年代以来,日照市一些地区的农户常年用畜力、小四轮拖拉机带铧式犁等进行浅翻、旋耕作业,致使在耕作层与心土层之间形成了一层坚硬、封闭的犁底层,土壤板结严重,导致地力逐年下降。从 2011 年开始,日照市在省农机局的指导下,根据农业部编制的《全国农机深松整地作业实施规划(2011—2015 年)》,积极宣传深松作业政策,鼓励农机合作社发挥示范带动作用,积极购买大马力拖拉机、深松机等。截止到 2019 年 12 月,全市深松整地作业面积累计达 210.4 万亩,其中深松补助试点面积 69.5 万亩,补贴金额达4200 万元。为保证深松整地作业质量,从 2016 年开始,日照市实行深松检测仪全覆盖,通过监管与服务信息网络平台可实时监测机具作业情况,受到农民的普遍认可。

农机深松整地是一项增强土壤蓄水保墒和抗旱排涝能力的耕作技术,通过深松作业,可打破犁底层,增加耕层厚度;能改善土壤结构,使土壤疏松通气,增加雨水的入渗速度和数量,提高土壤蓄水能力;促进农作物根系下扎,提高作物抗旱、抗倒伏能力,促进了农业可持续发展。

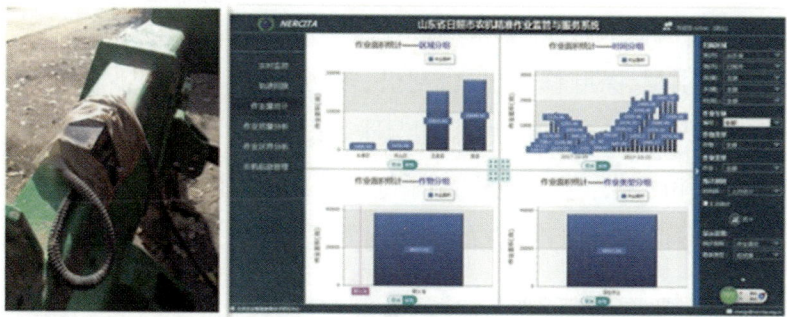

2015 年,土地深松检测仪及应用系统

4.农机推广推动农机化作业方式变革

2004 年,"农机科技兴粮行动计划"实施,日照市发展大中型拖拉机 150 台,小麦收割机 320 台,玉米免耕播种机 100 台,水稻联合收获机 5 台,完成机耕作业面积 235 万亩。为促进农业发展方式转变,2010 年后,主要粮食农作物生产全程机械化成为加快推进农业现代化进程的主要方式。以小麦、玉米生产全程机械化为主,聚焦耕整地、种植、收获、植保、烘干、秸秆处理等六个主要环节,抓住关键农时,组织开展农机跨区作业,并以创建秸秆综合利用机械化示范园区为依托,大力推广"小麦(玉米)联合收获、秸秆切碎抛撒还田、玉米(小麦)免耕施肥播种""一条龙"机械化作业集成技术,扶持发展粮食烘干机械和秸秆青贮、压块机械,提高作业效益,避免秸秆焚烧,全力保障粮食生产安全。2019 年"三夏""三秋"期间,全市共上阵小麦联合收割机 2900 余台,完成小麦机收面积 87.4 万亩,小麦机收率已达到 97.7%;投入粮食烘干机 20 余台,共计烘干小麦 3000 余吨;上阵玉米播种机 2.5 万余台,玉米机播率已达到 99.5%,玉米适宜机收率达到 83.2%。

茶叶是日照市的主要特色经济作物。2003 年,日照市承担了省农机办农机化创新示范工程茶叶生产加工机械化技术项目,推广机械 20 台。2012 年,日照市修订完善红茶机械化加工技术规范,引进推广智能红茶发酵设备 15 台。围绕打造"北方绿茶之乡"的茶产业发展规划,日照市认真分析制定茶叶机械化发展规划实施方案,找准工作切入点,狠抓措施落实,推动了全市茶叶生产的质量和效益的同步提高。2004 年至 2019 年,共落实省市茶叶机械购置补贴资金 2500 余万元,对茶叶机械实行了"省市双补、应补尽补",通过实施省市红茶、乌龙茶等机械化加工项目,茶叶修剪机、台刈机、多功能茶园管理机保有量不断增加,并引进了红茶大型萎凋机、解块机、加湿器等设备进行推广,指导茶机生产企业进行技术革新和产品升级,改进试制了红茶萎凋、智能红茶发酵机、碧螺春整形机等设备,推进了茶叶加工工艺的多元化发展。截至 2019 年底,日照市各类茶

2018 年,林苑茶叶清洁化生产线现场图

叶机械保有量达到 4.5 万台,茶园修剪和茶叶加工机械化水平均达到 90% 以上,绿茶加工已基本实现全程机械化,正朝着清洁化生产线方向发展,并成功引进了红茶、乌龙茶等茶类机械化加工技术。

同时,日照市结合经济作物发展实际,积极引进推广花生、黄烟、中草药以及设施农业等先进适用机具,示范推广了花生联合收获机械,努力提高花生收获机械化水平,重点推广与手扶拖拉机配套的花生播种覆膜机、花生收获机。截至 2019 年底,花生机播率、机收率分别达到 80%、82%。示范推广大姜、黄烟、大蒜生产机械化,开展了烤烟移栽、开沟起垄与覆膜等精细农业机械化技术,推广田间无人植保、自走式高杆喷雾等植保机械化技术,实现了日照市烟草从移栽到植保机械化的新突破,进一步推动经济作物全程机械化发展水平。

2016 年,花生联合收获机推广现场

一是设施农业机械应用广泛。2002 年,省农机办在莒县召开了全省设施农业机械化创新工程现场会。2008 年,争取省设施农业机械化创新示范工程项目资金 60 万元,2009、2010 两年全市安排补贴资金 460 万元,补贴设施农业机具 3000 多台(套)。到 2019 年年底,全市电动卷帘机保有量达 18900 余套、微耕机械保有量 43700 余台、微灌及水肥一体化设备等节水设施设备保有量 2100 余套、紫外线杀菌灯保有量 5400 余台、土传病虫害防控设备 30 余套,初步形成了"设施建造标准化、卷帘电控机械化、土地耕整机械化、灌溉节水化、生态种植无公害化"设施农业机械化"五化"模式。

2018 年,玉米机收保护性耕作作业现场

二是保护性耕作、秸秆综合利用、深松整地作业等技术推动农业节本增效。2007 年,日照市开始试点示范保护性耕作机械化技术,2008 年重点推广实施,连续 8 年将保护性耕作机械化技术推广列入全市镇域经济考核当中,对连片 200 亩以上的保护性耕作示范地块进行资金补贴。截止到 2019 年底,保护性耕作机械化技术实施面积累计 290 余万亩,为秸秆禁烧工作做出了积极贡献。

机械化秸秆还田是秸秆肥料化利用的最主要方式。1991 年,机械秸秆还田技术开始推广,2000 年后,重点推广"三夏"小麦联合收获秸秆切碎抛洒覆盖还田和"三秋"玉米机收秸秆粉碎还田机械化技术。2008 年,在小麦玉米两作的农田区域,日照市立足当地实际,把秸秆粉碎还田覆盖确立为保护性耕作的首要核心技术,形成夏季小麦联合收获、秸秆粉碎还田、玉米免耕播种和秋季玉米联合收获、秸秆还田、机械深松、小麦免耕播种两个"一条龙"作业技术模式。通过发挥农机购机补贴政策杠杆拉动作用,大力推广秸秆综合利用机械。日照市于2015、2016年先后在重要区县创建以机械化保护性耕作为主要内容的秸秆综合利用示范园区40个,园区内每年完成秸秆综合利用面积4万亩。市财政专门拿出资金,对符合技术要求的秸秆综合利用机械作业,按每亩40元予以补贴,直接补贴对象为农机合作社,间接受益人为示范区内的农户。各区县示范园区的建设每年还辐射带动周边区域实施秸秆综合利用,面积累计超过30万亩,小麦玉米等农作物秸秆粉碎还田总量达40万吨。在莒县浮来山镇张家泥沟子村连续3年实施保护性耕作种植技术,试验推广500亩,增产效果非常明显,玉米产量由原来亩产600千克增产至700千克以上,小麦产量由原来400千克增加至500千克,每亩增产达到100千克以上,土质变化尤其明显。实践证明,连续2年以上实施秸秆粉碎还田的农田,土壤团粒结构明显改善,有机质明显增加,土壤肥力和蓄水保墒能力显著提高,节本增效作用十分明显。

同时,为满足畜牧业发展对秸秆饲料的需求,日照市大力推广秸秆机械化青贮、黄贮和氨化技术,每年通过机械加工青贮等秸秆饲料11.9万吨。秸秆能源化利用是日照市秸秆机械化综合利用新的突破点,可让秸秆变废为宝,增加了农业效益和农民收入,推进了新农村建设和农业的可持续发展,尤其是在麦收季节可有效遏制秸秆焚烧,减少大气污染,遏制雾霾天气的形成。

2019年,秸秆打捆机作业现场

农机深松整地作业技术的大面积推广,既提高了耕地质量和土地产出能力,又提高了农机技术服务水平和农机专业户的收入,进一步推动了全市农业机械化发展水平,促进了农业可持续发展。科学测产显示,玉米平均每亩增产100千克,小麦平均每亩增产80千克,花生平均每亩增产65千克,黄烟平均每亩增产60千克,经济效益明显。测量结果表明,农机深松整地作业有效增强了地力,保墒蓄水透气,促进农作物根茎生长,提高了产量和产值,对于实现粮食作物稳产、高产、推动农业节本增效具有重要意义。

5.新型农机合作组织发展迅速

2005年,日照市委、市政府出台了《关于加快中介组织服务体系建设 促进民营经济发展的意见》,积极推动农机合作社发展,重点指导农机合作社规范化建设,开展示范社部、省、市三级联创活动,带动农机合作社快速健康发展。至2019年底,全市在工商部门登记注册的农机合作社共计233家,其中已创建部级农机合作社示范社7家、省级示范社15家。

随着农机合作社的适度规模经营和服务水平的提高,其在农业生产和农村经济发展中发挥了越来越突出的作用。通过农机合作社实施土地流转、订单作业、土地托管,更多的农村劳动力从繁重的农业劳动中解放出来投入到第二、三产业中去,间接增加了农民收入。岚山区茂宽农机服务专业合作社为全村1200多亩土地统一实行集体耕、种、收,每一季只需4至5天,减轻了本村农民的劳动负担,提高了农业劳动效率,村民可利用剩余时间安心搞第三产业创收,年创收达150多万元。合作社发挥技术、资金以及资源优势,在农机化新技术、新机具的推广过程中示范带动作用明显,在农作物保护性耕作、土地深松、秸秆还田、粮食烘干等新技术推广应用过程中发挥了主体作用。"小型机械多,大中型机械少,动力机械多,配套机具少"一直是困扰日照市农机化发展的突出问题。通过组织成立合作社使拥有不同类型机械的农机户有机组合起来,为农民提供系列化的服务,提高了机械利用率和作业量。据测算,农机手通过农机合作社作业的机械利用率和纯收入比单机分散经营的机械利用率和纯收入增加20%至30%。农机合作社的快速发展,一方面将单机整合起来,扩大了机具规模,提高了作业能力;另一方面逐步吸引土地以流转、托管等形式向合作社集中,扩大了农业生产经营的规模。2019年,全市农机合作社作业总收入达到12000万元,社员人均收入2.5万元,比农村居民人均收入高出0.8万元。

随着农村经济体制改革的深入和农机跨区作业的兴起,农机大户和农机合作社发展迅速。为适应基层农机管理服务体系变革和农村市场经济发展要求,2005年9月,日照市农机协会成立,主要成员是县乡村农机经营服务组织、农机大户和农机使用者。2006年,日照市茶叶机械化技术促进会成立,旨在解决茶叶机械化生产中面临的技术问题。为进一步促进农机专业合作社健康规范发展,增强市场竞争力,搭建信息交流的平台,加强行业自律,维护行业和会员的合法权益,反映会员的意见、愿望和要求,2012年5月31日,日照市农机专业合作社联合会正式成立,日照市农机专业合作社有了自己的"会员之家"。

农机协会、茶叶机械化技术促进会和农机专业合作社联合会的成立,可为政府和会员提供双向服务,成为政府联系农机经营服务组织与农机手的纽带和桥梁,是实现农机服务业产业化的有效载体,是政府和农机管理部门了解基层农机化工作情况和信息的重要来源,也是落实国家各项惠农政策的主要渠道,对促进农机服务组织增强市场竞争力,实现农业增效、农民增收和日照市农机产业的持续健康发展具有积极作用。

6.农机装备产业蓬勃发展

2010年以来,日照市认真贯彻落实国家、省关于促进农业机械化及农机工业又好又快发展的意见精神,对此做了大量的工作,也取得了良好的成效。到2019年底,全市共有农机生产企业12家,包括山东五征集团农业装备公司、日照市立盈机械制造有限公司、山东中豪机械有限公司等,农机装备生产企业固定资产约3.8亿元,职工人数2100人,专业技术人员350人。产品主要有25～230马力大中型拖拉机、自走式玉米收获机、青贮机、小麦播种机、小麦收获机、马铃薯作业装备、烟草作业机械、茶叶加工机械、高温链式谷物干燥机、田园管理机、微耕机、花生摘果机、花生播种机、大棚保温被、微滴灌设备、蔬菜穴盘秧苗播种机、蔬菜嫁接机等。2015年至2019年,日照市争取了省农机装备研发创新计划项目资金,积极支持农机装备生产企业申报承担项目,先后共有8家农机生产企业独立或与有关高等院校、科研院所合作承担了 23 个项目，争取省级项目资金达 2720 万元，其中五征集团承担了 14 项，积极发挥了大型企业集团的龙头带动作用。已鉴定验收的项目中，五征集团研发的"青贮饲料商品化生产关键技术与成套装备研究与示范"荣获产品创新一等奖；五征集团参与的青岛农业大学承担的"花生机械化播种和收获关键技术及装备"项目荣获国家科技进步二等奖；中天盛科研究的基于劈接法的二维柔性夹持定位切削技术、多路嫁接夹排序输送同步供夹技术等居国际领先水平，整机达到国际先进水平。一系列农机装备研发创新计划项目的开展，调动了农机生产企业开展研发的积极性，促进了全市农机装备制造业规模化、产业化发展，加快了研发创新成果转化推广与示范应用的步伐，推动全市农机工业发展和农机化工作迈上新台阶。

ZK-50 型半自动穴盘播种机、蔬菜全自动嫁接机（均由山东中天盛科自动化设备有限公司于 2016 年研发）

农机企业发展离不开科技支撑。日照市以实施农机装备研发创新计划为抓手，积极落实招科引技工作，进一步加大对五征、立盈、中豪等农机骨干企业先进农机装备研发创新的支持力度。2015 年，协调山东理工大学在日照市农业机械技术推广站建立"山东理工大学（日照）农业装备技术转移中心"，开展政府部门与高校的科技合作，促进高校科研成果的转化，推动日照市农机装备制造业的升级发展。2016 年 11 月 18 日，市政府组织召开全市农机装备研发创新座谈会，山东理工大学、青岛农业大学专家与科技、财政部门负责人以及农机装备企业代表就日照市农机装备研发创新工作发表了意见和看法，为下一步日照市农机装备创新研发能力的提升发展指明了方向。

二、日照市农业机械化发展成就

党的十一届三中全会召开至今,日照市农机化发展实现了跨越式发展。

(一)农机化水平不断提高

1.农机装备水平不断提升

1979 年,日照市农业机械数量严重不足,难以满足当时的农业生产要求,粮食与经济作物农机装备水平低下。1989 年,全市粮食作物装备发展起步,农用拖拉机 10849 台,配套农机具 7110 台(套),粮食生产主要环节机械化程度达56%。1993 年至 2003 年,在各级党委政府的积极努力下,大中型拖拉机和小麦联合收割机等农业机械得到进一步应用,全市粮食作物装备水平稳步提升,到2003 年,农用拖拉机保有量达到 96321 万台(大中型 2077 台),小麦联合收割机110 台,配套农机具 12 万台(套)。2004 年,由于农机购置补贴政策的实施,粮食作物农机装备水平显著提高,2004 年底,拖拉机保有量达到 188387 万台(大中型 4227 台),小麦联合收割机 138 台,配套农机具 28 万台(套)。随着农机购置补贴政策的深入人心,农民购买各种农业机械的热情大增,粮食与经济作物农机装备水平开始"齐发展、齐进步",小麦、玉米等粮食作物生产机械化水平实现跨越式发展,茶叶、花生、烟草、中草药等经济作物装备水平发展迅速,截止到2019 年底,大中型拖拉机保有量连续 5 年保持了两位数的增长速度,全市农机总功率达到 283.19 万千瓦,农用拖拉机保有量 16.21 万台,其中大中型拖拉机8443 台;小麦联合收割机 1992 台;玉米联合收获机 631 台;深松机、秸秆打捆机械、设施农业机械保有量分别达到 660 余台、30 余台、3.5 万台(套)。粮食生产基本实现了全程机械化,主要粮食作物综合机械化水平达到 89.5%。

2.农机购置补贴政策推动农机装备结构升级

在农机购置补贴政策带动下,日照市加大宣传和引导力度,农机装备结构不断优化,向大型、复式、绿色、高效方向发展。每年的农机购置补贴实施方案都把玉米收获机、花生收获机、秸秆捡拾打捆机、深耕深松机、粮食烘干机、免耕播种机和配套大马力拖拉机等农业生产急需的关键机具作为补贴重点,要求应补尽补、优先补贴。充分发挥农机补贴政策的导向作用,加大对节肥、节种、节药、节水和智能化等农业装备的支持推广力度,促进了落后机具的加速淘汰,先进复式新型农业机械更新,农机装备结构不断优化,农机作业能力和水平得到进一步提升,推动传统农业生产方式发生积极转变。到 2019 年底,机具配套比例达到 1:3,粮食生产的农机结构更趋科学合理,高性能、复式联合作业机械快速发展,配套机具实现高速增长。全市花生覆膜播种机保有量达到 1.5 万台,花生收获机保有量达到 7900 余台,其中花生联合收获机 25 台;各类茶叶机械保有量达到 4.5 万台,马铃薯、黄烟、大姜、大蒜及林果的生产机械化发展也有所突破。日照市农机化发展继续呈现存量结构不断优化、装备总量迅速增长、质量性能显著提升的良好态势,形成了新旧动能转换的快速发展格局。

(二)农机服务水平显著提高

1. 农机合作社大量涌现

随着社会主义市场经济和农机化发展的新形势、新要求,2005 年,日照市开始积极推动农机合作社发展。从 2007 年《农民专业合作社法》颁布实施当年注册成立第一家农机合作社以来,平均每 10 天就有 1 个新的农机合作社注册成立,涌现出了多家流转和托管土地超 1000 亩的农机合作社。截至 2019 年底,在工商部门登记注册的农机合作社共计 233 家,平均每个乡镇达到 4.5 个以上,入社成员达到 4500 余人,服务农户 27.4 万户,固定资产总额 2.05 亿元;拥有大中型拖拉机 980 台、联合收割机 620 台、深松机 510 台,农机合作社基础建设用地共计 29.3 万平方米,其中机库房和办公场所面积达 7.1 万平方米,维修车间面积 1.5 万平方米。农机合作社的大量涌现,在促进农民增收、农业增效方面起到了越来越突出的作用。

2. 农机培训体系日趋完善

在发展农业机械化的同时,农民素质的提高和农机培训机构的建设与发展的重要性显得尤为突出,农机化学校建设逐步规范。1993 年,日照市开展县级农机化学校达标升级活动,4 处县级农机化学校全部通过省级验收,达到农业部"四有"(有独立配套的培训基地,有一支素质好、数量足的教师队伍,有适应教学需要比较先进的教学设备,有办学经费并财务独立)标准。2003 年,按照

《山东省县级农机化学校规范化建设管理办法》，日照市加大投资力度，加强学校基础建设和师资建设，整体建设日益规范，教学质量和培训人员数量逐年提高，逐步走上了规范化管理的轨道。2004年，全市6处县级农机化学校全部通过省级规范化建设验收，取得拖拉机驾驶员培训资质。截至2019年底，日照市形成了以农村实用技术培训、劳动力转移阳光工程培训和拖拉机驾驶培训三大培训为支撑的新型农机教育培训体系，有效地促进和推动了农村经济和农业机械化事业的快速发展。

3.农机维修网点规范化发展

党的十一届三中全会后，农民个体维修厂（点）逐步发展起来。从事维修的修理工多数为拖拉机驾驶员、农机手及农村的能工巧匠，配有常用的修理工具，从事拖拉机、机引犁耙、播种机和排灌机械及农村生产生活用具维修工作，有的维修厂（点）还代销部分农机配件，农民维修农机具及时方便，随到随修，较受农民欢迎。1995年，日照市开始实行农机维修点实行年度审验制度；2001年，开始实行农机修理工就业准入制度，分期分批进行职业培训和职业技能鉴定，取得职业资格证方可从事农机修理工作。2003年，市政府出台了《日照市农业机械市场监督管理办法》，对农业机械维修厂（点）的管理提出明确要求，加强了全市农机维修市场管理。1988年至2016年，全市共考核鉴定农机职业技能资格人才5085人，鉴定范围包括农机修理工、电焊工、拖拉机驾驶员、联合收割机驾驶员、车工、钳工、挖掘机装载机驾驶员、农业机械操作工、农机轮胎修理工等十几个工种。日照市还开展了"星级文明农机维修网点"创建活动，截至2019年底，全市"星级文明农机维修网点"共163家，其中五星级2家，四星级7家，三星级34家，一、二星级120家；建设区域性农机维修合作示范组织12处；审批认证的农业机械生产、经营、维修企业（点）253家。

（三）农机安全监理助推"平安日照"建设

1.农机依法行政进展顺利

1980年后，各级农机安全监理机构设立后，对农用拖拉机驾驶证、行驶证、农机监理证等进行统一管理。依照1994年实施的《山东省农业机械管理条例》规定，"县级以上农业机械管理部门是同级人民政府的农业机械行政主管部

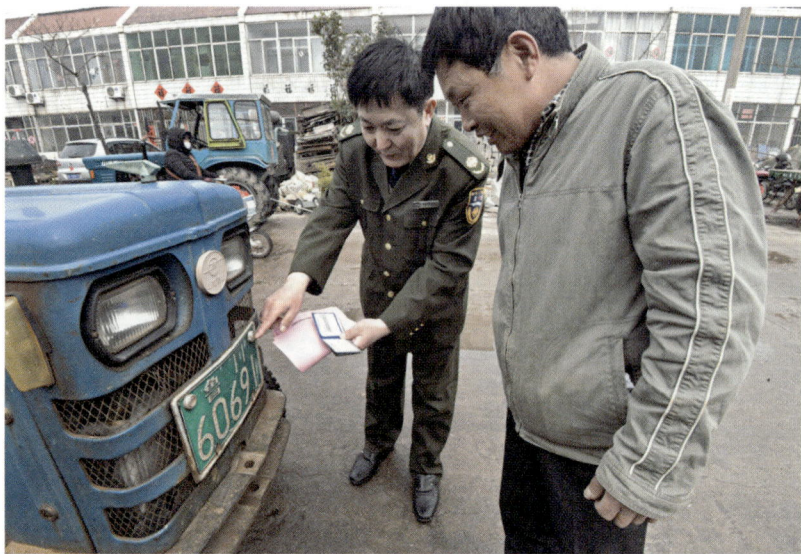

2016年,对农机依法行政查验现场

门",确立了各级农机部门的行政执法主体地位。到2005年,各区县都设立了以农机监理、农机修配及农机鉴定为主要内容的农机执法机构,为日照市农机依法行政奠定了基础。按照农机监理技术装备配备标准配备专用车辆、检验仪器、事故勘察设备等,不断加强农机监理队伍建设,开展"农机管理规范化建设年"活动,大力推行政务公开、承诺服务、"一站式"服务,进一步提高农机行政执法水平,办结率、好评率、满意率均达100%。

为维护农机市场秩序,维护农民群众合法权益,1998年3月,日照市成立了"山东省消费者协会农机投诉站日照分站",开始处理农机投诉信息。2005年,日照市设立农机打假办公室,公开投诉热线电话。2010年,农机打假联合执法检查把农机市场监管和农机投诉受理有机结合起来,在全市设立投诉站33处,配备了工作人员、办公设备及投诉电话,初步建立起了市、县、乡三级联动的农机产品质量投诉监督体系。

2.农机"三率"水平不断提高

日照市手扶拖拉机多,占农机保有量的95%以上。1990年,拖拉机实行"委托"管理后,市、县农机监理站相继成立田检路查小组,重点在县乡以下道路和田间、场院查处和纠正农机拖拉机"黑车非驾"、违章载人、超速超载、酒后驾车等违章行为。2005 年,市政府出台了《转发市农机局关于在全市开展拖拉机及驾驶人员专项治理工作的意见的通知》,连续多年开展了以手扶拖拉机为重点的拖拉机及驾驶人员专项治理活动,效果明显。2009 年以来,全市各级农机部门结合农机购机补贴、农机报废补贴、跨区作业证发放、阳光工程培训等惠民政策,积极开展拖拉机专项整治活动,进村入户,上门办理挂牌、检验、培训、考试等服务,要求凡补贴的机械必须牌证齐全,努力提高农机"三率"水平。农业经营服务组织农机挂牌率、检验率、持证率已达 100%。

3."平安农机"创建成效显著

2003 年,根据农业部、省农机局《关于开展创建农机安全"十百千万"示范活动》的要求,日照市各级党委政府通过加大宣传力度,积极开展专项治理,强化管理服务措施,建立检查督导机制等措施,积极开展农机安全"十百千万"示范创建活动,取得了明显成效。2010 年,莒县被农业部、国家安监总局评为"全国平安农机示范县";2012 年,莒县农机安全监理站被评为全省、全国农机监理"为民服务创先争优"示范窗口。截至 2019 年,全市共创建全国"平安农机"示范县 1 个、省级"平安农机"示范县 2 个、示范乡镇 25 个、示范合作社 37 个、市级"平安农机"示范乡镇 13 个、示范村 54 个、县级示范乡镇 22 个、示范村 356 个、示范户 1986 个。其中莒县被省安监局、省农机局和国家安监局、农业部先后评为省级和全国"平安农机"示范县。2019 年,日照市被评为省级"平安农机"示范市,岚山区被评为省级"平安农机"示范区。

三、经验启示

(一)不断加大资金投入,推进农机装备转型升级

1993 年后,随着国家投融资体制改革和投资渠道多元化,根据新形势的要求,日照市围绕农业机械化的发展重点和中心工作,加大对上项目资金的争引力度,积极争取农机购置补贴、农机报废更新补贴、农机深松补贴等惠农政策资金,加强资金管理,优化农机化项目资金投入结构,提高补贴的导向性和精准性,切实保障保护性耕作、规模化推进、创新示范工程、农机装备研发等项目的

顺利实施,有力地推动了全市粮食生产全程机械化水平的提高。同时,探索资金应用新模式,将扶持重点放到秸秆综合利用、合作社规范发展等方面,以项目推动农机化实现突破发展。持续对新型复式作业机械、大中型拖拉机及其配套的秸秆综合利用机械、深松作业机械、花生、茶叶等经济作物生产机械进行重点补贴;积极做好省扶持项目的推进工作,认真组织省创新示范工程和农机规模化作业推进项目,大力推进日照市特色产业发展和农机合作社建设;切实抓好省财政支农项目的实施,积极推进小麦深松分层施肥精播机械化技术的推广实施;积极开展农机报废更新试点和农机深松补贴试点工作,以点带面,促进全市农机装备结构调整和布局优化。

(二)注重转变发展方式,促进农机化发展"多点开花"

2004年以来,中央连续14个一号文件锁定"三农"工作,作为"三农"工作的重要方面,农机化工作前景光明,农机化发展仍处于重要战略机遇期。日照市委、市政府把转方式、调结构、重质量、增效益作为推动农机化科学发展的战略举措,大力发展农业机械化,强化现代农业发展基础,加快传统农业向新型现代农业转变,促进了农机化发展"多点开花"。以提高农机装备水平为抓手,积极推动粮食生产向全程机械化稳步推进,特色经济作物生产机械化走在全省前列。将实施农机化项目作为工作重点,先后争取实施十余个部级、省级农机化项目,省级以上农机购置补贴资金争引连续多年保持较快增幅,在莒县和五莲县试点开展的农机报废更新补贴实现了应补尽补。把农机服务组织水平和作业效益提升作为切入点,全市农机作业服务总面积的30%以上由合作社承担,农机化向着规模化、集约化方向发展。将农机化科技推广贯穿工作始终,保护性耕作、农机深松及设施农业机械化等先进适用农机化技术推广应用收到良好科技示范效果,得到农民群众的广泛认可。切实加强农机公共服务能力水平建设,以农机手需求为出发点,开展多元化的农机职业技能培训鉴定模式,连续3年举办农机手大赛,农机质量维修服务监管体系进一步完善。做好拖拉机牌证源头管理,农机安全秩序保持了平稳有序的良好局面,全市未发生重大的农机安全事故。

(三)加强依法行政监督,创新农机化管理服务模式

牢固树立为民服务理念,全面推进依法行政。积极推进"农机系统依法行政推进年"活动,以开展"平安农机"创建为抓手,切实推进农机免费安全监理政策的落实,创新农机安全监理执法新模式,配合规范化监理窗口建设,坚持农机依法行政,层层签订责任书,全力确保不发生重大级别以上的农机安全事故。以区域农机维修服务中心建设为抓手,积极推动农机职业技能开发与鉴定工作,做好农机质量监管与投诉工作,确保农机产品质量安全。2016年,日照市市级农机化行政审批事项已全部下发到区县,坚持法无授权不可为、法定职责必须为,层层落实好农机安全生产等监管责任。以农机补贴、重大项目、行政审批为重点,强化权力制约和监督。加强农机化法律法规宣传,引导农民群众采用合法手段解决纠纷和维护自身权益。

撰　稿　人:李　舟
审　稿　人:郑成云
撰稿单位:日照市农业机械发展服务中心

日照市计划生育事业
发展历程及成就

　　计划生育是我国的基本国策。改革开放以来,日照市(1985年以前为日照县)的计划生育工作在历届市委、市政府的坚强领导下,取得了巨大历史性成就,人口过快增长的势头得到控制,人口再生产类型实现转变。在经历了控制人口数量和稳定低生育水平两个阶段后,进入了统筹解决人口问题、促进人的全面发展的新阶段。计划生育政策深入人心,人口结构趋于优化,计划生育基层基础工作不断巩固,计划生育服务阵地建设有了长足发展,全市连续多年保持了低生育水平,为人口与经济、社会、资源、环境的协调发展和可持续发展作出了贡献。党的十一届三中全会以来,在人口和计划生育工作实践中,日照市进行了积极的探索,走过了不平凡的历程,经过了严格控制人口阶段、开展计划生育优质服务阶段和促进人的全面发展阶段三个阶段。

一、坚持人口与发展综合决策,严格控制人口增长阶段(1978年12月至2000年3月)

　　党的十一届三中全会以来,党中央将人口发展纳入现代化建设总体战略。1979年6月18日,全国人大五届二次会议提出:提倡一对夫妇只生一个孩子,明确提出"晚婚、晚育、少生"的要求;1981年11月,全国人大五届四次会议提出了"限制人口数量,提高人口素质"的人口政策;1982年9月,党的十二大把实行计划生育确定为基本国策。1979年,日照县开始推行"一对夫妇只生一个孩子"政策,按照中共中央关于"要把计划生育政策建立在合情合理、群众拥护、干部做好工作的基础上"的指示,在全县积极开展计划生育工作。1989 年升格为地级市以后,全市坚持人口与发展综合决策,严格控制人口增长,人口与计划生育工作质量和工作水平逐步提高。

(一)强化领导责任,严格奖惩兑现,增强各级抓紧抓好计划生育工作的责任感和使命感

改革开放以来,市委、市政府始终坚持"一把手"亲自抓、负总责不动摇,坚持"一票否决"不动摇,严格奖惩兑现,健全和完善人口与计划生育目标管理责任制,充分发挥职能部门宏观指导与管理的作用,推动了全市计划生育工作的健康发展。

1989 年,按照市委计划生育领导小组《关于贯彻山东省计划生育条例有关问题的规定》,把年度人口计划的完成情况作为考评一级党委、政府工作的重要内容,实行计划生育"一票否决",对计划生育工作后进单位实行重点管理。实行了人口计划包干,根据上级下达的人口计划进行编制,并报同级计委下达,逐级层层落实到人。1992 年年初,市计生委通过人口变动抽样调查,对全市 22 处乡镇(街道)的人口目标管理责任执行情况进行了考核,并根据考核结果对乡镇进行了严格兑现奖惩。在此基础上,又根据全省 1992 年度人口抽样调查结果和潍坊市、临沂地区对五莲、莒县的考核结果,市委、市政府对 1992 年度"两县一区"(五莲、莒县和东港区)的人口目标管理责任制执行情况进行兑现奖惩,并于 4月份召开了全市计划生育工作会议。1993 年,为抓好设区带县后的计划生育工作,日照市分别于 4 月、8 月召开了高规格的全市计划生育工作会议。各区县、各乡镇按照市的要求,层层出台政策,制定措施,分解指标任务,落实工作责任,形成了一级抓一级、层层抓落实的工作局面。

(二)严格执行生育政策,人口过快增长势头得到有效控制

1980 年 9 月,党中央发出了《关于控制我国人口增长问题致全体共产党员、共青团员的公开信》,号召全体党员、团员特别是各级干部带头只生一个孩子。根据党中央、国务院的指示精神和省委、地委的部署,结合全市计划生育工作实际,日照市制定了具体的人口发展规划,完善了计划生育办事机构,建立了计划生育队伍,调整充实了计划生育领导小组,并于 1985 年 4 月改为"中共日照市委计划生育领导小组",力求尽快遏制人口过快增长的势头。

一是严格执行国家生育政策。自 1978 年开始,国家提倡一对夫妇只生一个孩子,要求"晚婚、晚育、少生";1979 年,推行一对夫妇只生一个孩子;1981 年 5 月,日照县委规定,生育二胎的夫妻必须是经县以上医院证明第一个子女不能成长为正常劳动力,并经县计生办批准的;没有生育计划的妇女,要落实有效避孕措施。1982 年 2 月,中共中央、国务院发出关于进一步做好计划生育工作的指示,国家干部、职工和城镇居民,一对夫妇只生育一个孩子;农村普遍提倡一对夫妇只生育一个孩子;某些群众确有实际困难要求生二胎的,经过审批可以有计划地安排;不论哪种情况都不能生三胎。同年 3 月,对生育两个孩子及以上、年龄在 40 岁以下、身体条件合适的要求实行绝育手术。1985 年 3 月 29 日至 8 月 15 日,先后分四批在全市进行"间隔式"生育政策试点工作。1986 年 2 月 13 日,省委、省政府出台了《关于农村独女户实行间隔地生育第二胎的决定》。市委、市政府根据省委、省政府文件精神规定,凡农村独女户、母亲年满 30 周岁的,允许生育第二胎。

二是加大宣传教育力度。针对 20 世纪 80 年代初期计划生育工作基础差、难度大的问题,从 1981 年起,日照市开展了计划生育"宣传月"活动。计划生育"宣传月"活动每次都确定一个宣传重点,县、乡各级党委、政府、群团组织集中精力靠上抓。全市各级采取召开广播大会、作动员报告、张贴标语、发放宣传资料、组织计划生育宣传队下乡演出、组装宣传车等形式,使计划生育方针政策家喻户晓,深入人心,为计划生育政策的实施营造了良好的舆论氛围。

三是开展计划生育集中活动。集中活动是强化村级管理、夯实基层基础的一项重要举措,各区县都高度重视,成立集中活动领导小组,配备强有力的工作班子,制定活动方案,召开专题会议,精心组织实施,做到了逐村清、逐户清、逐人清,确保活动成效。活动中,区县每天一调度,市人口计生委每周一调度,确保各项工作措施落实到位。集中活动一般分三个阶段进行。第一阶段是宣传发动阶段,时间半个月左右。通过在广播电视、报刊等主流媒体开辟宣传专栏、组装宣传车巡回宣传、发放有奖举报办法和计划生育政策明白纸等方式,宣传计划生育方针政策,营造声势浩大的活动氛围。第二阶段是具体实施阶段,时间 2 个月左右。这一阶段主要做好以下工作:组织已婚育龄妇女进站普查;抓清理核查工作,托清出生人口底数;抓违法生育的处理处罚工作。第三阶段为数据汇总上报阶段和检查验收阶段,时间半个月左右。各级汇总活动情况,逐级上报有关数据。市人口和计划生育领导小组办公室组织专门力量进行检查验收,检查结果纳入年度人口目标管理责任制考核成绩。

(三)完善计划生育政策规定,行政执法工作逐步走向制度化

改革开放以来,日照市的人口计生工作经历了一个由依靠地方法规到依靠国家法律法规的过程,计划生育工作也逐步走上了规范化、法制化轨道。

1990 年 8 月,《中华人民共和国行政诉讼法》颁布实施。日照市组织计划生育干部专题学习了以《行政诉讼法》和《山东省计划生育条例》为重点内容的法律法规,理顺了程序法和专业法在执法过程中的作用及相互关系,解决了各级计生干部对计生法制工作意义的再认识、再提高的问题,为依法管理计划生育奠定了坚实的思想基础。

1990 年 9 月,日照市十二届人大常委会第五次会议通过了市卫计委起草的《日照市计划生育若干问题的规定》,这是日照市计划生育管理工作的地方规范性文件,为全市计划生育工作的开展提供了政策依据。为认真贯彻落实《日照市计划生育若干问题的规定》,进一步推进计划生育依法管理,市计生委将 1993 年确定为全市"计划生育法制管理年"。1995 年以后,在流动人口计划生育管理、未婚青年晚婚、节育措施落实等方面,全市推行了合同化管理,并对各种计划生育违章罚款、来信来访等工作进行了规范,全市的计划生育工作逐步走向法制化管理的轨道。

(四)推行"三为主"工作方针,促进计划生育基层基础工作实现规范化管理

20 世纪 90 年代初期,围绕市委、市政府确定的"八五"期间全市实现计划生育"三为主"①规范化管理的奋斗目标,努力落实"三为主"的基层工作措施。把工作着力点放到抓基层基础工作上,引导各级明确任务、把握重点、夯

---

①计划生育工作以宣传教育为主、以经常性工作为主、以避孕节育为主。

实基础、快速发展。基础较好、工作先进的地方，立足于"高标准、严要求"，不断强化乡、村两级自我控制能力，努力提高规范化管理水平和工作质量；基础薄弱、工作被动的地方，从理清人口底数、堵塞管理漏洞入手，健全档案制度，完善组织网络，严格奖惩兑现。"三为主"工作方针的推行，一举打破了多年来计划生育被动落后的局面，出现了"超常规、跨越式"发展的新形势。1995 年，日照市制定了《日照市人口与计划生育统计规范化管理办法》，改革了基层计划生育档簿，使过去的"八簿一卡"浓缩成"一档、一簿、一板"，减轻了基层工作负担，提高了工作效率，全市 2987 个行政村的档簿全部实现了规范化管理。

二、稳定低生育水平、提高出生人口素质，开展计划生育优质服务阶段（2000 年 3 月至 2006 年 12 月）

2000 年 3 月，党中央、国务院印发了《关于加强人口与计划生育工作稳定低生育水平的决定》（以下简称《决定》）。《决定》指出，在实现人口再生产类型的历史性转变以后，人口与计划生育工作的主要任务将转向稳定低生育水平、提高出生人口素质。随着 2001 年《人口与计划生育法》的颁布实施和 2002 年《山东省人口与计划生育条例》的修订，日照市计划生育工作的主要任务转向稳定低生育水平，提高出生人口素质，提供优质服务。

（一）坚持抓后进促平衡，不断夯实基层基础工作

2000 年以后，全市的计划生育工作以抓后进转化为突破口，重点抓了 5 个方面：一是实行乡镇位次排序。根据年度人口目标管理责任制考核成绩，每年对全市 53 处乡镇进行位次管理。二是加大薄弱村帮促力度。采取"一对一"方式帮促计划生育薄弱村，由市人口和计划生育领导小组各成员单位进行帮促。三是实行帮包促责任制。建立帮包促责任制度，组成工作组分别入驻后进乡镇，实行帮包促。四是加强计划生育协会工作。出台了《日照市关于协会抓典型和三分之一工作面的实施方案》，要求各区县要加大对计生协会的人、财、物投入，力争达到区（县）有典型、乡镇有样板、村居有亮点。五是深化药具改革。推广避孕药具"一证通"，方便群众免费领取避孕药具。

（二）深化计划生育优质服务，不断满足群众对计划生育的需求

自计划生育工作开展以来，日照市将优生优育作为人口和计划生育工作的重要任务之一和提高人口素质的重要措施。20世纪80年代，全市开展了婚前保健工作。从1990年开始，在全市开展了优生、优育、优教"三优"服务工程。2000年初，全市启动了生殖道感染干预工程。日照市人口与计划生育领导小组下发了《关于实施优生示范工程提高婴儿出生质量的通知》，制定了《优生示范工程实施方案》，在全市组织实施了0～7岁儿童遗传病及先天性疾病的流行病学调查，免费对全市6.5万名0～7岁儿童进行了先天性及遗传性疾病筛查。日照市被确定为全省唯一的"优生示范工程试点市"，省计生委推广了日照市的经验做法。2003年3月，日照市"实施优生示范工程提高出生人口素质"项目获"山东省人口与计划生育改革创新奖"，全市优生优育工作走上了制度化、规范化的轨道。全市出生缺陷率明显下降，人口素质明显提高，先天性心脏病、脑瘫、智力低下、先髋、聋哑等26种较严重的先天性、遗传疾病发病率明显降低。

计生工作人员到基层为育龄妇女进行生殖健康检查

(三)建立健全计划生育利益导向机制,惠及计划生育家庭

市委、市政府密切关注计划生育家庭发展,逐步构建起优先、优惠、奖励、扶持、救助、保障"六位一体"的计划生育利益导向机制。通过出台《关于贯彻中共中央、国务院〈关于加强人口和计划生育工作稳定低生育水平的决定〉的实施意见》等文件,发放父母奖励费,对计划生育特困家庭进行救助。自2005年开始,日照市在全省率先推行《农村部分计划生育家庭奖励扶助制度》。

2005年,日照市率先在全省开展奖励扶助,成为第一个所辖区县全部开展奖励扶助的市

三、稳定低生育水平、统筹解决人口问题、促进人的全面发展阶段(2006年12月至2017年12月)

2006年12月17日,中共中央、国务院出台了《关于全面加强人口和计划生育工作统筹解决人口问题的决定》(以下简称《决定》),《决定》指出,"十一五"时期,我国人口和计划生育工作进入稳定低生育水平、统筹解决人口问题、促进人的全面发展阶段。随后,山东省委、省政府出台了贯彻落实《决定》的实施意见。

2015 年 10 月,党的十八届五中全会上决定:"坚持计划生育的基本国策,全面实施一对夫妇可生育两个孩子政策,积极开展应对人口老龄化行动。"全市各级深入贯彻《决定》、党的十八届五中全会精神和省委《实施意见》,积极应对生育政策调整,紧紧围绕稳定低生育水平,立足工作创新,将工作重点着眼于统筹解决人口问题、促进人的全面发展、减缓老龄化压力,促进家庭幸福与和谐。

(一)坚持标本兼治,综合治理出生人口性别比偏高问题

2006 年以后,全市把治理出生人口性别比问题作为一项重点工作,坚持标本兼治、综合治理。一是加强宣传引导。以"双进"①"双建"②活动和"关爱女孩行动"为载体,大力开展婚育新风进万家活动,努力营造有利于女孩健康成长和妇女发展的良好社会环境,努力消除人们的性别偏好。二是部门联动整治。人口计生、卫生、药品监督等部门联合开展执法检查,加强对 B 超、终止妊娠药物及医疗机构的监管,重拳打击"两非"③行为。三是加大考核力度。将出生人口性别比作为人口目标管理责任制考核主要指标,对出生人口性别比严重偏高的区县和乡镇实行重点监控、集中治理。2017 年,全市出生人口性别比为 109.6。

(二)扎实开展国家免费孕前优生健康检查,筑牢人口质量第一道防线

开展国家免费孕前优生健康检查,是降低出生缺陷、提高出生人口素质的重要举措。服务对象为符合生育政策、计划怀孕的农村夫妻,包括流动人口计划怀孕夫妻。2009 年,东港区被列为国家免费孕前优生健康检查项目试点区,服务内容主要包括优生健康教育等 19 项。2012 年,日照市在东港区召开了全市免费孕前优生健康检查工作现场会议,国家免费孕前优生健康检查项目在全市推开。2014 年 11 月,日照市将艾滋病筛查纳入孕前优生健康检查项目,服务内容达到 20 项。2015 年起,日照市又将免费孕前优生健康检查范围扩大到城镇居民,实现了城乡居民全覆盖。全市各级通过发放宣传品、举办培训班、上门面对面宣传、开通"村村响"等多种形式,广泛宣传国家免费孕前优生健康检查的

---

①农村建设进村,婚育新风进户。
②建设新型婚育文化,建设幸福文明家庭。
③非医学需要的胎儿性别鉴定和非医学需要的人工终止妊娠行为。

意义,提高群众的优生优育意识,增强群众的参检意识。

(三)健全完善管理服务体制,努力提升城市和流动人口计划生育工作水平

随着城镇流动人口数量急剧增多,流动人口的计划生育管理任务日益繁重。日照市通过多年来的探索,积累了一些行之有效的经验做法。一是实行"两分法+网格化"管理城区流动人口,破解城区计生工作难题。"两分法"是指根据有无正式工作单位,将城区人口划分为"单位人"和"社会人"两类,对"单位人"由单位管理,"社会人"由社区管理;"网格化"是指以社区为单位,根据居民小区、单位和楼房数量划分区域,成立计生管理服务中网格,聘请社区公益性岗位工作人员负责。以每百户居民为单位,设立计生管理服务小网格,聘任楼道长担任计生协管员。"两分法+网格化"管理模式的运用,提高了城区人口计生规范化管理水平。二是全面推行"支部+协会"管理服务模式,管好流出人口。在流出人口集中的青岛、大连等城市建立党支部,成立计划生育协会,采取"支部+协会"模式,加强流出人口管理服务。"支部+协会"管理服务模式的推行,搭建了流出人口管理服务新平台,实现了流入地、流出地和流动人口三方互利共赢。三是加强流动人口"一盘棋"管理服务。严格落实属地管理和均等化服务责任,与连云港等26个市地签订了双向管理协议书,完善流动人口信息网上交流、通报等制度,建立起"一盘棋"管理服务网络。

(四)建立人口基础信息共享平台,实现相关部门信息互联互通

2010年以来,日照市由人口计生部门牵头,公安、卫生、民政等10个部门参与,建立互联互通、互惠互利的人口信息资源共享平台,实现了人口信息资源共享。通过印发《关于建立人口信息资源共享平台的通知》《关于成立日照市人口信息资源共享工作领导小组的通知》等文件,为人口信息资源共享工作提供了有力的政策依据。市政府先后多次召开会议研究部署人口信息资源共享工作,推进各项工作措施落实。市财政投入专项经费100余万元,配齐了设施设备。市政府特批人口信息免费使用市政府政务专线交换,解决了保密问题。各区县按照全市统一要求,建设了人口基础信息共享平台,实现了县级相关部门人口信息互通。

(五)认真落实生育政策,逐步改革完善计划生育服务管理

2011 年,"双独"[1]两孩政策在全国全部实施。2013 年党的十八届三中全会作出了"单独[2]两孩"的决定,十八届五中全会作出了实施全面两孩政策的决定。2013 年 12 月 28 日,十二届全国人大常委会第六次会议通过了《关于调整完善生育政策的决议》,"单独两孩"政策启动实施。为稳妥实施"单独两孩"生育政策,日照市加强社会宣传,进行优生指导,重点做好"单独"家庭高龄妇女的孕期保健服务工作。

2016 年,根据《中共中央国务院关于实施全面两孩政策改革完善计划生育服务管理的决定》和《中共山东省委山东省人民政府关于实施全面两孩政策改革完善计划生育服务管理的意见》,日照市将实施全面两孩政策纳入了市委全面深化改革领导小组 2016 年年度工作要点,纳入各级领导干部培训学习计划,作为全市重大改革内容,每季度进行重点督查。在日照日报、广播电台开设专栏,广泛宣传全面两孩政策的内容和意义。采取电话问卷等方式,开展符合政策人员摸底和生育意愿调查工作,建立出生人口预测分析、监测预警、信息共享制度。加大计生干部业务技能培训,不断提高基层计生干部综合素质,加快推进计划生育服务理念转变和工作转型。同时,为适应新形势下计划生育工作的新要求,积极探索服务新模式,不断推出新的便民措施。

一是推行手机 App 随访服务,积极探索建立"互联网+计生服务"新模式。借助"互联网+"技术,推行手机 App 随访服务,加快工作方式方法由"管理型"向"服务型"转变,让村级计生主任主动上门开展孕情随访和健康服务工作,通过 App 系统拍照上传随访情况,开展孕情随访、办证服务和健康服务。2015 年6 月,在莒县开展手机 App 随访服务试点工作。

二是推出奖励扶助新政策,进一步惠及计划生育家庭。2016 年 1 月 22 日,山东省第十二届人民代表大会常务委员会第十八次会议通过了《关于修改〈山东省人口与计划生育条例〉的决定》。按照新修订的省《条例》,日照市自 2016

---

①夫妻双方均为独生子女。
②夫妻一方为独生子女。

年 2 月开始,对符合法律规定生育子女的夫妻在产假、护理假、奖励补助等方面推出了一系列优惠政策。

三是实行生育登记服务,保障群众计划生育合法权益。根据《山东省卫生和计划生育委员会关于印发〈山东省生育登记服务工作规范〉的通知》文件要求,日照市于 2016 年 1 月开始实行生育登记服务。生育登记一般应在生育前登记,并发放《生育服务手册》,因特殊情况生育前未登记的,生育后应予以补登。乡镇人民政府或街道办事处卫生计生部门、村民委员会、居民委员会和提供母婴保健服务的机构有主动告知的义务。各生育登记机构在为群众办理生育登记时,主动宣传国家、省和当地开展的基本妇幼保健计划生育服务项目,提高群众知情权、参与度,为群众提供更好的服务。

2017 年,全市共出生 55602 人,同比减少 577 人,降幅 1.05%,人口出生率、自然增长率、生育登记率、孕情上报及时率分别为 18.46‰、12.83‰、91%、82.7%。

四、日照市计划生育事业发展的成就

改革开放以来,日照市委、市政府严格执行生育政策,坚定不移地推行计划生育,有力地促进了经济发展和社会进步,为全面建成小康社会奠定了坚实的基础。

(一)人口控制成效显著,实现了人口再生产类型的历史性转变,为经济社会发展创造了良好的人口环境

改革开放以来,全市人口和计划生育工作在经历了控制人口数量和稳定低生育水平两个阶段后,进入了统筹解决人口问题、促进人的全面发展的新阶段。据 2016 年的统计数据显示,全市人口出生率由 1978 年的 17.71‰ 下降到当年的 13.59‰;人口自然增长率由 1978 年的 11.67‰ 下降到当年的 8.98‰,人口再生产类型实现了从高出生、低死亡、高增长到低出生、低死亡、低增长的历史性转变。

按照人口理论专家的研究结果,每增加 1% 的人口,要消耗掉 4% 的 GDP,因此,单从少出生人口这一数据来看,计划生育工作为改革开放和现代化建设

创造了良好的人口环境。计划生育工作改变了家庭的结构状况，减轻了家庭的抚养负担，从而大幅度提高了人们的生活消费水平和消费支出结构，拉动了经济的快速增长和产业结构的调整，形成了经济社会发展与人民生活水平提高相互促进的良性循环，对于全面协调可持续发展起到了巨大的促进作用。同时，人口数量的下降，为提高人均卫生、教育投资水平创造了条件。越来越多的妇女摆脱了家庭、子女的羁绊，有了更多的参与经济、文化和政治生活的机会。

（二）群众的生育观念实现重大转变，优生优育、按计划生育日益成为群众的自觉行动

计划生育是一场移风易俗的思想革命，转变群众的婚育观念是推动计划生育事业发展最本质的工作。改革开放初期，广大群众的婚育观念是早婚早育、多子多福、重男轻女，妇女总和生育率在 5 ～ 6 之间，一对夫妇动辄生育五六个孩子，有的甚至达到 10 余个。育龄群众基本在 20 岁以下就结婚生子，风华正茂的年龄就承担了沉重的家庭负担。改革开放 30 多年来，全市计划生育工作坚持以宣传教育为先导，不断丰富宣传教育内容、改进宣传教育方法、增强宣传教育针对性和时效性，使原本粗放式宣传发展到现在的"宣传组织网络化、宣传教育设施现代化、宣传方式多样化、宣传内容实效化、宣传行为社会化"的"五化"模式，通过宣传教育工作，切实转变群众生育观念，"晚婚晚育、少生优生"逐渐成为广大育龄群众的自觉行为，很多家庭自愿放弃了二孩生育计划，"生男生女都一样""女儿也是传后人"等婚育观念日渐深入人心。

（三）计划生育奖励扶助政策得到全面落实，群众在实行计划生育中切实得到了实惠

自 20 世纪 90 年代以来，市委、市政府就格外重视计划生育利益导向机制的建立，构建起了奖励、优先、优惠、扶持、救助、保障"六位一体"的计划生育利益导向政策体系，惠及了每个计划生育家庭。通过出台一系列计划生育优先优惠、奖励扶助政策，在全市推广发放独生子女父母奖励费，对自愿放弃二胎生育指标的家庭实行重奖，对计划生育家庭给予项目优先、科技扶持等帮扶，对计划生育特困家庭实行救助。2005 年起，在全市积极开展建立农村部分计划生育家庭奖励扶助制度试点工作，对农村部分计划生育家庭年满 60 周岁的夫妇，每人每月奖励扶助一定数额的现金。2017 年,全市奖励扶助对象 58339 人、特别扶助对象 2058 人,发放奖励扶助金 6759 万元。

(四)计划生育服务网络体系不断完善,优质服务深入人心

自 20 世纪 80 年代末开始,日照市在计划生育管理中逐步融入了服务,发展到现在,计划生育优质服务已达到网络健全、阵地规范、装备齐全、服务优质的水平。一是服务网络健全。1986 年,全省第一处乡镇计划生育服务站——巨峰镇计划生育服务站建立,随后,全市各级计划生育服务站纷纷建立,形成了以市科研所为指导、以县站为龙头、以乡站为主体、以村服务室为依托的计划生育服务网络。二是阵地建设规范。为适应广大育龄群众对计生技术服务日益增长的需求,2006 年,日照市制定出台了《关于在社会主义新农村建设中加强计划生育阵地建设的意见》,对乡、村两级服务站室建设制定了明确的标准。全市投资 1.2 亿元,完成各级计生服务阵地的新建、改造。三是服务优质高效。日照市依托服务阵地,积极开展教育、培训、药具发放、技术服务"四位一体"的优质服务,每年为全市已婚妇女进行 2 ~ 3 次免费健康查体。

(五)工作创新发展,取得丰硕成果

日照市的计划生育事业在探索中前进,在前进中发展,取得了丰硕的成果。日照市先后被中宣部、国家人口计生委等 10 部委表彰为"全国婚育新风进万家活动先进单位",被国家人事部和人口计生委表彰为"全国计划生育工作先进集体",被国家人口计生委表彰为"全国计划生育质量管理活动先进单位""全国人口计生系统作风建设先进单位""全国人口和计划生育科技工作先进集体"。日照市连续多年被省委、省政府授予"人口目标责任考核一等奖"。

执 笔 人:孔令超 于常亮 胡召国
审 稿 人:张玉新
撰稿单位:日照市卫生健康委员会

日照市外事工作 发展历程、成就及经验

　　1985 年 5 月日照撤县建市,设立日照市人民政府外事办公室。1986 年 8 月,成立日照市旅游局,与外事办公室合署办公。1989 年 11 月,日照市外事办公室、侨务办公室、归国华侨联合会合并,成立日照市外事侨务办公室,为正处级单位。1990 年 3 月,成立日照市外事工作小组。1990 年 4 月成立日照市人民对外友好协会,并设立办事机构。1990 年 9 月,外事与侨务机构分设,日照市外事办公室与对外友协、旅游局合署办公,市侨务办公室与市侨联合署办公。1994 年 7 月,日照市外事办公室、市旅游局机构分设,日照市外事办公室与对外友协合署办公。1994 年 12 月,日照市侨务办公室与市侨联机构分设。1995 年 9 月,日照市外事办公室与市侨务办公室设立一个党组,机构分设。2001 年 3 月政府机构改革,日照市外事办公室与市侨务办公室合并,一个机构两块牌子,为市政府组成部门。2010 年 1 月政府机构改革,设立市政府外事侨务办公室,为市政府组成部门。2018 年 12 月市级机构改革,将市政府外事侨务办公室的侨务和港澳工作职责划入市委统战部,设立市政府外事办公室,为市政府组成部门;将市委外事工作领导小组改为市委外事工作委员会,办公室设在市政府外事办公室。

　　改革开放以来,在市委、市政府领导下,日照外事工作开拓创新,锐意进取,不断深化对外交流与合作,精心谋划"走出去""请进来",在服务国家外交大局和地方经济社会发展方面作出了积极贡献。

一、日照外事转型的历程

(一)以推动经贸、技术和学术交流为主的阶段(1978 ~ 1990 年)

改革开放以来,特别是 1982 年石臼港的开工建设和 1988 年日照市被列入沿海开放城市以来,随着对外开放步伐的加快,日照市对外友好交往逐年增多,国际间人员往来日趋频繁,合作领域日益扩大。这一时期,外事工作以推动经贸、技术和学术交流为主,对外交流合作主要面向日本、澳大利亚和欧美等发达国家。

经贸方面,主要在水产、煤炭、钢铁等领域开展了一系列对外交流与合作。1989 年下半年,日本客人花川指司、相英起等分别到日照与有关企业洽谈水产品贸易业务。1990 年,日本、美国、韩国共 6 个团组 11 人次访问日照,分别与日照市水产公司和石臼水产站洽谈业务。1989 年,罗马尼亚驻华使馆二秘博特伊斯·扬一行到日照考察煤炭贸易,日本合成橡胶(株)、鹤见输送(株)、日商岩井(株)、日挥(株)考察团来日照考察水煤浆厂筹建事宜。1990 年 4 月,日本建设新钢铁厂考察团来日照考察拟建石臼所钢铁厂事宜。10 月,澳大利亚能源部副部长彼得·科尔一行到日照考察煤炭贸易事宜。1989 年 3 月至 1990 年 10 月,澳大利亚驻华使馆工作人员先后 3 次到日照考察港口运输和拟建钢铁厂事宜。

技术方面,主要围绕进口设备安装调试和技术指导开展了一系列合作。1989 年,日本技术人员仁井一夫、德国技术人员米勒先后到日照针织厂对进口设备进行调试。1990 年 6 月,日本东海机器工业股份有限公司关根进等 4 名技术人员到日照市工艺美术公司安装榻榻米生产设备;7 月至 12 月,德国 10 名工程技术人员到日照对市邮电局进口设备进行技术指导;11 月,英国技术人员到日照对东方花生食品公司进口设备进行安装调试。

学术方面,多位外国专家学者到日照开展了一系列学术考察交流活动。1989 年 1 月至 1990 年 1 月,日本考察团先后 4 次到日照对石臼港(现为日照港)二期工程项目进行考察。1989 年 10 月,美国赫兹勒教授,西德多尔·默尔教授先后到日照进行学术交流。1990 年 6 月至 11 月,日本全港湾工会代表团、日本工业地理考察团等 4 个团组和土耳其 1 个团组共计 21 人次到日照,就地理学术、海洋研究等进行考察和学术交流。

对外交流的逐步扩大对外事管理工作提出了更高的要求。这一时期,日照市外事管理权限进一步明确,为全市对外开放工作提供了更好的保障和支持。1990年10月,外交部《关于增加被授权单位的通知》授权日照市自11月起对外发邀请函电和通知签证函电,《关于日照市外办可出具"事项表"事》同意日照市外事办公室可以向省外办申办护照、签证,出具《申请出国护照、签证事项表》。

(二)注重与国外地方政府开展交流与合作阶段(1991~2000年)

随着地级日照市的设立,日照市在对外交往上获得了更大的自主权,由政府部门主导的地方对外交往活动明显增多,友城建设迅速起势,交流合作领域不断拓展,外事服务与管理同步推进,外事工作呈现新局面。

一是国际友城交往揭开外事工作新篇章。1991年12月,日照市与土耳其特拉布松市建立友城关系,特拉布松市成为日照市首个国际友城。1996年8月,日照市与新西兰吉斯本地区建立友城关系。1998年1月,签署了《日照市与马拉宾纳市关于发展友好关系意向书》;5月,签署了《日照市与意大利雷焦·艾

1991年12月,日照市与特拉布松市结为友好城市,特拉布松市成为日照市首个国际友城

米利亚市关于发展友好城市关系意向书》;1999 年 7 月,签署了《日照市与韩国始兴市关于加强友好交流协议书》;2000 年 10 月,签署了《日照市与德国舍讷贝克市关于发展友好合作关系意向书》。

二是坚持以服务经济建设为外事工作重点。服务大项目建设取得新成效。水煤浆中试厂项目开工:1991 年 1 月,日本日挥(株)、日商岩井(株)、鸿池运输(株)代表团一行 10 人访问日照,洽谈兖日水煤浆中试厂建设的合作事宜。1 月 25 日至 2 月 8 日,应日本日挥株式会社邀请,日照港建设指挥部赴日本考察水煤浆工程项目。5 月,日本通产省、日本海外协力事业代表团一行 41 人到日照参加兖日水煤浆有限公司石臼中试厂开工典礼。粉磨厂项目开工:1995 年 12 月,时任山东省外办主任武钟恕到日照市参加韩国大宇(山东)有限公司日照粉磨厂开工典礼活动。发电项目:1995 年 11 月 13 日,山东日照发电有限公司合作经营合同和章程签字仪式在北京人民大会堂举行,时任国务院总理李鹏、时任德国总理科尔出席签字仪式。11 月 15 日晚,日照市政府在人民大会堂山东厅举行合同签字招待会,国家有关部委负责人、时任山东省副省长邵桂芳、时任日照市常务副市长肖开富和中外投资各方出席招待会。

积极开展“走出去”“请进来”活动。1991 年 4 月,应美国大唐集团邀请,日照市代表团赴美国考察。7 月,日本国际贸易促进协会及川英明一行访问日照。1992 年 7 月,国外 16 家商社和公司驻青岛机构代表一行 22 人到日照,对日照港、岚山港、日照开发区等进行参观考察。1993 年 5 月,日照市木浆设备考察团赴芬兰、瑞典进行经贸考察。1994 年 6 月,日照市经贸考察团赴韩国开展经贸洽谈活动。1996 年 7 月,日照市代表团赴美国举办日照投资说明会,并就日照海运集团公司利用国际商业贷款购船事宜进行实地考察和洽谈。

围绕经济建设策划系列外事活动。1994 年 4 月,市政府召开外商投资企业恳谈会,听取外商投资企业、涉外单位和市直有关部门对发展外向型经济的意见和建议。6 月,日照市外商投资企业协会举行成立大会,时任日照市副市长陈万光被聘为名誉会长。10 月,日照市招商团赴北京参加首届中国环渤海地区中外经济技术合作招商洽谈会,共签约中外经济技术合作项目 12 个,总投资额 5.13 亿元人民币。

三是将因公出国(境)管理提上外事管理重要日程。1993 年 7 月,日照市政府组织召开全市因公出国审批管理工作会议,出台《日照市因公出国审批管理规定》。1994 年 3 月,市外办印发《日照市因公出国护照管理实施细则》。6 月,市委办公室、市政府办公室印发《关于安排市级领导人参加对外交往活动若干规定的通知》。7 月,市委、市政府印发《关于调整因公出国审批权限严格出国审批管理的通知》。1995 年 6 月,市政府召开清理公费出国旅游工作会议。

(三)政府外事和民间外事全面发展阶段(2001 ～ 2012 年)

21 世纪初,我国加入世界贸易组织,这标志着改革开放进入新阶段。这一时期,外事工作得到全面发展,日照市荣获联合国人居奖,成功招引全省最大外资项目——亚太森博浆纸有限公司和山东省最大韩资项目——韩国现代威亚汽车发动机项目,成功举办系列重大涉外活动,新缔结国际友好城市3 个。

一是外事工作服务经济建设成效明显。日照市积极利用对外交往渠道开展

2004 年 5 月 26 日,新加坡金鹰国际集团有限公司与森博浆纸有限公司合资合作签字仪式在济南举行

招商引资工作,成功招引亚太森博浆纸、威亚汽车发动机、森达美棕榈油、锦湖金马化工等项目。亚太森博浆纸项目是山东省引进的最大的外资项目;韩国现代威亚汽车发动机项目是山东省迄今为止引进的最大的韩资项目。

二是外事工作服务社会事业发展取得新成绩。2009年,日照市获得联合国人居奖。2010年10月,因金融危机而停航两年的日照至韩国平泽航线正式复航。2011年1月,大型谈话节目《城市1对1:中国日照——美国阿罕布拉市》制作完成,并通过中央电视台中文国际频道向全球播出。2011年元旦期间,由日照市与美国阿罕布拉市共同打造的主题花车"跨越太平洋的友谊"在美国洛杉矶帕萨迪纳新年玫瑰花车巡游中闪亮登场。此外,中韩投资贸易洽谈会、国际帆船锦标赛、中日韩经贸研讨会、中意企业合作高层论坛、日照国际茶博会、德国中医研修班等重大涉外活动,均取得了可观的经济和社会效益。

三是外事管理和服务水平迈上新台阶。努力践行为国家总体外交服务和外事为民的宗旨,妥善处理"河北神勇"轮事件,救助菲律宾渔民入境,日本地震灾

2009 年 10 月 5 日,日照市荣获联合国人居奖

后日照市 38 名赴日研修生回国等各类涉外案(事)件。统筹做好市级领导出访和重要外宾来访接待活动,推动经贸、教育、文化等多个领域的对外交流与合作。整合全市翻译人员,发起成立全省首家市级翻译协会——日照市翻译工作者协会,为全市重大涉外活动和外经外贸工作作出积极贡献。定期组织翻译人员对市区公共场所外语标识进行检查和纠正,进一步改善了城市对外形象。

四是国际友城建设实现新突破。2002 年 7 月,日照市与日本室兰市建立友城关系。2005 年 10 月,日照市与墨西哥夸察夸尔科斯市建立友城关系。2007 年 4 月,日照市与韩国唐津市建立友城关系。同时,日照市与韩国平泽市、浦项市,菲律宾卡加布兰市,德国舍纳贝克市,西班牙巴塞罗那市,法国洛里昂市,俄罗斯布拉戈维申斯克市,南非乌姆萨图兹市、德班市,巴西瓜路佳市,加拿大奥沙瓦市等 10 余个外国城市建立友好合作关系,初步形成了全方位、多层次的对外友城格局。

(四)全方位、多层次、宽领域的对外开放格局不断完善阶段(2013 ～ 2018 年)

党的十八大以来,以习近平同志为核心的党中央,把开放确立为五大发展理念之一,把开放在发展中的作用、地位提升到了新的层次和水平。这一时期,日照外事工作开创全新局面,成功举办了中国—中亚合作论坛、韩国周、太阳文化国际研讨会、国际友好合作交流周等一系列高水平国际活动,打造了"四心"涉外营商品牌,在人民大会堂与土库曼斯坦土库曼纳巴特市友城签约,各项工作再上新台阶。

一是服务国家外交大局取得新突破。作为"一带一路"新亚欧大陆桥经济走廊的主要节点城市,日照市不断加强与"一带一路"沿线国家有关城市的交流与合作。在土库曼斯坦总统来华访问期间,在中土两国元首共同见证下,日照市与土库曼纳巴特市在人民大会堂签署了《建立友好城市关系协议书》。联合土库曼斯坦驻华大使馆举办了"日照—土库曼斯坦经贸洽谈会",在吉尔吉斯斯坦、哈萨克斯坦、土库曼斯坦等沿线城市举办了共建丝绸之路经济带日照市城市推介会、项目对接会,达成系列合作意向,为国家"一带一路"建设贡献了力量。

二是服务地方经济社会发展取得新成效。积极举办涉外活动。承办了第三

2015 年 6 月 16 日,第三届"中国—中亚合作论坛"在日照举行

届"中国—中亚合作论坛""中国—乌兹别克斯坦经贸合作论坛"。论坛期间,日照市与中亚五国签订了港口物流园协议,启用了中亚(日照)航贸服务中心,开创了对中亚交流合作新局面。举办了 2018 日照国际友好合作交流周活动,来自 16 个国家的 200 余位外宾参加了经贸交流会、国际商品展、友城图片展、企业合作洽谈会、国际教育交流等 8 个主要板块的活动,深化了日照友城关系,扩大了经贸、文化、教育、人文等领域合作。策划举办了韩国周活动,与韩国有关城市签署友城、港口、院校等一系列深化友好关系协议书,日照科耐汽配等 10 个韩国投资项目签约并全部落地投产;举办了韩国商品展、中韩书画展、韩国电影周等系列活动,构建了日照与韩国交流合作的新高地。举办了 2017 中国(日照)太阳文化国际研讨会,邀请希腊、埃及、秘鲁、印度四国中"太阳文化"起源地城市代表参会,达成了共同推进"太阳文化"开发利用的"日照共识"。举办了"中国日照—澳大利亚联邦北领地经贸合作"交流会、旅韩华侨华人恳谈会、山东侨商日照行、海外华侨华人专业人士回国创业日照对接交流会等活动,均取得了较好的成果。

三是国际友好资源得到深入挖掘。先后与澳大利亚卡拉萨市、土库曼斯坦土库曼纳巴特市、法国旺多姆市等3个城市建立友好城市关系，与南非德班市、希腊德尔菲市、澳大利亚达尔文市、巴西桑托斯市等10余个城市建立友好合作关系，基本完成在亚洲、美洲、欧洲、大洋洲等全球主要地区建立友好交往渠道的布局。先后邀请马尔代夫前总统、乌兹别克斯坦第一副总理、吉尔吉斯斯坦副总理、中日韩三国秘书处秘书长、土库曼斯坦驻华大使、蒙古驻华大使、加纳食品与农业部部长等重要外宾到日照市访问，推动了经贸、文化、教育、科技等领域的交流与合作。同时，不断扩大对外宣传，积极邀请澳大利亚、欧洲、东南亚的媒体代表团来访，宣传日照市发展成就、区位优势、投资环境和政策，扩大了国际知名度和美誉度。

四是外事管理得到全面加强。加强党对外事工作的集中统一领导，积极推进外事工作领导体制改革，成立了市委和区县党委外事工作领导小组，制定了工作职责和工作规则，定期召开会议传达上级要求、安排部署工作，推动形成外事工作整体合力。严格执行中央"八项规定"精神，切实加强因公出国(境)管理，坚持因事定人、人事相符原则，科学制定计划，合理安排出访。不断加强因公出国规范化、标准化管理，制定出台《关于进一步规范县处级以下国家工作人员因公临时出国的实施办法》，完善审核审批流程。及时监督检查出访团组任务和外事纪律执行情况，积极跟踪推动出访期间达成的合作意向，确保出访成效。加强涉外管理工作。编写《日照市涉外突发事件应急简明操作手册》和《日照市涉外突发事件应急预案》，在驻日照高校开展领事保护宣传活动。建立完善涉外联席会议机制，定期召开日照市海(境)外投资企业领保工作座谈会，宣讲海外安全形势，介绍出国特别提醒，发放《领事保护知识手册》，增强企业海外安全防范意识，维护了涉外安全稳定。

(五)在创新中加快转型阶段(2019年1月～12月)

新一轮市级机构改革后，日照外事工作认真贯彻"加快新旧动能转换、推动高质量发展"总要求，围绕一个重点，突出两个服务，抓好三个关键，把"外事+项目"始终贯穿对外交往活动，积极搭平台、推项目、促合作，为推动全市高质量发展作出积极贡献。这一时期，外事工作改变"迎来送往，随团翻译联络"的传统模

2019年7月27日,日照市与韩国釜山广域市海云台区正式签署《建立友好合作关系协议书》

式,成为参与"双招双引"工作的一线部门。

围绕一个重点:"双招双引"工作重点。把日韩作为主攻方向,整合外办、友协翻译资源和日韩经贸联络服务中心渠道优势,选派2人驻点招商,组织11个团组赴日韩招商,接待来访客商110人次,洽谈推进汽车零部件、半导体等项目。会同市商务局建立外资项目合作推进机制。创新开展"123"工作法,要求各科室新发展1个友城、邀请2批有质量的客商来访、提供3条有价值的招商线索,形成"开放活市"外办有份、"双招双引"责无旁贷工作局面。洽谈推进外资项目7个,投资1.2亿元的日本空气净化器项目已开工建设,投资3亿元的日本冷链物流车项目、投资3000万美元的日本装配式建筑材料项目、韩国现代威亚发动机2亿美元增资项目等已签约。成功招引日本高层次专家1名。

突出两个服务:一是全力服务国家总体外交大局。2019年5月份,第二届"中国—哈萨克斯坦地方合作论坛"和"第十二届阿斯塔纳国际经济论坛"期间,日照市组团配合访问,并作为地方代表发言,受到与会嘉宾好评;国家部委专门发电,对日照市展现出的担当精神和务实作风表示感谢。二是积极服务全市经济社会发展。日照市圆满完成山东国际友好城市合作发展大会、日照市建市 30 周年发展大会、2019 首届中国(日照)国际茶叶博览会、"中国音乐小金钟"第七届全国中小学生管乐独奏展演、2019 中国围棋大会等重要涉外活动的邀请、礼宾、翻译等服务保障工作,与以色列哈代拉市、韩国釜山广域市海云台区签订友好合作协议。邀请韩国宝城市、日本静冈市等参加日照国际绿茶博览会。推动日照市医院与韩国亚洲大学医院、日照港与泰国港务局、山东外国语职业技术大学与日本山梨学院等建立友好关系。赴菲律宾、泰国开展境外企业安全保障协调机制检查。为企业人员办理 APEC 商务旅行卡 32 张,整合持卡人信息资源,拓展对外联系渠道。

抓好三个关键:一是深入贯彻落实习近平外交思想。结合"不忘初心、牢记使命"主题教育活动,深入学习贯彻习近平新时代中国特色社会主义思想,特别是外交思想,在学懂弄通做实上下功夫。邀请中国国际问题研究院院长戚振宏大使为市委理论学习中心组作《习近平外交思想及当今世界》专题报告,坚持学原文、悟原理,提高知信行合一能力。二是切实加强党对外事工作的集中统一领导。召开 2 次市委外事工作委员全体会议,审议通过《关于新时代进一步加强和改进全市外事管理工作的意见》《关于市属企业外事管理工作的若干规定》《关于进一步规范因公临时出国管理的通知》等文件。各区县都成立党委外事工作委员会并召开会议,形成党总揽全局、协调各方的对外工作大协同格局。三是不断完善和改进外事管理。规范因公临时出国管理,推行"审护签一站式"管理服务改革,全年因公临时出访 86 批 202 人次,压缩出访团组 9 批 19 人次。严把政策解读、行前教育、出访审批和督导落实等出国管理"四关"的经验被外交部刊发、在全国推广交流。举办"领保宣传月"活动,刊播领保知识 50 余次,进机关、企业、社区、校园开展宣传活动 20 余次,发放宣传册 600 余份。理顺邀请市领导参加外事活动的程序,发放《邀请核实单》195 份。调整涉外管理工作机制,稳妥处置涉外案(事)件和领保事件近 20 起。召开全市涉外管理工作会议、市属国有企业外事管理会议,举办出国专办员培训会议,选派 3 人到上级部门跟班学习,提升业务能力。

二、日照外事工作成就

改革开放以来,日照外事工作得到上级主管部门的充分认可,外事部门被表彰为省级文明单位、全国侨办系统先进集体、全省外事系统先进集体、全省侨办系统先进集体、全市系列攻坚先进集体,多项创新成果获得日照市机关工作创新奖,各项工作均走在了全省前列。日照外事工作得到原国务委员、外交部部长唐家璇的充分肯定,2016 年 8 月在日照考察期间,唐家璇同志指出"日照市是风光秀美、生态特色鲜明的港口城市,做好这里的外事侨务工作条件具备、环境优越、潜力巨大,盼同志们进一步努力,更上一层楼"。

(一)策划涉外活动,拓展交往渠道,为"开放活市"搭建交流合作平台

一是争引举办了一系列大型涉外活动。成功举办第三届"中国—中亚合作论坛""中国—乌兹别克斯坦经贸合作论坛",有中央、省、市领导出席,中亚国家政要率团参加。论坛期间,与外方签署港口物流园协议,中亚(日照)航贸服务中心、中亚(日照)港口物流园正式启动,开创了日照与中亚交流合作新局面。成功

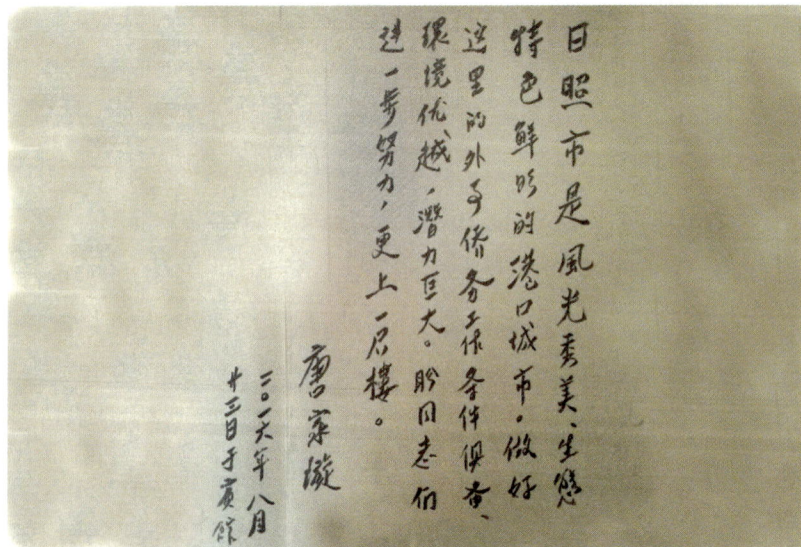

原国务委员,现中国国际关系学会会长、中日友好协会会长唐家璇为日照市外侨办题词

举办韩国周活动,与韩国有关城市签署友城、港口、院校等一系列深化友好关系协议书;签约的科耐汽配等 10 个韩国投资项目全部落地投产;举办了韩国商品展、友城图片展、电影周等系列配套活动,开创了日照与韩国交流合作新局面。成功举办旅韩华侨华人恳谈会、山东侨商日照行、海外华侨华人专业人士回国创业日照对接交流会等活动,均取得良好的经济社会效益。成功举办"2017 中国·日照太阳文化"国际研讨会,邀请希腊、埃及、秘鲁、印度四国中"太阳文化"起源地城市代表参会,达成了共同推进"太阳文化"开发利用的"日照共识"。成功举办 2018 日照国际友好合作交流周,推出 8 个板块系列活动,与法国旺多姆市正式缔结友城关系,增进了友好交流,深化了务实合作。邀请 9 个国外城市56 名外宾参加山东国际友好城市合作发展大会、日照发展大会等活动,与以色列哈代拉市、韩国釜山海云台区签订友好合作协议,加强多领域交流,促进了共赢合作。此外,还参与举办"中国日照—澳大利亚联邦北领地经贸合作"交流会、首届中国(日照)国际茶叶博览会、中国围棋大会等重要涉外活动和日照国际马拉松赛、大青山国际太极拳赛、机器人世界杯大赛等国际赛事。

二是积极拓展对外交往渠道。拓展友城渠道,与 8 个城市建立友好城市关系,与 34 个城市建立友好合作关系,基本形成了在全球主要地区建立友好交往渠道的布局。拓展国外商贸渠道,美国山东同乡会、澳大利亚山东总商会、英国齐鲁文化商贸会、西澳山东商会、意大利(上海)商会、美国企业家协会等纷纷来访,考察经济园区和项目,达成系列合作意向。拓展国际友人渠道,先后推荐 3 名外国友人获评"山东省荣誉公民",9 名外国友人获评"山东省人民友好使者",授予 31 名外国友人"日照市荣誉市民"称号,他们在各自国家都活跃在经济、科技、教育、文化等领域,在投资创业、科技研发、教育文化等方面为日照市发展做出了突出贡献。

(二)严格执行规定,规范因公出国,为"开放活市"畅通出访渠道

积极探索因公临时出国管理举措,严把"四关",提高出访成效,推动多领域交流合作,为"开放活市"畅通出访渠道。外交部专门刊发日照的经验做法,并在全国予以推广。

一是严把出访政策解读关。改革开放以来,日照市先后制定出台因公出国管理方面文件规定 20 余个,为规范全市因公出国管理提供了政策依据。举办外事干部培训班、涉外管理工作会议、出国专办员培训会等共 60 余次,积极宣传解读了政策,加强了培训,指导了工作。

二是严把出访行前教育关。通过加强外事纪律、保密纪律、国家安全、领事保护、国别政策和当地法律法规、涉外礼仪等方面的行前教育,强化了纪律意识,规范了出访行为。

三是严把出访审批手续关。通过严格执行限量管理、加强部门联动共管,为经贸招商团组开辟绿色通道,主动对接服务保障等措施,实现了出访"量少质优"。

四是严把出访督导落实关。通过强化出访成果跟踪落实,开展因公出国专项督导调研,统筹全市外事资源,促进出访成果的转化落地。

(三)融入"一带一路"倡议,深化友城合作,为"开放活市"营造良好国际氛围

在省委、省政府和外交部等部门支持下,成功将日照市列为"一带一路"新亚欧大陆桥经济走廊的主要节点城市,对外开放优势得到进一步加强。同时,不断深化与"一带一路"沿线城市的友好关系,深化产业对接、经贸往来、人文交流。

一是突破中亚。在土库曼斯坦总统访华期间,在中土两国元首的共同见证下,与土库曼纳巴特市在人民大会堂正式签约缔结友城。联合土库曼斯坦驻华大使馆举办"日照—土库曼斯坦经贸洽谈会",在吉尔吉斯斯坦、哈萨克斯坦、土库曼斯坦等沿线城市举办了共建丝绸之路经济带日照市城市推介会、项目对接会,达成系列合作意向,为"一带一路"建设贡献了日照力量。

二是拓展澳新。加强与澳大利亚北领地、达尔文、墨尔本、悉尼等城市的友好关系,特别是在澳大利亚总理访华期间,与北领地签署经贸合作交流协议,启动建设中澳(日照)产业园。与新西兰吉斯本地区签署深化友好交流与合作备忘录,把双方友好合作推向新水平。

三是深化欧洲。不断深化与法国旺多姆市、德国林根市、意大利雷焦·艾米利亚市、瑞典阿尔博加市等城市的友好关系,多次举办日照农民画精品展和城市图片展,推动了文化传播与交流。

四是巩固日韩。密切与日韩等周边国家城市的交流与合作,通过举办韩国周活动、参加中日韩友城大会、举办中韩 FTA 说明会、邀请韩日友城代表参加日照市建市 30 周年发展大会等活动,全面深化了与日韩各领域的交流与合作。

(四)优化营商环境,服务经济发展,为"开放活市"打造良好涉外环境

发挥外事职能优势,不断创新服务举措,持续优化涉外营商环境,为地方发展集聚无限正能量。

一是深化放管服改革。围绕因公出国审核审批、APEC 商务旅行卡办理、外国人来华邀请等外事服务事项,通过减少审核审批材料、简化工作流程、强化窗口等服务,为企业和人员"走出去"增添了加速器。

二是优化创业环境。通过实施外宾就医卡制度、组织外来投资者开展日照民俗文化体验活动、建立公共场所外文标识网格化管理机制、开通企业服务直通车等措施,营造了安心、开心、舒心、放心"四心"创业氛围。"四心创业"营商环境的做法得到外交部、省政府、省外办及市委、市政府的充分肯定。

三是下沉外事资源。主动开展外事工作专题宣讲,上门推介 APEC 商务旅行卡,宣传领事保护知识和有关国家投资政策,解读外国人来华邀请政策,提供外事翻译帮助,为企业"请进来"和"走出去"保驾护航。

四是畅通诉求表达渠道。通过定期举办外来投资者恳谈会、外国友人招待会和涉外企业座谈会,推行翻译人员联系企业和赴园区挂职等制度,积极帮助相关人员解决实际困难和问题,为及时解决服务对象的外事诉求提供了坚强保障。

三、日照外事工作经验

(一)守好"加强党对外事工作的集中统一领导"生命线,确保外事工作形成合力、保持定力

改革开放以来,日照始终坚持"党管外事"原则,坚持以党的方针政策为指引,严格落实党的外事工作思想,加强党对外事工作的集中统一领导,建立健全市县两级党委外事工作委员会(领导小组)机制,初步形成涵盖党委、人大、政府、政协和社会各界的"大外事"工作格局,完善重大涉外突发事件应急机制、因公出国联查机制、外国记者管理和舆论引导联席会议机制、境外非政府组织管理等一系列涉外工作机制,打造统一领导、归口管理、分级负责、协调配合的日照外事管理工作网络,形成全市对外交往工作的整体合力。

(二)突出"服务国家总体外交"工作大局,保证外事工作目标明确、方向正确

改革开放以来,日照外事工作无论在何种情况下都始终坚定不移贯彻落实党的对外开放政策,始终以维护发展大局、服务开放全局为己任,深入参与不同时期国家战略的实施,努力增进与世界不同国家和地区人民的了解和友谊,广泛结交对华友好的地方政府要员和各界知名人士,积极承担并高质量完成国家外交赋予的各项外事工作任务,不断延伸和巩固国家外交空间和地位,使外事工作始终保持明确的工作目标和正确的政治方向。

(三)立足"服务全市经济社会发展"根本任务,实现外事工作大有可为、大有作为

改革开放以来,日照外事工作主动融入全市开放发展大局,强化服务意识,统筹利用外事资源,紧紧围绕水产、煤炭、钢铁、浆纸、汽车、石化、港口、海洋生物、医疗、教育等产业项目的国际合作,找机遇、做文章,积极推动资金、装备、技术、人才、服务等"走出去""引进来",助力项目建设从无到有、从小到大、从弱到强,为推动日照经济社会发展作出了积极贡献。

(四)践行"外事为民"工作宗旨,推动外事工作持续发力、久久为功

改革开放以来,日照外事工作积极践行"外事为民"的工作宗旨,坚持"打开门、走出去、接地气",不断延伸外事服务链,依托领事保护、出入境管理、APEC商务旅行卡等工作职能,主动送服务、政策和信息进企业、进校园、进社区,助力企业"请进来""走出去",开拓国际市场,妥善处置大量涉及日照市人民和企业的涉外案件和领事保护事件,切实维护全市公民和企业在海外合法权益,努力让外事成果更多惠及广大民众。

展望未来,世界和平合作的潮流奔涌向前,中国发展振兴的大势不可阻挡,与此同时,世界格局和大国关系的复杂深刻演变仍将持续,新的历史条件下的各种风险挑战还会显现。我们将以习近平新时代中国特色社会主义外交思想为指引,汲取日照对外开放的宝贵经验,紧紧围绕党和国家中心工作,围绕日照市重大战略部署,高水平服务国家总体外交大局、服务构建人类命运共同体、服务"一带一路"建设、服务日照经济社会发展,奋力谱写新时代日照外事历史新篇章。

执 笔 人:吴凤吉　许　博

审 稿 人:吴乃军

撰稿单位:日照市人民政府外事办公室

日照市行政审批服务事业发展历程、成就及经验

行政审批服务工作是放管服改革的"牛鼻子"和"先手棋",是提高政府效能的前沿阵地。2018年底,按照市委、市政府推进机构改革、深化相对集中行政许可权改革的安排部署,日照市整合市政务服务中心职能及有关部门单位审批服务职能,组建成立市行政审批服务局,实行"一枚印章管审批",主要负责审批职责范围内的行政许可事项,提供相关公共服务和便民服务。坚持以人民群众和企业满意为中心,以满足群众需求、服务企业发展为导向,以打造"审批事项少、办事效率高、服务质量优"为目标,深入推进"放管服""一次办好"改革。先后荣获全国"优秀政务大厅""全国网民留言办理工作先进单位""人民网网民留言办理工作十周年贡献奖""省级文明单位""省级青年文明号""山东省行政服务标准化示范单位""山东省人民满意的金牌窗口单位"等荣誉称号。

一、市行政审批服务事业发展的历程

(一)行政审批服务事业起步探索时期(2003～2009年)

2001年9月,国务院行政审批制度改革领导小组办公室在中纪委、监察部挂牌,标志着全国行政审批制度改革全面启动,行政审批清理、规范、效能进一步提升。2002年,山东省政府作出提高行政效率、优化发展环境的重要决策,召开提速大会全面发动。2003年8月27日,全国人大常委会表决通过了《行政许可法》。为进一步转变政府职能、优化投资环境、增强城市综合竞争能力,日照市委、市政府深化行政审批制度改革,2003年开始采用市场化运作机制筹建政务

大厅;同年 11 月,市政府召开市行政服务中心运行和管理领导小组(扩大)会议;12 月,行政审批大楼交付使用,市政务服务中心与市政府法制办实行合署办公。

抓进驻、促规范,行政服务中心成立并运行良好。2004 年 2 月 23 日行政服务中心试运行,3 月 29 日正式挂牌,大楼面积 4700 平方米,设置 70 个窗口。根据"能进则进"原则集中了 70% 的行政审批项目,有效解决"门难进、事难办"问题。原中央政治局常委、全国人大常委会副委员长田纪云,全国人大常委会委员、农业与农村工作委员会副主任委员、山东省原省长李春亭等中央、省级领导多次到中心检查指导工作,韩国忠清南道唐津郡公务员分 7 批到日照市考察,并给予高度评价。在事项进驻方面,首批集中办理审批事项、收费事项、服务事项共 400 多项,34 个部门单位及 10 家中介服务机构的工作人员共 140 多人集中办公,与各部门原办事中心相比,在面积规模、办事数量和办事效果等方面都有明显提升。在审批授权方面,按照《行政许可法》规定,对原有审批方式和操作程序进行改革调整。市政府印发了《关于日照市行政服务中心和管理有关问题的意见》,明确"集中办理、充分授权、公开透明、优质高效"四项原则,要求窗口职责与权限相一致。在规范管理方面,制定了《窗口与工作人员考核办法》《行政审批内部操作规程》《考勤办法》《大厅工作人员"四一样四禁止"行为规范》等 25 项规章制度,并与行政投诉监察中心实施联动,对窗口工作明察暗访。在事项办理方面,2004 年办结事项 3.3 万件、咨询服务 2.5 万件,按时办结率 100%,收到群众表扬信、感谢信、锦旗等 83 件,荣获"2004 年度政府创新奖""2004 年度市级卫生先进单位"等荣誉称号。

创品牌、促提升,行政审批由管理向服务转变。认真践行"服务群众、服务基层、服务经济建设"服务理念,以组织争创服务品牌为抓手,努力建成便民中心、高效中心、阳光中心、廉洁中心。2005 年"办事面对面,服务心贴心"被评为首批机关三大名牌;2007 年"面对面,心贴心"荣获山东省服务名牌,成为全省两个获得"山东省服务名牌"的市级行政服务中心之一。市政府主要领导批示:"望行政服务中心以荣获山东省服务名牌为新起点,为日照又好又快发展和改善民生创造更好的政务环境。"转变服务理念,确立"宁愿麻烦自己百次、不能麻烦群众一次""等群众找我们办事、不能让办事群众等我们"服务理念,加强内部管理、优化工作流程。提升服务效能。2009年委托国家统计局日照调查队进行第三方调查,根据群众需求开展"再精简再提速"活动,推动涉企审批项目进厅,着力推行链条化审批和标准化服务,建设了"一站式"收费服务平台,审批服务项目精简12%、审批环节精简11%、收费降低1亿元、审批效率提高26%。加强规范管理。建立健全行为规范、业务管理、监督考核等规章制度,对首问负责、承诺服务、办事明白卡、一次性告知等服务行为进行规范,增强总服务台咨询服务、业务办理、建议投诉、后勤保障等功能,完善办件评议、办件回访、调查问卷、受理投诉等评估纠错机制,提高了大厅审批服务的标准化、规范化程度。凝聚队伍合力。先后召开总结表彰、"精细管理、细微服务"集中活动动员等会议,组织开展"接轨青岛"论文征集评选比赛、庆"五一"联谊会等活动,增强了队伍凝聚力和向心力。

设热线、促便民,市长公开电话规范运行。2005年3月,市编委决定,市行政服务中心加挂市政府市长公开电话受理中心的牌子,负责市长公开电话的接听、上报、转办及督查落实等工作。同年6月2日,市长公开电话正式开通,市政府主要领导接听了市民打进的第一个热线电话,反映问题为某家属区内施工噪音影响市民休息。随后有关部门组织人员力量直奔施工现场责令停工、依法处罚。成立后,6小时内接听742个有效电话,全部转办得到妥善处理。

2005年,市政府办公室印发了《日照市人民政府办公室关于切实做好市长公开电话工作的通知》,要求建立完善工作网络,对各网络单位主要任务进行安排部署,建立健全考核、奖惩制度,保证市长公开电话的高效协调运转。市政府主要领导多次批示,并将市民提出的城市建设、经济发展等方面的意见和建议分别批给各位副市长参阅处理。

2007年,市政府办公室印发了《日照市人民政府办公室关于印发日照市市长公开电话市长接听日制度的通知》,建立市长接听日制度;2008年,印发了《市长热线短信平台工作规程》和《市长信箱工作规程》,确定有关工作职责、工作程序、工作网络,对政府各部门办理市长短信及市长信箱信件提出了明确要求。以市长接听日活动为抓手,认真抓好市长公开电话的受理、转办、督办、反馈、回访、总结等工作,努力发挥政策宣传"扬声器"、社情民意"晴雨表"、工作落实"推进器"、建设和谐社会"减压阀"作用,力求事事有回音,件件有结果。

(二)行政审批服务事业迅速发展时期(2010～2015年)

2011年全国深入推进行政审批制度改革工作电视电话会议召开,时任国务院总理温家宝要求创新行政审批服务方式,各部门要把接待、受理、咨询、办复等工作转移到政务中心集中办理。山东省委省政府高度重视,要求在行政审批服务领域进行行政服务标准化试点,把进驻行政服务中心的各审批服务部门、单位窗口的职能、权力、责任和义务,用定量、统一、规范的标准确定下来,实现行政审批服务工作的质量目标化、行为规范化、方法程序化、监督经常化。2010年,日照市委、市政府审时度势,开展行政审批"两集中两到位"和公共资源交易市场化改革工作。2010年12月28日,第二代政务服务中心正式揭牌使用,由政务服务大厅和公共资源交易大厅两部分组成,总建筑面积1.2万平方米,规划建设了工商登记区、社会事务区、基本建设区和综合服务区等功能区,设立130个行政服务窗口、38个后台办公室以及群众洽谈室、联合审图室等办公服务场所。

推行"两集中两到位"改革,提升审批效能。2010年3月,市政府分管领导带队赴河北省邯郸市考察"两集中两到位"改革和大厅规划建设,在岚山区率先开展试点工作,第29次市长办公会决定在全市推广实施"两集中两到位"改革。5月份,市政务服务中心赴江苏镇江和徐州考察学习"两集中两到位"工作。2010年11月印发了《关于印发〈行政项目和行政服务科室及人员进驻市行政审批大厅的工作方案〉的通知》和《关于做好行政项目和行政服务科室及人员进驻市行政审批大厅前期准备工作的通知》,完成行政服务科室、项目和人员进驻工作。通过优化提升,中心进驻部门43个、中介服务机构10个、工作人员200余名,办理审批服务事项294项,总体办件时限由2148个工作日减至1483个工作日,办事效率提高30.1%;承诺件平均办理时限由5.83天减少到1.92天,平均审批环节压缩到2.8个。强化绩效考核,将市政府部门单位以及区县政府推行"两集中两到位"工作情况纳入年度目标管理绩效考核范围,加大考核分值,推动改革落实到位。

加强政务服务标准化建设，规范行政审批。推行政务服务标准化建设，实现"岗岗有标准规范，人人按标准履职"，顺利通过省质监局的标准化试点验收。2011年，日照市开展行政服务标准化规范月活动，全面梳理规范运行制度，编写《行政服务标准化手册》，编制《行政服务流程标准汇编》，对服务质量、服务流程、收费管理、窗口管理、服务形象、便民设施等8个方面进行了系统规范，形成了服务质量标准、服务管理标准和服务工作标准三大标准化体系。以服务标准化创新为主题，组织开展了首届政务服务窗口机关工作创新奖评选活动，围绕服务机制和窗口管理等方面，组织大厅各窗口更新流程标准，创新标准化服务，评选出了5个服务标准化优秀窗口和4个服务标准化优秀窗口提名奖，进一步优化了行政服务、提高审批效能。

开展"网络问政""服务织网、热线合唱"，畅通社情民意渠道。2012年，开展"服务织网、热线合唱"活动，升级"12345"市长热线受理平台，在各网络办理单位热线号码不变、受理方式不变、处理流程不变的基础上，实现热线电话与"12345"热线平台的横向链接、受理、反馈，初步构建政务服务热线"一个号码都能办"的工作制度，及时办理群众诉求，通过人民网、《大众日报》、山东人民广播电台、日照电视台、《日照日报》等新闻媒体进行广泛宣传报道。2013年，会同市信访局、市行政投诉监察中心印发了《关于进一步做好人民网"地方领导留言板"群众留言办理反馈工作的通知》，梳理制定了日照市人民网"地方领导留言板"留言办理工作制度，召开了全市市长热线、人民网留言、政务微博、警务大回访办理工作现场会，对市长热线各网络单位做好网络问政工作提出了要求，不断提升热线办理效率和满意度。

组建公共资源交易中心，打造公共资源交易平台。根据深化公共资源交易市场化改革部署，市政府于2012年12月启用公共资源交易中心，将市建设市场交易中心整建制划归市政务服务中心管理办公室，成立市公共资源交易中心，设工程建设交易部、国有土地及矿产权交易部、政府采购交易部，场所面积5000平方米，分为交易服务区、开标区、评标区、办公区等，负责市区的工程建设招投标、政府采购、国土招拍挂等公共资源交易活动。建立了"一委、一办、一中心"的监督管理模式，实行公共资源交易的行政监管部门和办理服务机构分离，统一规范管理公共资源交易活动。与市监察局联合印发了《关于市级公共资源项目统一进场交易的通知》,明确公共资源项目进场交易的范围、时间和统一要求。按照"努力实现公共资源交易工作零风险"工作目标,制定"八条禁令",强化市公共资源交易中心党风廉政建设。2014年2月起,除市本级政府采购、国土资源以外的东港区、山海天旅游度假区、日照经济开发区、日照国际海洋城的政府采购和建设工程、水利工程等项目全部进场交易。截至2014年10月底,共完成各类交易项目1107项,总成交价96.63亿元,节支1.235亿元。

(三)深化相对集中行政许可权改革时期(2015～2019年)

2015年5月12日,国务院总理李克强在全国推进简政放权放管结合职能转变工作电视电话会议上首次提出:"当前和今后一个时期,深化行政体制改革、转变政府职能总的要求是,简政放权、放管结合、优化服务协同推进,即'放、管、服'三管齐下。"按照省市有关部署要求,日照市加快推进"最多跑一次""一次办好"改革,2018年12月,按照推进机构改革、持续深化相对集中行政许可权的改革要求,组建市行政审批服务局,开启了行政审批服务新篇章。

1. 坚持深化改革,项目审批质效实现新提升

探索推进并联审批。2015年,制定印发了《工业投资项目全面实施并联审批的通知》《关于房地产项目并联审批提速提效的实施意见》,研发启用新一代工程建设"一表通"系统,建立运行了"并联预审、一次告知、圆桌会审"高效审批机制,彻底改变了用拉杆箱拉着项目申报材料到现场办理的情形。2016年以来,认真梳理跨部门并联审批流程,印发了《日照市投资建设项目模块化并联审批流程试行方案》,明确了项目立项、用地审批等模块,会同有关部门细化联审联办具体流程,创新"整合流程、一门受理、并联审批、信息共享、限时办结"批办机制。同时大力推行区域化评估评审,会同市职能办督导、协助开发区编制实施方案,确定试点园区范围和功能定位,取得了良好成效。

创新推出"容缺受理+并联审批"。2017年,在全省创新推出《容缺受理+并联审批》《"1+3"预审》《多评合一》等8份规范性文件,市级投资项目审批要件150个、可容缺80个,容缺率53.3%,实现投资项目5个工作日完成审图、35个工作日完成评估、40个工作日完成施工许可。在行政审批领域依次推开相应

改革，214 项市级审批事项涉及申请材料 2287 项，可容缺 1188 项，容缺率 51.9%。出台《重点项目审批专人代办办法》，通过专人代办畅通项目审批绿色通道，打造重点项目"店小二"全流程代办服务。

加快推进工程建设项目审批制度改革。2019 年国务院办公厅出台《关于全面开展工程建设项目审批制度改革的实施意见》，要求实现审批流程、信息数据平台、审批管理体系、监管方式"四统一"。6 月，日照市在全省率先出台工程建设项目审批制度改革方案，落实全流程全覆盖和"四统一"要求，分社会投资工业建筑工程、带方案出让用地社会投资项目 6 大类推进，将项目审批主流程、全流程分别控制在 40 个、90 个工作日。11 月，日照市工程建设项目审批平台系统建成启用，并与国家、省平台实现互联互通，初步实现"平台之外无项目审批"。2019 年为市百项重点项目办理施工许可 71 个，市重点项目"钢琴+"、远大中心项目施工许可审批时间分别压减 2/3 以上，全部提前 3 个多月落地。

2. 坚持简化优化，政务流程再造开启新篇章

审批监管协同联动。2019 年 6 月，出台了《关于建立行政审批与职能监管协调联动工作机制的通知》，厘清审批与监管权责边界，健全审批、监管、执法联动机制，建立完善行政审批服务联席会议等 5 项制度，明确行政审批服务部门自行勘验事项 42 项、与主管部门联合勘验事项 69 项。依托工程建设项目平台，建立审批与监管互动信息系统，完善"行政审批+监管支持+技术支撑"体系。

"一窗受理"稳步推进。2017 年出台《日照市"一窗受理、集成审批、全链条办理"工作方案》，变"多头受理"为"一窗受理"，推行审批多事一流程、一窗办多事，市政务服务中心 8 个市级分中心挂牌运行，全市政务服务标准化规范化运行获得有力提升。2018 年市级设立"4+6"一窗受理综合窗口，比省的规划提前 3 个月完成，获省委深改办《改革情况交流》专题刊发推广。2019 年 10 月，市政务服务大厅运行"一窗综合受理"，市级可受理行政权力事项 196 项，基本实现"进一扇门、到一个窗、办多件事"。

企业开办实现突破。2005 年 7 月，市政府办公室印发了《关于在市政务服务中心实施"市场主体准入'三证合一'"工作的通知》，在全省率先实施企业注册"三证合一、一照三号"；10 月，与市工商局牵头落实"一照一码"。2016 年 8

月,日照在全省率先实现"六证合一、一照一码"。2017年,将商务、公安、民政等11个部门29项涉企证照事项的申请材料简化、整合,使用一套"多证合一"登记。2018年,实现企业开办3个工作日内办结,压缩企业开办时间改革成为全省唯一的试点。2019年,将企业开办注册登记、刻章备案、社保登记、银行开户、发票领取优化整合为"一件事",10月全市企业开办实现零费用(公章刻制免费、税控设备费用抵交)、零跑腿(全程网办、证照免费寄送)、零差别(市区一体、同城同办)、零提交(全程电子化、纸质材料零提交)。2019年全市新增市场主体5.7万户,同比增长33.9%。

政务服务实现利企便民。推行政务服务"预约办、延时办、错时办、网上办",2019年开通双休日节假日审批服务通道,启用24小时"不打烊"自助服务区。设立领导带班、帮办代办、"吐槽找碴"窗口;建立"跑腿工"队伍,为企业群众提供全程帮办、无偿代办服务;完善无否决权、一口告知、首问负责等机制。落实政务服务"好差评"制度,设置"背对背"评议器,让企业群众评判服务质效。

3.坚持创新引领,"互联网+政务服务"拓展新领域

牵头筹建网上审批大厅。2015年,按省市要求认真落实筹建网上审批大厅任务部署,市政府印发了《日照市市级网上政务服务平台和市级网上行政审批大厅筹建方案》,明确了平台建设的总体任务、建设原则、时间步骤及有关部门单位的职责任务等。从市编办、市经信委等单位抽调有关工作人员,实行集中办公、联合攻关。赴杭州、泉州、滨州、莱芜学习,进一步确定了平台建设的技术方案和功能方案,完成了软硬件的招标采购工作,初步完成网上审批大厅软件系统开发工作。

实现省市县三级政务平台互联互通。2016年启用市级网上审批大厅,创新网上提醒、应答、互动、推送、查验、核对等智能程序,521项行政审批事项(含子项)纳入平台运行,331项便民服务事项进行网上公示。按照省政务服务平台建设和互联互通的工作要求,编制上报《日照市网上政务服务平台建设升级方案》;6月24日,召开区县网上政务服务平台筹建工作座谈会。省政府办公厅督导组实地督查后,在向孙伟副省长提报的《关于市县政务服务平台建设和互联互通工作推进情况的报告》中,对日照市平台建设工作提出表扬。

强化政务服务平台应用。2017 年,日照市不断健全完善政务服务网上平台,建成启用市县乡三级网上政务服务平台,实现与省平台互联互通。创新移动政务,启用"日照手机在线"(政务服务 App+微信公众号),企业群众可随时随地在线咨询、查询、预约、申报部分行政审批和公共服务事项。启用智能机器人,完成审批证照库软件开发,推行许可证照统一寄送,提升智能化、便利化水平。2018 年持续深化"一网办理",对接完成省统一用户管理身份认证系统,探索电子证照、电子印章应用,与省食药监局等 8 个省级部门自建系统对接,推动政务服务事项数据"全打通、全归集、全共享、全对接"。2019 年,加快推进"互联网+政务服务"向基层延伸步伐加快,实现乡镇、街道网上政务服务全覆盖。

4.坚持公平公正公开,公共资源交易取得新进展

2015 年,日照市开始积极推进公共资源交易电子平台建设,研发公共资源电子交易系统,国有土地网上招拍挂系统实行电子交易,全面实行政府采购交易系统电子化、无纸化。积极推进建设工程远程异地评标,邀请临沂、泰安、枣庄三市到日照市座谈,商讨远程异地评标工作有关事宜。

2016 年,根据市政府办公室《关于整合建立统一公共资源交易平台的实施意见》,明确界定了公共资源交易平台的交易事项、规格和职责,稳步推进公共资源平台扩围升级等有关工作。大力开展"提前介入、主动服务",为市中心血站综合楼改造工程、东港区 2016 年度区级土地整理项目等提供加班延时服务,保障重大项目和园区工程早日落地。

2017 年,日照市对工程建设招投标及国土招拍挂交易系统进行升级,组织研发了政府采购电子交易系统,建成启用全市统一的公共资源交易电子服务系统。市级平台的项目审核、公告发布、招投标文件下载上传等全部实现网上操作。"让数据多跑路、群众少跑腿",日照市的公共资源电子化交易走在全省前列。

2018 年启用全市公共资源交易市区县一体化平台系统,推进公共资源公开公平公正交易。

2019 年完善市区县一体化交易平台,实现与省交易平台、省政府采购平台、市建筑市场监管平台对接,全市完成公共资源交易项目 3584 项、交易额

759.48 亿元。

5.坚持为民便民利民,打造全市统一政务服务热线

实行 24 小时接听服务。2015 年,日照市行政审批部门提供"24 小时昼夜在线服务",接话数量和办理数量同比增长 1 倍以上,被誉为"不关门的单位,不下班的政府"。7 月份,与市旅游局"12301"投诉热线实行并轨接转,第一时间协调解决游客提出的问题。10 月份,与市物价局合作,由市长热线接听转办"12358"价格咨询投诉电话,高效办理群众提出的价格咨询投诉。认真开展"政务服务大回访活动",对在日照市投资、注册备案的所有企事业单位进行回访调查,广泛征求关于日照投资发展建设的意见建议,累计回访企业 243 个,政务服务满意率达 99%。

推进热线整合。2016 年启动热线整合工作,在前期摸底调查基础上,同步推进软硬件改造升级,完成涉及旅游投诉的政务服务热线整合任务。2017 年按照省市热线整合要求,先后整合 28 条部门热线,打造"一个号码对外、统一平台受理、各级依责办理"运行模式,实现了一个号码提供政策咨询、服务诉求、意见建议、举报投诉,实现省市热线互联互通。2018 年建成全市统一的 12345 政务服务热线平台,形成"1+1+28"(12345 市长热线+110 非警务类诉求分流+28 部门热线)体系。2019 年提升政务热线服务功能,落实"1515"办理机制,出台 12345 政务热线首办责任制,建立诉求转办、回访日清零、办理月清零机制,切实解决群众诉求办理难、办理慢等问题。2019 年,12345 政务热线办理业务 62.5 万余件,政务服务热线接通率、办结率、满意率分别为 90%、98.33%、93.77%。

强化督办问责。根据市作风办要求,2017 年 4 月与市纠风办联合印发通知,强化督办问责联动机制,将市纪委举报投诉电话"12388"、市长热线"12345"监督号码在政务服务大厅公开,对发生在群众身边的"四风"问题和"不作为、慢作为、乱作为""慵懒散慢拖""推诿假秀扯"等违纪违规行为,及时提请有关部门严肃处理。2018 年按照日照市加强作风建设的要求,实行政务热线与行风在线并轨运行、一口督办,与电视问政共同成为作风建设三大平台,实现重大政务事项进"问政日照",部门行业主管事项上"行风在线",日常民生事项打"12345 政务热线",形成重点突出、责任明确、科学有效运行体系,为社会群众提供全天候、全方位、全链条服务保障。2019 年建立"电话办、书面办、会议办、媒体办、现场办、专报办"督办机制,有效提升群众满意率。

二、市行政审批服务事业发展的成就

市行政审批服务局成立以来,相对集中的行政审批服务工作从无到有、实现了历史性突破,特别是 2019 年落实"一窗受理、一次办好"改革,坚持以企业群众获得感为金标准,加快推进流程再造,构建精简高效的政务生态,打造"审批事项少、办事效率高、服务质量优"的政务环境,助力全市优化营商环境和高质量发展。

(一)行政审批服务流程再造、提质增效

从第一代大厅启用时的事项进驻,到第二代大厅"两集中两到位"改革,再到"放管服"改革、"一窗受理、一次办好"改革,日照市行政审批服务局始终坚持把简化优化审批服务作为首要工作来抓,企业群众办事越来越便利高效。

审批事项不断削减下放。行政审批局配合市委编办等有关部门梳理行政审批事项,提出取消下放的建议,对在厅审批事项运行进行督导管理。2004 年,第一代大厅启用,进驻 39 个部门、428 项审批及服务事项,办事群众由跑多家单位(部门)办一件事到跑一个大厅办多件事。第二代政务服务大厅进驻 43 个部门、10 个中介服务机构,办理审批服务事项 294 项。通过开展标准化建设,梳理形成服务质量标准、服务管理标准、服务工作标准 458 项。2013 年以来,累计削减市级行政审批事项 288 项,削减其他类行政权力事项 71 项。自 2015 年,实行"放管服"改革以来,编制公布了行政审批事项目录清单、行政权力清单、政府部门责任清单"三张清单",全面取消非行政许可审批事项。

项目审批效能不断提高。创新推行"串改并""模块化并联审批""区域化评估评审""市区一体化评估",投资建设项目审批整合为项目立项、用地审批、规划施工、竣工验收备案四个模块,大幅提高审批效率。2017 年,探索实行"容缺受理+并联审批",市级 211 项行政许可事项包含的 2297 项申请材料中,可容缺材料 1174 项,容缺率达 51.1%。全面推行建设项目前置审批区域化评估评审,工业项目落地平均节省 6 至 9 个月。2018 年,对标省优化营商环境"3545"改

革,创新推进"3440"专项改革,实现投资项目40个工作日内完成从立项到竣工验收备案在内的投资项目审批过程。2019年,大力推行工程建设项目审批制度改革,建成启用工程建设项目审批平台系统,项目审批主流程、全流程分别控制在40、90个工作日。畅通重点项目审批绿色通道,推行"容缺受理+信用承诺+容缺办理",精简6项建筑许可前置事项,推动项目尽快开工落地。

"一次办好"改革快速推进。2017年9月出台的行政审批否定报备制度,梳理公布市级部门(单位)第一批"零跑腿"和"只跑一次"事项清单,10月份完成公共服务事项进驻大厅工作。2018年"一窗受理"全面运行,市级设立"4+6"一窗受理综合窗口,比省提前3个月完成。"一链办理"取得进展,市级整合投资项目审批、商事登记证照联办、社会组织登记、不动产交易登记等"一链式"办事流程,实现"一张表单、一套材料、一个窗口"即可办成多件事。2019年提升"一窗综合受理",基本实现"进一扇门、到一个窗、办多件事",市级"一窗"可受理行政权力事项198项。

"不见面审批"成为常态。2017年建成启用的市县乡三级网上政务服务平台实现了与省政务平台互联互通,日照市迈入"互联网+政务服务"新时代,政务服务越来越"聪明"。群众和企业可随时随地在线咨询、查询、预约、申报部分行政审批和公共服务事项。拓展政务服务平台应用,2018年,日照市与东营市成为省内首批应用推进试点统一政务App的城市,移动政务App具有办事查询、办事预约、申请材料上传等功能,配套提供快递、天气、高速路况、车辆违章等便民查询服务。加快推进"一网通办、四端协同",2019年100项高频事项实现"网上办",30项高频事项实现"掌上办",91项高频事项"秒批秒办",基层社区、中心村网上政务服务全覆盖,实现窗口端、电脑端、移动端、自助终端同步可办。

政务服务体系建设不断完善。2017年8个市直分中心同步挂牌运行,向着全市政务服务标准化迈出坚实步伐,纵向联动、横向一体政务服务体系进一步完善。日照市在全省率先推行事权划分,向园区下放市级管理权限141项;同年莒县探索设立行政审批局,推行一枚印章管审批。企业注册登记制度不断革新,从"3证合一"到"6证合一"再到"35证合一""51证合一",越来越简约、便利、高效。市区一体化工作取得进展,2018年通过拆分事项、规范流程、统一要素,公布市、东港区一体化审批事项清单127项,初步实现市区审批服务一体运行、同城通办。

(二)公共资源交易公开公平公正

交易范围不断拓展。2013年4月,公共资源交易中心启用,改变了全市公共资源交易分散监管、交易场地受限的问题。成立当年,市直进场交易建设工程项目共计256项,施工建筑面积586.38万平方米,中标价51.01亿元;政府采购项目346项,成交金额44.963亿元;交通、公路、水利等建设项目陆续进场。2016年,全市公共资源交易中心共完成交易项目2096项,交易总额212.95亿元,节支10.05亿元。2017年,实现了工程建设、政府采购等"八大类"事项进场交易,完成公共资源交易项目2963项、总成交额606.6亿元,节支24.3亿元,各项交易数据实现了翻番式增长。

管理体系不断健全。公共资源交易市区县一体化建设取得重大进展,在莒县、五莲、岚山都设立了公共资源交易分中心,实行全市"一个平台、一套系统、一套规则、一个网站",形成全市公共资源交易"1+3"格局。岚山区率先建立乡镇公共资源交易工作站,完善区镇一体化平台运行,实现公共资源进场交易全覆盖。

工作机制不断优化。2014年,完善优化了电子交易系统,建设工程实现了网上报名、网上下载招标文件、网上递交投标保证金,开启招标活动网络化;2017年,启用全市统一的公共资源交易电子服务系统,推进市区县电子交易一体化建设;与省内部分市建立远程异地评标联盟,制定了《远程(异市)电子评标管理办法》,在聊城市、日照市两个会场开展"聊城经济技术开发区江北水镇二期A13#、A17#及附属商业项目",实现了建设工程远程异地评标。2018年,制定了公共资源交易管理制度、交易规则,建立公共资源交易信用档案,为公共资源"三公交易"的综合管理、行政监管、监察审计等提供支持。2019年,协同推进统一进场、统一目录、统一规则、统一管理,公共资源交易规范化水平不断提升。

科技防腐力度进一步加大。健全专家评标、中介入场执业和现场巡查等制度,充分利用电子技术及时识别串通投标等违法违规行为,及时将相关情况提交给项目评审专家组和监管部门,有效净化了招投标环境,发挥市场决定性配置作用。把事项名称、办理程序、承诺时限等在平台上全部进行公开,接受各级监督,强化科技防腐手段的应用,依法加强行业监管。开展廉政风险点排查梳理,落实"AB 角"负责制,特别重要岗位设置"C 角",确保防腐硬机制落实到位。

(三)政务服务热线畅通社情民意诉求渠道

实现一个号码解决群众诉求。2012 年实施"服务织网、热线合唱","12345"与各部门政务热线初步实现互相接转、互相监督。按照省市热线整合要求,2017 年底整合了 28 条部门热线,打造"一个号码对外、统一平台受理、各级依责办理"运行模式,实现一个号码提供政策咨询、服务诉求、意见建议、举报投诉,实现省市热线互联互通。

聚焦聚力听民声、解民困。2005 年,日照市长热线正式开通,成立当年共接听电话 3.1 万多个,按时办结率 81%,群众满意率 73%。2017 年热线整合后,有效解决以往热线号码多、管理分散、办理低效、信息难共享等问题,一大批涉及广大市民切身利益的热点、难点问题,如部分企业拖欠职工工资、困难人员社会救助、旅游管理、社会治安等,都通过政务服务热线得到了妥善解决。2019 年,政务服务热线接通率、办结率、满意率分别为 90%、98.33%、93.77%。

深化作风建设集中整顿。2017 年,全市掀起深化作风建设集中整顿热潮,市政务服务热线与市纠风办联合印发通知,强化了督办问责联动机制,对发生在群众身边的"四风"问题和不作为、慢作为、乱作为、"慵懒散慢拖""推诿假秀扯"、虚报瞒报办理结果以及其他违纪违规行为及时严肃处理。2018 年,创新推进政务热线和行风在线并轨运行、一口督办,打造日照市作风建设平台。2019 年,举办行风在线 234 期,60 个部门单位"一把手"上线,打造微型"问政日照",及时曝光推诿扯皮等负面典型,真正为老百姓处理一批急事难事。

三、市行政审批服务事业发展的经验

回顾日照市行政审批服务事业的发展历程,总结成绩和经验,对于继续深化"放管服"改革、构建精简高效政务生态、推动行政审批服务事业迈上新台阶

具有重大现实意义和深远历史影响。

（一）必须坚持以人民为中心

群众满意是根本，企业需要是前提。政务服务中心是面向群众企业的一线窗口，行政审批服务事业是一项便民利企的民心工程。历经十余年发展，行政审批服务逐步壮大。从发展历程来看，从"多部门"到"一个章"，从"多头跑"到"一窗跑"，从"跑多次"到"只跑一次"，从线下招投标到全程电子招投标、远程异地招投标，从记多个热线号码到只拨一个号码，审批服务不断简化优化。必须不断适应"放管服"改革新形势、新任务要求，必须始终坚持"问题、创新、市场"三个导向，以人民群众和企业满意为中心，坚持权为民所用、利为民所谋、情为民所系，变"政府端菜"为"群众点菜"，不断创新精神、改革理念，提高政务服务供给水平，满足社会群众和企业发展需要。

（二）必须始终坚持创新驱动

问题是把锁，改革创新是"金钥匙"。要在坚持问题导向的基础上，精准施策、靶向发力。要紧跟时代发展步伐，善用新思维、新角度看问题，勇于创新、勇于变革，彻底摒弃惯性思维、路径依赖，在区域竞争中抢占先机、赢得优势、赢得未来。"互联网+"时代到来，要求"互联网+政务服务"必须快速推进，实现事项上网、网申网办，政务服务平台不断优化，线上服务普及应用不断加强，提升政务服务智能化水平。当前科技发展日新月异，只有坚持改革创新，才能牢牢把握前进的方向，提供与经济社会发展相适应的政务服务。下一步，要继续坚持创新导向，坚持"创新、协调、绿色、开放、共享"五大发展理念，深化"放管服"改革成果，推动全市行政审批服务工作迈上新的台阶。

（三）必须始终坚持深化改革

政务服务中心是改革的产物，行政审批服务工作是"放管服"改革的前沿阵地。特别是2015年以来，"放管服"力度不断加大，省市各级持续推进简政放权、放管结合、优化服务，不断提高政府效能。山东省《深化放管服改革进一步优化政务环境的实施意见》要求"坚持改革引领"，围绕充分发挥市场在资源配置中的决定性作用和更好发挥政府作用，以政府的自身改革，着力破解供给侧结构性改革的体制机制瓶颈制约。改革是刀刃向里、自我革命，必须坚持改革理念、法治思维,才能不断进取、不断创新、不断提高政务效能,为经济社会发展清障搭台。

(四)必须始终坚持真抓实干

干与不干大不一样,知行合一,愿景方能成为风景。日照市行政审批服务事业从无到有,从有到优,从初现雏形到基本规范,从一项业务(政务管理)到多个板块(行政审批服务、政务服务平台、公共资源交易),是各届领导班子一届接着一届干的结果,体现了全市行政审批服务系统大干快干、实干苦干优良作风,凝结着几代审批服务人的辛勤汗水,攻克了一个又一个看似不可攻克的难关,跑出了一个又一个日照"加速度"。下步,将一锤接着一锤敲,一年接着一年干,求实务实抓落实,不懈努力、矢志奋斗、干事创业,促进政务服务工作落地见效、开花结果,为建设现代化海滨城市做出应有贡献。

执 笔 人:张　良

审 稿 人:宋　君

撰稿单位:日照市行政审批服务局

日照市食品药品监管工作
发展历程及成效

食品药品安全是重大民生工程、各方发展工程,关系到广大人民群众的身体健康和生命安全,关系到经济发展和社会和谐稳定。改革开放以来,党中央、国务院、省委、省政府高度重视食品药品安全工作,特别是党的十八大以来,党中央明确提出要深入实施食品安全战略,让人民群众吃的更加安全放心。习近平总书记指出,要用最严谨的标准、最严格的监管、最严厉的处罚、最严肃的问责("四个最严"),确保人民群众"舌尖上的安全"。日照市历届党委、政府高度重视食品药品安全工作,坚定不移地贯彻落实党中央、国务院决策部署和省委、省政府工作要求,开拓创新,健全体制机制,强化监管执法,规范产业发展,食品药品安全工作一年一个新台阶,系统地建立起了食品安全"从农田到餐桌"、药品安全从"实验室到医院"的全过程监管体系,整个监管工作进入法制化轨道,走在全省前列。几十年的探索和监管历程,大大提高了食品药品安全保障水平,有力地维护了广大人民群众的饮食用药安全,为促进经济社会的高质量发展发挥了重要作用。日照市先后荣获"山东省食品安全市"等 10 余项荣誉称号。各区县先后创建为"山东省食品安全县""山东省农产品质量安全县",在全省率先实现了"双安双创"全覆盖。

食品药品监管是随着我国市场经济体制改革而不断发展完善起来的,是改革开放和市场经济发展繁荣的产物。纵观几十年的监管历史,日照市食品药品监管主要经历了探索、改革和深化三个阶段。

一、探索阶段(1983～1990年)

20世纪70年代末、80年代初,随着全国改革开放的不断深入,计划经济开始向市场经济转变,除国营食品药品企业外,开始出现大量的食品个体业户,譬如个体饭店、个体食品加工点等;药品也开始放开个人经营的限制。在此背景下,迫切需要完善相关立法,实施依法管理,促进食品药品市场有序发展。为此,1983年国家颁布了《中华人民共和国食品卫生法》,1984年《中华人民共和国药品管理法》也开始实施。两部法律的颁布实施为加强食品药品监管提供了前所未有的法律保障。日照市食品药品监管开始进入探索起步阶段。

(一)完善监管体制,理顺监管职责

20世纪80年代,当时日照县委、县政府经过几年的探索发展,按照《中华人民共和国食品卫生法》《中华人民共和国药品管理法》要求,结合历年开展的全民爱国卫生运动,对辖区内的饭店、旅馆、招待所实施了基本的日常监管,例如组织从业人员健康查体,开展食品卫生日常检查等;在药品管理方面,省垂直管理单位日照医药管理局(日照药材公司)开始注重质量安全监管。至此,全县的食品药品监管工作已完全起步,为日后的监管奠定了基础。到20世纪80年代末,日照县改为日照市(县级市),随后,日照市升格为地级市,食品药品市场主体快速增加,全市达到260余家,发展势头强劲。此时,食品药品监管工作已经摆上党委、政府的议事议程。1989年12月,日照市委、市政府组建成立了日照市卫生局,承担辖区内招待所、饭店、宾馆等餐饮单位的食品卫生监督工作,同时新成立了市工商局、市质监局,两部门并行管理食品流通环节和食品生产环节的食品安全工作;药品管理工作由省垂直管理单位日照医药管理局(日照药材公司)全面负责。从此,日照市食品药品监管工作由专门的部门进行承担,监管开始步入法制化的轨道。

(二)持续宣贯法律,营造守法氛围

《中华人民共和国食品卫生法》《中华人民共和国药品管理法》实施后,为提高两部法律的社会知晓率,特别是食品药品从业人员的遵法守法意识,为开展监管工作创造条件,早在1985年以前,当时日照县委、县政府就分别成立了《中

华人民共和国食品卫生法》《中华人民共和国药品管理法》宣贯领导小组,在县城主要街道的墙面、单位宣传橱窗、单位黑板报栏开展了系列宣传活动,广大人民群众的食品药品安全意识开始萌发。从20世纪80年代末到90年代初,日照市(县)委、市(县)政府组织卫生、工商、医药管理等部门印制了大量的《中华人民共和国食品卫生法》《中华人民共和国药品管理法》单行本,作为宣传资料向社会分发。同时,组织有关部门每年对食品药品从业人员进行法律法规培训和从业教育。经过多年不间断的宣传教育,到20世纪90年代,在全社会特别是食品药品企业中初步营造了遵法守法的氛围,在很大程度上奠定了依法监管的基础。

(三)加强市场监管,促进有序发展

随着经济社会的快速发展,食品药品市场主体越来越多,到1990年年底,日照市食品药品企业和个体业户达到350余家,实施有效监管成为市场需要,也成为群众的需求。对此,日照市委、市政府针对当时部分食品药品企业和业户无证经营、缺乏法律意识、质量管理低下的实际情况,督促有关部门制定年度监督检查计划,入户进店进场实施依法监管。1989年至1990年,全市检查旅馆、招待所、个体饭店等餐饮单位272家,累计办理食品卫生许可证261份,培训从业人员600余人;累计办理食品相关单位营业执照293份,累计办理食品生产许可方面的证件26份。依照《中华人民共和国药品管理法》,1990年,药品检验机构和公安等部门积极协作,依法查处了10余起制售假劣药品的案件。系列监管举措的实施,使日照市食品药品企业和业户基本被纳入政府监管范围,城区相关企业持证率达到80%以上,市场开始规范有序发展。

二、改革阶段(1991～2005年)

进入20世纪90年代,特别是1992年日照市设区带县后的数年间,食品药品产业蓬勃发展,特别是食品市场主体迅速增多,食品相关个体业户遍布大街小巷,原有的监管机构和监管模式已不能适应工作需要,需要进行全面改革,实施制度化、专业化监管。

（一）建立分段监管模式，形成了齐抓共管局面

在药品监管方面，2002 年，在日照医药管理局（省垂直管理单位）的基础上成立了日照市药品监督管理局（省垂直管理单位），将原日照市卫生局药政科的职责划归日照市药品监督管理局，日照市药品监督管理局（省垂直管理单位）与日照市医药集团公司分离，彻底实现了政企分开，更加强化了药品安全的制度化、专业化监管。在食品监管方面，2004 年 12 月份，按照国务院《关于进一步加强食品安全工作的决定》，日照市委、市政府及时出台了《关于进一步加强食品安全工作的意见》，确定了"全市统一领导、地方政府负责、部门指导协调、各方联合行动"的食品安全工作机制，将食品安全工作延伸到了种养殖环节，具体规定了农口部门、工商部门、卫生部门、质监部门等 9 个单位的食品监管责任。同年，将日照市药品监督管理局（省垂直管理单位）改为日照市食品药品监管局（省垂直管理单位），承担食品安全的综合监管职责。通过大刀阔斧的改革，到 2005 年，在全市基本建立起了食品安全监管由食品药品监管部门总牵头、有关部门具体实施食品安全"从农田到餐桌"的分段监管责任机制，食品药品监管开始走向多部门既各负其责、又齐抓共管的局面。

（二）健全监管制度，推进了精细化监管

针对监管制度缺乏、监管效能发挥不充分的实际，加之食品药品新技术的大量应用，新产品、新业态层出不穷，迫切需要出台一批监管制度，推进制度化、精细化监管。对此，日照市在食品监管方面加强了顶层设计。2005 年，市政府在全省率先成立了食品安全工作委员会，农口、卫生、工商、食药监等 31 个部门单位为成员；出台了成员单位联席会议制度、联合执法检查制度、监管信息通报制度、食品安全事故应急预案、预防食物集体中毒处置管理办法等，有效推进了食品监管工作。在药品监管方面，2002 年出台了《日照市开办药品零售企业审查办法》，这是日照市关于规范药品零售企业开办的第一份规范性文件；2004 年，又出台了《日照市药品经营许可证（零售连锁）申办程序》。同年，市政府成立日照市行政审批大厅后，在大厅设立了药监服务窗口，将药品零售企业许可、生产一类医疗器械产品注册纳入大厅药监窗口的服务范围，统一实施审批办理，极大地方便了群众办事。

(三)开展系列专项整治,净化了市场环境

坚持"一年办好几件事,几年办好一件事"的原则,大力加强监管执法,持续开展市场检查规范工作,对突出问题进行专项整治,不断提升执法能力,营造良好的食品药品安全环境,确保食品药品安全。专项整治期间,深入开展了节假日等重点时段食品药品整治行动、"五小"单位专项整治、"学校食品卫生安全月"活动、医药市场专项治理整顿、打击制售假劣药品和一次性医疗器械专项治理活动等。到2005年,日照市累计完成食品从业人员健康查体5.72万人,覆盖率达到89%;培训人员5.4万人次,合格率为97%;食品卫生许可证持证率达到96%;药品抽检合格率达到96.1%;药品经营质量管理规范认证率达到100%。同时,加大执法办案力度,严查违法和犯罪行为,其中,2000年至2005年6年间,全市共查处食品药品案件2640余起,端掉制假售假窝点63个,销毁过期食品添加剂、过期散装食品及"三无"食品1.2033万千克,销毁假冒伪劣药品和医疗器械43个批次、230箱。

药品执法人员开展药店执法检查

(四)加强政策扶持,促进了医药产业发展

2004年,《中华人民共和国行政许可法》实施后,日照市积极响应上级政策,出台相关办法,彻底放开了开办药品批发企业开办的限制条件,允许民营资本

进入药品流通批发领域,境内山东康力生药业有限公司、日照华方药业、日照海普医药公司等民营药品批发公司先后成立,改变了日照市药品批发企业开办由国有企业垄断的局面。同时,允许并鼓励企业重组、兼并、联合,实行药品经营统一进货、统一市场营销策略和统一核算,形成规模化经营优势,改变企业内部分散经营的局面,降低经营成本,提高效益,为群众提供优质、方便、快捷的服务。2005 年,组织指导药品零售企业开展规范化药店、规范化药房创建活动,并对药品、医疗器械经营单位和医疗单位进行信用等级管理试点,全市创建规范化药房 33 家,占全市总数的一半,同时在 6 家药品企业开展了等级管理试点,以点带面,推进发展。

药品批发企业规范化药库

三、深化阶段（2006 ～ 2019 年）

在多年改革的基础上,以建立全市食品药品集中统一监管为目标,继续深化食品药品监管体制改革,积极适应不断变化的监管需要,特别是党的十八大以来,按照食品药品安全党政同责的要求,建立起了食品药品监管党委、政府集中统一领导、党委、政府主要负责人为第一责任人、各部门各负其责的监管机制。尤其是 2018 年年底,组建成立了日照市市场监管局,承担食品药品监管职能,食品药品监管进入了大监管、大执法、大推进的工作格局,食品药品监管走向了全面的改革和深化,食品药品监管更加科学有力。

(一)抓改革深化,实现了集中统一监管

2008 年,日照市政府成立了市农产品食品药品安全委员会,这是全省第一个市成立的涉及农产品(畜产品、水产品、林果产品)、食品、药品的委员会,进一步强化了统筹监管和精准监管。2010 年,日照市人民政府办公室印发《日照市食品药品监管局主要职责内设机构和人员编制规定的通知》,明确日照市食品药品监管局(2009 年取消垂直管理,作为地方管理机构)负责餐饮服务食品环节食品安全和药品的许可及监督管理工作,指导协调重大活动餐饮食品安全保障工作,组织查处餐饮服务食品环节食品和药品的违法违规行为;食品的综合监督、组织协调,依法组织查处重大食品安全事故的职责由卫生部门负责。2013 年 12 月,日照市政府印发《关于改革完善市县区食品药品工商质监管理体制的实施意见》,将市食安办的职责、市卫生局的食品安全综合协调和组织查处食品安全重大事故的职责、市食品药品监管局的职责、市质监局的生产环节食品安全监管职责、市工商局的流通环节食品安全监管职责及机构进行了整合,组建

2016 年 10 月,日照市人民政府新闻办公室发布食品药品专项整治情况

成立了新的市食品药品监管局,挂市食品安全委员会办公室牌子。作为市政府组成部门,对生产、流通、消费环节的食品安全和药品的安全性、有效性实施统一监督管理,并承担市食品安全委员会的具体工作。至此,除农产品种植养殖环节的监管外,基本实现了食品生产流通、餐饮食品、药品、医疗器械、保健食品、化妆品由食品药品监管部门集中统一监管,大大提高了监管效能,全市食品药品监管工作进入全新局面。2018 年,为适应监管需要,贯彻落实党和国家体制改革决策部署,根据党中央和省委关于建立市场大监管、大执法的部署要求,将原日照市工商局、原日照市质监局、原日照市食品药品监管局等部门合并,组建成立了日照市市场监督管理局,食品药品监管职能得到强化,形成了大监管执法格局。坚持落实食品药品安全党政同责,2019 年 12 月,日照市委、市政府出台了《贯彻落实〈地方党政领导干部食品安全责任制规定〉实施方案》,进一步推动建立健全食品安全责任体系,统筹推进食品安全集中统一监管。

(二)抓机制完善,深化了全过程监管

突出五个"强化",扎实有效地开展了一系列打基础、利长远的工作,加快推进食品安全从源头到消费环节的全过程监管。

一是强化机制建设。日照市政府先后两次调整市食安委领导机构和组成部门,由市委常委、常务副市长任主任,两位副市长任副主任,并明确 31 个成员单位食品安全工作职责分工。2019 年,制定完善了市食安委工作规则,将食品安全工作纳入全市经济社会发展综合考核,对各区县食品安全工作开展考核评议,切实发挥考核"指挥棒"作用;抓建章立制,2014 年以来,先后出台了《全市食品安全举报奖励实施办法》《日照市食品安全"黑名单"管理办法》《全市食品安全联合执法检查制度》等 23 个制度文件,食品安全工作的统一性明显增强。特别是 2019 年,出台了《关于深化改革加强食品安全工作的实施意见》,建立起食品安全预防、监管、惩处、约束、共治、考核"六位一体"闭环式长效监管机制。

二是强化责任落实。坚持以考促管,突出了经费投入保障、"食安山东"品牌建设、案件查办、食用农产品源头监管等六项重点任务的考核,有力地推进了食品安全从"农田到餐桌、从工厂到货架"的监管。

三是强化联合执法。坚持问题导向,围绕旅游景区、城乡接合部和农产品种植养殖等重点区域,聚焦农产品农残超标、食品非法添加等突出问题,定期组织开展部门间综合执法和茶叶、海产品等特色品种的综合检查。2014年以来,各农口部门查处食用农产品案件2956起。

四是强化食品抽检。积极发挥抽检在打假治劣、净化市场秩序的独特作用,倒逼企业诚信守法经营。到2019年,食用农产品、食品总合格率达到96.74%,处在全省上游水平。

五是强化应急管理。建立部门间食品安全风险交流和应急处置平台,完善食品药品安全事故和舆情处置预案,健全突发情况信息直报系统,规范处置流程,严格突发情况立号销号、现场核查和信息通报制度,食品药品安全应急管理走向制度化。

(三)抓示范创建,荣获了"山东食品安全市"称号

2016年,省政府启动省级食品安全城市和食品安全县(区)创建三年行动计划,日照市被列为全省首批创建城市。经过两年的努力,2017年日照市被授予"山东省食品安全市"称号,并同意日照市争创"国家食品安全示范城市",全市食品药品安全工作迈上新台阶。通过抓创建,食品安全发生四个明显变化。

一是监管基础明显优化。2017年,财政投入宣传、抽检和监管资金1200余万元,引导企业投入2000余万元,均比2016年大幅度增加,整个保障基础明显加强。特别是因抽检经费的增加,区县食品抽检由2016年的千人2.1份提升至2017年的千人3份。区县及以下食品药品监管机构建设进一步夯实,新增公务员、公益性岗位人员等128人。55个基层监管所办公条件进一步改善,场所面积普遍由200平方米增至300平方米左右。大部分监管所设置了食品快检室,基层技术支撑水平获得较大改善。

二是食品规范化水平明显提升。推行实施食品14类业态统一管理规范模板,对500家重点食品企业进行了全面规范,打造了30家典型示范企业,并以点带面,集中推广,推进食品各业态全面提档升级。

三是技术支撑体系明显加强。在检验检测技术方面,高标准完成了药品实验室改造搬迁和食品实验室改造升级,其中食品实验室被确定为省区域食品检验中心,整体检验水平进入全省前三位。坚持用技术数据说话,2017年完成抽

2017年4月,组织食品安全志愿服务者到社区开展食品安全宣传志愿服务

验任务9926批次,其中食品检验数量再创新高,突破9000批次,比上年增加43%。在智慧监管技术方面,累计投入资金100余万元,建成了覆盖市、县、乡三级的应急处置指挥系统、食品安全天网监控系统、食品快检数据共享系统,实现了对首批50家重点企业的可视化监控。

四是社会共治活力明显增强。以"山东省食品安全市"的创建为契机,累计投入资金150万元,大张旗鼓地开展了系列宣传引导活动。组建了3000多人的志愿者队伍,与食品药品监管人员一道活跃在机关企业、社区村居等,深入开展"食药安全四进"工作。面向人大代表、政协委员、景区游客、居民消费者等不同群体,发放调查问卷6500余份,广泛征求社会各界意见建议。2016年至2017年,通过监督热线接收食品药品质量投诉举报5734起,按时办结率和群众满意率均达100%。通过广泛营造社会共治氛围,提高了公众的食品药品安全知晓率和参与率,有力地促进了监管工作。

(四)抓市场整治,解决了一大批群众身边的突出问题

深入贯彻落实习近平总书记"四个最严"要求,严厉打击非法使用农药兽药鱼药等投入品、食品药品制假售假、以次充好、欺诈销售等违法犯罪行为,切实

为群众多办实事好事,努力守护好群众"舌尖上的安全"。2014年至2017年,全市各级食品药品监管部门共检查各类企业13.23万家次,行政约谈企业9204家,并与企业(批发市场)签订责任书或约谈备忘录;警告和责令整改企业1.27万家;对严重违法广告涉及的34种药品、23种保健食品和17种医疗器械在全市范围实施了暂停销售;查处食品药品案件3790起,涉案货值1.7243亿元。稽查工作多次受到国家和省的表彰奖励。2018年年底改革后,市场监管等部门更加突出了食品专项整治,其中2019年,立案查处食品案件586起,罚没款367.84万余元,集中销毁涉案食品8330余件;侦办食品刑事案件35起,抓获犯罪嫌疑人145名,打掉非法窝点26个,涉案价值1400余万元。

(五)抓品牌打造,加快了"食安日照"建设

积极打造"食安日照"品牌,山东省食安办于2019年12月12日在日照市召开了全省"食安山东"品牌建设现场会。一是打造"放心农产品"。实施标准支撑工程,以绿茶、海产品、中草药等特色产业为重点,开展标准化试点。2019年,修订《生态茶园建设技术规程》等农业标准13项、水生生物增殖放流技术省地方标准3项。建成全省唯一具备茶叶感官审评和茶叶等级评定能力的检验机

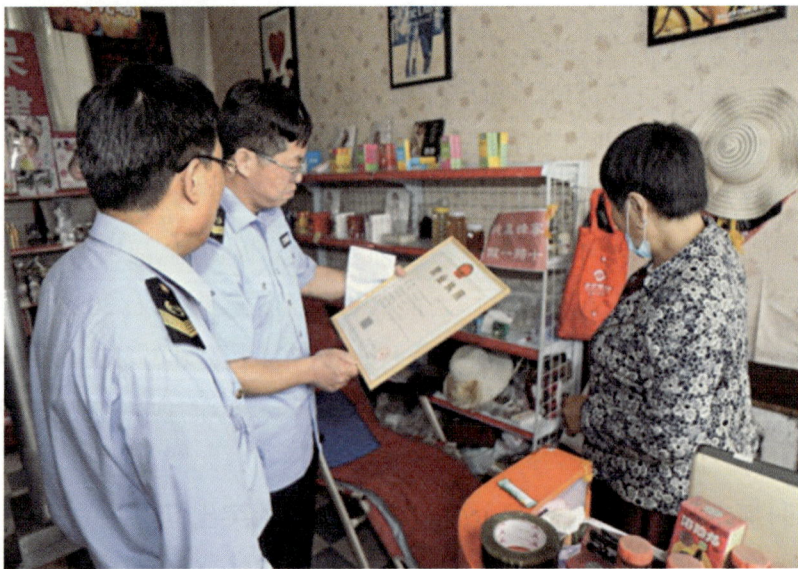

2018年8月19日,开展餐饮单位持证情况督导检查

2017年4月,执法人员检查农贸市场食品经营业户

构;推动检测服务到田间地头。推进农产品品牌建设,2019年,日照市新申报"三品一标"认证66个,"三品一标"总数达到596个,新创建国家级海洋牧场2处,省级海洋牧场4处,全市省级以上海洋牧场达到16处;落实《日照市品牌建设专项资金管理暂行办法》,对获得商标品牌的单位分类给予不同额度的奖补,2019年发放奖励品牌建设资金696.1万元;开展绿茶品牌质量"双提升"行动,新增授权"日照绿茶"商标使用单位104家,查处侵权案件17起,查扣侵权包装17.74万个。

二是打造"放心菜篮子"。2019年,日照市投资1.1亿元改造了莒县东关批发市场,投入885万元奖补资金规范提升了49处农村集贸市场。全市共有16家农贸市场被评为省级规范化农贸市场。推动山海天海鲜市场实行公司化"五统一"管理,将"食品溯源、智能电子秤、信息公示"等融入新建农贸市场智能化管理体系。培育打造省级"放心肉菜示范超市",推动超市落实订单农业、农超对接、厂超挂钩和基地+加工企业+超市等采购模式,实现来源可查、去向可追;组织开展了"食安快车进基层、服务群众零距离"活动,将食品快检车开进农村大集、城市社区、农贸市场,现场抽检、现场检验、现场公布结果,2019年开展抽检活动 82 次,快检食品 1283 批次,合格率 97.97%。

三是打造"放心餐饮"。山海天旅游度假区通过实施民俗旅游村拆迁改造,打造太公旅游小镇等特色小镇,推动民俗旅游产业持续健康发展和旅游业提档升级,王家皂一期精品民俗项目已建成,近期将投入使用。助力旅游富市战略,打造"放心餐饮"样板,将东夷小镇等打造成"食安山东"餐饮示范街,开发"放心消费、诚信日照"智慧监管平台,将东夷小镇餐饮单位全部纳入平台监管,旅游景区 3600 余家小餐饮业户全部实现了规范经营。实施"明厨亮灶"工程,打造"阳光厨房",让消费者吃得放心,目前全市大中型餐饮单位实施"明厨亮灶"率达到 80% 以上。开展旅游餐饮综合治理,突出旅游团餐整治,2019 年检查涉旅经营者 10242 户,约谈市场主办方、景区 30 家,督促整改问题 2525 个,下达责令整改通知书 563 份,在景区、景点等游客密集区域推行"就近公示"制度,倒逼经营者自律,2019 年涉旅消费投诉总量比 2018 年下降 30%。

四、食品药品监管主要成效

通过多年的改革与发展,食品药品监管从无到有,从有到优,不断走向信息化、技术化和法制化轨道,监管体制机制更加顺畅,监管活力明显增强,监管效能明显提高,公众的食品药品安全更加有保障,主要取得了四个方面的成效。

(一)构建起了完备的食品药品监管体系,监管更加集中统一

坚持不断深化食品药品监管体制、优化食品药品监管职能,到 2019 年上半年,市、县、乡三级市场监管机构全部组建成立,其中食品药品监管是重要职责,全市统一权威的食品药品监管整体构架和市食安办工作体系完全形成,建立起了食品药品监管全市一盘棋的工作格局。一是在市一级。2018 年 11 月,成立了日照市市场监管局;整合了市食品药品检验所职能、人员、资产,成立了新的日照市市场监管检验检测中心,实现了技术人才和检测效能的整合;日照市市场监管局设置日照市市场监管综合行政执法支队承担食品药品执法工作。二是在区县一级。东港区、岚山区、莒县、五莲县分别组建成立了市场监管局。日照经济技术开发区、日照高新技术开发区、日照山海天旅游度假区分别设置了市场监管局(分局),承担食品药品监管职能。三是在乡镇一级全部设置了市场监管所,

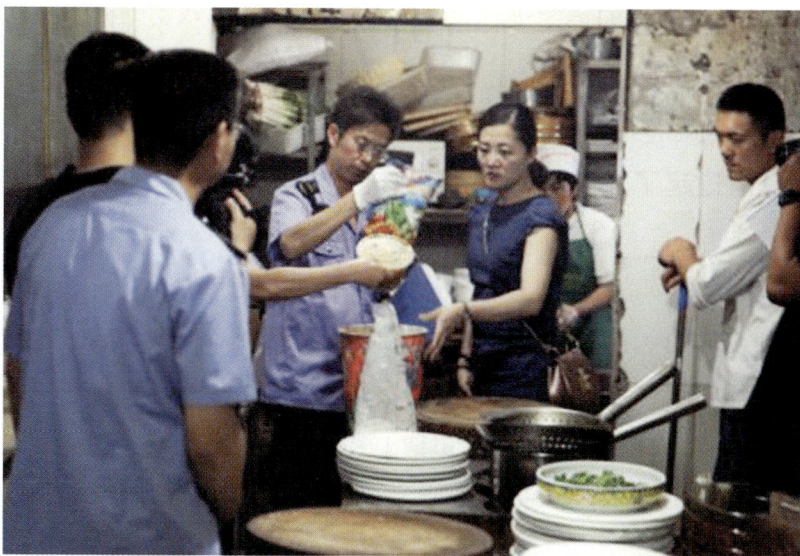

2016年9月,执法人员检查食品经营现场

负责本辖区食品药品监管工作;在农村,配备食品药品协管员2560名。

(二)构建起了完善的食品药品综合执法体系,监管更加精准有力

一直以来,市委、市政府都把群众利益放在至高的位置,聚焦食品药品安全领域侵害群众利益的突出问题,积极构建权威高效的食品药品综合执法体制机制,有力地发挥了食品药品执法的"拳头"和"利剑"作用,守护了公众食品药品安全。一是建立健全了"三项机制"。健全了区域层级衔接机制,实现了资源共享、信息互通,提升了跨区域联合执法能力;健全了监管执法衔接机制,积极推动执法机构参与到风险排查、监督检查和专项整治等监管行动中,避免以改代罚、以罚代管;健全了行刑衔接机制,推动强制执行落实到位。二是打牢了"三个关键"。打牢执法办案责任关键,强化案件查办主责主业,不断加大执法办案力度,做到发现一起,查处一起,严厉打击,从严重处;打牢重点领域案件查办关键,做到精准打击,形成了打击重点领域违法行为的强大合力,有效保障了人民群众的饮食用药安全;打牢案件查处信息公开关键,完善"黑名单"制度,落实食品药品安全领域"四个一律"要求,加大对食品药品经营者基本信息、质量抽检信息、日常监管信息、消费者投诉举报信息、执法办案信息等信息的公示力度。

特别是 2019 年,探索开展了"信用监管进基层"和"就近公示"制度,主动曝光食品药品违法违规行为,强化信用约束,营造了处罚一个、警示一片、"一处违法、处处受限"的良好遵法守法氛围。

(三)构建起了先进的食品药品监管技术支撑体系,监管更加科学高效

市委、市政府高度重视食品药品技术支撑能力建设,建成了以市级食品药品检验机构为龙头、县级检验机构和基层食品快检室为骨干、第三方检验机构为补充的食品药品监管技术支撑体系,为监管工作提供了可靠的技术保障。到 2019 年,日照有市级食品药品检验机构 1 家,县级检验机构 3 家,基层食品快检室 72 处。快检室的建立有效拓展了技术支撑的覆盖范围。日照市市场监管检验检测中心积极与驻日照大专院校合作,有效整合利用双方资源,充分发挥各自优势,技术水平和研发能力得到迅速提升,实验室面积达到 8080 平方米,仪器设备 274 台套,总价值 4000 余万元,具备食品药品类 2441 个方法、35581 个参数的检验资质,检验业务辐射全省,综合能力位居全省检验机构前列,被省确定

食品药品检验室一角

为省级食品区域检验中心。

(四)构建起了多元食品药品安全社会共治体系,监管更加有活力

充分发挥社会方方面面的作用,坚持"开门监管",着力构建多元参与的食品药品安全社会共治体系。一是培育起了守信的从业者。食品药品安全是管出来的,更是企业产出来的。积极运用案件和检测信息公开制度、"红黑名单"公开制度等工作机制,坚持常态化,把失信企业完全置于公众监督之下,督促企业落实主体责任,视质量为企业生命,做守法守信的从业者。二是培育起了理性的社会监督者。建立食品药品安全大宣传格局,引导群众客观看待、理性监督食品药品安全问题,形成了人人参与监督的良好氛围。同时,不断发展和壮大食品药品安全志愿者队伍、协管员队伍和信息员队伍,将其作为一支重要的监管补充力量,特别是外卖骑手协管员队伍的建立,发挥了监管的"千里眼"作用,实现了群防群控。三是培育起了客观的传播者。食品药品安全社会关注度高,媒体的宣传引导很关键。积极引导媒体单位持续开展富有建设性的舆论监督,共同保障食品药品安全。同时,认真落实有奖举报制度,不断调动公众参与食品药品监督的积极性,推动形成社会共治格局。

执 笔 人:赵子超
审 稿 人:费立志
撰稿单位:日照市市场监管局

日照市城乡规划工作发展历程及成就

中华人民共和国成立之初,市区建设原无规划,只是沿主街填空补缺。1958年春,日照县人委对县城布局和展宽4条街道等有了控制性的规划意见。1959年6月至1960年7月,山东省建筑工程勘察测量大队曾对日照、石臼周围26平方千米的地面进行过详细勘察,试图对日照县城进行全面规划,但因三年自然灾害半途而废。以后,省"四清"工作团与县人委曾分别于1964年和1969年对县城搞过规划,但这些规划在"文革"中遭到严重破坏,队伍解散,资料全部丢失,管理无章可循,城市建设失控,造成人力、物力、财力的浪费。党的十一届三中全会以来,城市规划工作进入新的发展时期,日照市城市总体规划也先后经历了5次修编,城乡规划管理体系日臻完善。回顾30多年日照市城乡规划发展史,城乡规划工作有效地推动了日照市经济社会的发展。

一、石臼所、日照城的总体规划

1983年,随着国家重点工程石臼港和兖石铁路的兴建,开始编制石臼所、日照城的总体规划,经县人大常委会审议通过,同年6月上报临沂地区行署。行署转呈省人民政府审批,山东省人民政府于1984年9月28日批复实施。

城市性质:布局合理、建设配套、道路畅通、环境优美,并具有鲁南特点的工贸型港口城市。

建设期限:1981年至2000年。

城市发展规模:人口20万,城市总用地共20平方千米。城市布局为组团式。分日照、石臼(包括万平口)、奎山3片,以石臼片为中心。万平口以西,明望台周围为政治、文化、科研、体育、卫生、商业服务中心。石臼镇为煤炭码头专业性港口和对外贸易加工区及生活服务基地。县城为轻工、农副产品加工的轻工业基地。丝山片龙山嘴区为渔业港口,也是海产养殖和疗养基地。

二、日照城市总体规划(撤县建市后)

1985年撤县建市以后,重新修订日照城市总体规划,1986年报临沂行署。临沂行署于1988年报省人民政府,省人民政府于1989年2月2日正式批复。

城市性质:鲁南的经济中心,钢铁和外贸加工生产基地,我国重要的对外贸易口岸,以煤炭出口为主体的综合性港口城市。

城市人口及用地规模:规划2000年人口达到20～26万,用地48平方千米。2000年以后,即远景规模,人口达到60～70万,用地90平方千米。

结构形态:采取城区与港区毗邻式的布置方式,城市主体沿岸线东北西南发展,发展组团式多中心的规划结构形态。全市规划4个组团,即日照镇、石臼镇、奎山南,港湾站以北、丝山以南。

总的设想是,兖石铁路以南为港区后方重点生产区,除安排钢铁厂外,还要布置足够数量的外商加工用地,同时为继续发展留有余地;铁路以北,主要布置城市生活居住地,并相应安排一般工业区。

三、日照市城市总体规划(1994版)

第三次规划是国务院批准设立地级日照市后,为适应城市经济发展需要,1991年聘请中国城市规划设计研究院编制。1994年8月3日经省政府正式批复实施。

城市性质:山东省对外开放的重点城市;以港口、工业、贸易、旅游为主的现代化花园式海滨城市。

城市人口及用地规模:近期到2000年,控制人口规模25～30万人,用地规模48平方千米;远期到2010年,控制人口规模50～60万人,用地规模127平方千米;远景到2020年以后,控制人口规模80～100万人,用地规模300平方千米左右。

规划区范围和分区：城市规划区的具体范围为，日照、石臼(含日照开发区行政区域范围)、秦楼三个街道办事处的行政区域和奎山街道办事处付疃河以北的行政区域以及曲河口水源地、涛雒与巨峰之间的机场规划区和鲁南国家海滨森林公园风景保护区。规划将日照市区划分为西区、北区、南区、刘家寨区和张家台区5部分。西区是地方工业、传统商业区，北区(城市中心区)是行政、金融、商业、贸易、科教区，南区是港区和重工业区，刘家寨区是工业仓储区，张家台区是旅游、疗养区。

四、日照市城市总体规划(2006～2020年)

2004年，随着日照市经济社会的快速发展和城市化进程的加快，亟须对1994版城市总体规划进行修编。2004年聘请中国城市规划设计研究院编制。2011年5月9日经省政府正式批复实施。

城市规划区范围：日照市区行政管辖的区域，由东港区和岚山区组成，总面积1915.1平方千米。

规划期限：近期为2006年至2010年；远期至2020年；远景为2020年以后。

城市性质：新亚欧大陆桥东方桥头堡，临港工业和海滨旅游业发达的阳光城市。

城市规模：日照市区城市建成区近期2010年规划人口为90万人，城市建设用地面积为106.2平方千米；远期2020年规划人口为110万人，城市建设用地面积为120平方千米。

规划期内日照市将采取"轴线集聚、极化带动"的总体空间发展策略，最终形成"一主一副两次、四条发展轴线、十个重点城镇"的空间格局。

规划确定主城区、岚山城区轴向分片布局结构。两区分别依托石臼港区、岚山港区南北分区发展。主城北区是综合性城市中心，承担城市主要服务功能，主要以商业金融、行政办公、文化教育、居住、旅游度假等职能为主。主城西区是综合性的城市副中心，主要以传统商业、居住等职能为主。主城南区是铁路以南地区,主要以居住、港口、工业等职能为主。岚山区是日照主要临港工业发展区,以港口运输、临港工业、居住等职能为主。岚山区阿掖山以北的龙王河两岸,在大力发展临港工业的同时,必须重视环境保护与土地资源有效利用,加强污染防治和土地节约使用。阿掖山南部主要为岚山传统城区,规划加强旧城改造,建设和完善道路网,通过城中村改造,努力节约用地。

控制性详细规划:以城市总体规划为依据,按照"统一片区划分、统一工作步骤、统一技术标准、统一审查审批"的原则,制定了《日照市控制性规划编制工作规则》《日照市控制性规划编制技术导则》《日照市控制性规划编制"六线"标定技术要求》等8个规范性文件,以指导全市的控规编制。根据城市总体规划确定的功能结构,日照市共分为两个规划编制分区,即:主城区、岚山区。主城区划分为8个片区,即日照片区、石臼片区、新市区片区、大学城片区、万平口片区、开发区片区、山海天片区、高新技术园片区。2007年编制完成市区8个片区控规,实现市区规划建设用地控规全覆盖。

五、日照市城市总体规划(2015～2035年)

随着日照市经济的飞速发展,城市化进程大大加快,城市发展面临诸多新的机遇。为落实国家、省级战略对日照市发展的有关要求,适应港口、铁路、机场等重大基础设施布局的需要,优化城市空间结构和功能布局,促进日照市海洋特色新兴城市建设,2010年7月,日照市组织开展了新一轮城市总体规划修编工作。

本版城市总体规划分为市域和城市规划区两个层次。市域为日照市行政辖区,包括东港区、岚山区、莒县、五莲县,总面积5359平方千米。城市规划区为日照市区行政辖区,由东港区和岚山区的全部行政管辖区域组成,总面积2051平方千米。规划期限为2015～2030年,2030年以后为规划远景。规划主要确定了以下五个方面的内容。

(一)关于城市目标定位和发展规模

总体规划确定的城市性质为:我国滨海生态、宜居、旅游城市,现代化港口城市和临港产业基地。城市职能为:"一带一路"与亚欧大陆桥的重要节点、亚太地区国际航运物流中心、我国重要的蓝色经济产业集聚区、我国北方海滨度假目的地与生态休闲宜居城市、鲁南城镇带综合交通枢纽与对外开放门户。规划市域人口规模:2020年达到350万人,城镇化水平63%;2030年达到380万人,城镇化水平75%。主城区2030年规划人口127万人、建设用地146平方千米;岚山城区2030年规划人口43万人、建设用地65平方千米。

(二)关于空间管制

市域范围:通过衔接落实土地利用总体规划的永久基本农田、环境保护规划的生态红线等内容,划定生态空间、农业空间、城镇空间及开发边界,构建城市总体规划、土地利用总体规划、环境保护规划等"多规合一"的空间规划体系。市区范围:划分为禁建区、限建区和适建区,其中禁建区面积1360.84平方千米,占市区面积的66.4%,禁止占用该区域进行建设;限建区面积238.48平方千米,占市区面积的11.6%,加强对该区域用地的合理引导,控制开发建设对该类用地的破坏,保护生态环境;适建区面积451.68平方千米,占市区面积的22.0%,加强对该区域的容量控制,禁止透支环境的过度开发,强调生态补偿和城市绿化。

(三)关于空间结构和功能布局

市域规划形成"一带、两副、四通道"的市域空间结构,打造"主城区—县城—重点镇——一般镇"的城镇等级体系。一带:滨海城市发展带;两副:莒县县城、五莲县城,为市域城镇体系次级中心;四通道:分别是北部城镇发展通道、中部城镇发展通道、南部城镇发展通道、西部城镇发展通道。

市区坚持南北一体,海陆统筹,逐步完善"港—城—产"之间的功能布局,加强组团之间的绿化隔离及快速交通联系,建设形成"双城双区多组团"的带状组团城市。双城:即主城区和岚山城区,主城区是全市的行政、商业、金融和旅游中心区,积极发展港口物流、高新技术、滨海旅游、现代服务等产业,形成辐射带动周边地区发展的综合性城区;岚山城区是日照发展临港产业的主要空间载体、辐射带动鲁南城镇发展带的城市副中心。双区:即山海天旅游度假区和涛雒太阳文化旅游区,山海天旅游度假区形成以滨海旅游度假、乡村旅游、居住生活等功能为主的北部海滨旅游区,是日照滨海旅游的主要载体;涛雒太阳文化旅游区依托天台山、河口湿地及海滨自然资源,深挖太阳文化、尧王城遗址、丁肇中祖居等文化内涵,建成生态人文特色显著的旅游区。多组团:即河山镇、后村镇、碑廓镇3个重点镇和巨峰镇等8个一般镇。

(四)关于综合交通、公共服务设施、景观风貌规划

市域构建开放性、一体化的综合交通运输模式,通过航空、港口、高铁等高效快捷的交通大动脉,打造高效的交通网络,支撑市域空间布局,实现日照与周边区域的快速融合。其中,规划了鲁南高铁、日潍铁路等9条铁路,日潍高速、岚枣高速等8条高速公路,313省道、山海路西延线等13条干线公路,打造"八横五纵"的市域快速通道体系。提高日照港作为全国重要的大宗干散货和石油中转基地的地位,建设全国大宗散货、油气中转储运重要枢纽港和集装箱支线港。合理布局了铁路、公路及油气管廊等疏港设施,石臼港区形成"南进南出"的疏港格局,打造"四纵三横"的公路运输网络。岚山港区形成"南进南出,北进北出"的格局,打造"六纵四横"的公路运输网络。城市交通枢纽主要有:日照火车站、奎山综合客运枢纽、巨峰综合货运枢纽、邮轮港、张家台游艇基地以及长途汽车客运枢纽等。

市区打造以公共交通为主体、多种方式协调发展的现代化、一体化绿色交通体系。形成"环线"与"射线"相结合的快速路网系统,包括山海路、迎宾路、厦门路等共11条快速路。主城区打造包括学苑路、上海路等"八横八纵"的主干路网体系。岚山城区打造包括黄海路、岚山路等"五横七纵"的主干路网体系。建立骨干公交、常规公交、支线公交相结合的公共交通网络体系,2030年公交分担率达到30%。规划了对接青岛的轨道交通。

健全城乡公共服务设施体系,完善配套文化、体育、教育、卫生、社会福利等功能,建设等级明确、功能完整、配套齐全的公共服务设施,促进城乡基本公共服务均等化,城区打造"15分钟便民服务圈"。统筹规划建设城市水、电、气等市政公用设施,严格落实防火、防洪、防潮、抗震等设防标准,确定安全防护距离及要求,建立现代城市综合防灾减灾体系。扎实推进污水处理设施升级改造和道路及片区雨污分流改造,截至2019年底,共建有10座污水处理厂、总处理能力27万吨/日,污泥处理厂1座、处理能力170吨/日,生活污水集中处理率达97.8%。完成供水行业考核,水质合格率保持在99%以上,市区供水普及率达

日照市第二污水处理厂

100%。加快"气化日照""热化城市"进程，2019年1月，中石油东港末站通气运营，日照市形成中石化、中石油双气源供气保障格局。截至2019年底，供气管网长度达1700千米，天然气储气能力达到84万立方米，年供气总量3.5亿立方米，燃气普及率达到99.8%。为加强燃气热力管理，保障公民生命财产安全和公共安全，市政府先后印发了《日照市燃气管理办法》《日照市供热管理办法》，供热开通门槛由50%降低为40%，延长供暖16天，2018年至2019年采暖季集中供热入网面积达2851万平方米。建成日照市第一生活垃圾焚烧发电厂和黄山垃圾填埋场、日照市餐厨废弃物处理厂，以特许经营方式委托光大国际公司运营，全市生活垃圾无害化处理率达100%，餐厨废弃物产生单位与收集运输企业收运协议签约率达到80%，第一生活垃圾焚烧发电厂日处理垃圾1200吨左右。城市供水、排水、供热、供气、环卫等基础服务设施日臻完善，城市载体功能持续提升，为城市发展注入了新的动力与活力。

突出日照背山面海的景观特色，以海滨岸线景观轴为骨架、自然山体为背景，打造环境宜居、特色鲜明的城市景观风貌。规划形成"一带四廊多节点"的景观风貌空间结构。"一带"即东侧滨海景观带；"四廊"为四条滨河景观绿廊，由北向南依次是白马河及两城河景观绿廊、傅疃河景观绿廊、南店河景观绿廊、绣针河景观绿廊；"多节点"指多处重要景观节点，打造门户景观节点、核心景观节点和普通景观节点相结合的景观节点体系。2018年4月11日，全市创建国家生态园林城市动员会召开，日照正式启动国家生态园林城市创建工作。坚持"城市即公园、公园即城市"理念，通过见缝插绿、拆墙透绿、拆迁建绿、破硬还绿、立体增绿等方式，全方位增加城市绿量，提升城市绿化品质，着力打造"300米见绿、500米见园"城市绿色生态体系，截至2019年12月，城市建成区绿地率39.85%，人均公园绿地面积18.2平方米/人，市民幸福感、获得感不断攀升。景观照明方面，自2017年以来，重点按照"一区""两心""三轴""四点"的城市景观布局实施了亮化建设，对重点区域内200多栋建筑物进行了亮化改造，"炫彩滨海、活力日照"的城市夜景特色逐步凸显，成为提升城市形象的一张靓丽名片。

（五）严格规划实施

构建城市空间信息平台，建立相关部门共享协调机制。总体规划一经批准，必须严格执行，确需修改的，必须依照法定程序进行，强化规划的权威性、严肃性。依法公开总体规划主要内容，接受人大和社会公众监督，提高全民维护和执行规划的自觉性，对擅自违反规划、违规干预规划等行为进行严肃查处。强化互联网思维，实施"互联网+城市"行动，2016年5月，数字化城市管理平台正式上线启用，在借鉴外地成功经验的基础上，于2019年5月启动数管平台升级改

城市景观亮化

造,对平台线上、线下进行同步改造提升,打造智慧管理新方式。线上平台于 9 月份成功运行,实现了市、区县、街道三级平台互联互通,具备考核、督查等功能,提升了案件闭环处置能力,截至 12 月底,平台共处置案件 10 万余件,处置率达到 96.01%。2019 年 10 月 9 日,与智慧平台连接、与综合考核对接的日照微城管——市民"随手拍"程序正式上线,并面向市民发布。市民"随手拍"程序以"日照微城管"微信服务号为载体,依托"城市综合管理智慧平台",将过往纯粹依靠政府职能部门被动式管理的传统模式,创新为"全民管理"模式,让市民从城市管理的旁观者转变为参与者、监督者和维护者,推进共建、共管、共享。2019 年 12 月 1 日,城市综合管理智慧平台正式投入运行,升级后的平台对专业巡查员、市民"随手拍"等多种渠道报送的城市管理问题,按照受理审核、案件建立、任务派遣、任务处理、处置反馈、核查结案的 6 个标准闭环流程,将处置任务分派到区县及各个处置部门,限时解决和反馈,实现市、区(县)、街道全区域城市管理数据上报、协同督办、问题处置、考核评价、综合展示、统计分析等功能一体化,做到市区县平台数据信息资源共享、互联互通,实现市级平台高位监督、

数字化城市管理平台

区县平台高效指挥,推动城市管理智慧化、标准化、精细化。

六、城乡规划管理体系日臻完善

(一)规划管理机构

2002年全省规划建设管理会议召开后,按照会议要求,市委、市政府收回了东港区、日照经济开发区、山海天旅游度假区的规划审批管理职能,进一步理顺了规划区内的规划管理体制。鉴于当时的岚山办事处不在市城市规划区范围内,2002年10月,市建委委托岚山办事处建环委负责管理辖区内建设项目的规划审批,重要规划报市里审批;为更好地服务园区建设,2003年6月,市建委在日照经济开发区设立派出机构,在日照高新技术产业园区设立规划管理办公室(市建委内设科室),分别负责两个园区的规划管理工作;2007年6月、12月以后,全市海岸带及卧龙山区域的规划建设项目,按照市政府通告要求实行严格控制,由市政府统一审批;随着港城一体化发展,2008年底,港区特别是陆域范围工程项目也纳入了城乡规划的统一管理。2013年2月,市政府办公室下发了《关于进一步加强山海路以北区域建设项目规划管理的通知》,要求河山镇域的建设项目由市住房城乡规划建设委直接进行规划管理;8月,下发了关于进一步加强日照国际海洋城区域规划管理工作的通知,要求日照国际海洋城涛雒镇域内各项建设纳入城市规划统一管理。2014年11月,根据市委、市政府《关于日照市人民政府职能转变和机构改革的实施意见》,组建市规划局,为市政府工作部门,承担全市城乡规划管理职责。2016年7月,市政府办公室印发了《关于调整市和县(区)有关事权的通知》,将原委托东港区和岚山区政府行使的规划管理权限上收,市规划局对城市规划区实行集中统一的规划管理。2016年9月14日,市编办批复设立东港区、岚山区、开发区、山海天4个规划服务中心,为隶属市规划局管理的正科级公益一类事业单位。2017年6月,撤销市规划局内设的园区规划管理办公室,分别设立市规划局东港分局、岚山分局,撤销东港区规划服务中心、岚山区规划服务中心。

(二)规划法规制度体系

1999年8月11日,市政府印发了《日照市城市规划管理规定》,作为全市行政区域内编制和实施城市规划、在城市规划区内进行建设管理的依据,2008年进行了修订。2004年12月17日,为进一步规范建设用地容积率的规划管理,市政府印发了《日照市区建设用地容积率规划管理办法》。为进一步加强规划管理工作,市建委先后印发了《关于实行建设工程竣工规划验收合格证制度的通知》《关于设置建设工程规划公示牌的通知》《日照市建设工程竣工规划验收暂行办法》《关于加强规划管理有关工作的通知》《关于加强建筑单体方案规划审查的通知》《关于规范建筑层高规划管理的通知》《关于印发〈日照市建设用地规划电子报批文件技术指引(试行)〉的通知》等管理性文件。

2008年1月1日和2012年12月1日,新的《中华人民共和国城乡规划法》和《山东省城乡规划条例》分别相继实施,城乡规划工作的背景发生了很大变化,原有的《日照市城市规划管理规定》受城乡二元结构影响将城市和乡村分别对待,管理内容和技术规定混杂在一起,不够全面;侧重规划实施管理,缺乏完善的规划监督机制,难以适应新形势、新任务的发展需要。此外,由于《中华人民共和国城乡规划法》对于规划实施等方面的规定以原则性规定为主,在实施过程中需要结合本市实际通过地方规范性文件来进一步细化,以增强法律的可操作性。2010年,市建委启动了《日照市城乡规划管理技术规定》和《日照市城乡规划管理办法》起草制定工作。2013年1月30日,经市政府法制部门备案,市建委印发了《日照市城乡规划管理技术规定(试行)》。2014年12月15日,《日照市城乡规划管理办法》发布实施。2015年10月28日,经重新修订的《日照市城乡规划管理技术规定》发布实施,进一步对城市规划管理过程中的主要技术环节作出了明确规定,明确了各级公共服务设施配置标准。2018年3月,市政府办公室印发了《关于进一步理顺市级与相关区县道路公园建设养护管理职责的通知》,按照"重心下移、属地管理、共建共享、分级负责"的原则,进一步理顺市级与相关区县市政设施建设养护管理职责,充分调动各级的城市建设管理积极性。2019年5月24日,市政府办公室印发《关于印发〈日照市城镇精细化管理综合考核办法〉的通知》,精准设计"1+N"考核体系,将全市55个乡镇街道分为三类,设置"864"具体指标,推行"明察+暗访"的考核方式,成功利用城市综合管理智慧平台对A类街道进行考核,利用飞行检查方式对B、C类进行暗

海曲路（文登路—绿舟路）通车

访,建立"以奖代补"、反向考核机制,同时对 B、C 类 44 个乡镇街道开展技术指导,督导乡镇街道下足"绣花功夫"精细抓好城镇管理。开展市政公用设施专业养护考核,编制起草《日照市市直管区域城市养护管理考核办法(试行)》,定期对市区"五纵七横"12 条城市主干道路及道路附属绿化、人行道、桥梁、路灯、排水管网等设施及 6 处市级公园养护管理进行考核,市政设施养护管理的规范化、制度化和精细化水平进一步提升。

(三)规划管理机制

1997 年 11 月 10 日,市建委印发了《日照市城市规划管理程序》,明确"一书两证"办理均按照《日照市城市规划建筑施工管理程序》的要求分级审批。2003 年 5 月 23 日,为进一步推动城市规划建设决策的民主化和科学化,充分发挥城市规划在城市建设方面的全局性、战略性和综合性调控作用,市政府印发了《关于公布日照市城市规划委员会成员及其工作职责和议事程序的通知》,成立日照市城市规划委员会,委托其就城市规划建设的重大问题进行审议。自此,日照市基本确立了规划分级会审制度,实行规划初审会、主任规划专题会和城建专题会分级审查,对重要地段、市重点工程项目的选址、规划条件及用地规划方案,以及城市主要道路两侧、重要地段的建筑单体设计由分管市长主持召开城建专题会议审批;重要的详细规划、城市重大基础设施、重大建设项目选址和影响城市发展及市民关心的规划建设项目,提交市长办公会和城市规划委员会决策。2012年8月17日,市政府办公室印发了《市政府规划和城建项目专题会议规程(试行)》,进一步规范规划和城建项目的审批程序。2015年,推行三方会审制度,变规划部门—建设单位—设计单位单线联系为三方集体会审,提高了信息沟通效率,原来需要三番五次才能解决的问题可一次性全部解决。2016年以来,随着全国"放管服"改革的不断深入,市规划局也不断优化审批流程,提高审批效率。推行容缺受理制度,报批项目在配套材料文件尚未齐全的情况下,可先行受理审查技术要件,待配套材料文件齐备后直接办理规划手续,方便建设单位边审查边办理其他手续,有效缩短整个项目的审批时间。推行"多测合一"改革,将规划、住建、国土多项竣工测绘业务合并,由一家测绘机构承担,将收费降到原来的80%以下,工期缩短至原工期的50%以上,有效减轻建设单位负担,提升工作效率。

推行"阳光规划"。全面实行规划批前公示、批后公布、公开查阅和听证制度,广泛听取社会各界意见,接受群众监督,促进了城市规划决策的科学民主。2011年7月,市城市规划展览馆建成面向社会各界开放,展览馆成为规划公示和公众参与的新平台。2017年6月,为适应新版城市总体规划展示需要,市城市规划展览馆进行封闭改造提升,2018年1月重新开放。

实行规划项目批后管理。2004年起,全面实行了建设工程竣工规划验收合格证和设置规划公示牌制度,未按规划建设的工程项目不予通过验收。会同有关部门严厉查处各种违法用地和违法建设行为,实施了建设项目的综合审查和综合验收工作,进一步提高项目建设质量和综合配套水平,城市规划建设逐步迈入了制度化、规范化轨道。2013年,开展了建设项目规划实施评估督察工作,对重要地段在建项目进行现场督察,确保规划实施不走样。2016年,结合全市综合行政执法改革,探索建立了市规划局与市综合执法局、各区综合执法局的联动协调机制,确立了建设项目审批信息共享制度,明确了违法建设的认定处理流程,建立了联合巡查工作机制,定期对在建工程进行巡查,形成了工作合力。根据市委、市政府关于市级机构改革的决策部署,结合城市管理工作实际,2018 年 12 月,日照市城市管理局组建成立;2019 年 4 月 18 日,市级机构改革城市管理职能交接会议召开,将市政公用、市容环卫、园林绿化等城市管理方面的职责划转至日照市城市管理局,整合综合行政执法和城市管理相关职能,进一步提升城市精细化管理水平。

执 笔 人:刘紫悦

审 稿 人:乔　宇

撰稿单位:日照市城市管理局

日照市工会事业发展历程及成就

十一届三中全会召开以后,日照各级工会组织迅速确立新时期工作方针,在党委和上级工会组织的坚强领导下,与时俱进,改革创新,围绕党委政府中心工作建功立业、立足基本职责维护职工合法权益、倾情服务职工维护职工队伍和谐稳定、夯实基层组织强化服务大局服务职工能力,推动全市工会工作不断取得新成绩。日照改革开放的伟大实践,为日照工会事业的发展提供了广阔的空间和巨大动力,推动了日照地区工会从计划经济体制下的工会转向了市场经济体制下的工会,从封闭条件下的工会转向了开放条件下的工会。

一、确立新时期工作方针、实现工会组织的群众化民主化(1978 年 12 月至 1992 年 10 月)

党的十一届三中全会召开以后,日照各级工会组织迅速行动,确立新时期工作方针。日照县 1979 年 12 月召开第五次工会代表大会,会上作了工作报告,动员各级工会把工作重点转移到社会主义现代化建设上来;到 20 世纪 80 年代后期,日照市各级工会组织按照中华全国总工会《工会改革的基本设想》,实现工会工作的群众化、民主化。1988 年 2 月日照市召开第七次工会代表大会,会议听取并通过了《以党的十三大精神为指针,努力实现工会组织的群众化民主化》的报告。

(一)广泛开展职工教育活动

改革开放伊始,面对剧烈变动的社会现状,人民群众的思想观念也面临着诸多的不确定性，日照工会立足党的领导，弘扬主旋律，深入开展了各类职工教育活动。

开展了各类职工思想教育活动。在职工中开展了坚持"四项基本原则""实践是检验真理的唯一标准""五讲、四美、三热爱""民主与法制"以及学习党的十一届三中全会公报的活动。仅 1981 年，日照县职工群众做好事 1980 多件，拾金不昧 3500 多人次；莒县商业系统做好事 210 件，拾金不昧金额 1600 多元。开展了振兴中华读书演讲活动，1983 年，日照县有读书小组 800 多个，参加读书活动的干部职工达 22300 人。

开展了职工政治教育活动。五莲县总工会开展了"战士在我心中、祖国在我心中"活动。据统计，全县有 66 个单位的 980 多名职工给云南老山前线的战士们写了 1500 余封慰问信，邮寄慰问品、纪念品 600 多件。1987 年，日照各地工会组织纷纷根据全国总工会十届十一次主席团（扩大）会议精神，起草了对职工进行坚持四项基本原则教育的意见，要求各级工会组织结合实际情况，采取多种形式，增强了正面教育的效果。

开展了职工"大讨论"。1988 年 6 月中旬至 8 月下旬，根据省总工会八届六次扩大会议精神的要求，日照市、莒县、五莲县总工会发动广大职工、工会干部，积极参加在全省范围内开展"怎样把工会建成职工群众自己的组织"的大讨论。这次"大讨论"的特点是：工会领导重视，党政领导支持，措施得力，舆论造得大，群众发动的好，参加的职工多。日照市参加"大讨论"的职工达 18640 余人，占职工总数的 96%；五莲县参加"大讨论"的职工达 17680 余人，占职工总数的98%；莒县参加"大讨论"的职工达 13520 余人，占职工总数的 80%。

（二）广泛开展劳动竞赛

广泛开展社会主义劳动竞赛一直是我国工会组织动员广大职工弘扬主力军作用、建设社会主义国家的重要平台，改革开放以来，日照工会适应新形势，不断探索开展社会主义劳动竞赛的新平台，助力日照各项事业发展。

不断搭建劳动竞赛新平台。1977 年，日照县响应中央号召开展以"工业学大庆"为中心的劳动竞赛。1980 年，五莲县、日照县、莒县县委先后转发了省总工会《关于动员职工为四化立功活动的意见》，深入开展增产节约运动。建筑系统开展"创全优工程"活动;财贸系统开展"文明经商、礼貌待客"为主要内容的优质服务活动;文教系统开展"五讲四美、为人师表"活动;卫生系统开展"假如我是一个病人"活动,都取得显著效果。从1990年开始,市总工会连续5年在全市职工中广泛开展了以"七赛七比创七杯""质量、品种、效益年""岗位创一流、班组创先进、企业创效益"为主要内容的劳动竞赛和合理化建议活动,得到了全市职工的积极响应,在全市掀起了抓管理、增效益的群众性"比、学、赶、帮、超"热潮。

开展职工技能竞赛。1982年9月6日至8日,五莲县举行了第一届职工业务技术表演赛,10个系统的188名选手,参加了19个项目的比赛。到1983年,日照县有45个单位被评为先进企业,208个车间班组被评为先进集体,3000人被评为先进生产(工作)者,4人被评为省级"劳动模范",31人被评为省级先进生产者,省级先进集体17个。

以劳动竞赛为载体锤炼和传承劳模精神。1986年开展了以"双增双节"(增产节约、增收节支)为内容的劳动竞赛。当年,日照市干部职工提出合理化建议5786条,被采纳2920条,创造价值54万元。1988年"双增双节"劳动竞赛更加深入发展,浮来山乡粮所获得"振兴沂蒙"劳动奖状,郑玉平、冯永森、洪国良、孙明、孙风国获得"振兴沂蒙"劳动奖章,郑玉平、冯永森还获得省"富民兴鲁"劳动奖章。1990年4月全市首次职工劳动模范表彰命名大会召开,贺连林等11人被授予"日照市职工劳动模范"称号。

(三)搞好职工生活和福利事业

随着我国工作重心转向以经济建设为中心,满足人民群众日益增长的物质文化需求成为工作的焦点,日照各级工会组织把搞好职工生活和福利事业作为工作重点,开展了系列活动。

开展了后勤战线劳动竞赛。1979年10月,山东省总工会在德州召开"全省群众生活工作经验交流会",时任五莲县总工会主席王健秀出席了会议,在会上做了题为《开展后勤战线劳动竞赛,努力做好群众生活工作》的典型发言。1982年6月,进一步开展后勤同行业同工种百分竞赛活动,把过去单纯搞职工食堂竞赛评比扩展到食堂、宿舍、澡堂、托儿所和卫生所(室)等方面的竞赛评比。

开展了"五小事业"竞赛。从 1983 年开始,日照县工会开展了"五小事业"(小食堂、小澡堂、小幼儿园、小卫生室、小招待室)竞赛活动。到 1986 年,建小食堂 255 处,小卫生室 30 处,小澡堂 28 处,小托儿所 28 处,小更衣室 5 处。全市有 106 个单位建立了女工组织。在搞好女工"五期"(经期、怀孕期、生产期、哺育期、更年期)保护、"四自"(自尊、自爱、自重、自强)教育、培训托幼保教人员和维护女职工权益方面起到了重要作用。据统计,1988 年莒县已建立托幼场所(园、所、室)46 处,保教人员 126 人,受托儿童 1277 名,已建起女澡堂 25 个,女职工冲洗室 19 个。

二、夯实基层基础,维护职工权益,保护和调动积极性(1992 年 10 月至 2001 年 7 月)

20 世纪 90 年代初,日照市总工会按照全国总工会《工会改革的基本设想》的要求,以实现工会工作的群众化、民主化为目标,创新基层工会组织组建方式,扩大工会组织覆盖面,同时立足基层工会组织作用发挥,保护和调度职工群众的积极性。

(一)扩大工会组织覆盖面

随着改革开放的深入,工业化和城镇化的发展,全市职工队伍不断发展壮大,从过去主要以国有和集体企业为主,拓展到覆盖非公有制企业、新兴产业职工和农民工,工会工作领域不断扩大,扩大工会组织覆盖面成为工会工作的新挑战。

积极争取党政支持。1994 年 3 月、9 月市委办公室和市政府办公室分别转发了市总工会《关于在乡镇企业、外商投资企业、党政机关组建工会的意见》和《关于加快外商投资企业依法组建工会的意见》。1994 年底,全市已有 64 家外商投资企业、48 家乡镇企业、2 家私营企业建立了工会组织,分别占应建数的 91.4%、67.6%、12.5%。1995 年,按照市委办公室关于在党政机关组建工会的意见的要求,经市委同意成立了日照市市直机关工会工作委员会,结束了日照市升格为地级市以来市直党政机关无工会的历史,使工会组织得到了进一步健全。2000 年 5 月 17 日,市委办公室出台《关于加强基层工会组织建设的意见》,

5月18日市委又召开了全市基层工会组织建设工作会议,研究部署新形势下如何进一步加强工会组织建设、充分发挥工会组织的作用,会上成立了日照市基层工会组织建设领导小组,时任市委副书记邵长福任组长。同年,市总工会开展"工会组织建设年活动",以"新建企业(单位)建在哪里,工会组织就建到哪里;哪里有职工群众,哪里就有工会组织"为目标,在全市掀起了工会组织建设高潮。2001年,市总工会积极争取党政领导的重视和支持,初步形成了党委领导、政府支持、工会运作、各方配合的工作机制,成立了新建企业工会组建工作协调领导小组,将建会任务逐级分解,分别签订建会目标责任状,定期催办、通报,督促抓好新建企业建会。

坚持源头参与。1996年,在全市的37个乡镇、街道办事处建立了工会联合会,乡镇、街道办事处工会联合会的建立有效地维护了职工群众的合法权益。1997年,针对企业改制过程中削弱工会组织和工会工作的问题,配合市委办公室制定了《中共日照市委办公室关于在企业改制中加强工会组织建设的通知》,保证了工会组织在企业改革中的源头参与,加强了工会组织建设和工会工作。1998年11月11日,五莲县街头镇石材企业工会联合会成立大会暨全市民营企业建会现场观摩会在街头镇召开,这是全市首家私营企业工会联合会。

(二)保障职工合法权益

随着以建立社会主义市场经济体制为方向的经济改革不断深入,《劳动法》贯彻实施,通过维护职工的合法权益,保护和调动职工群众的积极性成为工会工作新的挑战。

切实保障职工的民主权益。1997年市总工会抓住市委、市政府对企业领导班子集中整顿的有利时机,认真开展了职代会民主评议工作。1998年,为保障企业工会在改革中不断充实和完善,按照市委办公室《关于在企业改制中加强工会建设的通知》要求,坚持企业改制与工会和职代会建设同步进行的原则,以建立现代企业制度领导小组成员的身份,及时提出了工会的意见和建议。年内,全市以国有资产为主体的公司,在改革方案中都规定工会主席、副主席分别以职工代表的身份进入董事会和监事会,保证了工会在改革中不断充实和完善。1999年4月28日,市厂务公开协调小组成立;5月中旬,召开了全市推行厂务公开协调小组第一次会议,确定了市棉纺织厂、日照港务局动力公司、市邮政局等单位为试点单位。至年末,全市应实行厂务公开的484个企业以不同形式实行了厂务公开。2000年,市总工会与市委组织部、市经贸委联合制定了《日照市企业民主管理暂行办法》,加强督促检查和指导,对坚持职代会制度比较差的72个企事业单位全部进行了换届选举,健全和完善了职代会制度,强化了企业的民主管理工作。

切实保障职工群众的工资收入权益。1995年5月,全市推行平等协商、签订集体合同工作现场会召开,接着又分别在日照机械集团股份有限公司、源丰油品有限公司召开了现代企业制度试点企业供货工作现场经验交流会、外商投资企业签订集体合同现场经验交流会。1995年底,全市有48家不同类型的企业签订了集体合同,其中外商投资企业41家,占外商投资企业总数的53%。到1996年11月底,全市330家非试点公有制企业签订集体合同149家,75家外商投资企业中有56家签订了集体合同。1997年,在指导企业签订集体合同的同时,注重集体合同质量,狠抓合同兑现落实,对236家企业的集体合同执行情况进行了检查。日照港务局建立了履行集体合同巡查制度,形成多层次的监督检查网络,加强了对落实集体合同制度的督促检查。1998年,提出坚持"积极稳妥,保证质量,全面推进,整体提高"的方针,进一步重视平等协商机制的建设,健全和完善了集体合同监督检查的组织制度和工作程序,不断提高集体合同的质量,同时抓好已签集体合同情况的监督、检查和续签工作,使全市平等协商签订集体合同工作实现全面发展。

(三)着力帮扶困难职工

把帮扶困难职工作为工会特色的重点工作,切实为职工群众解难事。

1992年,全市开展了"进万家门,知万家情,解万家难,暖万家心"的送温暖活动。1994年开始实施"送温暖工程",当年全市募集资金152.5万元,补助了79户企业、11575名职工;各级工会走访了83家企业,慰问困难职工10883人次。1997年市总工会开始建立"送温暖基金",组织开展向困难职工"献爱心送温暖"活动。当年,市财政局拿出10万元、市总工会拿出5万元作为"送温暖基金"的垫底资金;同时,市政府召开了市直机关事业单位"送温暖基金"捐助动员大会,广泛开展捐助活动,全年共筹集送温暖基金 65 万元。利用送温暖基金救济特困职工 1200 名,发放慰问款 17 万元,这一活动逐步走上经常化、制度化、社会化的轨道。1999 年 12 月 30 日,市政府同意市总工会继续开展募集"送温暖基金"活动,2000 年 1 月 7 日召开市直"送温暖基金"活动捐助动员大会。在这次历时一个半月的募捐活动中,有 126 各单位(系统)和近 2 万名各界人士捐款,总额达到 62 万元。2001 年 12 月 21 日在市委、市政府的统一领导下,市总工会组织召开了全市"一日捐"动员大会,号召市直机关、团体、事业单位及职工群众开展"一日捐"献爱心捐助活动。此次活动共有 140 各单位参与,捐款总额达到 74.5 万元。

三、坚持"组织起来、切实维权",着力构建职工权益保障机制(2001年 7 月至 2012 年 2 月)

进入 21 世纪后,随着《工会法》的修改,国家以法律的形式要求工会担负起代表职工利益的重任、履行维护职工的合法权益的基本职责,全市各级工会组织把"组织起来、切实维权"作为工作的基本方针,着力构建职工权益保障机制。

(一)普遍建会,着力加强基层工会组织建设

进入 21 世纪,随着国有经济战略调整、国有企业战略性改组、经济机构调整,大量工会会员流失,全市各级工会组织面对经济形势的新变化,不断探索加强基层工会组织建设的新路径。

探索建设社区工会。2002 年 6 月 26 日,日照经济开发区总工会根据"哪里有职工,就在那里建立工会组织"的要求,与观海苑社区居委会进行研究、磋商,选举产生了观海苑社区首届工会委员会,成立了全市首家社区工会——日照市观海苑社区工会工作委员会。

加强外资企业工会组织建设。2006 开始在全市非公经济组织中开展"一带双建"活动,对"一带双建"工作先进单位和个人进行了表彰。截至 2006 年 12 月底,全市新增非公有制企业党组织 56 个;新增非公有制经济组织工会增加 265 家,分别占新增企业党组织和新增基层工会总数的 70% 和 65%。2007 年 7 月,日照海达餐饮有限公司黄海肯德基餐厅召开第一次工会会员大会,依法选举产

生该店第一届工会委员会和工会经费审查委员会,日照市肯德基 4 家餐厅已全部成立工会。

坚持党建带工建。2003 年 2 月,制定《关于加强"党建带工建、工建促党建"工作的意见》,提出把工会组建与党建紧密结合起来,把非公企业工会组织建设纳入党建工作体系。6 月,联合市直机关工委制定了《关于进一步加强机关工会工作若干问题的意见》。8 月,为推动新建企业工会的规范化建设,印发了《日照市新建企业工会规范化建设的实施意见(试行)》。年末,全市树立党工共建示范企业 11 家,新建企业组建工会 1948 家,市总工会被全国总工会评为"全国新建企业工会组建工作先进单位"。

积极争取党政支持。2004 年 3 月,市政府办公室与市总工会联合下发《关于建立市政府与市总工会联席会议制度的通知》,确定从 2004 年开始建立市政府与市总工会联席会议制度。9 月,制定《关于组建工会和发展会员工作考核奖励办法(试行)》,加大对工会组建和发展会员工作的考核奖惩力度。10 月 15 日,市政府与市总工会召开第一次联席会议,并形成《市政府与市总工会第一次联席会议纪要》。11 月,与市贸易办公室、市旅游局制定《关于加强商贸流通和旅游行业工会组建和工会工作的意见》,对商贸流通和旅游行业工会组建和工会工作予以规范。2009 年 5 月,市总工会向市委、市政府提出 12 条建议,大部分被采纳写入《市委关于做好新形势下群团工作的意见》和《市群团工作联席会议纪要》。市委加强群团工作意见确定:在经济发达、职工人数多的地方,在提名党委常委候选人时,应考虑同级工会的党员主要负责人,符合条件的工会主席,也可任同级人大常委会、政协副职;职工人数在 200 人以上的企业、事业单位,都要配备专职工会主席,企事业工会主席任职期间,享受同级党政副职干部的政治、经济待遇,工会主席是党员的应进入同级党委(支部)领导班子。年内,莒县、五莲县总工会主席按照副县级配备。

加强乡镇(街道)工会组织建设。2005 年 4 月,市总工会下发《关于贯彻落实〈市政府与市总工会第一次联席会议纪要〉精神的通知》,把乡镇(街道)工会组织建设摆上重要议事日程,本年全市 53 处乡镇(街道)配备专职工会干部,工会组织建设实现重大突破。

(二)源头参与,构建职工权益保障机制

针对改革发展过程中职工合法权益的维护问题,不断加强维权机制建设,着力推动职工维权工作制度化、法治化。

坚持源头参与。2001 年,市协调劳动关系三方会议制度建立,劳动保障行政部门代表政府,工会代表企业职工,企业管理协会/企业家协会代表企业行政组织,三方会议原则上每半年召开一次。2002 年 6 月 18 日,市劳动和社会保障局、市总工会、市企业管理协会/企业家协会召开协调劳动关系三方会议暨第一次会议。2003 年 5 月,劳动关系三方协商会议第二次会议召开,审议并通过了市劳动和社会保障局提出的《日照市企业工资集体协商方案》,决定在抓好平等协商、签订集体合同工作的同时,逐步推行工资集体协商工作。2005 年 12 月 9 日,日照市协调劳动关系三方会议第三次会议召开。2009 年 9 月 8 日,市政府召集有关部门与市总工会召开第二次联席会议。会议确定,建立日照市劳动关系和谐企业创建工作协调会议制度,成立了市经贸委等 12 个单位为成员的全市劳动关系和谐企业创建工作领导小组,创建活动由工会独自开展升格到全市相关部门协同联动。

着力推进工资集体协商工作提质增效。2010 年 9 月份,市政府出台《关于进一步推进工资集体协商工作的意见》。为推动该《意见》的实施,市总工会召开了全市创建劳动关系和谐企业活动表彰暨工资集体协商工作推进会,为全面推进工资集体协商工作和职工工资支付保障、正常增长、共商共决 3 项机制建设奠定了基础。截至 2012 年底,全市签订综合集体合同 3078 份,覆盖企业 4276 家,签订女职工专项集体合同 3061 份,覆盖企业 3982 家;签订工资专项集体合同 3075 份,覆盖企业 4260 家;签订高危行业劳动安全卫生专项集体合同 1474 份,覆盖企业 2318 家;签订区域(行业)性工资协议 45 份,覆盖企业 1248 家,覆盖职工 4.6 万人。

深入推进厂务公开民主管理工作。2002 年,市总工会出台《日照市非公有制企业职工(代表)大会制度暂行办法》,下发了《关于加强职代会制度建设的通知》,建立了基层工会召开职代会审批制度和会后报告制度,加强了职工代表大会制度。2003 年建立了基层工会召开职代会向市、区县总工会报告、职代会

后报告、催办通报 3 项制度,有效地强化了职代会制度建设。同时开展职代会星级创建活动,年底评选表彰了 122 个"合格星"、43 个"先进星"职代会。同年 11 月,市总工会和市纪委、市委组织部等 6 部门联合下发了《关于进一步规范非公有制企业厂务公开工作的通知》,规范和加强了广大非公有制企业职工民主管理工作。2004 年全市有 837 家企事业单位推行厂务公开,其中非公有制企业 427 家。借鉴 ISO 9000 标准,在日照港等 3 个单位进行厂务公开规范化体系试点。2012 年年底,召开过职代会(包括职工大会)的基层工会 4084 家,涵盖单位 6832 个,5463 家基层工会建立厂务公开民主管理制度,涵盖单位 8343 个。

(三)丰富职工思想文化,提高职工队伍素质

坚持用正确价值观引领职工,用先进职工文化感召职工,开展了丰富多彩的职工文化体育活动。

深入开展职工职业道德建设。2003 年 12 月,市总工会与市委宣传部、市文明办等五部门联合下发《关于深入开展职工职业道德建设争创活动的意见》,在全市广大职工群众中开展以"集体争先进、个人争标兵、行业创品牌"为主题的争创活动,强化职工职业道德教育,制定职工职业道德行为规范,推进职工职业道德建设不断创新。2005 年 2 月,联合市委宣传部、市文明办、市纠风办和市经贸委在全市开展了第四届职工职业道德"双十佳"评选活动。2005 年底,市总工会先后与建委、交通、公路、旅游、商贸等行业开展了职工职业道德建设争创活动,在全市营造了"集体争先进、个人争标兵、行业创品牌"浓厚氛围,涌现了一大批职工职业道德建设先进单位、职业道德标兵和职业道德先锋岗,推动了职业道德建设"争创"活动的深入开展。同年举办了全市庆"三八"女职工时装模特大赛、庆"五一"全市职工配乐诗歌朗诵会和诗歌作品比赛等活动。

着力弘扬主旋律。2006 年 4 月,在全市广大职工中开展社会主义荣辱观主题教育活动,针对树立社会主义荣辱观进行座谈讨论,同时开展征文活动和"知荣辱、树新风、多贡献"主题演讲比赛。为庆祝"五一"国际劳动节 120 周年,举办了全市首届"五一文化奖"大赛。2009 年 5 月,举办了庆"五一"迎接建国 60 周年、建市 20 周年全市职工歌咏比赛,有 30 支代表队、近万名职工参赛。8 月份,与市经贸委联合举办"我爱我的祖国"红歌演唱比赛,共有 40 多个单位、3000

多名职工参赛。2011 年组织开展以"庆建党 90 周年,展职工风采"为主题的系列活动,5 月 4 日,举办"庆'五一',迎接建党 90 周年全市职工书画展",共有 153 件书画作品参展。6 月,举办"心中的歌献给党,庆祝建党 90 周年"全市职工红歌演唱会,参赛节目达 70 个,共选出 16 个优秀节目进行汇报演出。7 月,联合日照供电公司参加日照市第四届合唱艺术节和庆祝中国共产党成立 90 周年文艺演出。

持续深化直职工文化建设。2008 年 8 月,出台《关于加强职工文化建设的意见》,要求以塑造工会品牌、培育工会文化为主题,发展以人为本的企业文化,打造共建共享的和谐文化,弘扬"工人伟大、劳动光荣"的劳模文化,塑造"情系职工"的工会文化。2012 年 1 月,出台《关于加强职工文化建设的意见》,明确工会推动企业文化职工文化建设的总体目标,出台切实把握工会推动企业文化职工文化建设的主要内容和具体要求,为丰富职工群众日益增长的精神文化需求和推动企业文化建设作出了部署。

(四)倾力帮扶困难职工,保障职工队伍稳定

着力开展送温暖工程等帮扶困难职工工作,为推进改革开放,维护社会稳定作贡献。

开展为职工群众办实事工作。2002 年,市总工会组织全市各级工会认真开展了"办十件实事、当职工贴心人"活动,围绕安全生产、劳动保护、职工生活保障等关系职工切身利益的重点问题,尽最大努力为职工群众办实事、办好事,争当职工群众的"贴心人"。春节期间,会同民政部门组织了"一日捐"和救助金发放仪式,协助市直机关党工委结队帮扶 100 个特困职工家庭。2002 年,全市各级工会组织累计筹集帮困资金 560 多万元,救助困难职工 12000 多名。

推进困难职工帮扶工作常态化、机制化。2003 年 10 月 10 日,成立了困难职工帮扶中心,为困难职工提供再就业、法律援助、扶贫解困、政策咨询、爱心助学、信访接待和劳动关系协调等援助。2004 年通过健全完善特困职工档案,会同民政局、慈善总会共同筹措"送温暖"资金来源,配合市直机关工委开展"送党情、解民困"活动,联合市民政局、慈善总会开展集中救助活动,动员各企事业单位广泛开展自帮自助等活动,借助各方力量帮扶困难职工,形成社会化帮扶格

局。同时,开通"12351"职工热线电话和"8228444"职工帮扶热线电话,对特困职工做到及时救助。2007年,出台"送温暖资金"管理使用实施细则,对"送温暖资金"管理使用等方面均作出了明确具体规定。

四、为职工群众维权、为改革发展添力,充分发挥党联系职工群众的桥梁纽带作用(2012年2月至2017年2月)

党的十八大以来,全市各级工会组织紧围绕全市工作大局,充分发挥党联系职工群众的桥梁纽带作用,用先进的企业文化职工文化引领职工思想、凝聚职工力量,以职工需求为导向开展活动,调动好、保护好、发展好职工群众的积极性和创造力,在保持党同群众的血肉联系中奋发作为,大力营造和谐稳定的劳动关系,切实维护了职工群众合法权益。

(一)进一步加强思想引领工作

积极培育和践行社会主义核心价值观,认真开展职工职业道德建设工作,每年度开展全市职工职业道德先锋岗和先进个人评选表彰活动。围绕"中国梦·劳动美"主题,2012年至2016年各级工会累计举办各类文艺活动140余场次。

2015年"五一"劳动节前夕,日照市工友艺术团走进日照港慰问演出

2013 年成立了日照市工友艺术团,以"国富·家和·劳动美"为主题,组织职工文艺志愿者深入一线慰问演出近 20 场,广受职工群众好评。在《日照日报》开设"中国梦·劳动美"专栏,集中宣传了一批在实现"中国梦"的进程中作出突出贡献的典型,用主旋律汇聚正能量。

推动职工文化建设向纵深发展。2012 年,制定了全市职工文化企业文化星级创建三年规划,并拨出专项资金对验收合格的 90 家"三星级"以上单位进行了奖励。深入推进"职工书屋"建设,2012 年至 2016 年,为 51 个"职工书屋"示范点配备了价值近 100 万元的图书。2012 年起,开展为企业一线职工送电影活动,举办了 5 届全市职工羽毛球比赛。

大力弘扬劳模精神。在《日照日报》、日照电视台开设劳模风采宣传栏目,累计对 200 名先模人物进行了集中宣传。切实加强对劳模的管理和服务工作,贯彻落实省政府《关于进一步改善劳动模范待遇的通知》,成立了市劳动模范协会,认真组织劳模参加疗休养等活动,用劳模精神感召职工、引领社会。

(二)进一步加强助力改革发展工作

2014 年,会同有关部门制定了开展全市职工技术创新竞赛活动的意见,成立了协调领导小组。2012 年至 2016 年,累计评选表彰市级职工经济技术创新成果近 1000 项,深入开展优秀合理化建议征集活动,全市职工共提出合理化建议 10 万余条,并对 400 余项优秀合理化建议进行了表彰。扎实推进"劳模(高技能人才)创新工作室"创建工作,制定完善了有关规章制度,建立创新工作室 30 个,其中省级 1 个,市级 12 个,完成技术攻关项目 67 项。

2015 年,联合市人社局等部门下发《关于举办日照市首届"技能之星"职业技能竞赛系列活动的通知》,选取数控车工、叉车司机、焊工等 18 个职业工种开展职业技能竞赛。分别与市住建局、农业局、畜牧局、农机局、食品药品监督管理局、卫计委、旅游局等部门联合开展 10 多个工种的行业技能大比武。每年,参与劳动竞赛活动的企业近 5000 家、覆盖职工 40 余万人,提升了职工职业技能素质。

2014 年,提出了"上岗先查隐患、交班同查隐患、工作严格规范、环环不留隐患"的活动措施和目标。注重发挥广大职工的积极性、主动性和能动性,大力开展安全生产优秀班组创建活动,开展"查保促"集中行动的企事业单位达 1394 家、参与职工 20.55 万人,各级工会组织安全生产培训 4041 次,参训职工 17.37 万人次,各级工会干部督导"查保促"活动 1615 人次,共查出安全隐患 4485 起,督促整改 3978 起。

(三)进一步提升依法维护职工权益水平

每年度开展"春季要约行动月"活动,大力推行区域(行业)性工资集体协商工作。截至 2016 年,签订集体合同 4378 份,覆盖企业 5546 家;签订工资专项集体合同 4416 份,覆盖企业 5676 家;签订区域性、行业性集体合同 130 份,覆盖企业 2176 家;签订区域性、行业性工资专项集体合同 132 份,覆盖企业 2088 家。凸显"互联网+"理念,创新推行工资集体协商"1+5"模式。搭建全市网络平台,加强信息沟通,打造一个工资集体协商的"网络空间",扩大企业职工的知情权,让企业职工都来支持、参与和监督工资集体协商工作。

2015 年,成立了职工维权律师团,聘用工会维权律师 6 名,积极为职工提供法律咨询服务;畅通 12351 职工维权热线电话,落实 24 小时接听制度,以职工法律援助站为工作载体,为职工群众开展法律服务、法律援助工作。2012 年至 2016 年,共接听职工热线电话 500 余起,在各级工会的积极协助下,有关问题均得到妥善处理。

2015 年初,制定出台了《关于在全市推行"1+3+X"职工民主管理模式工作的意见》,创新推行"1+3+X"职工民主管理工作模式。根据企事业单位的性质和工作基础,将职工民主管理工作分成 3 个层级,实行分类指导、因企制宜;"1+3+X"模式推动"职工民主管理实现新发展"项目荣获 2015 年度山东省工会工作创新奖。目前,全市建会企事业单位实行厂务公开制度的有 6908 个,建立职代会(或职工大会)制度的企事业单位有 6914 家,分别占建会企事业单位的 98.5%、98.6%。

(四)进一步提升服务职工水平

2013 年,制定了加强全市工会职工服务中心(工作站)建设的通知;对经验收合格的 28 个乡镇(社区)职工服务站分别给予 5000 元的建设补助。出台了进一步推进职工服务中心(工作站)建设工作意见,全市所有乡镇(街道)均建成职工服务中心工作站,并向条件成熟的社区和基层企业工会延伸。制定了服务中心规章制度,出台完善工作制度 10 余项,制定各种工作流程 9 项,确保各项工作的规范化、制度化、程序化。

2012 年至 2016 年,深入开展"四季服务"活动和"春送岗位"活动,全市各级工会发放就业宣传资料 12100 份,筹集技能培训促就业行动资金 9.5 万元,培训下岗失业人员 462 人、培训农民工 1045 人、创业培训 530 人;为 3900 多人提供免费就业服务,成功介绍 943 人实现就业;建设各级"工友创业园"21 个,并给予近 50 万元的奖励,扶助、带动近 1000 人实现就业。"夏送清凉"活动中,全市各级工会累计筹集慰问资金 1000 余万元,慰问职工(农民工)近 50 万人次;"金秋助学"活动中,全市共帮扶困难职工和困难农民工家庭子女升学 1348 人、发放助学款 307.6 万元。实施困难职工"连心关爱工程",制定出台了工作意见等规范性文件,为建立工会帮扶长效机制奠定了基础。"送温暖"活动中,全市各级工会共筹集发放帮扶资金 1565.4 万元,帮扶救助、走访慰问困难职工(农民工) 17963 户(含长期救助户);扎实做好困难职工档案动态管理工作,开展了困难职工群体基本情况摸底排查工作,建立完善困难职工档案 12097 户。

2012 年至 2016 年,深入开展女职工"爱心助梦"行动,"帮扶送教育"活动共筹集资金 57.73 万元,帮扶单亲困难女职工和困难女农民工 563 户;利用女职工再就业培训基地对 300 余名失业、下岗的困难女职工和女农民工进行了免费培训,并联合阳光大姐家政服务公司对培训合格者进行就业指导和推荐,实现从培训到就业的一条龙式帮扶。

五、促改革、谋创新,着力推进工会工作"走在前列"(2017 年 2 月至 2019 年 12 月)

党的十九大以来,全市各级工会组织立足全面深化改革的新阶段,深刻把握新时代工会组织的新使命、新要求,提出了坚持"走在前列"的目标定位和着力改革创新、着力加强基层组织建设、着力服务大局、着力服务职工群众、着力加强工会干部队伍建设的工会总体工作思路。以改革理顺工作机制,以创新破解工作难题;深入推进工会改革,创建引领职工新载体,搭建动员职工新平台,构筑服务职工新体系,以重点突破带动工会工作的全面提升,工会组织和工会工作的政治性、先进性、群众性明显增强,推进工会工作"走在前列"。在省总工会对各市工会 2019 年度工会工作高质量发展综合评价中,日照市列全省第5 位。

(一)履行政治职责,主题更鲜明,引领更有力

各级工会组织把深入学习宣传贯彻习近平新时代中国特色社会主义思想和党的十八大、十九大精神作为首要政治任务,积极推进新思想、新理论进企业、进车间、进班组、进工会干部和广大职工头脑。举办了专题讲座、演讲比赛、"唱响劳动之歌·讲好身边故事"等系列活动 1000 余场次,真正将党的意志和主张转化为广大职工的自觉行动。积极培育和践行社会主义核心价值观,开展"中国梦·劳动美"主题宣传活动,举办各类学习宣传教育活动 2000 余场次,建设示范性职工书屋 160 余个。持续深化职工职业道德建设、职工文化建设,深入开展职工文化企业文化"五进"工程,参与企业达 2600 余家,组织职工参与读书活动 20 余万人次。大力弘扬劳模工匠精神,选树各类先模人物 2000 余名,每年"五一"期间,对先模人物进行集中宣传。成功举办了由 200 余名全国"劳模""大国工匠"、高技能人才参

2017 年 11 月,举办全市工会系统学习宣传贯彻党的十九大精神报告会

2018年"五一"前夕,在市人民广场举行的庆"五一"职工合唱展演

2019年"五一"前夕,在中兴汽车车间举行庆祝"五一"国际劳动节暨全市重点工程劳动竞赛启动仪式大会

加的首届"新时代劳模工匠座谈会暨中国劳模工匠日照峰会"。

(二)主动服务大局,载体更丰富,贡献更突出

紧扣全市工作大局,大力实施工创行动,推动全市高质量发展。广泛开展

2019 年 12 月，日照工匠学院举行揭牌仪式举行

"当好主人翁、建功新时代"等主题劳动和技能竞赛，全市围绕重大项目、重点产业、重点工程等组织劳动竞赛活动 176 项(次)，参与职工 5 万人次；举办市级行业性职工职业技能竞赛 720 项，4700 多名职工通过技能竞赛、练兵比武晋升技术等级；全市职工提出合理化建议 34.3 万件，完成技术革新 3.1 万项；全市各

2020 年 9 月，日照工匠学院首期劳模工匠赋能提升培训班开班典礼

2018 年 12 月,在市广播电视台举办首届"日照工匠"颁奖典礼

级工会选树工匠 126 名,建设示范性劳模工匠创新工作室 310 家,120 名全国"劳模"、大国工匠、世界技能大赛冠军、全国高技能人才受聘日照工匠学院工创导师。开展了劳模工匠赋能提升班、劳模工匠宣讲、大国工匠讲堂、工匠沙龙等10 余场次,大国工匠高凤林、李万君、王树军等到工匠学院为职工传授技艺、座谈交流。与山东大众云学教育科技公司合作建设集技能学习、网上测试、竞赛闯

2019 年 11 月,"匠心筑梦、创新发展"日照市首届职工创新大赛开幕式

关功能等为一体的"日照工匠线上培训平台",涵盖 40 余个工种。承接人社部门"金蓝领"、职业资格培训等项目 11 个,满足了职工多元化需求。日照市工会实施工创行动的做法得到了全总副主席高凤林的批示肯定。首创职工创新大赛,搭建"四创一匠"选树平台。每年与市人社部门、科技部门、市场监督部门联合开展职工创新大赛,推进评选活动由逐级推荐转向竞赛产生、由评选机构评选转向专家和一线职工评选,体现了公平竞争、专业评价。大赛设立职工技术创新成果、职工"五小"创新成果、劳模工匠创新工作室和全员创新企业 4 类竞赛项目,带动全市各级近 15 万职工参与竞赛。围绕助力乡村振兴,出台《关于深入推进"农民工学堂"建设助力乡村振兴工作的实施意见》,在莒县召开全市"农民工学堂"观摩推进会议,举行"农民工学堂"讲师团暨创业导师聘用仪式,在全市启动"农民工学堂"公益培训活动,深入打造日照"农民工学堂"服务品牌,为农民工群体实施建会入会、技能培训、就业创业等闭环式服务,全面激活农民工源头入会的"蜂巢效应",有效延长新形势下工会工作的"服务长臂",开设农民工学堂36 家,培训农民工 1.3 万人次,带动 3000 多名农民工就业创业,被工人日报、人民网、大众网等媒体宣传报道。

面对突如其来的新冠肺炎疫情,全市各级工会组织坚决贯彻中央决策和市委、省总部署要求,立足工会职能优势,团结动员全市各级工会干部和广大职工群众积极投入,打赢疫情防控阻击战,充分发挥工人阶级的主力军作用。开展一线医务人员"五个一"关怀慰问系列活动。依托齐鲁工惠 App 平台提供心理咨询、法律服务、线上培训、线上招聘等活动。开展企业复工复产需求情况调研,积极协助企业安全有序复工复产。引导职工与企业同舟共济、共渡难关,保障劳动关系和谐稳定,彰显了广大职工和工会组织的责任担当。市总工会实施"互联网+"助力职工消费行动,得到了省总和市委市政府领导的批示肯定,并在全省工会推广。

(三)突出主责主业,制度更完善,作用更凸显

市和区县工会建立完善了与政府联席会议制度和劳动关系三方协调机制,推动规模较大的企业建立工会与行政沟通协商机制,规范提升职代会、厂务公开民主管理制度,全市 95% 以上的建会企业开展了集体协商,98% 以上的建会企事业单位建立了民主管理制度,"1+3+X"职工民主管理工作模式获全省工会

2017 年 7 月,工会为一线环卫工人送清凉

2018 年 10 月,日照市总工会在万平口景区举办首届"爱在日照"单身
青年联谊活动启动仪式

工作创新奖。市总工会联合山东海洋律师事务所成立职工法律援助服务中心,
各区县工会全部建立职工法律援助机构,法律援助和服务律师团成员达 203
人,每年为职工免费提供法律援助服务 1500 余件。建立为职工办实事工作制度

并形成长效机制。建立健全覆盖市、区县(园区)、乡镇(街道)三级的职工服务网络,在小微企业相对密集的园区和职工居住较为集中的社区建设共享职工之家,在城区和县城建设户外劳动者爱心驿站,打造户外劳动者15分钟休息圈。坚持精准识别,分类施策,帮助3652户困难职工家庭实现解困脱困。深入开展群众性安全生产活动,全市每年参与的企事业单位达2000多家,参与职工20万人。各级工会共组织1.2万名一线职工疗休养。"春送岗位、夏送清凉、金秋助学、冬送温暖"活动共帮扶、慰问、服务职工30万人次。建成"妈妈小屋"108个,户外劳动者爱心驿站158个。组织"爱在日照"单身职工联谊活动,参与职工5000人。坚持回归公益、回归主业,工人文化宫清理整改工作成效显著。

(四)强化自身建设,举措更扎实,成效更明显

认真制定落实工会改革实施方案,推动工会改革向基层延伸拓展。持续推动企业依法建会,大力实施新领域、新业态、新组织建会入会,全市基层工会3643个,会员35.4万人。出台新时代职工之家建设意见,开展基层工会建设规范提升行动。全方位建设"齐鲁工惠·日照职工e家",已实名采集会员信息26万人,实名认证18万人。依托网上工会平台开展了工会志愿行、职工美好生活节、工会助力消费行动等工会特色活动、普惠活动612场次,惠及职工172万人次。各级工会建立健全党建工作责任制和党风廉政建设责任制,推动工会系统全面从严治党向纵深发展。工会经费收、管、用水平进一步提高,经审监督体系不断完善,资金监督管理更加规范。在省总工会对各市工会2019年度工会工作高质量发展综合评价中,日照市工会经费使用绩效评价列全省第一位,职工对工会工作满意度列全省第二位。市总工会先后被授予"全国新建企业工会组建工作先进单位""全国推动厂务公开民主管理工作先进单位""全国工会财务工作先进单位""全国'安康杯'竞赛优秀组织单位""山东省就业工作先进集体"等称号,连续9年保持"省级文明单位"称号,连续7年被市委市政府评为"科学发展综合考核先进单位"。

六、全市工会主要工作取得的成绩

改革开放以来,全市各级工会组织始终把把坚持党的领导放在首位,以高度的思想自觉、政治自觉、行动自觉贯穿工会工作全过程,不断增强工会组织的向心力;始终在服务全市工作大局中主动作为,团结引领全市职工建功立业,体现使命担当,增强工会组织的战斗力;始终以职工为中心履行主责主业,为职工群众排忧解难、竭诚服务,赢得职工群众信任,增强工会组织的凝聚力;始终坚持改革创新,持续解放思想、创新方法,夯实基层基础,增强工会组织的活力。

(一)不断扩大工会组织覆盖面,把广大职工群众团结到党的周围

在由计划经济向市场经济的转变过程中,工会的组织体制、运行机制和活动方式不断创新发展,始终保持生机和活力,工会组织和会员队伍不断壮大。截至 2019 年 12 月,全市拥有工会组织 3484 家,工会会员 34.8 万人(其中,农民工会员 6.6 万人),专职工会干部 1266 人,兼职工会干部 10315 人。长期坚持开展的基层工会组织规范化建设,使基层工会组织活力不断增强。不断加强工会领导班子和干部队伍建设,区县工会主席全部按同级党政副职配备。

(二)工会维权机制建设不断完善,有力地促进了职工队伍的稳定

源头参与,充分发挥协调劳动关系三方会议制度作用,为广大职工群众提供了一个有组织、有纪律、有领导的参与国家和社会事务管理的重要平台。着力推进职工民主管理工作,2019 年,全市 2992 家基层工会所在单位建立职工大会或职代会制度,涵盖企事业单位 3307 个。着力推进工资集体协商提质增效,在建立工会组织的企业中,建立平等协商集体合同制度的国有及国有控股企业达到 90% 以上,外资企业达到 70%。

(三)组织动员广大职工充分发挥工人阶级主力军作用,为推动经济社会发展做出了重要贡献

根据不同时期经济发展的目标要求,全市各级工会在广大职工中相继开展了技术革新、重点工程立功、"当好主力军、建功'十一五'"等社会主义劳动竞赛,坚持不懈开展技术协作、技术创新和合理化建议活动,极大地激发了广大职工的劳动积极性、主动性和创造性。同时,教育引导广大职工发扬识大体、顾大局的优良传统,拥护改革、支持改革、参与改革,为实现国企改革改制、社会安定团结、职工生活幸福作出了重要贡献。

(四)发挥工会大学校作用,促进职工队伍整体素质全面提高

经济的发展和社会的进步对职工素质提出了越来越高的要求,全市工会坚持在广大职工中进行思想政治文化和技术教育,组织职工向先进模范人物学习,大力弘扬劳模精神和工人阶级伟大品格。深入开展各类职工文化体育活动,坚持不懈地抓好企业班组建设和推进职工素质工程建设,为全市培养了一大批学习型、知识型、创新型的职工。

(五)坚持代表和维护职工合法权益,高度关注民生,在为职工群众办实事方面取得了显著成效

改革开放以来,全市各级工会组织认真贯彻落实《工会法》《中国工会章程》《职代会条例》《企业工会工作条例》等法律法规,在为职工争取企业福利、提高收入水平、落实社会保障、创造安全卫生工作条件和帮扶救助困难职工等方面,做了大量卓有成效的工作,逐步形成了全市工会帮扶网络,形成了"四季服务"等具有工会特色的服务职工品牌,解决了广大困难职工特别是农民工的燃眉之急,对促进职工队伍和社会和谐的稳定发挥了重要作用。

执 笔 人:赵全会
审 稿 人:李登来
撰稿单位:日照市总工会

日照市残疾人事业发展历程及经验

　　改革开放是决定中国命运的关键抉择,也是赋予残疾人事业新生机和活力的重要源泉。改革开放以来,在市委、市政府的正确领导下,日照市残疾人事业乘东风稳抓机遇,经历了不断发展与壮大的光辉历程。1990 年 5 月,日照市残疾人联合会成立,残疾人事业发展有了专门的组织机构。此后,日照市各级残联组织紧密围绕中央、省和市委促进残疾人事业发展的方针政策,结合工作实际,以促进残疾人平等参与和共建共享为目标,齐心协力、锐意进取,制定实施了一系列重大举措,残疾人生活和发展环境更加便利,残疾人社会保障和服务体系更加完善,残疾人事业发展格局更加广阔。

　　日照市原隶属临沂行署,残疾人工作始于 20 世纪 50 年代末、60 年代初设立的盲人聋哑人协会。为解决盲人和聋哑人的就业安置问题,在有关部门的协助下,新建了一批社会福利性生产单位。但在文化大革命期间,盲人聋哑人协会工作被迫停顿,残疾人事业因遭到破坏而陷入停滞。1978 年,中国共产党召开十一届三中全会,1985 年,日照撤县设县级市,后升格为地级市。在改革开放的春风沐浴和撤县建市的形势下,日照市残疾人事业抓住了新的机遇实现了新的突破,逐步走出了一条由小到大,由弱变强,由单一到全面,由守旧到创新的特色发展之路。

一、日照市残疾人事业发展初创阶段(1987 ～ 1990 年)

　　党的十一届三中全会以后,我国进入了以经济建设为中心的新的历史时期,改革开放的方针为残疾人事业的发展创造了有利的条件。1978 年 8 月,经中央领导批示同意,中国盲人聋哑人协会组织恢复,日照市盲人聋哑人协会随即得到恢复,并开展工作。1990 年 5 月,日照市社会福利有奖募捐委员会与市盲人聋哑人协会合并,成立日照市残疾人联合会筹备领导小组,成功召开日照市残疾人联合会第一次代表大会,明确了日照市残疾人联合会的性质、职能和任务,成立了集代表、服务、管理功能为一体的日照市残疾人联合会。日照市残疾人联合会的成立,标志着日照市残疾人事业的发展步入了一个崭新的阶段,日照市残疾人有了自己的组织和娘家人,日照市残疾人联合会也在实践中不断总结和提升服务水平与质量。

二、日照市残疾人事业发展起步阶段(1990 ～ 1997 年)

这一时期,是日照市各级残联组织的正式创立时期。从此,日照市残疾人工作主要由各级残联组织展开,残疾人组织和业务体系开始步入正轨并日益健全,各项残疾人工作有序开展,为今后残疾人事业的快速发展打下了坚实基础。

(一)残联组织机构的建立与完善

日照市残疾人联合会在初创时期为副处级事业单位,由民政局代管,下设办公室、康复部、基金部、群工部,编制 5 人。随着经济的发展和社会进步,残疾人的需求日益增多,残联现有的业务部门已远远不能适应工作的需要。为加强对全市残疾人事业的领导,推进残疾人事业的发展,1990 年 6 月,日照市成立以市委常委、副市长、市残联主席团主席为组长 14 人的日照市残疾人事业领导小组。在此基础上,根据山东省人民政府办公厅《关于山东省人民政府残疾人工作协调委员会主要职责和组成人员的通知》精神,市委、市政府成立了以市委常委、副市长为主任,32 个单位副职为委员的日照市人民政府工作协调委员会。1995 年 8 月,日照市残疾人联合会成立了残疾人就业服务中心、残疾人用品用具服务中心和残疾人康复服务中心。残疾人就业服务中心以开展残疾人待业调查、就业登记、能力评估、职业培训、就业介绍、咨询指导为主要职责,残疾人用品用具服务中心主要开展残疾人用品用具开发、生产、供应、维修、服务等工作,残疾人康复服务中心以残疾人康复及术后训练、智力残疾康复、社区康复、家庭康复指导等工作为主。此外,为更好地对市及各区县的盲人进行专业技术培训工作,确保盲人熟练掌握保健按摩技术,1995 年 8 月,日照市残疾人联合会成立了盲人按摩诊所。在此期间,各区县残联相继成立,54 个乡镇(街道)全部完成了残联的组建,自上而下进一步捋清了关系,完善了工作机制。

从就业到生活到康复,日照市残疾人联合会始终以残疾人的社会保障与服务为中心,为残疾人的幸福生活而不懈努力。为妥善帮助和安置残疾人员,提高残疾人的社会地位、改善残疾人生活状况,从 1987 年到 1996 年,在国家保护政策的扶持下,市委、市政府坚持社会福利社会办的原则,采取多层次、多渠道、多种形式共建立福利厂 80 余处,安排残疾人 1031 人,盲人按摩诊所发展到 5 处,安置残疾人 9 名,全市福利企业 1996 年创产值 2135 万元。其中,日照市残疾人联合会所属福利企业 13 处,稳定残疾人就业 67 人,福利产值达 1614 万元。

(二)地方性保障法规相继出台

《中华人民共和国残疾人保障法》颁布后,结合实际,日照市残疾人联合会代起草了《日照市保障残疾人合法权益的若干规定》,1994 年 5 月经日照市政府批准,予以印发实施。《日照市保障残疾人合法权益的若干规定》从维护残疾人的合法权益、发展残疾人事业、保障残疾人平等充分地参与社会生活、共享社会物质文化成果等方面出发,强化了政府的责任和对残疾人事业的保障和扶持作用,以法规的形式提出各级人民政府应将残疾人事业纳入本地区国民经济和社会发展计划,使残疾人事业与经济、社会协调发展。《日照市保障残疾人合法权益的若干规定》的出台标志着日照市贯彻落实《中华人民共和国残疾人保障法》全面展开,有力地保障了残疾人维权工作的顺利开展,为依法保障残疾人合法权益奠定了基础。

此外,根据《中国残疾人联合会章程》和《山东省实施〈中国残疾人联合会章程〉细则》,日照市政府结合本地实际情况,制定了本市实施细则,于 1990 年 5 月在日照市残疾人联合会第一次代表大会通过。1996 年 1 月,日照市出台了《日照市关于贯彻山东省分散按比例安置残疾人就业规定的实施意见》,依据规定,各党政机关、人民团体、企事业单位、城乡集体经济组织都积极行动,在本部门本单位安置残疾人就业。到 1996 年底,全市共安置残疾人 1592 人,其中市直各部门各单位安置 470 人,没有安置残疾人的单位都依法缴纳了保障金。

(三)残疾人各项工作逐步开展

日照市残疾人联合会成立之初,工作重心主要放在残疾人康复上,以聋儿语训、小儿麻痹后遗症矫治和白内障复明抢救性康复工作为主。其中,89名聋儿开口说话,369名脊髓灰质炎后遗症患者改善了功能,1530多名白内障患者重见光明,40名低视力患者提高了视力。此外,还培训了智力残疾人儿童家长85名,为残疾人提供1000多件特殊用品、辅助用具,为13.6万特需人群补用碘油丸。在残疾人的特殊教育发展方面,市委、市政府把发展残疾人特殊教育作为《义务教育法》的大事来抓,到1996年底全市特殊教育学校已发展到3处,在校残疾儿童、少年总数达到311人,盲、聋、弱智儿童入学率大幅度提高,总入学率达到65%。普通学校随班就读残疾学生513人,学校在管理、教学质量和校舍建设等方面都有了新的进展。凡参加大中专招生考试的残疾考生,只要达到录取分数线的全部被录取。在残疾人劳动就业上,坚持集中与分散相结合的就业方针,全市共兴办各类福利企业136处,集中安置残疾人1542名。兴办残联经济实体20多处,安置残疾人228名。全市盲人按摩诊所5处,安排残疾人7名。农村在业残疾人达47300多人,城镇残疾个体开业者达1870余人,颁布实施了《日照市分散按比例安置残疾人就业实施意见》,分散按比例就业工作已在全市逐步展开。1995年末,全市城镇残疾人就业率达90%,农村残疾人在业率达85%。此外,残疾人宣传文体、信访维权工作等工作也逐步开展起来。

(四)残疾人社会环境逐渐优化

这一时期,残疾人事业开始受到社会的关注,日照市广播电视台开办了残疾人专题节目,全市各级新闻媒体共开设专栏、专题节目8个,拍摄反映优秀残疾人的电视片、专题片25部,为残疾人事业发展创造了良好的舆论环境。全市各级充分利用助残日、国际残疾人日等重大节庆日,为残疾人发放辅助器具,宣传残疾人工作,营造社会助残氛围,扎扎实实为残疾人办好事、办实事。举办市残疾人运动会,带领残疾人参加了山东省残疾人运动会、山东省残疾人文化会演和盲校、聋校文艺调演,展现了残疾人奋勇拼搏、自信自立的优良精神品质,进一步增进了全社会对残疾人事业的理解与关注。

三、日照市残疾人事业发展开创新局面(1997 ~ 2012 年)

在市委、市政府的核心领导下,日照市残疾人事业全面展开,市残疾人联合会的服务内容更加广泛,服务成效更加明显,服务项目建设更加巩固。

(一)残疾人事业发展机制体制日趋完善

1997 年 3 月,经日照市机构编制委员会审核批准,日照市残疾人联合会计划单列升格为正处级事业单位,核编 10 人,参照国家公务员制度管理,下设办公室(挂市政府残疾人工作协调工作委员会秘书科牌子)、康复就业部、宣传教育文体部 3 个部室。日照市残疾人联合会下属市聋儿语训部,编制增加 2 人,达到 6 人,市劳动就业服务中心由自收自支改为差额预算管理,编制增加 2 人,达到 10 人。党委和政府分别明确一位领导同志分管和联系残疾人工作,政府把残疾人事业纳入当地经济社会发展总体规划,标志着日照市残疾人事业开启新篇章。

(二)残疾人事业政策、法规制度建设得到进一步加强

以贯彻执行新修订的《中华人民共和国残疾人保障法》为契机,加强执法监督检查。全国人大内司委及市区县两级人大、政协进行了执法视察、调研,促进了法律法规建设,维护了残疾人的合法权益。在市委、市政府及部门出台的《关于进一步加强民生保障体系建设的意见》《关于做好新形势下群团工作的意见》《关于开展新型农村社会养老保险试点的实施意见》《关于开展千名残疾人自主创业工程》等文件规定中,对残疾人康复、就业、教育、文体、社会保障等方面给予优惠扶持。大力实施了"政策驱动、实事推动、项目带动、投入拉动"发展战略,极大地推动了残疾人事业的发展。

(三)残疾人基本生活得到有效保障

按照制度性社会保障和重点保障、特殊扶助的要求,日照市残疾人联合会为残疾人职工办理了养老、失业等保险,为城镇残疾人居民办理了医疗等保险,98% 的农村残疾人参加了新农合、新农保,将符合低保条件的 1.1 万名残疾人纳入低保范围。对农村重度残疾人等困难群体,市、区(县)财政为其代缴 100 元的基本养老保险费,3571 名低保重度残疾人享受到了政府给予的每人每月

50 元的生活补贴,符合"五保"条件的农村残疾人基本实现了供养救助。建立 15 处残疾人托养中心,604 名残疾人在托养服务机构中接受托养。连续四年,各级财政投入 2102 万元,实施农村贫困残疾人危房改造 1550 户。

(四)残疾人康复工作取得显著成效

以实现残疾人"人人享有康复服务"为目标,日照市先后开展了全国白内障无障碍市、省级社区康复示范县(区)创建活动,4 个县(区)全部成功创建全国白内障无障碍县(区),1 个区成功创建省级社区康复示范区,日照市被全国残疾人康复工作办公室授予全国白内障无障碍市。连续 5 年共对 7512 名白内障患者免费实施了复明手术,对全市 266 名残疾儿童、920 名贫困精神病患者实施了康复救助,免费安装假肢 252 例,对 107 人进行盲人定向行走训练,为 323 名低视力患者免费配戴助视器,为残疾人免费供应用品用具 4119 余件。市、县(区)建立各类残疾人康复服务机构、社区残疾人康复站(室)798 处,为有康复服务需求的残疾人开展康复训练 5.6 万人次。

(五)残疾人就业创业实现新突破

日照市残疾人联合会以促进残疾人就业创业为目标,多渠道开展残疾人就业服务。建立残疾人农业实用技术培训、从业扶贫、职业技能培训就业基地 80 处,为 1 万余名残疾人开展了技术培训。组织举办了 4 次残疾人职业技能比赛和残疾人就业招聘会,扶持了 230 名残疾人实现自主创业,全市通过按比例、集中和分散安置 2600 名残疾人就业。率先在全省建立健全了财政代扣、地税代收的残疾人就业保障金征收机制,5 年来,全市共收缴残疾人就业保障金 4850 万元。这一时期,税务部门为安置残疾人就业的企业减免税费 7056 万元。

(六)残疾人特殊教育迈出新的步伐

全市特殊教育学校发展到 4 所,在校生 318 人,有 570 名残疾人学生通过随班就读与健全孩子一道接受教育,盲、聋、智障三类儿童入学率达 95% 以上。通过落实"三免一补"政策及开展扶残助学活动,救助残疾儿童少年和考入大中专院校的残疾学生 1932 人,资助金额 225 万元,确保残疾学生不因贫困而失学。

(七)残疾人基层组织建设得到全面加强

日照市残疾人联合会建立并进一步完善了市、区(县)、街道(乡镇)、社区

2016年,市残联在市残联会议室举行日照市残联"扶残助学"工程助学金发放仪式

(村)四级残疾人工作组织体系和工作网络。制定出台了招聘乡镇残疾人专职干事优惠政策,乡镇(街道)全部成立了残联,通过购买公益性岗位的形式为53个乡镇(街道)配备了专职干事。86%的社区、村居成立了残协,配备了专职委员。72%的乡镇街道建立了助残志愿者联络站,75%的社区村居建立了助残志愿者服务站,为广大残疾人提供贴心服务。

(八)残疾人法制维权、无障碍建设工作扎实有效

日照市残疾人联合会组织开展了千名残疾公民爱心法律顾问、爱心助残联络卡,法律宣传进社区、进家庭,信访下基层等多种形式助残活动,建立残疾人法律援助站5处,为残疾人提供法律宣传、咨询服务7000余次,为211名残疾人提供了法律援助,获赔偿款390万元,受理残疾人来信来访310起,处结率、满意率均达100%。建设城市盲道45万平方米,无障碍公厕30余座,为200户残疾人家庭进行了无障碍改造。

(九)残疾人宣传文体工作实现新佳绩

日照市残疾人联合会举办了三届残疾人体育运动会、两届残疾人文艺汇演,参加了8次省以上残疾人文体比赛,承办了全国、全省残疾人自行车锦标

赛。在省级以上残疾人体育大赛中,日照市运动员荣获金牌 21 枚、银牌 23 枚、铜牌 16 枚,在国家、省文艺汇演中荣获一、二、三等奖 19 人(次),有 1 名盲童被招入中残联艺术团。有 2 名残疾人运动员参加 2008 年北京残奥会,获 1 枚铜牌。日照市被山东省政府授予"振兴山东省残疾人体育突出贡献奖"荣誉称号,日照市残疾人联合会被中国残疾人联合会、国家体育总局授予"全国残疾人体育先进单位"。

四、日照市残疾人事业向纵深发展(2012 ～ 2019 年)

2008 年,日照籍选手高长龙(右)在北京 2008 年残奥会男子标枪 F42/44 级决赛中喜夺铜牌

在全面建成小康社会的进程中,残疾人的小康水平不容忽视,关系着整个社会的和谐发展。在市委、市政府的统领下,日照市残联以更高的目标、更自觉的工作态度和更扎实的工作作风开展工作,创新工作模式,拓宽服务内容,精准施策帮扶残疾人,在推进残疾人小康进程中迈出了更加坚实的步伐。

(一)将残疾人事业发展纳入经济社会发展全局

新的形势下,日照市残疾人联合会成立了日照市残疾人事业发展促进会,出台了《日照市残疾人"整体赶平均、共同奔小康"行动方案(2015 — 2017 年)》,进一步健全残疾人权益保障体系、服务体系,对全市残疾人"整体赶平均,共同奔小康"工作提出了具体措施、做出了全面部署。全市1.1万名残疾人被纳入城乡最低生活保障,达到应保尽保,2015年城乡低保标准分别为460元/人/月和3100元/人/年。98%的农村残疾人参加了新农合,为4846名残疾职工办理了养老、失业保险,残疾人收入明显提高、生活质量得到改善、融合发展持续推进。各级党委、政府把残疾人工作纳入经济社会发展大局中,及时研究解决事关残疾人事业发展的重大难点问题,重视、支持各级残疾人组织、机构发挥职能作用。全省残疾人事业的领导责任机制、部门联动机制、发展投入机制不断完善,全省上下对残疾人工作的重视程度、推进力度持续加强。

日照市残疾人联合会联合日照市财政局印发《关于做好低保重度残疾人生活补贴发放工作的通知》《关于进一步做好重度残疾人护理补贴发放工作的通知》,投资1406万元对全市35155人次重度残疾人发放80元/人/月生活补贴、投资768.5万元对10673人次重度残疾人发放60元/人/月护理补贴。贯彻《日照市基本公共服务体系建设行动计划(2013—2015年)》和《日照市关于建立

2013年11月27日,市残联在日照广电大厦召开日照市残疾人事业发展促进会成立暨第一次会员大会

居民基本养老保险制度的实施意见》,落实重度残疾人政府代缴基本养老保险和提前 5 年发放养老金制度。落实《日照市残疾人托养服务工作规范(试行)》和《日照市残疾人托养机构规范化建设考核细则(试行)》要求,立足日照实际,着力完善残疾人托养工作"机构体系、管理体系、资金投入体系和组织工作体系"的目标。至 2019 年底,全市共托养残疾人 3479 人,建立残疾人托养机构"阳光家园"18 处,其中机构托养 517 名、居家托养 2962 人。

(二)残疾人脱贫攻坚创新新模式,取得新进展

围绕全面建成小康社会的总任务,日照市残疾人联合会在工作中创新工作思路,形成了一套适合本市特色的脱贫攻坚创新模式。日照的贫困残疾人群体 80% 集中在农村,因此,对于农村贫困残疾人的帮扶救助至关重要。在市委、市政府的大力支持下,日照市残疾人联合会推动实施《农村残疾人扶贫开发纲要(2011 — 2020 年)》,对全市 6700 户、10017 名纳入建档立卡范围的贫困残疾人建立了台账,围绕分类施策、精准发力,扶持建立了"三大平台"①。开展"第一书记扶残奔康"精准扶贫工程②,创新实施"农村基层党组织助残扶贫工程""阳光工程"③和"杏林春雨行动"④,巩固"公司+农户""小额信贷到户到人"等扶贫模式。在"三大平台"的建设和扶贫新模式的有力推动下,农村残疾人扶贫工作取得显著成就,推动了全市经济的发展与社会和谐。此外,还联合市财政局印发了

---

① 一是扶持发展"扶贫车间",优先安置有劳动能力的贫困残疾人在家门口就业;二是扶持发展资产收益型项目,引导无劳动能力的贫困残疾人加入专业合作社,以土地、林果、山场等入股分红,让残疾人当股东;三是扶持发展自强型残疾人扶贫基地,对有劳动能力、有一技之长和管理经验的贫困残疾人予以积极引导,帮助他们办企业、建基地、家庭农场等。
② 从市直单位中选派"第一书记"到全市重点帮扶村,帮助农村贫困残疾人家庭脱贫致富奔小康。是实施全市残疾人"整体赶平均、共同奔小康"计划的重要内容。
③ 该项工程以改善残疾人创业环境、完善创业条件、提升残疾人自主创业能力和经营能力为目的,围绕二、三产业,重点扶持残疾人在家电维修、百货经营、盲人按摩、营销和饮食服务等多种自主创业行业开展扶持。凡户籍在本市行政区域内,持有第二代《中华人民共和国残疾人证》,在法定劳动年龄内的残疾人自主创业或从事个体经营实现就业,取得《企业法人营业执照》或《个体工商户营业执照》者,可在每年 4 月、6 月申请扶持。申请成功后由市级区县残疾人联合会根据其经营规模一次性给予 1000 元至 5000 元的扶持资金。
④ 由中国农工民主党中央委员会社会服务部和全国小儿脑瘫康复专项基金、吴阶平医学基金会联合开展,为全市部分脑瘫患者到北京医院实施免费治疗。患者除来回车费、生活费自理外,治疗期间费用全免。

《日照市农村贫困残疾人危房工作项目实施和资金管理的通知》,实施"温馨安居工程",累计投资 2445.6 万元,对 1713 户农村贫困残疾人家庭实施危房改造和发放生活用品。全市共投入扶贫开发资金 6000 余万元,累计扶持残疾人 2 万人次,近万名残疾人摆脱贫困。市残联还利用元旦、春节、"助残日"等节日,开展走访慰问活动,积极为残疾人排忧解难,慰问贫困残疾家庭 1100 多户,发放款物合 150 多万元。

(三)新建残疾人培训就业基地,探索"互联网+"残疾人就业创业

制定下发《日照市残疾人培训基地管理办法》和《日照市残疾人培训基地考核评估办法》,新建 88 处残疾人培训就业基地,积极开展以残疾人就业需求为导向的职业技能培训,坚持分类培训、提升技能、加强扶持、促进就业的原则,充分运用社会培训资源,依托残疾人培训就业基地,多渠道、多层次、多形式地开展各项培训,努力推动残疾人技能培训工作取得新进展,促进残疾人多渠道就业创业。累计已投入残疾人就业保障金 486.5 万元,基地培训各类残疾人7819 人。

在残疾人培训就业基地的基础上,积极探索残疾人电子商务培训就业创业

2016 年 5 月 11 日,淘宝云客服残疾人远程服务就业基地、日照市残疾人电子商务孵化基地揭牌仪式举行

新路径,联合市人社、财政、扶贫办、商务等部门出台了《关于开展"千千万·互联网+残疾人就业创业扶贫行动"的实施意见》,2016年5月11日,日照市残疾人联合会举行淘宝云客服残疾人远程服务就业基地、日照市残疾人电子商务孵化基地揭牌仪式。这是全省第一家淘宝云客服远程服务就业基地和全省首家残疾人电子商务孵化基地,建成以来共开办了3期全市残疾人精准扶贫电商培训班,已成功安置210名残疾人走向淘宝云客服和实体店客服岗位,60多名残疾人从事网店和微商经营,40多名残疾人依靠电商平台从事打包、快递工作,实现了残疾人的就业和创业梦想。

在残疾人就业创业上,实施就业创业年审制度。联合市财政、人社、税务等部门出台了《关于开展按比例安排残疾人就业年审工作的通知》和《关于促进残疾人按比例就业的实施意见》,加大对超比例安排残疾人就业的用人单位的奖励力度,继续推行用人单位按比例安置残疾人就业年审、公示制度。积极推动全市党政机关、人民团体、事业单位、国有企业带头招录(聘)和安置残疾人就业。

这一时期,共举办了18期残疾人就业援助专场和就业招聘洽谈会,安置就业残疾人1417名,投资445.4万元,扶持1418名残疾人自主创业。

(四)实施残疾人精准康复行动,康教一体,实现残疾儿童康复与教育的有机结合

市残联以实现残疾人"人人享有康复服务"为目标,开展残疾人精准康复行动,重点实施为民办实事残疾人康复项目,扎实开展"康复进社区、服务进家庭、残疾儿童进康复机构"活动,形成了"政府主导、部门合作、社会支持、残疾人参与"的康复工作机制,残疾人康复工作取得了显著成绩。残疾儿童康复机构与特殊教育学校实现资源共享,积极探索"康教一体"教育新模式;在《日照市特殊教育提升计划》的政策指引下,配合协调教育部门积极开展残疾儿童少年随班就读和送教服务。全市适龄残疾少年儿童义务教育入学率达到96%,残疾儿童学前3年入园率和接受康复教育训练率达到90%,教育服务残疾学生就业创业的能力明显增强。这一时期,全市共投入2232.6万元,对27465名贫困残疾人提供了康复训练、康复治疗和康复服务;共为11698名贫困白内障患者实施了免费复明手术;为贫困残疾人免费安装假肢、矫形器527例;为1326名低视力患

者免费配戴助视器;为1487名盲人开展了定向行走训练;为贫困残疾人免费供应辅助器具6352件,为2875名贫困精神病患者提供服药医疗救助,为250名贫困重度精神病患者提供住院医疗救助;为50名肢残儿童实施了矫治手术;为2900人次贫困脑瘫、智障、孤独症和听障儿童实施免费抢救性康复训练。这些举措实现了"为党和政府分忧、为残疾人解决难题、促进社会和谐"的目标。

(五)社会助残氛围浓厚,形成助残扶残特色品牌

紧紧围绕残疾人"两个体系建设"①"共奔小康"的宗旨,重点开展残疾人康复、扶贫、维权等方面的工作成效和"全国助残日"等重大残疾人节日活动的新闻宣传,努力营造扶残助残良好氛围,不断加强新闻媒体的舆论引导力度,积极创新宣传方式方法,完善健全宣传工作队伍,加大新闻宣传报道力度,组织开展"媒体记者走基层"活动,将残疾人新闻宣传工作不断推向新高度。组织开展了5届全市残疾人事业好新闻评选,开展大型残疾人宣传服务活动30余次,制作宣传残疾人事业的电视报道、广播专题、专访节目225个(次),出版残疾人宣传杂志《爱心世界》10期,在报纸、网站、杂志等媒体通过开辟专栏、专题报道等形式,共刊发宣传稿件2000余(篇)次。不断加强残疾人信息无障碍建设,依托日照广播电视台新闻综合频道开通电视手语新闻节日和残疾人健康类专题节目,并在节目中加配字幕;在全市挖掘出自强和扶残助残先进典型300个(人),组织宣传"全国扶残助残先进个人""山东省道德模范"及10名被评为"感动日照"十佳人物、日照市"十大杰出青年"和"三八红旗手"的残疾人自强典型及助残先进个人的感人事迹,在社会上营造了良好的扶残助残氛围。此外,积极推动残疾人文化周和残疾人体育的建设,帮助残疾人树立积极的人生追求和健康的生活情趣,弘扬残疾人自强不息的精神品质,促进社会的和谐与发展。大力建设残疾人文化从业创业基地和人才培养基地,推进公共文化场所免费向残疾人开放。不断完善残疾人文化艺术人才信息库,组织残疾人参与形式多样、健康有益的文化活动,先后举办了全市"残疾人文化周"5届、全市残疾人文艺汇演3次、全

---

①是指坚持以人为本,建设与经济社会发展水平相适应,保基本、广覆盖、多层次、可持续的残疾人社会保障体系和服务体系。

市书画助残笔会 10 余次、残疾人书画展览 2 次，丰富了残疾人的文化活动。

按照群众性体育与竞技性体育并重的原则，积极贯彻落实《山东省全民健身实施计划（2011 — 2015）》，实施残疾人自强健身工程。推进公共体育设施免费向残疾人开放，培育残疾人体育健身指导员，定期组织残疾人健身周活动；认真组织残疾人体育人才的选拔、培养，建立残疾人体育人才库；组团参加省级残运会，举办市级残运会、特奥会。市委、市政府领导多次对残疾人体育工作作出重要批示，共发展具有运动潜能的残疾人体育后备人才 300 余名，依托全民健身中心、民办体育运动俱乐部等，发展残疾人体育训练基地 4 处，为残疾人运动员训练创造便利条件，在省级以上赛事中，日照市残疾人运动员取得 27 枚金牌、23 枚银牌、17 枚铜牌的优异成绩；多名优秀残疾人运动员分别被评为"CCTV 体坛风云人物"和日照市"十大杰出青年"，日照市残疾人联合会先后被中残联、国家体育总局授予"全国残疾人体育工作先进单位"，被省九届残运会组委会授予"体育道德风尚奖代表团"，全市残疾人体育工作取得了显著成绩。

（六）三级联动残疾人法律援助工作体系为残疾人维权提供新途径

市残联积极建设上下贯通、三级联动的残疾人法律援助工作体系。开通

2016 年 12 月 16 日，日照市 12385 残疾人服务热线正式开通

12385 残疾人服务热线,实现了与 12345 市长公开电话、12348 法律援助热线、12349 民政养老服务热线的联动。市残联残疾人法律援助联络站共接待残疾人上访 300 余人次,为各类残疾人提供咨询服务 1200 余件次,免费为残疾人提供法律案件援助 15 起,为残疾人索回赔偿费近 39 万元,减免代理费 3 万余元。日照市法律援助委员会授予日照市残联残疾人法律援助联络站"全市法律援助工作先进集体"称号。

在市委、市政府的坚强领导下,在日照市委信访局的业务指导下,日照市残疾人联合会以科学发展观为统领,认真贯彻落实《信访工作条例》,坚持全心全意为人民服务的宗旨,以解决人民群众实际困难为出发点和落脚点,以控制和减少群众越级上访、集体上访和重复上访为重点,努力提高信访工作效率和质量,妥善处理人民内部矛盾,特别是涉及群众切身利益的问题,全面完成了各项信访、维稳工作任务。通过全市残联系统的上下联动、共同努力,使信访问题大多化解在了基层,为全市的经济建设和社会稳定作出了积极贡献。全年全市各级残联共办理残疾人来信访件 613 人次。其中:市残联本级办理残疾人来访 326 人次,全部按时按质办结,办结率 100%,群众满意率 98.8%。全年未发生残疾人赴省、赴京集体上访事件。按时向省残联、市委信访局、维稳办报送信访信息和报表,没有漏报、迟报等情况发生。

此外,为保障残疾人的出行权益,日照市残疾人联合会针对市区三轮车、四轮车禁行给肢体残疾人员带来的出行难问题,积极协调争取市委、市政府及有关部门支持,出台了市区残疾人代步车购车补贴办法和管理办法,在全省率先对残疾人购买代步车予以补贴,市和区县两级财政补贴 65%,残疾人个人负担 35%,维护了残疾人的出行权益,减轻了残疾人的负担。同时,积极协调市交通、交警、公交集团,全面落实残疾人免费乘坐公交车、下肢残疾人学考(C2、C5)机动车驾驶证等政策,残疾人出行的合法权益得到了全面保障。

执 笔 人:王汉波

审 稿 人:徐立宝

供稿单位:日照市残疾人联合会

日照市贸易投资促进事业发展历程及成就

贸易投资促进事业是日照对外开放事业的重要组成部分。改革开放以来，特别是地级日照市设立以来，历届市委、市政府发挥日照市地处沿海开放前沿的优势，挖掘全市对外开放资源，不断提升对外开放的广度和深度，全市上下解放思想、抢抓机遇，开创了对外开放工作的新局面。1989年，随着地级日照市的设立，全市改革开放进入全面发展阶段，为适应外经贸业务不断扩大的需要，1990年，日照市成立了专门的贸易投资促进机构——中国国际贸易促进委员会日照市支会（简称日照市贸促会），同时挂中国国际商会日照商会的牌子（简称日照国际商会），与日照市对外经济贸易委员会合署办公。贸促会、国际商会具有上联政府、下联企业、外联境外商协会的优势，是联系政府、服务企业、促进外向型经济发展的重要载体，它的成立对于推进日照市贸易投资和经济技术合作，推动全市全方位开放具有重大意义。自此，日照市贸易投资促进事业历经起步、初步发展、快速发展和创新发展四个阶段，在对外开放的土壤中逐步发展壮大，成为全市开放型经济体系的重要组成部分。

一、起步阶段（1990～2003年）

为推动改革开放进一步发展，1992年，市委、市政府连续召开两次全市对外开放会议，明确提出把工作重心迅速转到进一步扩大对外开放上来，并号召各级党政、全市人民进一步解放思想，振奋精神，加快开放发展步伐。同年5月份又作出《关于扩大对外开放，大力发展外向型经济的决定》。在全市掀起对外开放热潮的大好形势下,市委、市政府充分发挥贸易投资促进机构联系境内外工商界交流合作的桥梁纽带作用,大力支持投资贸易促进事业发展,使刚刚起步的贸易投资促进事业焕发出勃勃生机。

(一)对外宣传联络,广交朋友,为初步建立对外联络网打下基础

扩大对外联络、加强对外宣传是做好贸易投资促进的有效手段。市委、市政府利用贸促会既是政府经济部门,又是民间对外经济贸易组织双重身份的优势,大力支持贸促会积极开展对外联络,让更多海内外人士认识日照、了解日照。对外联络初期,以"广交朋友、扩大影响"为指导,发函或致电日照籍的华侨、海外老朋友和境内外有关商协会及经贸界人士,联络感情、互通信息,扩大交流,借机宣传推介日照,促成经贸合作。在对外交往中,注重向境内外经贸团体及人士介绍日照市经济社会发展形势和合作优势,推介日照市良好的投资环境和合作领域,通过扩大对外联络、加强对外宣传,与美国商会、瑞中商会、日本国际贸易促进协会、大韩贸易投资振兴公社、澳大利亚海外交流友好协会、加中贸易理事会等十几个国外商协会保持联络,建立了友好合作关系。从 1992 年至 2002 年,邀请和接待了来自美国、新加坡、韩国、日本等 10 多个国家和地区的经贸代表团 25 个 110 人次到日照考察交流;先后组织 18 个经贸团 136 人次到美国、德国、日本、新加坡、韩国等国家和地区进行市场考察和参加招商洽谈活动,取得了较好效果。

(二)初步组织企业出国参展,参与国际市场开拓

出国参展是促进对外贸易的有效平台。中国贸促会作为国际展览协会的成员,在出国参会参展方面具有独特的优势。1990 年至 2003 年,日照市充分利用中国贸促会的出国展览资源,引导和支持企业参加国际展会,走向国际市场,参与国际竞争。先后组织企业参加了在美国、德国、英国、意大利、新加坡、马来西亚、日本、韩国等国家和地区的国际展览会。为帮助企业了解国外经济政策和市场行情,日照市多次举办开拓国际市场研讨会和培训会,邀请长期在外任大使的原外交官来日照作报告,进一步提升企业开拓国际市场的信心和抗风险能力。

（三）首次举办全国性展会，促进地方特色产业发展

会展业在带动经济增长、扩大市场消费、促进经贸合作、增加社会就业、推动城市建设等方面发挥着重要作用。日照周边城市青岛、连云港等地的会展经济迅猛发展，青岛提出建立"国际知名会展中心城市"的发展目标，连云港成为苏北地区会展经济发展的领航者。日照作为东部沿海重要港口城市，区位优势优越，生态环境优美，特色产业明显，旅游资源丰富，举办会展有着得天独厚的优势。面对周边城市会展业的迅速发展，市委、市政府审时度势，立足自身特色产业和区位优势，决定依托茶产业举办全国性展览活动。

2003 年 8 月 25 日至 28 日，首届中国·日照茶博会暨茶文化旅游节在日照市新瑞茶叶批发市场举办，此次展会是日照市首次举办的全国大型茶叶博览会，在为期 4 天的展销洽谈活动中，精彩的茶艺表演、激烈的炒茶比赛及万人品茶活动也同时进行。首届茶博会吸引 8 万多人到会，参会会商 7000 余人，分别来自福建、广东、广西、贵州、浙江、北京等 11 个省市；展会期间共签订合同贸易额 3200 万元，协议额 8906 万元，两项共占全市茶叶年产值的近 50%，招商引资 1300 多万美元。整个活动实现了三个历史性突破，即举办全国性展会的突破、茶叶出口的突破、重大经贸活动市场化运作的突破，得到了展览客商及社会各界的赞誉。

首届中国·日照茶博会暨茶文化旅游节现场

（四）涉外商事法律服务初步发展

随着日照市外经贸事业的发展,全市外贸企业对出证认证①业务的需求越来越多。1992 年,随着《中华人民共和国出口货物原产地规则实施办法》和《含进口成分出口货物原产地标准制造、加工工序清单》的实施,中国外经贸部和贸促会颁布了一系列新规,开始实施统一的原产地标准和统一的签证管理制度。签发出口货物原产地证是国家授权给贸促会的一项重要工作,是代表国家行使对出口货物原产地出具证明和确认的权力,具有很强的法律性。为适应日益增长的对外经济贸易、交流的发展,方便全市外贸企业办理出证认证各项业务,日照市贸易投资部门积极向上级争取,于 1996 年取得了对外签证权,开始向全市企业签发出口货物原产地证和认证商业票据。1996 年至 2002 年,累计签发出口货物原产地证书 2100 余份,签证金额 1.2 亿美元,涉及近 50 个国家和地区,累计认证商业票据 560 份,为企业顺利通关结汇提供了保障;2000 年,首次为企业代办商业票据使馆认证业务。2002 年,日照贸促会被国家贸促会授权为产品国际检测认证代理机构;2003 年,被国家贸促会授权代理国内、国际商标注册业务。以上业务的开展,为企业产品进入国际市场、提高产品竞争力,提供了更加权威、方便、快捷的服务。

二、初步发展阶段（2004 ~ 2007 年）

2004 年 6 月,为充分发挥贸易投资促进机构的作用,促进日照与世界各国、各地区之间的贸易、投资和经济技术合作与交流,市委、市政府决定将日照市贸促会与日照市对外经济贸易委员会分设办公,全市贸易投资促进事业进入新的发展阶段。2005 年,为适应经济全球化发展的新趋势,更好地利用国际国内两个市场、两种资源,加快经济结构战略性调整,增强企业国际竞争能力,提高对外开放水平,山东省人民政府出台了《关于加快实施"走出去"战略的意见》,新

①出证认证业务作为涉外商事法律服务的一部分,包括原产地证书签发、国际商事证明和代办领事认证等三项基本业务,业务范围涵盖货物贸易、服务贸易、技术贸易、投资贸易、国际承包工程、知识产权、涉外商事诉讼、海事等国际商事活动的国际贸易领域。它是享受关税优惠、确定税率待遇、证明商品内在品质的依据;是提高产品市场竞争力的重要工具;是贸易双方结汇的必备单据。

的开放发展理念为新时期日照贸易投资促进工作指明了方向。2005 年 12 月 30 日,全市贸促工作座谈会召开。座谈会的召开对全市贸易投资促进工作提出了新要求,指明了新方向。

(一)初步建立对外联络网,为开展贸易投资促进工作打下基础

随着中国加入世界贸易组织和全球经济一体化进程的加快,日照市充分发挥地处沿海开放前沿的优势,对外开放形成新格局。2004 年,日照市政府工作报告提出:坚持以开放促改革、促发展、促调整,在更大范围、更广领域和更高层次上参与国际合作与竞争。全市贸易投资促进工作对外联络渠道也不断拓宽,逐步建立起对外联络网。2004 年至 2007 年共邀请接待了罗马尼亚华商会、日中经贸促进协会、韩国汉江织纬株式会社、韩国 21 世纪韩中交流协会等 36 个考察团组来日照考察访问。2005 年,参加了"北京 2005 国际商会全球合作大会""2005 中法市长"高峰论坛、西班牙萨拉戈萨物流基地推介会等国际性会议,与多家国内外商协会及客商建立了联系。特别是通过参加"2005 北京国际商会全球合作大会",与中国美国商会等 11 家国外商会及中国机电进出口商会等 9 家国家级商会、50 多家地方商协会进行了交流,全市贸易投资促进网络进

2006 年,韩国采购投资洽谈会现场

一步拓宽。

2004年初,市委、市政府在科学把握区域经济一体化发展规律和发展趋势的基础上,着眼于贯彻落实省委、省政府关于加强半岛城市群建设的战略部署,作出了接轨青岛的重大战略决策。自2004年4月签署《关于进一步发展两市交流合作关系的框架协议》起,日照与青岛即在多个领域展开了务实有效的交流合作。全市贸易投资促进工作紧跟市委、市政府安排部署,积极与青岛有关部门及国外驻青机构加强联络,推动对外合作不断深入。与大韩贸易振兴公社、中国香港贸发局、中国台北世界贸易中心等商协会驻青机构加强合作与联系,邀请接待境外驻青机构来访,合作举办经贸洽谈会,为日照企业"走出去"搭建平台。

大韩贸易振兴公社到日照参观考察

(二)打造"国际茶博会"

会展场馆是办展机构举办展览会的一个空间载体,在会展业的发展中起着重要的作用。随着日照会展业的逐步发展,展馆的建设被提上日程。2004年12月,日照会展中心投入使用,对日照会展业的发展起到了有力的助推作用。同年,日照市政府工作报告提出要"立足日照优美的自然环境,搞好会展设施建设,扩大对外宣传,加快培育日照的会展品牌"。全市贸易投资促进工作按照市委、市政府安排部署,发挥贸促机构展览平台作用,努力办好茶博会活动。

首届茶博会成功举办后,市委、市政府更加坚定了办好茶博会的决心,在总结成功经验的基础上,以创新创优的办会思路,不断创新活动内容和形式,通过政府搭台、市场运作、经贸唱戏、旅游促销,开创了一条办会的新路子。为提高展会档次和水平,日照市多次组织有关人员到国内外进行考察学习,由分管副市长带队,组织相关部门和茶叶企业到北京参加茶文化节,组织展览公司、茶企到韩国汉城(现首尔)参加了韩国国际茶博会,学习先进经验。为把茶博会办成一个国际性专业展会,日照市积极争取国家贸促会和国家茶叶流通协会的支持,争取冠名国际茶博会。最终,国家贸促会和中国茶叶流通协会正式行文批准日照举办国际茶博会,并作为支持和主办单位,提高了展会档次。

2004年6月26日至28日,第二届中国(日照)国际茶博会举行。本次茶博会签订茶叶购销合同6210万元,参展参观者达到8万人次。2005年6月28日至7月2日,第三届中国(日照)国际茶博会成功举行。来自韩国、日本等11个国家和地区的企业代表参加了茶博会。茶博会期间,共设展位156个,其中境外7个、省外22个、省内市外64个;签订茶叶购销合同金额1.88亿元,实际成交额6200万元。

(三)初步形成较广泛的出展网络

2004年,全球经济复苏的步伐加快,带动了国际贸易的增长,日照市推动外经贸实现了跨越式发展,整个国民经济的外向度日益提高,2004年全市进出口规模达到18.43亿美元。企业开拓国际市场的积极性和主动性不断提高,出国展览也越来越成为企业开拓国际市场的重要渠道之一。为推动全市出展的健康有序发展,在日照市贸促会与日照市对外经济贸易委员会分设办公后,市贸促会的机构编制进行了调整,专门设立了展览部,负责出展组织工作,有力推动了全市出展工作的开展,大大提升了企业出展效果。在前期形成的展览渠道和参展网络基础上,进一步多渠道做好宣传服务,每年精选适合日照市企业的全球热门展会80余个,向企业印发《年度出展计划》,供企业进行选择,极大提升了企业参展的积极性和主动性。这一时期的参展企业主要集中在纺织服装、食品等行业,参加的展会主要有韩国汉城国际食品技术展、韩国釜山国际食品展、日本千叶食品展、德国法兰克福纺织展、美国纽约家纺展、法国巴黎食品展等。

组织企业参加法国巴黎食品展

为帮助企业降低开拓国际市场的成本,日照市贸促会积极组织企业参加在国内举办的国际性展会,让企业在家门口就能参加国际大展。2006年,组织全市70家企业160余人参加了在青岛举办的中日韩产业交流会。该展会由中国贸促会、日本贸易振兴机构、韩国贸易投资振兴公社共同主办,旨在促进中日韩三国产业合作,推进东亚经济一体核心进程,设国际标准展位近1000个,实现了中日韩三国企业的交流互动、合作共赢。展会期间,日照市代表团签订利用外资项目协议10个,投资总额9000万美元,协议外资额5900万美元;签订进出口贸易合同和协议20个,贸易额8560万美元,主要涉及机械、电子、水产食品等行业。

(四)涉外商事法律服务范围不断拓宽

2004年,外经贸经营权由许可制改为备案制,进出口经营权的放开激发了市场活力,加上原有国有企业改制、招商引资引进的外资企业如亚太森博、威亚发动机等的投产以及日照钢铁的建成,涌现出大量的从事进出口的企业,日照外经贸进入蓬勃发展时期,涉外商事法律服务范围不断拓宽。2005年签发原产地证 2006 份,同比增长 66%,出口总额 3.16 亿美元,贸易对象涉及 87 个国家和地区;涉外单据认证 585 份,同比增长 28%;代办领事认证 386 份,同比增长 13%;代办商事证明书 96 份,为企业的出口、顺利通关、结汇提供了有力保障。2007 年,中国贸促会下发《关于加强原产地证申办注册和签发申报核查工作的通知》,按照通知精神,日照市贸促会加大了对注册企业申报货物原产地的核查力度,并对企业出证认证业务进行了现场指导。2007 年,签发原产地证 3864 份,涉外单据认证 470 份,代办领事认证 410 份,代办商事证明书 54 份,注册企业总数达 283 家,保障了对外贸易顺利进行。

随着我国对外开放的进一步深入,中外经贸关系持续、快速发展,同时,各类涉外经济纠纷案件也不断增多,全市涉外法律服务范围也不断拓宽,其中商事调解成为解决涉外纠纷的有效方式。

三、快速发展阶段(2008 ～ 2012 年)

2008 年 4 月 19 日,日照市对外开放工作会议召开,会议指出,与发达地区相比,日照市最大的差距还在对外开放上,开放观念弱、规模小、水平低,仍然是日照发展的薄弱环节和主要制约因素,各级必须把对外开放、招商引资作为经济工作的首要战略任务,全方位、多层次、宽领域、高标准地推进对外开放,努力以大开放推动新跨越、以大开放促进大发展。随着对外开放的不断深入,全市对外投资贸易发展步入快速发展阶段。

(一)深化对外联络交往,拓展国际合作领域和空间

这一时期,日照市贸易投资促进工作以"深化对外交流,推动实质性合作"为指导,积极服务全市开放大局。

一是用好"国际联络+商协会"的优势平台,拓展和精耕多方对外关系,在与国外商协会建立合作关系基础上,推进实质性的深入合作。这一时期,与希腊中国商会、意大利热那亚华人工商联谊会、韩国唐津郡商工会议所等近 20 家国际商协会组织建立合作关系,合作商协会之间保持经常性联系,互相提供贸易、投资及经济合作方面的信息,组织项目考察团、经贸界人士互访、交流等,期间,共接待 63 个国际经贸团来访,对推动日照的国际经贸交流与合作打下了良好基

础。2010 年 1 月,组织日照市经贸考察团赴欧洲西班牙、意大利、匈牙利三国进行考察访问,促成了一批经贸与科技合作项目,日照市与巴塞罗那市政府签订了友好合作关系。

二是以"国际联络+活动"为载体,促进招商引资和国际贸易,提升城市知名度。2008 年至 2009 年,国际金融危机席卷世界,在金融危机等不利因素带来的严峻挑战面前,市委、市政府充分利用贸促会丰富的国际资源优势,筹办大型经贸活动,促进对外投资贸易和交流合作。其中组织举办的较有影响力的活动是"2009 年中国东部沿海国际经贸论坛暨中国对外贸易理事会①交流会"。2009 年 9 月 15 日至 16 日,中国东部沿海国际经贸论坛暨中国对外贸易理事会交流会在日照胜利召开。本次活动由中国贸促会和山东省人民政府主办,中国对外贸易理事会、山东省贸促会、日照市人民政府承办。会议内容丰富,主要包括中国对外贸易理事会交流会、东部沿海国际经贸论坛、"日照·海牙"投资环境推介会

举办日照泰国经贸洽谈会

---

①中国对外贸易理事会成立于 1996 年,成员单位包括全球近 30 个国家和地区的 300 余家知名企业,其中不乏国际 500 强企业和国内 500 强企业。举办中国东部沿海国际经贸论坛暨中国对外贸易理事会交流会就是利用中国对外贸易理事会的资源优势,服务全市对外开放工作。

暨签约仪式、经贸合作洽谈会、投资环境考察、专场文艺演出等。来自荷兰、美国、新加坡、西班牙、俄罗斯、日本、意大利等 27 个国家和地区的 129 家政府机构、商协会及国内外知名企业的 200 余代表参会。这是日照举办的一次高规格、高层次、高水平的会议,对扩大对外开放、促进招商引资和国际贸易、提升城市知名度具有十分重要的现实意义。

除此之外,紧密联系日照产业特点和优势举办大型活动。日照作为我国东部沿海重要港口城市,现代物流业已成为服务业发展的亮点。依托这一产业优势,2008 年 9 月 10 日至 11 日,第三届中国(日照)国际物流产业发展高峰论坛暨物流博览会在日照会展中心召开。论坛以"接轨全球供应链,提升物流产业竞争力"为题,由物流论坛、物流博览会、项目签约、山东省物流 50 强发布会、考察参观等系列活动构成。国内外 170 多家知名物流企业的 280 多位负责人和中外 20 多位知名物流专家、学者,以及 20 多家商协会参加了论坛,有 6 家世界 500 强企业参加了本届论坛,其中 4 家位居全球 10 大物流企业之列。论坛期间招商引资签约额为 32.48 亿元。

(二)打造中国日照绿茶节品牌

2009 年,在政协委员的建议和广大茶农茶企的一致呼吁下,日照市政府成立筹备绿茶节组委会,着手策划举办新的茶事活动,并将中国日照国际茶博会改为中国日照绿茶节,以突显绿茶产区特色。2009 年 5 月 8 日至 10 日,首届中国日照绿茶节在日照市岚山区安东卫国际商贸城成功举办。首届绿茶节集文化与经济于一体,融展示与交易于一炉,集聚资源,提升了日照绿茶品牌知名度,宣传了"北方绿茶之乡"的城市名片,圆了日照茶农、茶企、茶商等茶界人士多年的节日梦。

继首届绿茶节举办后,2011 年 6 月 10 日至 12 日,第二届中国日照绿茶节在日照会展中心成功举办。本届绿茶节的主题是"生态、优质、健康",共签订合同协议 216 份,合同协议额 6200 万元,现场销售茶叶 6000 余公斤,货值约 230 万元。

2012 年 7 月 20 日至 22 日,第三届中国日照绿茶节在日照会展中心举办。本届绿茶节共搭建标准摊位 128 个,大型特装展 11 个,展示面积约 1 万平方米,包括日本、韩国在内的 100 余家茶叶企业、500 余家专业采购商来绿茶节现场参加活动。

首届中国日照绿茶节、日照茶业发展成就展举办

(三)出展逐步形成固定展团

2008年下半年,美国次贷危机引发的金融危机迅速蔓延,我国的出国展览活动也受到影响。与中央政府的政策导向相呼应,各级地方政府及时推出了一系列政策措施,进一步加大了对会展业的支持力度,对克服金融危机的影响发挥了积极作用。日照市贸促会加大组展力度,千方百计帮助企业开拓国内外市场,扩大产品销售。一是向企业推介并组织参加国际知名展会和境内的重点展会。比如:俄联邦轻纺展、德国科隆五金展、美国拉斯维加斯五金展、俄罗斯莫斯科食品展、法国巴黎食品展、中东五大行业展等,其中科隆和拉斯维加斯五金展、中东五大行业展等热门展会都已形成固定展团。走出去参展不仅直接能够接触客户,学习同行先进经验,也成为企业的一种实力和信心的展示。二是在日照举办各类专业展会,为企业开拓市场搭建平台。组织举办日照绿茶节、日照房车展、日照名优产品展、"好客山东、多彩日照"贺年会暨"福乐满港城年货大集"等,进一步促进了日照会展经济的发展。

这一时期,除参加国际大展外,日照市还充分利用世博会等世界平台,拓宽企业参与国际市场竞争渠道,提升企业国际影响力,打开产品销售网络。2010年,中国举办了上海世博会,日照市组团参加了上海世博会的一系列活动,成功推进日照绿茶进世博,成为世博会的特许产品;通过参加评选"世博茶寿星""世博茶仙子"等活动,大大提高了日照绿茶在世界上的知名度和影响力。2012年,日照市经贸代表团参加了"韩国丽水世博会山东周"活动,借助贸促会与世博会的渊源,将日照绿茶作为中国馆专用礼品,赠送给世界各地的政府官员、商界精英和普通观众,这是日照绿茶第一次走出国门,参加世界性的博览盛会,对提升日照绿茶的品牌形象和国际知名度具有非常重要的意义。

组织企业参加香港国际茶展

(四)商事法律服务工作逐步规范化、专业化

2009年,为节约企业成本,切实减轻企业负担,经向国家贸促会和山东省贸促会申请,在日照市莒县国际商会设立了原产地证签证服务点,这是全省第一家县级国际商会机构代办签证业务的试点,方便了莒县企业办理原产地证明书,受到了企业的认可和好评。2011年以来,受日本大地震、欧债危机、美债危机、中东动乱及国内原材料、劳动力成本上升、通货膨胀、融资成本增加、人民币

升值等不利因素的影响,外经贸企业面临更为复杂严峻的形势,生存更为艰难。为更好地服务企业,帮助外贸企业渡过难关,商事法律服务工作强化服务意识,不断提升工作规范化、专业化水平。2011 年 2 月,日照成功举办了 2010 年度出证认证总结表彰大会暨 2011 年度全市出证认证业务培训班,企业参加人员 200 余人,与会企业全面系统地学习了出证认证知识,及时了解了国家最新法规、政策。2012 年,贯彻落实《财政部、国家发展改革委关于免征小型微型企业部分行政事业性收费的通知》,免征小型微型企业原产地证明书费和 ATA 单证册费,同时积极引导企业使用自贸协定项下优惠原产地证明书享受关税减免优惠,降低外贸企业进出口流程成本,切实减轻了企业负担,促进日照市外向型企业发展。

随着"走出去"步伐的加快,外贸企业的法律和维权意识不断增强,遇到的经贸摩擦和纠纷日渐增多,对商事法律服务的需求越来越多,这一时期提供法律咨询次数明显增多,平均每年达到 50 余起。涉外法律服务工作在商事调解和法律咨询为主要服务模式的基础上,不断拓宽法律服务领域,开展了国际商账追收、仲裁、代理商标注册等业务,并首次成功代理日照企业在境外的仲裁案。

四、创新发展阶段(2013 ～ 2019 年)

2013 年 9 月和 10 月,习近平总书记先后提出共建"丝绸之路经济带"和"21 世纪海上丝绸之路"的战略倡议,日照随即争取纳入构想。作为"一带一路"主要节点城市,日照的优势将更加突出,对外开放步入新的历史时期。这一时期,贸易投资促进事业面临难得的发展机遇,特别是党的十九大明确提出,要"推动形成全面开放新格局""推进贸易强国建设",为贸促发展指明了新的方向,同时也充满了困难和挑战。全球经济形势错综复杂、日照经济下行压力加大,市委、市政府和广大企业都对贸促机构提出了更高的工作要求和期待。日照市对外投资贸易促进事业不断整合资源,转型升级,在工作方式上积极进行"淡化行政色彩"的探索,在身份上突出"民间性质",并按中央"八项规定"及群众路线教育实践活动、"三严三实"专题教育、"两学一做"学习教育、"不忘初心、牢记使命"主题教育的要求,积极深入企业,代言工商,力戒展会之中的形式主义和奢靡之风,打造投资与贸易平台,进入创新发展阶段。

(一)在融入"一带一路"中开创对外联络新局面

充分利用中国贸促会多双边共商合作机制资源,密切与国内外特别是"一带一路"沿线国家商协会机构的友好合作,积极宣传推介日照市"一带一路"主要节点城市定位和对外开放战略,搭建交流合作平台,吸引国内外工商界到日照考察、投资、合作。这期间,与意大利中意沿海区域协会等 8 家"一带一路"沿线国家商协会签署了友好合作协议;与哈萨克斯坦阿拉木图工商会、匈牙利国家工商会、亚美尼亚工商署等 10 余家商协会机构建立了联系,搭建了交流合作平台;与乌鲁木齐、克拉玛依、西安等 12 地市贸易投资促进机构达成互访交流机制,定期开展互访洽谈。

2015 年,为更好地适应经济新常态,打造经济发展新引擎,营造浓厚的发展氛围,市委、市政府于 7 月 15 日出台了《中共日照市委 日照市人民政府关于"突破园区、聚力招引"的实施意见》,作出了实施"突破园区、聚力招引"头号工程的重大决策部署。市委、市政府关于"突破园区、聚力招引"重大决策部署后,全市贸易投资促进机构进一步增强加快发展的责任感、压力感和紧迫感,发挥"亦官亦民"的身份优势和对外工作的渠道优势,聚力招引工作。邀请日本兴和株式会社、德国凯世盟咨询有限公司等 20 批次客商到日照考察,重点洽谈钢铁配套、生物医药、光伏农业、电子商务等项目。为增强招引实效,将"全天候、保姆式、一条龙、零距离"服务全面贯穿于招商引资全过程,量体裁衣,为每个项目制定针对性服务措施。从项目签约落户开始,实行一对一挂钩结对服务制,即从项目签约、筹建、证照手续办理、生产准备到投产经营全过程实行靠上服务、跟进服务、延伸服务,进行现场办公,把客商遇到的各种问题解决在现场。经过不懈努力,2016 年,促成落地项目 7 个,投资金额 4.23 亿元;在谈项目 26 个,涉及投资金额 13.24 亿元,完成到位资金 2 亿多元人民币。2017 年,促成落地项目 4 个,到位资金 7000 万元;在谈项目 6 个,涉及投资金额 7 亿余元。2019 年,实现在谈和推进项目 10 余个,涉及投资资金 50 余亿元。

(二)出展围绕重点产业,展会组织集约化、品牌化

以抱团参展的形式实现了出展由小型分散向大型集约化、品牌化转型。这一时期,日照市有关产业如水产蔬菜、纺织抽纱、汽车零部件、五金建材、健身器

日照特色产品在哈萨克斯坦阿斯塔纳世博会上展示

材、塑料包装、食品添加剂等都已形成初步规模。以健身器材产业为例,全市有出口企业 60 余家,2015 年出口额 1 亿多美元,成为仅次于南通的第二大健身器材出口基地。为扶持这些产业进一步做大做强,形成规模和品牌效应,日照市贸易投资促进机构继续发挥出展工作主力军作用,组织企业抱团参展,进一步通过国际优质展会平台,打响日照出口品牌,助力全市外经贸发展。

2016 年 10 月,为进一步实施日照绿茶品牌战略,日照市组织日照 7 家龙头茶企参加了在日本静冈举办的世界茶叶节,以政府组团形式亮相,设立统一的日照形象展区。2017 年,组织经贸代表团参加了在哈萨克斯坦举办的阿斯塔纳世博会"山东周"系列活动,日照绿茶红茶入选世博会"山东周"活动指定纪念品名单。此外,还组织企业抱团参加了美国拉斯维加斯五金展、德国科隆国际健康健身展等。通过组团参展,形成宣传当地和参展企业形象、品牌的合力,有利于企业整合资源、合作开拓市场,有利于提升日照茶产业整体的影响力和知名度,这种政府和商协会搭台、企业抱团参展的形式受到企业的欢迎,也取得了良好的经济效益和社会效益。

(三)科学谋划,创新发展,推动全市会展经济工作新局面

随着市场经济的发展,政府的办展行为在逐步减少,而政府对展览会的扶持力度会进一步加大。政府逐步从广泛办展的前台退至后台,转向通过制定相

应政策为展览业的健康发展搭建平台。展览活动不再是政府直接搭台、企业唱戏，而主要是政府扶持，展览会的办展主体——商会协会、专业展览公司搭台，参展企业唱戏。

一是绿茶节步入市场化、专业化。在成功举办前3届绿茶节的基础上，2013年，第四届中国日照绿茶节的举办采用政府扶持和市场化运作相结合的办会方式，更加注重市场在经济运作中的主导作用，将展览业务全部推向市场，由专业展览公司进行运作，展会的实效得以更突出的体现，对培育日照会展企业发展起到了良好的推动作用。2016年和2017年创新办展形式，分别举办了春季和秋季茶博会。正是这些活动的策划，吸引了广大市民的参与，使茶博会不仅是商企之间的一次经济活动，更是全民广泛参与的茶文化盛宴，带动了日照整体茶文化氛围的提升。

二是全市会展经济发展取得新成效。为推动全市会展经济发展，2019年日照市成立了由市领导任组长、市直有关部门为成员单位的日照市会展经济发展工作专班。同年成功举办2019夏季煤炭交易会和2020年度全国煤炭交易会暨中煤协理事会，两次会议层次高、规模大、成效显著。会议期间，全国1200余家煤炭相关企业4.5万余人参会，其中包括世界500强企业15家、中国500强企

"2017第十届中国（日照）茶博会"茶艺大赛现场

业 28 家、2019 国家煤炭企业 50 强 45 家。会议期间,有 70 余家企业签订合作协议,订货量达 3.5 亿吨,同比增长 13%,取得了显著的经济效益和社会效益。

2019 夏季全国煤炭交易会现场

(四)拓展法律服务领域,打造涉外商事法律服务品牌

为服务日照物流产业,经积极争取,中国贸促会海损理算处山东办事处于 2013 年 4 月在日照挂牌成立,开始为日照企业办理海损理算业务。2015 年创新服务模式,在需求比较大的外贸企业中设立法律咨询室,每周派法律服务人员到企业现场解决企业的法律问题,努力打通服务企业"最后一公里",为企业提供更加细致、个性化的服务。加强法律培训和服务工作,面向企业开展外经贸法律制度、自贸区协定、相关国际公约、国际商事规则、外国法治环境等方面的培训,强化企业开展国际经贸活动的法治观念、规则意识和契约精神。开展面向"走出去"企业尤其是中小企业的涉外商事法律服务,指导和帮助企业依法开展国际经贸合作,通过担任法律顾问、拟定涉外合同等法律服务,帮助企业防范法律风险,助推企业安全"走出去"。

2013 年 6 月,中国贸促会成功启动了电子原产地证书(ECO)项目,经北京等地贸促会试点之后,日照市于 2015 年启动了 ECO 项目,至 2016 年已实现100% 通过网络签发原产地证书,实现企业端自主打印出证的企业,能够足不出户实现数据即时传送。同时,随着经济全球化的深入,国家间经贸摩擦日益增加,越来越多的国家实施贸易保护主义,在现有 WTO 规则框架下越来越难以协调,各个国家和经济体之间,需要采取新的措施促进双边贸易增长,因此,签订双边或多边自贸区(FTA)协定、相互扩大市场开放,成为推动贸易投资自由化便利化的重要举措。我国积极利用 FTA 规则帮助企业开拓自贸区市场,与东盟、智利、巴基斯坦、新西兰、新加坡、秘鲁、哥斯达黎加、冰岛以及瑞士等国家或地区组织签订了自由贸易协定,自贸区内国家间出口贸易享受关税优惠减免,关税优惠减免的凭证就是贸促会和出入境检验检疫局签发的优惠原产地证书。2015 年底,日照市贸促会成为山东省贸促系统中首批 5 家获权签发优惠原产地证书的签证机构之一,能够签发包括中国—韩国、中国—澳大利亚等 11 个自贸协定项下的优惠原产地证书。为减轻外贸企业负担,促进出口稳定增长,自 2014年 5 月 1 日起,免收出口企业货物原产地证书费。此项措施惠及全市 200 余家出口企业,每年可为出口企业节省费用总计达 30 余万元,在一定程度上减轻了出口企业负担,增强了出口企业产品的国际竞争力。

五、日照市贸易投资促进事业发展的主要成就

近 30 年来,随着改革开放的不断深入,日照市贸易投资促进机构发挥对外联络、会展和商事法律服务"三驾马车"的优势和国际经贸交流与合作的越洋桥梁作用,积极开展贸易投资促进活动,为全市外向型经济发展贡献了"贸促"力量。

(一)建立起广泛的国际联络及参展渠道,实现投资、贸易双促进

与美国、英国、西班牙、意大利、日本、韩国等 30 多个国家和地区的 50 多家国外商协会建立了友好合作关系,签订了团组互访、经贸交流、投资促进合作协议。借助这些友好关系,主动邀请接待了来自十几个国家和地区的 100 多个经贸团组到日照市参观考察,开展经贸洽谈。同时,组织了 50 多个出访团组赴美国、德国、法国、俄罗斯、韩国、日本等国家参加经贸合作论坛、大型展览会等活动。累计组织1000 余家企业参加中日韩产业交流会、德国科隆五金展、俄罗斯五金展、日本千叶

食品展、美国纽约家纺展、印尼农机展、中东五大行业展等境内外展会200余个。

组织企业参加了第七届中国企业跨国投资研讨会、第五届中国国际商务论坛、山东—乌克兰敖德萨州贸易洽谈会、第八届中国企业跨国投资座谈会、丝绸之路经济带高端对话会、中国—希腊对口洽谈会、APEC贸易部长对话工商界主题论坛、山东省—南澳洲合作发展论坛、"走出去"及借助世博会平台助力中亚等经贸活动，拓宽了企业的联络渠道，为企业对外交流合作搭建了高层次平台，帮助企业创造了更多的贸易投资合作机会。组团参加了上海世博会、韩国丽水世博会山东周、意大利米兰世博会山东周、哈萨克斯坦阿斯塔纳世博会山东周等活动，借助世博会平台宣传推介日照，成功推动日照绿茶入选世博会中国馆专用礼品和世博会山东周活动礼品。组织日照茶企参加了香港国际茶展、日本世界茶节、北京国际茶业展、深圳茶博会、武夷山海峡两岸茶叶博览会等境内外茶事活动20余次，展示了日照绿茶风采，助力日照绿茶品牌打造和绿茶产业的发展。

（二）推动了全市会展经济发展，助力地方特色产业转型升级

先后举办了8届中国（日照）茶博会，4届中国日照绿茶节，2届秋季中国（日照）茶博会，逐步打造了"中国日照茶博会（绿茶节）"展会品牌，推动了地方特色产业发展，实现了经济和社会效益双丰收。一是宣传了"北方绿茶之乡"日照。在茶博会或绿茶节举办前后或举办期间，通过市内外主要媒体进行多形式、多渠道广泛宣传，营造了浓厚的节日气氛。节会举办期间，央视网、绿茶网、大众网、日照人民广播电台、联通公司3G网等媒体对开幕式及相关活动进行现场直播。这些媒体在宣传绿茶节的同时，也多角度宣传了日照，提升了"北方绿茶之乡"的影响力。二是借智借力，助推日照茶产业发展。在茶博会或绿茶节举办期间，国内茶业专家齐聚日照，从品牌建设、质量安全、新产品开发、市场营销、养生保健等多个角度，对茶产业的发展进行了深入的前瞻性分析，特别针对日照绿茶现状，提出日照茶产业发展需要解决的瓶颈问题，引起了日照茶界人士的共鸣，使茶产业发展的路径更加清晰。三是弘扬了茶文化，促进了旅游产业发展。绿茶节着力打造文化特色，与旅游相结合。"茶乡之旅"活动引导到日照的游客观茶园，体验采茶、炒茶、品茶的乐趣，领略日照独特的绿茶文化，参观绿茶节会场，逐步把"茶"打造成日照游的一个亮点。四是促进了茶企茶商间的交流合

342

作。各地茶企、茶商以此为平台,在签订合同协议的同时,切磋技术,交流信息,打造了国内有影响力的茶文化交流平台和茶产品贸易平台。

另外,谋划打造了煤交会、机器人大赛以及先进钢铁制造、汽车及零部件、体育赛事等重点品牌展会活动,全面推动日照优势产业优化升级。通过成功举办 2019 夏季煤炭交易会和 2020 年度全国煤炭交易会暨中煤协理事会,一方面积累了举办大型会议、会展的工作经验,另一方面积极助推了全市会展经济创新发展。

(三)构建起国际商事法律服务平台,为全市企业国际化经营保驾护航

逐步建立起国际商事法律服务平台,通过业务培训、上门服务、出境协调、诉调结合等多种方式为涉外企业提供法律服务,逐步在企业中形成了影响力,有了知名度和公信力。受理贸易纠纷案件 10 余起,提供法律咨询 200 余次,为维护正常的贸易秩序发挥了积极作用。在外商投诉方面,先后为奥地利、荷兰、泰国、印度等国家的客商解决了与日照市企业的经贸纠纷,促进了贸易的顺利进行,维护了全市良好的外贸环境。在国际商账追收方面,完成商账追收 20 起。在国际商事法律培训方面,邀请国家和省贸促会的法律专家授课,举办了 8 次大规模的商事法律培训。在创新服务方面,努力打通服务企业"最后一公里",在大型外贸企业设立了法律咨询室,把商事法律服务送到企业家门口。

作为国际贸易中的重要一环,商事认证业务取得长足发展,服务网络不断完善、服务职能不断拓展,近年来共为企业办理各类证书 9 万余份,为日照市外经贸企业开辟国际市场、顺利通关结汇、推动日照市外向型经济发展提供了有力保障。同时,通过举办高水平的 FTA 规则培训等方式帮助企业顺应国际贸易新形势,增进了企业对我国自贸区战略的认知度,力推企业充分使用优惠原产地证书,用足用好优惠贸易政策,使企业真正享受到自贸协定带来的好处,加快"走出去"的步伐。

执 笔 人:刘　娟

审 稿 人:苏东援

撰稿单位:日照市贸促会

日照市机关事务工作改革发展历程

　　改革开放以来,机关事务工作改革与发展的历程,是由局部的、探索性的到全面的、系统的改革过程,是在不断解放思想中推进理论创新、制度创新和实践创新的发展过程。机关事务管理部门以解放思想为先导,以改革创新为动力,推动机关事务工作从自我封闭、自我服务的模式中解放出来,走上了市场导向、服务开放的改革与发展之路,机关后勤体制经历了从局部的、单项的探索到全面的、系统的推进过程,基本改变了传统的"小而全"、封闭式、供给制、福利型后勤保障格局,向着管理科学化、保障法制化、服务社会化的目标迈进。

　　1996 年,日照市成立了市级机关行政事务管理局,接受市委、市政府双重领导,列市委序列。直属副处级事业单位 2 个:日照市市级机关服务中心、日照市市级机关生活小区管理委员会;正科级事业单位 5 个:日照市市级机关办公大楼保卫处、日照会展中心管理处、日照市人大干部培训中心(2004 年 2 月由市人大移交市行管局管理)。主要职责是负责市"五大班子"机关和市级机关办公大楼、会展中心的运行保障、安全保卫及部分行政经费管理、市级机关生活小区管理,负责市级机关公务用车定编配置和本局下属单位的财务管理、新市区机关行政房地产的产权产籍综合管理;负责市级机关办公用房的房地产权属管理、建设、调配和物业管理,负责市级公共机构节能管理。2008 年 4 月,经省编办同意调整为参照公务员管理的事业单位。2011 年 12 月增设公共机构节能科,行政监督职能不断丰富。2016 年,日照市市级机关印刷所、日照市市级机关曙光幼儿园分别整建制划转日照报业集团、东港区教育局。2017 年 12 月,市会展中心划转市广电集团运营管理。2016 年,更名为日照市机关事务管理局,为市政府下属参公管理的事业单位。2019 年 3 月 28 日,根据机构改革后新的"三定方案",更名为日照市机关事务服务中心,增设房地产管理科,原下属单位保卫处、市直机关住宅管理中心调整为机关科室。

一、党政机关办公用房管理全面展开

2004 年,市政府印发了《关于加强和改进市级机关办公用房管理的意见》,授权市行管局为市级机关办公用房所有权人和土地使用权人,具体负责对市级机关办公用房所有权和土地使用权的权属管理、申办登记和变更,并建立产权档案,统一实施管理。同时,成立了市级机关办公用房管理工作领导小组,领导小组办公室设在市行管局。2012 年组织人员对全市党政机关办公用房进行了全面普查摸底,建立了办公用房使用档案,制定了调配意见及调整方案,完成了约 20000 平方米、500 余间办公用房的调配,缓解了 27 家单位办公用房紧张的问题。2013 年,一是在人防大厦为市城管执法局和市安监局安排了办公用房,在原曲阜师范大学日照

2019 年 4 月 11 日,召开宣传贯彻《日照市党政机关办公用房管理实施办法》等"三个办法"工作会议

校区公寓楼为激光雷迪尔级帆船世界锦标赛组委会安排了办公场所。二是开展了停止新建楼堂馆所和清理办公用房的工作,市委办公室、市政府办公室印发了《关于认真做好党政机关停止新建楼堂馆所和清理办公用房的通知》,在市行管局成立了清理办公用房工作办公室,组织专人开展工作,市直各单位进行自查、整改并填报统计表,并对市直 104 个单位的办公用房进行了实地督查,涉及办公用房总建筑面积 309789 平方米,整改前人均建筑面积 23.5 平方米,整改后人均建筑面积 19.2 平方米,移交市行管局统一调配建筑面积 18157 平方米。三是续签了市纪委行政投诉监察中心、市公安局特警支队等 15 家单位的办公用房租赁合同。

2019 年 3 月 12 日,以市委办公室、市政府办公室名义印发《日照市党政机关办公用房管理实施办法》。按照"集约便民、节省高效"的原则,迅速开展机构改革后办公用房的分配、移交与核减工作,在全面摸排统计的基础上,拟定《市机构改革涉改部门(单位)办公用房调整分配方案》。2019 年共分配办公用房 21 次 7920 平方米,移交 8 家单位办公用房 7568 平方米;10 月份集中核减办公用房 1000 平方米,节约资金 50 余万元。2019 年 7 月 17 日至 29 日,在市纪委监委统一组织下,对市直 81 家部门单位 678 名领导干部的办公用房情况开展专项检查;会同市委办公室、市政府办公室,对各区县 208 名领导干部的办公用房情况进行了抽查。

二、党政机关公务用车工作全面展开

2002 年 2 月,市委办公室、市政府办公室印发了《关于进一步加强市级机关公务用车定编配备和使用管理的规定的通知》,确定市行政事务管理局是机关公务用车的主管部门,会同市纪委、市监察局、市财政局、市公安局管理机关公务用车。

2006 年 5 月,市委办公室、市政府办公室印发了《关于进一步加强市级机关公务用车定编配备和使用管理的规定的通知》,市行政事务管理局负责管理车辆编制;市级机关新购公务用车需提出书面申请,由市行政事务管理局按照编制数审核,经市纪委、市监察局审查和财政部门资金审核后报市政府审批。

2011 年 5 月,全市公务用车问题专项治理工作正式启动,根据省公务用车问题专项治理工作领导小组的要求,日照市成立了由纪检、行管、公安、财政、审计等有关部门负责同志组成的专项治理领导小组,具体负责公务用车专项治理的组织领导工作。之后又从领导小组各成员单位抽调 14 名工作人员，组成公务用车问题专项治理工作领导小组办公室，办公室设在市行管局。同年制定出台了《日照市违规车辆处理办法》，区别不同情况，着力进行整改。对查出的 37 辆超标车辆，区分不同情况，分别进行了处理。

2012 年 6 月，为全面落实"总量减少、费用下降、管理规范"的总目标，市委办公室、市政府办公室印发了《日照市党政机关公务用车配备使用管理办法》的通知，在过去公务用车编制管理的基础上，把公务用车配备标准由省里的每 20 人 1 辆提高到了每 30 人 1 辆。

2013 年，一是根据市领导要求，配合市纪委多次到省内外已进行"车改"的城市就公车改革情况进行了考察了解，并通过网络搜索、电话等方式查询了全国 14 个已"车改"城市的"车改"情况。结合市直公务用车基本情况，对公车改革进行了初步探讨，提出了《关于市直机关公车改革的调研报告》。二是在全市开展了"规范公务用车管理"清理整顿工作，重点查处各类公务用车违规问题。通过市直各部门自查自纠上报的违规问题，市行政事务管理局进行了认真审查核实，对确认的违规问题责令限期整改，已于 2014 年 1 月全部整改完毕。

2017 年 6 月 30 日，市级车改工作全面启动。市级机关共 1213 辆公车参改，取消 545 辆，保留 668 辆；采取网络竞拍的方式，成功举办 6 场拍卖会，参拍公车 419 辆全部成交，成交金额 1286 万元，平均溢价率 126.94%，实现了国有资产保值增值；编制了日照市保留用车管理模式和市级领导公务出行保障方案，公开招标多家企业作为市级机关定点汽车租赁企业。在办公大楼及周边配备 10 辆新能源汽车，设置 32 个充电桩，推广新能源汽车自助分时租赁，鼓励广大干部职工绿色出行。

2017 年 5 月正式启动了公务用车服务管理平台建设，按照"统一管理，集约使用"的理念，形成了《关于建设公务用车管理平台保障公务出行的方案》，并依托市直机关保留的 96 辆公务用车和相关司勤人员，建成了"一拖五"(一个公务用车管理总平台和五个子平台)式公车服务管理格局，构建完成了"全覆盖，大监管"平台式运营模式。同时，仔细厘清新旧两种管理模式的过渡性问题，前瞻性地演化处置机制，不断缩减新模式的磨合时间，尽快发挥平台式集中使用管理的优势；按照

公务用车管理平台

"规范管理,简化服务"的要求,结合用车管理实际,建立了"用车单位提出申请、平台受理审核派车、归车用户评价"的管理流程,把车辆管理和派车服务有机结合起来,形成了"管理有标准,服务有保障"的工作局面。切实坚持"平台建设、制度先行",因地制宜地制定了《公务用车使用管理办法》、调度人员工作流程、《公务用车运营服务管理暂行规定》《公务用车保养维修暂行规定》《公务用车驾驶员安全管理暂行规定》;印发了《市级公务用车管理服务平台有关公务出行派车把握的原则》(暂行),明确了用车和派车范围,严禁"车轮上"的违规问题再次出现。共完成派车2万余车次,行程310余万千米,用车满意度98%。

2019年1月,按照《日照市公务用车制度改革取消车辆处置办法》要求,对事业单位取消车辆进行了公开处置,顺利完成了市级事业单位478辆公务用车的验车、封车和评估等一系列工作;组织开展了136辆公务用车的公开拍卖,起拍总价179.45万元,成交总价320.605万元,平均溢价率为78.66%。经测算,改革前每年费用支出3780.98万元,改革后每年费用支出2294.87万元,改革后比改革前节约1486.11万元,节支率为39.3%。同时,将改革后保留的车辆统一安装了车载定位终端,纳入平台管理。截至目前,全市范围内已纳入平台监管的日常保障用车、行政综合执法用车、执法执勤用车、业务用车和特种专业技术用车车辆等共计1480台。其中,市级纳入平台监管582台,区县纳入平台监管898台,全部纳入省局"全省一张网"互联互通平台。3月12日,以市委办公室、市政府办公室名义印发了《日照市党政机关公务用车管理实施办法》。

三、公共机构节能工作全面展开

2009年5月,市行管局在局基建科成立公共机构节能工作临时机构,负责日常工作开展;6月,市行管局在全省率先成立节能志愿者服务队伍,开展节能宣传推广活动,被评为全省机关事务系统"优秀工作成果一等奖"和全市"机关工作创新奖"。2010年5月至9月,市行管局在全市范围开展能源资源消费统计培训,在全省率先将统计范围扩大到乡镇公共机构,被评为全省机关事务系统"优秀工作成果一等奖"、全市机关工作创新奖和"十一五"节能工作先进集体。2010年10月,日照市公共机构节能工作领导小组成立,市监察局、发改委、经信委、教育局等13个部门为成员单位,领导小组办公室设在市行管局,负责

2015年3月12日,市级机关办公大楼废旧商品回收兑换处启用

节能宣传志愿者在行动

承担领导小组日常工作；11 月，全省公共机构节能工作现场会在日照市召开，市行管局介绍经验做法，观摩节能现场。2011 年 5 月至 11 月，市行管局组织开展市直一区既有建筑节能改造，完成改造面积约 17 万平方米；12 月，市编办正式批复市行管局成立公共机构节能科（挂日照市公共机构节能办公室牌子），负责推进、指导、协调、监督全市公共机构节能及研究制定节能规划、制度和能耗监测、统计等工作。2012 年 12 月，全市公共机构废旧商品回收工作会议召开，全市逐步建立完善规范的公共机构废旧商品回收体系。2013 年 1 月，市行管局、市文明办、市考核办、市监察局、市财政局、市政府节能办印发《日照市"十二五"公共机构节能考核评价办法》，首次将公共机构节能工作纳入全市节能目标责任考核体系、市文明单位（机关）考核体系和年度绩效考核。2013 年 2 月，市政府第 8 次常务会议研究通过《日照市公共机构节能管理办法》。市公共机构节能领导小组印发了《日照市公共机构节能"十二五"规划》。

2018 年，以超额完成预期目标的成绩单，顺利通过全省"十三五"公共机构节能中期考核，得到省考核组的一致肯定；委托专业机构开展了公共机构能源审计，落实整改意见 200 多条，淘汰高耗能设备 60 多台；积极组织开展了示范单位创建活动,5 家申报单位均顺利通过了主管单位现场验收,其中 2 家单位获得国家级示范单位评审资格,3 家单位通过了省级示范单位验收;开展了"互联网+回收"再生资源经营模式试点,将服务范围拓展到 10 个集中办公场所和社区。

2019 年,研究并提报了《日照市生态文明建设目标评价考核办法》有关指标评价标准,不断强化节能工作目标规范和责任管理;学习全国公共机构节能会议精神,推广合同能源管理"章丘模式",完成莒县人民医院太阳能热水等项目。

四、加强机关党政办公核心区服务保障和安全保卫工作

1996 年 5 月,市行政事务管理局成立,同时设立二级单位市级机关服务中心。1996 年 5 月市级机关办公大楼投入使用后,动力运行、会议礼仪服务、餐饮服务、综合联络协调、卫生保洁、安全保卫等服务保障等工作均由市级机关服务中心承担。保卫处成立后,安全保卫移交保卫处负责。市级机关办公大楼共有 12 层 579 个房间,内驻 43 个单位,经历年调整后,到 2017 年驻 20 个单位。1996 年 8 月,新市区实行集中供热,办公大楼换热站开始建设,12 月 12 日分系统注水调试,12 月 26 日开始正常运转;1997 年 5 月开始建设制冷站,7 月 26 日第一台机组供冷,8 月 3 日办公大楼正式供冷。为解决机关工作人员就餐问题,1996 年 4 月建成 450 平方米的机关食堂;2000 年进行扩容改造,增加 220 平方米,可容纳 200 多人同时就餐。随着就餐人数不断增加,2003 年,在食堂的西边扩建了 500 平方米的大餐厅,共容纳 360 个座位。

2001 年 8 月,组建市级机关办公大楼保卫处,为正科级全额预算事业单位,隶属行管局管理,编制 10 名,主任 1 名,副主任 2 名。由市行管局保卫部负责楼内治安和消防安全管理,维护正常秩序,保护公民人身、财产安全和公共财产安全。多年来,保卫人员根据职能要求,全力以赴做好楼内安全保卫工作,维护了大楼安全稳定。配合公安部门维持上访秩序。根据《山东省信访规定》和市委市政府《关于接待处理来市集体上访和维护信访秩序有关问题的规定》,保卫处积极配合公安机关维持来市上访秩序,确保了办公环境有序稳定。加强反恐基础设施建设。根据《企事业单位内部治安保卫条例》规定,保卫处始终注重加强大楼治安防范设施的建设。2013 年 4 月,完成了市人民广场视频监控系统由模拟技术到数字高清技术

升级改造,并把视频信号送到市公安局和市应急办,市公安局具有控制平台的功能。2013 年 12 月,市级机关办公大楼封控区建成启用,实行了车辆凭证通行、人员刷卡通行的新管理模式,同时完成了封控区、楼内重要部位及机关食堂视频监控系统的改造,实现了办公大楼及人民广场全方位视频监控的目标。

2019 年,根据市委、市政府的安排部署,牵头完成了办公大楼安保提升方案,增设具有目标自动追踪和人脸高清识别功能的 360°全景网络高清智能球机,在行政中心外围、各楼层和电梯内加装 77 个高清摄像头,基本构建了高空地面横到边、纵到底的视频监控网络。安装了陌生人识别系统和人脸识别门禁系统,改造升级 5 处车牌快速识别门禁系统,目前已有 142 家单位 3100 余张人脸图像以及 3100 余台车辆信息录入系统。全面整合车辆道闸、人脸识别门禁、高清监控和陌生人识别等系统,打造了信息化"智慧安防"平台。实施消防改造工程,为 500 余个房间、公共走廊及车库加装了 3200 余个消防喷淋头、1400 余个感烟探测器、450 余个应急照明灯以及 140 余个声光报警设备,并将监控平台与市级消防远程监控中心进行联网监控,全面提升了办公大楼安全系数。同步实施市级机关办公大楼"功能康复"工程,以"错峰施工"的方式"低分贝"完成了市级机关办公楼 54 个卫生间以及各个楼层的公共区域地面、墙面和吊顶共1.7 万平方米的整修改造工作,实现内部办公环境焕然一新。

2019 年 3 月 12 日,印发了《日照市市直机关周转住房管理办法》。6 月 27日,《日照市市直机关易地交流处级干部周转住房管理实施细则》印发实施,进一步夯实了周转住房管理的制度基础。

五、推进后勤服务社会化改革

一是以服务社会化为基本目标,加快推进机关后勤体制改革。按照省、市关于事业单位改革以及后勤服务社会化的整体要求,先后到江苏省苏州、无锡、常州、泰州四市以及省局、济宁、滨州考察学习,在深入总结考察各地好经验、好做法的同时,结合自身实际,对 96 家市直机关后勤服务管理情况进行了摸底调研,形成了《关于市直机关后勤服务社会化的调研报告》,市领导作出重要批示,对调研报告给予充分肯定;按照市领导批示精神,起草了《关于机关后勤服务社会化改革的实施意见(草案)》《市直机关后勤服务社会化改革草案(征求意见稿)》。二是做好"两划一改"工作。认真贯彻落实市政府2015年第57次常务会议精神,牵头组织完成市属2所幼儿园(市直机关幼儿园、市级机关曙光幼儿园)移交地方政府管理工作。为确保移交工作顺利、平稳,会同市妇联先后多次与市直相关部门及东港区政府沟通对接,制定《实施方案》,于2015年4月30日按时完成交接工作;根据市政府2015年第58次常务会议精神要求,完成了市级机关印刷所转企改制工作,于2月4日将市级机关印刷所整建制移交日照报业传媒集团。四是做好编制体制理顺有关工作。2015年7月12日,将"市级机关生活小区管委会"更名为"市直机关住宅管理中心",工作职责由负责市直一区综合管理服务,负责市直机关职工住房综合管理服务,实现了由"办物业"向"管物业"的转变。

后勤服务社会化单项改革取得突破。2017年10月9日,市级机关食堂正式开业试运营,经营模式由原来的"自产自销"式变为"监管外包"式,也正式揭开了全市推动后勤服务社会化改革的序幕。

机关后勤服务社会化是指随着社会生产力的发展,机关后勤服务由供给型、福利型、封闭式的自我服务,逐步向建立在专业分工协作基础上的商品化、市场化、企业化服务转化的过程,最终实现社会化服务。根据省委、省政府安排部署,日照市于2015年11月开展了深化事业单位改革工作,同步启动了后勤服务社会化改革,并按照"分类别,分步骤"的原则,率先推动餐饮服务社会化单项改革。日照市推动餐饮服务社会化改革,是深化行政体制改革,转变政府工作职能的具体行动,是系统性开展后勤服务社会化改革的有益探索和尝试,是落实全面深化改革要求的重要举措。

后勤服务社会化改革以来,多次组织人员到江苏省苏州、常州、泰州以及省内其他兄弟地市考察学习,在全市开展了后勤服务社会化调研,摸清了市直96家单位的餐饮服务保障情况,提出了餐饮服务社会化改革的基本思路和改革路径,并以改革为契机,启动了市级机关食堂改造工作。同时,将实现餐饮服务社会化,大范围解决干部职工就餐问题作为最迫切、最紧急的工作任务,进一步自我加压,确定了"加快推进机关食堂改造进度,倒排工期、压茬推进,力争国庆节前完工"的目标。坚持"分工负责,协调推进"的原则,兵分两路协同推进食堂改造和餐饮服务选聘工作,最终实现"合兵一处"。一路坚持"多线并进,多点突破",全面推动项目建设。以国庆节建设运营为目标节点,制定了详细的施工计划表,明确了土建、装修、设备安装等工作的时间节点;按照"内装外装一体,设备安装并行"的工作方法,历时3个月,于2017年10月9日建成了建筑面积为4800平方米、可同时容纳1300余人就餐的职工食堂,并投入试运营。另一路坚持"合力一处,主动出击",推动餐饮服务社会化。结合机关餐饮服务保障实际,拟定了引入餐饮服务企业的标准和要求,研究制定了各关键环节和重要节点的管理制度和考核细则,起草了餐饮服务企业选聘方案。设定了3个月的运营过渡期,以试运营的形式,科学计算平均就餐人数,按服务配比精准确定餐饮服务团队规模,并由中标餐饮公司按市场用工价格招聘,以此核算确定管理服务费,签订外包合同。2018年3月13日,顺利完成餐饮服务企业的社会化招标工作,标志着由"办食堂"转变为"管食堂",市级机关食堂现为行政中心及周边共70多家单位3000多名机关工作人员集中提供餐饮保障,日均就餐人数达1700多人,建成以来,干部职工就餐满意度均保持在95%以上。市级机关食堂的成功转型,也进一步撬动了市直24家机关食堂的主动全面升级。

执 笔 人:杨晓华
审 稿 人:钱建德
撰稿单位:日照市机关事务服务中心

日照市仲裁事业改革发展历程及成就

仲裁是国际上通行的民商事纠纷解决制度。1994 年 8 月 31 日，第八届全国人大常务委员会第九次会议通过《中华人民共和国仲裁法》，标志着适应社会主义市场经济需要、与国际接轨的民商事纠纷解决机制在我国正式诞生。1996 年 9 月 1 日，日照市人民政府依据《中华人民共和国仲裁法》和国务院、省政府的有关文件规定，组建成立日照仲裁委员会；同年 12 月组建日照仲裁委员会办公室，标志着仲裁这种先进的民商事仲裁法律制度正式在日照市实施。截至 2019 年底，日照仲裁委员会先后受理各类合同和其他财产权益纠纷案件 8986 件，涉案标的额达到 127.4 亿元，为化解矛盾纠纷、维护社会稳定、服务经济发展做出了积极贡献。

一、改革发展历程

(一)仲裁事业发展的起步期(1996～1999 年)

该时期，主要以组建队伍、建立规范、宣传仲裁为主。期间，组建第一届日照仲裁委员会，成立日照仲裁委员会办公室，逐步建立基础性工作规范，各项工作逐步走上正轨。自 1996 年 9 月至 1999 年底，共受理各类纠纷 330 件，结案 220 件，涉案标的额 7300 万元，挽回当事人经济损失 2650 余万元，结案率和调解率分别达到 95% 和 60%。

建立组织领导体系和仲裁工作队伍。1996 年 9 月 1 日，市政府依据《中华人民共和国仲裁法》和国务院办公厅《关于做好重新组建仲裁机构和筹建中国仲裁协会筹备工作的通知》《关于进一步做好重新组建仲裁机构工作的通知》《关于印发〈重新组建仲裁机构方案〉〈仲裁委员会登记暂行办法〉〈仲裁委员会仲裁收费办法〉的通知》以及省政府有关文件精神,组建成立日照市唯一的、专门解决各类合同纠纷和其他财产权益纠纷的仲裁机构——日照仲裁委员会,其主要职能是依据当事人之间达成的仲裁协议,公正、及时地仲裁平等主体的公民、法人和其他组织之间发生的合同纠纷和其他财产权益纠纷,保护当事人的合法权益,保障市场经济健康发展。第一届日照仲裁委员会(1996年9月至1999年12月)主任由时任市委常委、市政法委书记、常务副市长肖开富同志担任,副主任及成员共有14人,从社会各界聘任仲裁员97人。1999年12月,经市政府批准组建第二届日照仲裁委员会,主任由副市长杨文延担任,副主任及成员共有15人,聘任仲裁员167人。

1996年12月23日,经第九届市委第14次常委会议研究决定,日照市机构编制委员会制定《关于日照仲裁委员会办公室建制级别、内设机构和人员编制

1996年9月,日照仲裁委员会挂牌仪式暨新闻发布会举行

的批复》，成立日照仲裁委员会办公室（下称仲裁办），处级建制，内设秘书科、对外联络科、业务一科、业务二科4个职能科室，事业编制20人，配主任1人、副主任2人，科级领导职数5人，工勤2人。经费自收自支，暂由市财政支持至1999年9月底，归口市政府办公室。仲裁办主要承担具体办理仲裁案件受理、仲裁文书送达、开庭记录、档案管理等程序性事务，决定仲裁协议的效力，收取和管理仲裁费用，联络和协助仲裁员工作，组织仲裁员的经验交流和培训，开展对外联络、接待和宣传，办理仲裁委员会交办的其他事务等工作。以日照仲裁委员会办公室组建成立为标志，日照仲裁工作正式起步发展。

制定仲裁基础工作规则和程序制度。开展仲裁工作，需要完整的制度、程序作为基础和支撑。1997年5月14日，日照仲裁委员会召开第一届第一次会议，全面听取了日照仲裁委员会筹备组建及组建成立以来的工作情况，审议通过《日照仲裁委员会章程》《日照仲裁委员会仲裁规则》《日照仲裁委员会仲裁员名册》《仲裁收费办法》《仲裁员守则》《仲裁申请与审查受理程序》。以此为起点，仲裁制度建设逐步走上规范化道路。一是建立了《日照仲裁委员会章程》。《章程》分总则、仲裁委员会、办事机构、仲裁员、财务、附则6个方面，明确了仲裁委员会的职能任务、组织形式、人员组成、运转方式等，为仲裁委员会运转奠定基础。二是制定《日照仲裁委员会仲裁规则》。在国务院办公厅制定的通行的仲裁委员会仲裁规则范本的基础上，经过认真研究、修改、完善，建立了第一届日照仲裁委员会仲裁规则，全文共7章，分别为总则、申请和受理、仲裁庭的组成、开庭和裁决、简易程序、涉外仲裁程序、附则，全面规定明确了仲裁办案的各项程序。三是完善内部管理体系。对案件在受理、组庭审理、程序运作、公正廉洁、调查取证等方面提出了具体要求，制定完善了比较规范的《日照仲裁委员会简易案件审理程序规则》，建立《日照仲裁委员会仲裁受理费收费标准》，规范了16份法律文书，设计并公开办案流程图。四是加强了办案纪律管理。制定了《日照仲裁委员会依法文明办案"六公开"措施》和《"十坚持十不准"办案准则》。

推进仲裁工作的探索实践。由于仲裁实行约定管辖，当事人达成仲裁协议是运用仲裁手段化解经济纠纷的前提，而认识仲裁制度是推动当事人达成仲裁协议的关键。该时期，主要从宣传推介仲裁法律制度入手，积极引导各类市场经济主体了解仲裁法律制度,运用仲裁制度化解纠纷。一是深入宣传推广仲裁制度。大力宣传推广《仲裁法》,编印《仲裁法》宣传大纲1500份,发送到主管部门、有关企业、人大代表和政协委员;开展《仲裁法》颁布实施3周年集中社会宣传活动,市领导发表电视讲话和署名文章,有线电视台进行了为期一周的文字宣传;利用工商行政部门和外经贸系统举办企业负责人座谈会和合同管理员培训班的机会,讲授《仲裁法》;深入普及仲裁法律知识,以市政府名义举办了仲裁法律法规学术报告会,市政府各部门、各企事业单位参加培训学习;编写《仲裁知识指南》,应地质矿产局、市海运局、供销社总社、外经贸委邀请,分别举办《仲裁法》及合同知识培训;印发给企业法人的一封信和沿海渔村的公开信,印发仲裁简易宣传手册,深入各家大型企业、沿海渔村宣传仲裁法律知识。二是探索化解经济纠纷。积极向社会各界和企业宣传仲裁法律知识,引导当事人达成仲裁协议,通过仲裁解决经济纠纷。在受理案件的领域上,首先从市运输总公司车辆运输租赁承包经营合同纠纷试点打开局面,相继开辟建筑施工承包、金融、丝绸等服务领域,逐步在相关领域展开运用仲裁法律制度化解纠纷,赢得了各方当事人的认可。在处理东港丝绸公司与桑农的纠纷中,从实际出发,灵活使用仲裁手段,较好地解决了纠纷,未发生桑农群访、闹事的现象。同时,进一步提高工作效率,狠抓在办案件的审结工作,结案率达到78%。三是加强分支机构和联络员队伍建设。联合工商部门,依托各区县工商局在各区县设立5个仲裁办事处;在交通委员会、纺织局、轻工总会、对外经济贸易委员会、航运管理局、机械化学工业局、建材总公司、物资局、水产集团总公司、商业局、建设委员会、乡镇企业局、医药管理局、丝绸公司、港务局、粮食局16个单位聘任仲裁联络员128人,在市属100多家企业中聘请159名仲裁联络员,加强与社会各界的联络,进一步宣传推广仲裁法律制度。

(二)仲裁事业发展的探索积累期(2000～2009年)

自2000年起,仲裁工作经费保障方式由财政支持改为自收自支。为保障工作正常运转和人员"吃饭"问题,逐步形成了以保障仲裁收费为主的工作指导理念和自联自办、仲裁收费与科室(个人)利益挂钩的工作模式。该时期,仲裁案件的受案范围和受案数量、标的额持续增长,各项仲裁工作取得了较长足的发展,共受理各类合同和其他财产权益纠纷案件 3291 件,涉案标的额达到 18.99 亿元。该时期,组建了第三届日照仲裁委员会(2004 年 3 月 ~ 2008 年 9 月),主任由时任副市长孙雨担任,聘任仲裁员 150 名;组建第四届日照仲裁委员会(2008 年 9 月 ~ 2012 年 8 月),主任由时任副市长解世增担任,聘任裁员 136 名。

以保障收费为目的,形成"自联自办"工作模式。由于《中华人民共和国仲裁法》颁布实施时间较短,全社会尚没有形成运用仲裁制度维护自身权益的意识,仲裁办经费保障体制由财政支持改为自收自支后,仲裁工作面临极大的生存压力和发展挑战。在这样的情况下,自 2001 年起,日照仲裁委员会逐步调整了发展思路和工作措施,以保障仲裁收费、保障正常运转、保障人员工资为主要目的,选择以科室为单位"自联自办"式的仲裁办案工作模式。一是下达科室受案数量和收费目标。自 2001 年起,每年度向各科室下达仲裁案件受理数量指标和案件收费额指标,收费额与科室经费、工作人员的工资待遇挂钩,明确科室提取经费、人员工资的比例。二是逐步形成并行的科室设置方式。至 2009 年底,在内部科室设置上,采取业务一、二、三、四科并行的工作模式,四个业务科室的工作职能相同,承担相同的案源联络、案件受理、开庭办案、程序服务的职能。三是单位统一核算科室费用。根据科室受理案件数量和收费完成情况,按比例由单位统一核发科室人员的工资、科室办案经费、宣传经费和办公经费。科室具有经费收支权限,根据工作实际情况开支宣传推广、联络案源、仲裁办案等具体费用。这样的工作模式,适应当时仲裁事业发展的需要,有效地调动了工作人员的工作积极性,在短时间内促进了仲裁办案数量和标的额的快速增长,推动了仲裁事业不断向前发展。

以保障案源为重点,深入开展仲裁宣传推广服务。一是加强与市直有关部门单位的联系配合。2004 年 5 月,市政府办公室印发了《关于大力推行仲裁法律制度的通知》,要求在全市大力推行仲裁法律制度。在此基础上,分别与市经贸委、市建委、市粮食局、市民营企业局、银监局、港务局等部门联合行文,将该通知贯彻落实到相关行业、企业。同时,加强与市中级人民法院的联系协调,与市中级人民法院联合举办全市法庭庭长、骨干仲裁员培训班,对全体仲裁工作人员分批次进行了集中培训。召集全市建设系统推行仲裁制度工作会,邀请工商、法制等部门参加,取得了较好的效果。2003 年,联合市工商局联合举办了全市企业"重合同、守信用企业厂长、经理《合同法》《仲裁法》知识培训班",培训人员 200 余名。2006 年 9 月,举办日照仲裁委员会成立 10 周年座谈会,市人大、市政府、市政协有关领导出席座谈会并发表重要讲话。二是开展多种多样的仲裁宣传推广活动。以 9 月 1 日《仲裁法》实施纪念日为契机,每年 9 月 1 日组织开展不同形式的仲裁宣传推广活动,在《日照日报》举办仲裁法律知识竞赛,在《齐鲁晚报》集中宣传报道 1 个月,刊发文章 13 篇,在《大众日报》《日照日报》刊登宣传文章、图片,在日照市情网开辟日照仲裁委员会专栏,在日照电视台《德与法》栏目制作仲裁法专题宣传节目,不断扩大仲裁影响面,提升仲裁的社会知晓率。三是主动联系有关企业。深入金融、房地产、大中型企业、民营企业等企事业单位,调查摸底,探讨推行法律制度等基础性工作,宣传推广仲裁法律制度。利用全市民营企业座谈会、全市旅游推介会、房地产商品展销会之机,设立咨询台进行宣传。在 2003 中国日照房地产博览会上,现场设立咨询台宣传《仲裁法》及房地产有关知识,发放宣传材料 4200 余份,解答咨询 180 余人次。2007 年至2009 年,连续在全市确立了 60 家企业集团作为重点宣传联络对象,工作人员包联,上门介绍仲裁法律制度和日照仲裁委的工作情况,取得了较好的联络宣传效果。2009 年 10 月,联合市贸易办、市工商局,联合开展合同文本调查、使用、规范活动,走访调查工业企业 32 家,走访座谈相关人员 520 余人。四是积极构建仲裁工作网络。将仲裁工作触角逐步向与仲裁工作密切相关的行业企业延伸,逐步打开仲裁服务经济社会发展的局面。2005 年 11 月 24 日,深入贯彻落实省保监局关于"行业协会逐步建立保险合同纠纷调解中心,引入保险仲裁机制"的精神,联合市保险行业协会成立日照仲裁委员会保险仲裁联络处。2007年 5 月 17 日,与市银行业协会联合印发了《关于成立日照仲裁委员会驻银行业协会办事处的通知》,举行日照仲裁委员会驻银行业协会办事处成立大会。积极推动仲裁工作向基层区县延伸,2008 年下半年,联合曲阜师范大学法学院在仲裁办成立曲阜师范大学法学院教学科研基地,联合五莲县司法局在五莲县成立日照仲裁委员会五莲仲裁分会。

（三）仲裁事业发展的调整期（2010 ～ 2012 年）

受"自联自办"、主要负责人频繁调整等不利因素的影响，2008 年至 2011 年，日照仲裁委员会受案数量逐年下滑，由 2008 年的 523 件逐年下滑至 2011 年的 281 件。在这样的形势下，仲裁办党组多次召开会议，认真研究改革工作机制、推动事业发展的办法，逐渐形成了推动社会仲裁员办案、转变仲裁办工作职能的改革思路，仲裁事业发展进入了变革调整期。在此期间，共受理各类合同和其他财产权益纠纷案件 1005 件，涉案标的额 9.84 亿元。2012 年 8 月，组建第五届日照仲裁委员会，时任副市长马先侠担任仲裁委员会主任，重新选聘 196 名政治过硬、业务精通、公道正派、清正廉洁的仲裁员，为仲裁改革调整后的发展打下了坚实的基础。

精心谋划，认真筹备仲裁办案工作机制改革。一是充分调研，明确改革方向和改革思路。仲裁办多次召开党组会议、中层骨干会议，研究仲裁事业的发展现状，分析工作情况和有关数字，探讨改革方向和具体的改革思路。组织考察组先后到济南、青岛、东营、淄博、武汉、盐城等城市的先进仲裁委员会考察学习，进一步解放思想、统一认识、开阔视野、积累经验，不断了解先进的工作理念，学习

2012 年 8 月，举行第五届日照仲裁委员会换届会议

先进的办案机制,进一步坚定、明确改革方向和改革思路。二是认真筹备,认真研究工作机制改革方案。积极向国务院法制办、省法制办汇报,提出改革的基本思路和具体措施,努力争取上级的指导和支持。2012年6月,经市政府第3次常务会议研究,同意以"社会仲裁员办案"为主要内容的仲裁办案工作机制改革。在此基础上,抽调专人研究、起草具体的改革方案,多次召开党组会、主任办公会,详细听取方案汇报,认真进行分析论证,充分考虑每一个改革步骤和细节,对方案不断修订、完善,为推动改革的顺利进行打下了良好的基础。三是打实基础,充分做好社会仲裁员的聘任和培训。结合仲裁委员会换届,经所在单位推荐、资格审查和集中考察,从日照市法律、经济贸易、金融保险、高等院校等部门重新聘任196名高水平的专业人才担任仲裁员。四是抓住重点,努力提升社会仲裁员的仲裁素养。编印《仲裁办案手册》,组织2次仲裁员集中培训,选择26名社会影响好、工作经验丰富的社会仲裁员组成骨干仲裁员队伍,积极开展办案试点实践,为全面推行社会仲裁员办案积累经验。

夯实基础,积极宣传推广仲裁法律制度。一是联络重点企业。到日照港、日钢、森博等16家企业集团开展仲裁调研宣传活动,进行座谈交流,提供法律咨询,征求企业对仲裁工作的意见建议。围绕全市重点经济项目开展服务,及时到国际海洋城、华润房地产项目进行宣传,8名工作人员包联金马、东辰等8家重点企业,协助规范合同文本,解决疑难问题,推行仲裁制度,服务企业发展。二是联系重要行业。召开保险行业座谈会,保险行业协会和全市23家保险企业参加,研究在保险行业推行仲裁制度的具体措施。开展律师事务所宣传联络活动,班子成员带队到22个律师事务所座谈交流,在莒县、五莲、岚山分别开展律师事务所负责人座谈会,借助律师平台推广仲裁制度。开展金融系统宣传联络活动,在全市金融工作会议上介绍仲裁优势;以农村信用社上市为契机,深入市直、区县农村信用社进行仲裁推广。三是建设分支机构,推动"面"上推广。制定《仲裁分会管理办法》,调整五莲分会管理人员,强化业务指导和监督,促进规范发展。与交警部门合作,参与交通事故赔偿纠纷调解,在交警直属大队开展工作试点,贴近基层,服务群众。四是加强媒体宣传。以仲裁委换届为契机集中开展媒体宣传,在《日照日报》开辟专栏,刊登分管市长署名文章,公布第五届仲裁委员会组成人员、仲裁员名单,开展仲裁法律知识有奖竞赛活动。

提升仲裁办案质量,树立日照仲裁品牌形象。一是严格办案程序,提高办案效率。严格依据《仲裁法》和《仲裁规则》审理案件,编印《仲裁工作手册》,确保依法办案,程序合法。同时,每月组织办案情况调度会,推进案件及时审结,案件到期结案率达到 96.5%。二是公正适用法律,保障裁决质量。落实裁决仲裁庭、分管主任、主任三级审核制度,对疑难案件组织专家咨询和集体会商,保障仲裁质量,裁决案件被法院撤销和不予执行率低于 1%。三是加大调解力度,促进纠纷化解。推动仲裁融入矛盾纠纷多元化化解格局,重视与双方当事人沟通,努力化解双方对抗情绪,积极寻求双方利益共同点和调解切入点,努力提高仲裁调解率。落实案件回访和重点案件督办制度,对结案案件逐一回访当事人,进一步提供咨询帮助,敦促义务人履行义务,促进纠纷圆满解决。2012 年 10 月,主动介入并妥善调解 1 起群体性出国劳务纠纷,义务人全额退回劳务费用共计 41.79 万元,取得了较好的法律、经济和社会效果。

(四)仲裁事业发展的改革提升期(2013 ~ 2019 年)

党的十八大以来,在市委、市政府的正确领导下,仲裁办新党组成立后,深入学习贯彻习近平总书记系列重要讲话精神,抓住"办案质量、效率、社会公认是仲裁事业发展的生命线,循法、公正、廉洁是仲裁人员政治的生命线,创新、务实、和谐是仲裁机关树立良好形象的生命线"三条"生命线",贯彻"宣传推广社会化、仲裁办案精细化、机关建设规范化、干部素质新变化"的"四化"建设工作思路,紧紧围绕中心、服务大局,解放思想、创新发展,求真务实、干事创业,坚持问题导向,不断改革、改变、改动,切实发挥仲裁职能作用,推动了日照仲裁事业健康快速发展。2013 年至 2019 年,共受理各类合同纠纷和其他财产权益纠纷案件 4357 件,案件标的额达到 97.94 亿元,分别占日照仲裁委员会成立以来受理案件总数量、标的总额的 48.48% 和 76.71%;仲裁案件到期结案率、调解率、自动履行率始终保持在 97%、65%、80% 以上。在此期间,市委、市政府主要负责同志第一次对仲裁工作作出重要批示,为仲裁事业发展指明方向;市政府第一次召开全市仲裁工作会议,安排部署仲裁发展工作任务;市政协第一次召开做好民商事仲裁工作界别协商座谈会,对仲裁工作建言献策;市中级人民法院在全省率先制定《关于健全完善诉讼与仲裁相衔接工作机制的若干意见》,进一步监督支持仲裁事业发展。2017 年 12 月,组建第六届日照仲裁委员会,时任副市长张培林担任仲裁委员会主任,重新选聘 268 名仲裁员,为推动仲裁事业持续健康快速发展奠定坚实基础。

全面解放思想,切实转变仲裁发展观念。把解放思想、转变观念、适应形势、服务大局作为推动仲裁事业发展的强大动力,集中开展以"科学发展、创新发展、规范发展"为主题的解放思想大讨论活动,明确提出对仲裁发展的认识问题、仲裁委员会不是准司法机关的问题、党组对办案的领导和监督问题、仲裁工作的服务定位问题、仲裁办与社会仲裁员的关系问题、精神状态与工作方法问题、从实际出发问题"七个方面问题",引导全体干部职工开展解放思想大讨论,进一步树立起围绕中心服务大局的工作理念,进一步明确仲裁服务社会、服务群众、服务发展的公益定位,努力推动形成实事求是、从实际出发的工作作风,努力推动队伍解放思想,转变观念,适应新形势,促进新发展。经过思想解放活动的洗礼,队伍的政治意识、大局观念、精神面貌与过去相比有了根本性的转变,整体呈现出了团结向上、锐意进取、和谐发展的良好局面。

坚持问题导向,大力推进仲裁办案工作机制改革。坚持办案工作机制改革的决心不动摇、方向不偏离、框架不打破,以解决问题为导向,坚定推进以社会仲裁员办案为主的工作机制改革。一是改革"破冰",全面启动办案工作机制改革。2013 年印发了《工作机制改革实施方案》,全面启动办案工作机制改革。调整科室设置,取消过去业务一科、业务二科、业务三科、业务四科的科室设置方式;组建发展一科、发展二科、发展三科、立案管理科、业务科。赋予各科室新的工作职能,发展一科、二科、三科按不同行业(领域)负责仲裁宣传推广,立案管理科负责案件受理和社会仲裁员管理,业务科负责组织社会仲裁员审理案件,为办案提供程序性服务。通过调整科室设置,赋予新科室新职能,彻底打破了仲裁办承担仲裁办案职能的做法,仲裁办职能从以仲裁办案为主全面转变为以仲裁宣传推广和办案程序服务为主,社会仲裁员办案有了切实可行的制度保障和机制保障。二是抓住核心,积极稳妥地推进社会仲裁员办案。分管主任与业务科室密切配合,根据不同案件的不同性质和特点,按计划、有组织、有步骤、积极稳妥地推进社会仲裁员办案,逐步提高社会仲裁员承办案件的比例。逐步减少仲裁办仲裁员参与办案的比例。不断提升社会仲裁员的办案水平,结合庭审交流、疑难案件研究,不断加强指导,着力解决社会仲裁员办案中可能会出现的不能公正办案、不会做群众工作、不注意廉洁自律等问题,不断提高社会仲裁员队伍的整体素质,为新工作机制顺利运转提供人才支撑。在此期间,新聘任仲裁员35人,举办首席仲裁员、新聘任仲裁员培训工作会议5次。三是完善提高,推动新工作机制不断趋向成熟。加强调查研究,及时发现、梳理新工作机制运行后出现的新情况、新问题,推动改革不断深入。2013年7月,制定了《关于调整科室工作目标的意见》,割掉仲裁收费与科室经费挂钩的"尾巴",使新工作机制与旧工作机制完全脱离,推动新工作机制不断趋于成熟完善。注重打基础、利长远,根据新形势、新定位、新机制,全面做好各项制度的"废、改、立",全体人员人人思考、集体讨论、集思广益,对新工作机制反复研究、反复修改,在健全制度过程中不断统一思想。2014年,形成包括党的建设、党风廉政建设、行政管理方面在内的40项制度的《机关治理制度》,制定包括18章内容8个附件的《仲裁办案管理办法》,以社会仲裁员办案为主的新工作机制逐渐趋于成熟。

紧紧围绕中心,切实服务全市经济社会发展。牢固树立围绕中心、服务大局的工作理念,跳出仲裁看仲裁、置于全局看仲裁,深入服务全市经济社会发展。一是深入服务"五大战略"。成立日照市北经济开发区仲裁服务中心、日照市总商会仲裁服务中心、金融仲裁中心、交通事故损害赔偿仲裁中心,印制了《"突破园区、聚力招引"仲裁服务资料》和6种常用经济合同文本,免费发送到园区和有关企业。联合市旅发委制定了《关于在旅游业企业推行仲裁法律制度的意见》,印制了《团队境内旅游合同》文本免费发送到各景区和旅行社,近期还将成立日照市旅游纠纷仲裁服务中心。二是深入开展仲裁"七免费"服务。进一步发挥仲裁的社会公益性作用,创新推行仲裁"七免费"服务制度,为广大市场经济主体提供培训法务人员、排查纠纷隐患等7项免费服务措施,先后为建设、房地产、金融、贸易等行业、企业开展服务、举办法律知识培训班60余次,服务企业1170余家,预防经济纠纷、避免法律风险。编印了《仲裁知识与常用合同示范文本选编》资料书,向市县两级党政机关、63家市属重点企业、1049家规模以上企业、1000 余家农家书屋免费赠送。三是创新"三项制度"维护社会稳定。创新推行仲裁案件社会稳定风险评估制度,稳妥处理 24 个房地产项目涉及的群体性商品房买卖合同纠纷,维护了房地产业健康发展和社会稳定。落实仲裁建议书制度,在仲裁办案后制作《仲裁建议书》并向涉案公司、企业发送,共提出 40 余条规范合同、加强管理的仲裁建议。落实慎用少用保全措施制度,对涉及学校、医院等公益性机构的案件,慎用少用查封账户等财产保全措施,千方百计调解、和解结案,维护公益性机构的正常运营。

大力宣传推广仲裁法律制度,夯实仲裁事业发展基础。明确"单位主导、集体推动、突出重点、专业宣传"的工作思路,深入普及仲裁知识,推广仲裁制度,运用仲裁方式化解纠纷、维护稳定、服务发展。一是积极争取市政府和市直部门单位的支持。市政府办公室印发了《关于在全市进一步推行仲裁法律制度的通知》,在全市深入推行仲裁法律制度;积极争取市直有关部门、单位的大力支持,先后与市经信委、商务局、司法局、住建局、旅发委、国资委、港航局、金融办、民经局、法制办、工商联、总商会、律师协会、银行业协会、金融权益保护协会联合出台文件,在相关领域深入宣传推广仲裁制度,运用仲裁方式化解纠纷。二是组建仲裁法律知识宣讲团。选聘 10 名法律专家组建日照仲裁委员会仲裁法律知识宣讲团,深入开展仲裁法律知识"五进"(进机关、进园区、进学校、进企业、进家庭)宣传活动,多次到市、县建设主管部门为建设企业集中开展仲裁法律知识培训,与工商联、银行业协会、保险行业协会等单位分别举办仲裁法律制度培训会。开展金融风险防范知识主题宣传活动,运用多种方式向群众讲解防范非法集资诈骗、P2P 网贷平台存在的风险、融资注意事项等知识,防范金融诈骗,维护公众权益。三是多渠道宣传普及仲裁法律制度。在日照日报开展《中华人民共和国仲裁法》颁布实施纪念日专版宣传,连载"合同管理和合同风险防范知识",在《黄海晨刊》开辟"画说仲裁"宣传专栏,在日照电视台播出"仲裁经济纠纷、服务日照发展"视频宣传片,在相关园区和行政服务中心等 6 处服务大厅、13 家金融企业、87 处银行营业网点设置"仲裁知识宣传架";编印《日照仲裁二十年》宣传册,向市直部门和企业发送 2000 余本,每年春节前夕向 1000 余家企业发送仲裁公开信;发挥网站作用,向社会各界推介 25 大类 310 个常用格式合同文本。目前,仲裁门户网站点击量累计突破 47 万人次。

深入化解民商事领域矛盾纠纷,打造日照仲裁品牌。牢固树立"案结事了人和"的仲裁办案理念,在"不违法主义"的框架下切实发挥仲裁制度优势,加强办案管理,提升办案质量,化解经济纠纷促进社会和谐。一是更加重视调解。在仲裁办案中坚持"少敲锤子、多解扣子"的工作理念,在办案过程中重视调解、耐心调解、多方调解,根据案情需要适时采取裁前告知措施,推动办案实现法律效果、经济效果、社会效果相统一。在此期间,共办结案件 3457 件,其中调解结案 2412 件,案件调解率达到 69.77%。二是全面加强办案管理。制定了《仲裁案件受理工作规范》《仲裁管辖权异议审查制度》等程序性制度 15 个,《仲裁员办案行为规范》《案卷装订及归档管理办法》等规范性制度 9 个,制定了包括 18 章内容、8 个附件的《仲裁办案管理办法》,编印包括 24 个办案制度、22 个常用格式文书、26 部常用法律法规在内的《仲裁办案手册》,推动办案工作向精细化、制度化、透明化方向发展。三是强化内外监督。推行《仲裁庭办案自检制度》和《案件当事人即时评议制度》"两项制度",以"重责任、能力强、守规矩"为标准加强仲裁员监督管理,公开

2016 年 10 月,日照市政府召开全市仲裁工作会议

举报电话,建立网上信箱,开展案卷评查。在 2016 年市统计局社情民意调查中心完成的仲裁社会效果第三方随机调查中,对日照仲裁委员会仲裁办案水平的满意度达到 93%,对日照仲裁委员会工作人员工作作风的满意度达到 95.9%。

全面推进机关规范化建设,机关建设迈上新台阶。树立"高高兴兴上班,快快乐乐工作,和和谐谐发展"的机关建设理念,以建设"阳光仲裁"、争创"省级文明单位"为主线,全面提升机关规范化建设水平。一是建设阳光仲裁,加强机关治理。印发《关于建设阳光仲裁的意见》,突出机关阳光建设、办案阳光建设、宣传阳光建设三个工作重点,着力打造信息公开工作机制、与群众和当事人的对话沟通机制、内外监督机制;全面加强机关治理,制定了《仲裁办效能问责办法》,编印包括党的建设、工作作风、行政管理三个方面 40 项制度在内的《机关治理制度》和 18 个制度落实的"路线图"。二是转变工作作风,密切联系群众。深入开展党的群众路线教育实践活动、"三严三实"专题教育和"两学一做"学习教育,制定了《仲裁办关于进一步改进工作作风的意见》,着力推进 8 个方面 28 项转变作风、联系群众的工作措施,在办公区显要位置设置公开全体工作人员照片、姓名、职务、联系电话和工作状态的"工作人员去向告示牌";领导干部坚持开门办公,随时接受、倾听、解决群众和当事人的情况反映,努力让群众和当事人满意。三是夯实党建基础,推动文明创建。牢固树立"抓好党建工作是最大的政绩"的工作理念,制定《党组中心组理论学习制度》等 10 个党内工作制度,创新实施《干部考察对象公开承诺制度》和《新提拔科级干部任职承诺制度》,制定《争创"省级文明单位"工作方案》,采取文明共建、帮扶支持、义务劳动等措施深入开展"创建全国文明城市突出问题综合整治"行动,升级改造机关"道德讲堂"和"走廊文化墙",队伍精神文明建设水平不断提高。2016 年 7 月,仲裁办机关党支部被市委表彰为"日照市先进基层党组织"。

二、仲裁事业改革发展成效

20 多年来,在市委、市政府的正确领导和有关部门单位、社会各界的大力支持下,日照仲裁委员会不忘初心、牢记使命,勇于担当、砥砺奋进,推动日照仲裁事业从无到有,从小到大,从弱到强,取得了令人瞩目的辉煌成就。

（一）围绕中心、服务大局，为全市经济社会发展作出了积极贡献

日照仲裁委员会自觉服务于全市重大经济发展战略，优质高效化解各类经济纠纷，为推动市场经济健康发展作出了积极贡献。一是紧跟党委政府中心工作确定仲裁工作重点。紧紧围绕经济建设重心，主动将仲裁自身发展放到经济发展大局中去统筹谋划，面向各类市场经济主体提供有针对性的优质仲裁服务。自 2013 年以来，日照仲裁办深入服务全市"五大战略"，服务"突破园区、聚力招引"头号工程，相继建立了市北经济开发区仲裁服务中心、岚山经济开发区仲裁服务中心、金融仲裁中心、总商会仲裁服务中心、交通事故损害赔偿仲裁中心，创新推出仲裁"七免费"服务制度，制定并落实仲裁案件社会稳定风险评估制度、仲裁建议书制度、慎用少用保全措施制度"三项制度"，制定服务金融发展"十条意见"，为全市经济社会建设营造了良好的法治和营商环境，有力地服务了经济社会发展。二是化解了大量合同纠纷和其他财产权益纠纷，有力地维护了社会稳定，促进了社会和谐。20 多年来，日照仲裁委员会共受理各类合同和其他财产权益纠纷案件 8986 件，总标的额达到 127.4 亿元。特别是 2013 年至 2019 年，共受理各类案件 4357 件，案件标的额达到 97.74 亿元，仲裁化解各类民商事纠纷的优势更加凸显，社会各界和广大市场经济主体运用仲裁法律制度化解纠纷的能力和水平明显提高，仲裁工作已经成为多元化解社会矛盾纠纷的重要组成部分。三是仲裁服务领域不断拓展。为适应市场经济需要、适应经济发展要求，仲裁服务领域从商品房买卖、建设工程、买卖等传统经济领域，积极向金融、保险、民间借贷、装饰装修、知识产权、涉外经济等新兴领域拓展，极大拓展了仲裁服务领域，有力地服务了全市经济社会发展。

（二）多措并举，注重实效，为维护社会稳定贡献力量

日照仲裁委员会充分发挥公益职能，依法化解矛盾纠纷，努力解决经济社会发展中的热点难点问题，为维护社会稳定、促进社会和谐发挥了重要作用。一是健全多元化纠纷解决机制。立足于社会纠纷解决需求，按照国务院法制办提出的"仲裁案件受理多样化、纠纷处理多元化"的要求，探索"先予仲裁""私人定制"等新工作模式，主动成立交通事故损害赔偿仲裁中心，主动将争议数额小、处理难度高的民事案件纳入受案范围，积极融入多元化解社会矛盾纠纷的工作

大局。二是完善社会稳定风险评估预警机制。紧紧围绕党委政府中心工作,对容易引发社会不稳定的纠纷案件重点关注、主动靠上、评估风险,扎实做好当事各方的工作,稳控工作局面。对商品房买卖纠纷等群体性纠纷案件,深入进行成因分析和情况调研,及时为政府和有关部门提供专业建议。2013 年至 2019 年,先后化解了涉及 24 个房地产项目的群体性商品房买卖合同纠纷,有力地维护了商品房买卖市场稳定。三是探索完善社会管理创新机制。鲜明地提出"案结事了人和"的日照仲裁办理理念,按照"少敲锤子,多解扣子"的工作要求,加大案件调解、和解的工作力度,注重以调解手段化解矛盾纠纷。同时,自觉将仲裁纳入矛盾纠纷大调解平台,建立"确认仲裁"工作制度,主动与行政调解、司法调解、人民调解等化解矛盾纠纷的方式做好衔接,仲裁案件调解和解率达到 65% 以上,自动履行率达到 85% 以上,交通事故损害赔偿纠纷调解率达到 100%,打造了"案结、事了、人和"的日照仲裁品牌。

(三)内强素质,外塑形象,为市场主体提供优质服务

立足"专家办案、一裁终局"的优势,以仲裁办案工作机制改革为契机,不断内强素质、外树形象,提高仲裁的公信力,为市场主体参与经济活动提供了保障。一是打造高素质仲裁员队伍,不断提高办案能力和水平。多年来,通过仲裁委员会换届、组建仲裁委员会、选聘仲裁员、开展仲裁办案等具体工作,吸收了一大批法律、金融、经济、外贸和现代管理等领域的高端专业人才,培养和造就了一支累计 1028 人的高层次仲裁员队伍,不仅具有较高的政治理论素养和实干精神,而且知识结构多元、所涉领域广泛、业务素质过硬,为仲裁案件办理提供了可靠的人才和知识保障。二是完善办案程序和内部管理制度,提高办案质量和效率。不断规范办案流程,加强自身管理,落实科学组庭、分类审理、限时办结等办案制度,做到了受理快捷,庭审规范,调解为先,按期结案。先后制定了《仲裁工作手册》《仲裁办案管理办法》《仲裁办案手册》3 个办案规范书册,以社会仲裁员办案为主的仲裁办案制度框架基本成熟。三是加强对仲裁案件的监督,促进公平公正裁决案件。建立办案监督制约机制,实施仲裁庭办案自检和当事人即时评议制度,落实案件仲裁庭、业务科、分管领导三级审核把关制度,建立仲裁专家咨询委员会,每年度组织案卷评查,全面加强对仲裁案件的监督审

核,确保依法公正办理案件。

（四）立足国情,推行仲裁,在推进法治建设中积极作为

日照仲裁委员会不断采取有力举措,积极推行仲裁制度,使仲裁理念逐渐深入人心,营造了良好的发展氛围。一是推行平台更加全面。组建"日照仲裁委员会仲裁法律知识宣讲团",推行仲裁"七免费"服务制度,积极主动深入企业、深入市场经济第一线,开展仲裁制度培训和仲裁法律咨询服务,并向社会广泛普及民商事法律知识,帮助企业化解经营风险,逐渐被市场主体认可。同时,积极争取市政府和市直部门单位的大力支持,市政府先后3次印发文件宣传推广仲裁制度,先后与23家市直部门单位联合印发推行仲裁法律制度的文件,不断提高仲裁的社会认知度。二是服务网络更加完善。不断加强办事机构和派出机构建设,在条件成熟的区县、行业建立仲裁分支机构,不断构建完善仲裁服务网络,同时积极与日照经济技术开发区、高新技术产业开发区、岚山经济开发区加强联系对接,积极筹建"园区+仲裁+律师事务所"模式的园区仲裁服务中心。三是宣传方式更加灵活。印发《仲裁基本知识与常用合同示范选编》《仲裁立案服务手册》和一系列仲裁知识资料,通过开展"9·1"集中宣传活动、现场咨询、发布案例等多种方式,使公众了解仲裁,自愿选择仲裁解决纠纷。通过电视台、报纸、网站、微信、微博等多种新闻媒介进行仲裁宣传,在广播电台、报纸开设仲裁法律宣传专题,不断提升仲裁的影响力。

执 笔 人：王孝旭
审 稿 人：贾秀玲
撰稿单位：日照仲裁委员会

日照市住房公积金事业发展历程及成就

住房公积金制度①是我国城镇住房制度的重要组成部分,是为了解决城镇职工住房问题而推行的一种长期储金制度,也是我国结合国情、借鉴国际经验作出的一项制度创新。住房公积金不仅具有保障性、互助性和长期性的特点,还具有普遍性、强制性(政策性)、福利性、返还性的显著特点。

日照市住房公积金制度自 1992 年开始试点,1994 年 7 月开始在市直范围内全面实施并逐步推广到区县范围。20 多年来,市公积金中心紧紧围绕市委、市政府重点工作谋划布局,为帮助缴存职工解决住房问题、推动实现住有所居发挥了重要作用。

一、起步阶段(1993 年 7 月至 2011 年 1 月)

日照市住房公积金制度是随着全市城镇住房制度改革应运而生的。

(一)住房制度改革

1993 年前,在住房分配方面,各单位实行住房实物福利分配制度,收取房租,平均每平方米使用面积月租 0.06 元。

1993 年 9 月开始实施《日照市城镇住房制度改革实施方案》;1994 年 7 月,

---

① 1991 年,上海借鉴新加坡的中央公积金制度试点建立住房公积金制度,1994 年 7 月,国务院印发《关于深化城镇住房制度改革的决定》,首次提出全面推行住房公积金制度。1998 年,国务院印发《关于进一步深化城镇住房制度改革加快住房建设的通知》,要求全面推行住房公积金制度。1999 年,国务院《住房公积金管理条例》正式发布,并先后于 2002 年、2019 年修订。

市政府下发了《关于加快城镇住房制度改革的意见(试行)》;1997 年 9 月,下发了《关于深化城镇住房制度改革的实施意见》;1998 年 11 月,下发了《关于进一步深化城镇住房制度改革加快住房建设的实施意见》;2003 年 6 月,下发了《日照市城市经济适用住房市场化运作实施办法》;2003 年 11 月,下发了《日照市城市经济适用住房市场化运作实施细则》;2009 年 1 月,下发了《日照市廉租住房保障办法》。经过多次发展变化,日照市主要实行的房改政策有:分步提租发补贴、出售公有住房,推行住房公积金、发放住房补贴、推行经济适用房货币直补政策、廉租住房补贴制度等。

公房提租制度从 1993 年 7 月 1 日开始执行,公房房租提高到每平方米 0.32 元,1994 年 7 月 1 日提高到 0.9 元,1997 年 7 月 1 日提高到 1.15 元,1998 年 10 月 1 日提高到 1.6 元,1999 年 1 月 1 日开始提高到每平方米 2 元。

出售公有住房制度从 1993 年 6 月 1 日开始执行,标准价格为每平方米(建筑面积)230 元,1994 年 7 月 1 日为 433 元,均为部分产权出售;自 1997 年 7 月 1 日起开始按成本价 660 元出售,个人为全部产权;从 2001 年 1 月 1 日开始,改按每平方米 850 元的经济适用住房价格出售公有住房。

住房公积金制度自 1992 年试点,1994 年 7 月全面开始实施,按照职工工资总额的一定比例,由单位和职工各自承担一部分,将资金缴存住房公积金管理中心统一管理,职工购房租房和退休等可以提取使用,集中的资金为职工提供低息购买住房贷款。

住房补贴制度自 1998 年 10 月 1 日开始实施,按 15% 的比例为在职职工按月发放;同时对符合条件的职工计算一次性住房资金补偿,在购房时从应付购房款中抵扣。自 2000 年 1 月 1 日起,将住房补贴发放比例提高到了 25%;2002 年 1 月 1 日,开始按 25% 的比例为行政事业单位离退休人员发放住房补贴;2004 年 1 月 1 日起,将在职职工和离退休人员的住房补贴发放比例调整到了 35%。

经济适用房货币直补政策从 2003 年开始实施。补贴货币化就是政府将原来向住房困难户提供低价住房的做法,变为利用专项补贴资金向符合条件的住房困难户直接发放货币补贴。

市区廉租住房补贴制度从 2006 年开始实施,即向低收入家庭提供租房补贴。

经济适用住房是一项经国家、省市批准享受政府扶持,以城镇中低收入家庭为对象建设出售的一种普通型住房。

城镇廉租住房保障制度。2003 年国家为建立和完善城镇廉租住房制度,保障城镇最低收入家庭的基本住房需要,出台了《廉租住房保障办法》,日照市于2009 年开始组织实施。

(二)各类住房资金管理方式

住房资金是指国家、行政事业、企业和个人按规定设立的城市住房基金、单位住房基金和个人住房基金,以及在住房制度改革中筹集的其他资金。

住房资金按照《日照市住房资金筹集使用和管理暂行办法》《日照市住房资金会计核算办法》《日照市公有住房出售及售房收入管理暂行办法》《日照市公积金管理暂行办法》《日照市公有住房租金收入管理暂行办法》《日照市公积金汇缴操作规程》《日照市住房公积金计账办法》等办法归集、使用和管理。

城市住房基金的来源有:各级财政住房专项资金,政策性房改业务经办银行上缴本级财政的税后利润分成;城市住房基金的利息收入等。目前市直的城市住房基金仅有财政预算拨付给单位的公积金补贴。城市住房基金主要用于:补充行政事业单位发放住房补贴或缴纳住房公积金的不足;住房的维修和管理;住房建设和改造的专项拨款或贷款;房改方面的其他支出。城市住房基金实行在预算上列收列支的管理办法,由各级财政部门设立专户管理,使用时由使用单位或部门提出计划和申请,经财政部门审核后,办理拨款或贷款。

单位住房基金主要有:单位原有住房资金,自管和委托代管住房的租金收入,公有住房出售收入(含维修基金),住房资金利息收入,其他住房资金。单位住房基金主要用于:发放和缴纳住房补贴和住房公积金;支付一次性住房资金补偿;自管和代管住房的维修和管理;住房改造和建设;归还住房借款本息;房改方面的其他支出。单位住房基金由住房资金管理中心按照专户存储、收支两条线的方式进行管理。

个人住房基金的来源有:住房公积金、住房补贴等所有权属个人的各类住房资金。个人住房基金主要用于：个人购买、建造、翻建、大修自住住房，归还住房贷款。住房公积金按照"公积金管委会决策、中心运作、银行专户、财政监督"的原则进行管理。住房补贴随工资发放给职工个人，在单位自愿缴存的基础上，按照住房公积金的管理办法管理。

（三）住房资金管理机构

日照市住房资金管理中心于 1993 年 6 月批准成立，正科级全额事业单位，编制 6 人，隶属于市财政局，负责市直各项住房资金的管理工作。住房资金管理中心的主要职责是：指导、管理和监督全市各级住房资金管理机构的工作；制定具体的住房资金财务管理办法及其他配套办法；负责市直各单位及中央、省驻日行政事业单位售房收入、房租、公积金等住房资金的筹集、使用和管理工作；参与全市房地产制度改革方案的制定及其有关政策的协调；审查房地产信贷部的财务收支决算；负责编制全市住房资金的财务收支决算；完成市政府及市财政局交办的其他工作。东港区、岚山区、莒县、五莲县也相应成立了住房资金管理中心。

2003 年 7 月 25 日，根据日照市机构编制委员会《关于调整市住房公积金管理机构的通知》成立了新的日照市住房公积金管理中心，为市政府直属管理的财政拨款事业单位，由市财政局代管，内设综合科和市直、东港、岚山、莒县、五莲 5 个管理部；核定事业编制 26 名，其中：东港管理部 4 名，莒县管理部 5 名，五莲管理部 3 名，岚山管理部 3 名。配备主任 1 名（副处级），副主任 2 名（正科级），副科级职数 6 名。新住房公积金管理中心通过"冻结、清理、审计、移交"4 个环节，于 2003 年下半年顺利完成了负责人任命、工作人员调整和资产业务移交工作，并从 2004 年 1 月 1 日起正式运转。

至此，按照"统一决策、统一管理、统一制度、统一核算"的要求，日照市住房公积金管理机构——住房公积金管理中心正式成立。对于除住房公积金之外的其他住房资金，根据资金性质，分别先后划转财政或退回单位自行管理。

（四）住房公积金管理

公积金制度实行之初，日照市住房公积金执行个人和单位各 5% 的缴存比例，2000 年 6 月经日照市政府研究同意，日照市财政局、日照市住房公积金管理委员会办公室发布了《关于提高住房公积金缴交比例和职工住房补贴标准的通知》规定,自2000年7月1日起,住房公积金缴交比例由单位和个人各5%提高到各6%。有条件的企业(含国有、集体、股份制和私营企业),经住房公积金管理委员会批准,缴交比例可适当提高。2011年,经省政府同意,省住建厅、财政厅和人民银行济南分行发布《关于同意调整日照市住房公积金缴存比例的复函》的批复,2011年1月1日起公积金个人和单位缴存比例由各6%提高到各12%。日照市行政事业单位均按照12%的比例缴存;个别企业经批准后,可按照低于12%的比例缴存,最低的为5%。

2013年前,住房公积金在归集方式上采取了直接归集与委托银行归集相结合的方式。住房公积金业务量较小的单位(如岚山、莒县、五莲县的部分单位),其职工在住房公积金管理中心开设个人账户,公积金由管理部直接归集。其余单位住房公积金委托银行归集。

住房公积金贷款政策于2000年1月开始实行,向缴存住房公积金满一年的购买普通住房的职工发放,起步阶段最高贷款额度为5万元,最长期限为5年;2004年3月,贷款最高限额提高到了10万,最长可贷10年;2008年12月,调整到了20万元、20年(其中二手房为15万元);2012年4月,调整为30万元、25年,夫妻单方缴存公积金的,贷款最高额度提高到20万元、20年;2014年8月起再次调整,在东港区、日照经济技术开发区和山海天旅游度假区购房的家庭,夫妻双方都满足贷款条件的,贷款额度最高50万元、30年,单方满足贷款条件的,最高额度30万元、30年;在其他区县购房的家庭,夫妻双方都满足贷款条件的,贷款额度最高40万元、30年,单方满足贷款条件的,最高额度25万元、25年。个人住房公积金贷款由购房人向住房公积金管理中心提出贷款申请,住房公积金管理中心审批确定贷款额、年限、发放银行等,受委托银行办理具体贷款发放手续。

对于住房公积金的会计核算方式,按照财政部《住房公积金财务管理办法》和《住房公积金会计核算办法》的规定,2000年1月1日起住房公积金单独立账,实行单独核算,不再与城市住房基金、单位住房基金等一并核算。

二、快速发展阶段（2011 年 1 月至 2019 年 12 月）

经过多年探索，伴随着社会经济发展和房地产市场的繁荣，日照市住房公积金事业规模、体系不断发展、完善，迎来了快速发展阶段。

（一）机构设置逐步健全

2011 年 1 月 13 日，经日照市编委研究同意、日照市委批准，日照市住房公积金管理中心不再由日照市财政局代管，改为由日照市政府直属管理的财政全额拨款的正处级事业单位，主要职责是编制、执行住房公积金的归集、使用计划；负责记载职工住房公积金的缴存、提取、使用等情况；负责住房公积金的核算；审批住房公积金的提取、使用；负责住房公积金的保值和归还；编制住房公积金归集、使用计划执行情况的报告；承办日照市住房公积金管理委员会决定的其他事项。配备主任 1 名（正处级）、副主任 2 名（副处级）、科（部）长（主任）6 名（正科级），编制等其他事项不变。

2011 年，市公积金中心升格为正处级单位

2011 年 9 月 13 日，日照市编委调整了市住房公积金管理中心机构编制，内部机构调整为综合科、征收信贷科（挂会计科牌子）、稽查科 3 个科，并确定了各

2020 年 5 月,市公积金中心在日照市政府广场举办日照市住房公积金政策宣传月活动

科职责权限。同时,增加了事业编制 15 名,增配科长 4 名。

2015 年 4 月 1 日,经日照市编委研究同意、日照市委批准,批复日照市住房公积金管理中心调整内设机构。市直管理部更名为市直管理一部,承担市直和山海天旅游度假区区域的单位和企业住房公积金管理服务工作;增设市直管理二部,承担日照经济技术开发区等区域单位和企业的住房公积金管理服务工作;单独设立会计科;增加事业编制 15 名,增配副主任(副处级)1 名,科(部)长(正科级)2 名,管理部副部长(副科级)6 名,批复同意管理辅助类岗位 14 个。市直管理二部于 2017 年 10 月正式设立运转。

2019 年 9 月 29 日,经日照市编委研究同意、日照市委批准,批复日照市住房公积金管理中心调整内设机构。整合会计科的提取管理职能和征收信贷科的归集管理职能,设立归集提取科,增配科长 1 名;将征收信贷科更名为信贷科。

(二)制度建设不断完善

自日照市住房公积金管理中心升格独立以来,制度建设不断完善,推动住房公积金事业不断向前发展。

2012年,日照市出台了第一个《日照市住房公积金管理办法》并以市政府规范性文件的形式发布实施,同步制定了《日照市住房公积金归集管理暂行办法》《日照市住房公积金提取管理暂行办法》《日照市住房公积金贷款管理暂行办法》《日照市住房公积金行政执法程序暂行规定》《日照市住房公积金行政处罚自由裁量权管理暂行办法》《日照市个人住房公积金贷款资金管理暂行规定》等专项管理办法,建立了较完善的住房公积金管理制度体系。

2013年至2016年,日照市政府按照山东省政府《关于完善公积金管理体制扩大住房消费的指导意见》精神,出台了《完善公积金管理体制扩大住房消费实施办法》,加大了住房公积金支持住房消费的力度,促进了房地产业健康发展。为进一步提升业务水平,规范操作流程,日照市住房公积金管理中心又先后出台了《日照市住房公积金会计业务操作规范》《关于进一步优化住房公积金提取流程的通知》《关于进一步优化住房公积金贷款流程的通知》《关于进一步优化住房公积金归集流程的通知》等文件,不断优化业务流程。

2017年,日照市重新修订完善了《日照市住房公积金管理办法》等制度文件

2017 年,在政策文件 5 年有效期到期后,经过多次调研和会议讨论,日照市重新修订完善了《日照市住房公积金管理办法》《日照市住房公积金归集管理办法》《日照市住房公积金提取管理办法》《日照市住房公积金贷款管理办法》《日照市住房公积金行政执法程序规定》《日照市住房公积金行政处罚裁量基准》等文件,更加适应当前的公积金发展形势的需要。

(三)管理方式不断提升

随着市住房公积金管理中心的独立和内部组织架构的完善,住房公积金管理方式不断规范和提升。

归集业务。2013 年 7 月起,市住房公积金管理中心开始搭建住房公积金信息管理平台,将原来分散在各委托银行、各区县的住房公积金数据进行了集中,全部纳入市公积金中心统一管理。住房公积金开始实行由公积金中心直接归集的方式,取代了此前的部分委托银行归集的方式。住房公积金管理中心为职工开设个人账户,单位将款项汇缴至住房公积金账户后,由公积金中心记到职工名下。同时,公积金缴存方式也由原来由单位开具支票、填写汇缴凭证缴款,逐步发展到通过住房公积金全国银行结算系统、由公积金中心线上从单位账户扣款的方式。

提取业务。2012 年 4 月 1 日之前,职工提取公积金需由职工向所在单位申请,所在单位审核盖章后,住房公积金管理中心将资金划转到单位账户,由单位支付给职工个人;2012 年 4 月之后,由职工本人提出申请,所在单位盖章确认,住房公积金管理中心审核后将资金划转到职工本人账户;2017 年 9 月起,职工直接向住房公积金管理中心申请,无需再加盖单位印章。

住房公积金贷款。2012 年 3 月出台的《日照市个人住房公积金贷款管理暂行办法》规定,贷款担保方式主要有缴存人担保、第三人担保、房产抵押担保、质押担保、专业担保公司担保等形式。2017 年 4 月开始,逐步调整为以所购房抵押为主的开发商阶段性担保或所购房预抵押的担保方式。同时,委托贷款银行从原来的建行、工行两家银行,扩展到建行、工行、中行、农行、日照银行 5 家银行,委托贷款银行网点也由原来的不到 10 个扩展到了 20 多个。

（四）为民服务水平不断提高

作为服务民生的重要部门，市住房公积金管理中心始终将服务水平的提升作为工作的重中之重，多年来，全体干部职工凝心聚焦缴存企业和职工需求，不断改进服务方式，推动政务服务水平明显提升。

逐步完善一站式服务大厅。按照一站式办理和一条龙服务的要求，日照市住房公积金管理中心不断优化办事流程，增设办事窗口，让经办银行、担保公司进驻大厅，使住房公积金的缴存、提取、贷款、资金结算和担保等所有业务在服务大厅内办理完毕。同时，在大厅内配备了自助查询打印机、叫号机、休息座椅、书写台、便民服务箱、报纸架等便民设施，提供舒适、方便的服务环境。

开展窗口标准化建设。窗口工作人员严格遵守标准化窗口服务工作规范，认真执行首问负责制、一次性告知制和限时办结制度，窗口实行一口清、一张表、一纸明、一幅图"四个一"服务标准，让办事群众对办事流程和手续"一见即明"，服务公开透明。设置监督台，公开监督投诉电话，自觉接受社会和公众的监督，不断提高服务质量。推行末梢管理，将缴存、提取、贷款明白纸根据业务类型细分为36项，并逐项制作二维码明白纸，手机扫描即可获取对应事项信息，节省了信息检索和获取时间。

倡导"五零模式"提效率。近年来，随着公积金业务量的快速增长，公积金服务开始倡导"五零模式"，最大限度地为缴存职工节省办事时间，提升办事效率。一是"零填表"。职工办理提取、贷款业务只需签字确认即可。二是"零材料"。退休提取、归还公积金贷款提取、第二次归还商业性住房贷款提取等业务，除身份证件和收款银行卡之外不需提供其他证明材料。三是"零复印"。提取、贷款等业务均实行电子档案，职工办事不需复印任何材料。四是"零跑腿"。借款人配偶提取资金可直接划转到还款账户；使用公积金提前还款的，可直接使用公积金冲还；归还公积金贷款提取的，可选择签约按月还贷提取协议，公积金系统每月自动为职工提取；单位、自由职业者缴存公积金，实行线上缴存方式，公积金系统直接代扣，无需通过人工方式划转资金。五是"零等待"。各公积金管理部大厅配备触摸屏和自助查询打印机，职工个人公积金基本情况、缴存明细、贷款等9类信息、"职工缴存证明"等四类证明可自助查询打印；购房提取、退休提取、可贷额度计算等多项

日照市住房公积金管理中心品牌"日出先照　聚金惠民"及相关信息

业务直接由系统利用共享数据自动审批"秒批秒办",无人工干预和延时;推行电话预约,开通手机 App、个人网厅"预约服务",公积金业务"即到即办"。

(五)紧跟房地产发展形势开展改革

一直以来,日照市住房公积金工作始终紧扣国家房地产业调控总基调,服务、服从于房地产市场发展大局,主动应对市场过冷、过热现象,在房地产业的起起伏伏当中,较好地发挥了市场"稳定器"的作用,为全市房地产市场的平稳

2019 年,市公积金中心走进市"行风在线"直播间,与全市缴存企业、职工开展线上交流

健康发展作出了贡献。

贴息贷款业务的开办与取消。2016 年，为扩大贷款资金来源渠道，日照市政府将住房公积金贴息贷款列为 2016 年度 16 件重大行政决策事项。日照市住房公积金管理中心深入开展调研，借鉴外地经验，结合日照市实际，起草了日照市《个人住房公积金贴息贷款管理暂行办法》，经市政府常务会第 63 次会议研究同意，日照市住房公积金管理委员会会议审议通过，在省内率先开办贴息贷款业务。并与建设银行、日照银行、工商银行等 5 家银行协商签订了 17 亿元的贴息贷款合作协议，保证了贴息贷款业务的顺利开展。

随着房地产形势的变化，2018 年 7 月，住建部下发了《关于进一步做好房地产市场调控工作有关问题的通知》，依据文件精神，日照市自 2018 年 7 月 16 日开始正式停办贴息贷款，并对住房公积金贷款实行轮候发放，按月度指标发放贷款，合理控制贷款率。政策实行以来，累计发放贴息贷款 4201 笔，共计 15.1 亿元，有效满足了职工购房贷款资金需求。

开办"委托按月还贷提取"业务。自 2017 年 6 月起，日照市开办了委托按月还贷提取业务，住房公积金借款人和配偶在履行住房公积金借款合同约定的前提下，可委托住房公积金管理中心，每月从其公积金账户中，划出不超过公积金还款额的公积金到指定银行卡。办理了"委托按月还贷提取"业务的借款人，可按月提取公积金，用于归还上个月的公积金贷款本息，这意味着职工每月缴存的公积金可用于归还公积金贷款。至 2019 年底，共有 35935 人（主贷人+配偶）签约委托按月还贷提取，总提取额达 10.4 亿元。

开办公积金网络信用消费贷款业务。2017 年 3 月，日照市住房公积金管理中心与银行合作开办公积金网络信用消费贷款业务，借力日照市住房公积金管理中心数据平台，银行在获得公积金缴存人授权的前提下，依靠大数据分析等先进技术自动完成对客户的综合信用评价，向符合贷款条件的客户发放个人信用消费贷款，贷款申请、审批、签约放款、还款等环节全部实现线上操作，既增强了住房公积金制度的吸引力，又激发了职工的消费潜力。

将个体工商户和自由职业者纳入住房公积金制度的范围。2018 年 7 月，日照市住房公积金管理中心出台了《日照市个体工商户、自由职业者自主缴存使用住房公积金管理暂行办法》,在严控贷款风险的前提下,通过签订缴存使用协议的方式,将个体工商户和自由职业者纳入住房公积金制度的范围,不断扩大政策惠及群体,解决新市民的住房需求。

省内异地贷款业务的开办、停办与恢复。2015年7月1日,日照市正式开办省内异地贷款政策。按照规定,在省内其他城市缴存的日照户籍职工和非日照户籍职工,在省内无自有住房的,在日照区域内购房,可以申请公积金贷款;在省内无自有住房的,在省内其他城市购房,可以申请公积金贷款。

随着公积金业务量的增长,资金使用率逐年增高,资金流动性不足的问题日益突出。到2016年底,贷款率达到85.1%,经市公积金管委会研究通过,自2017年1月1日正式停办异地贷款业务。2015年7月1日至2017年1月1日期间,全市共计发放省内异地个人住房公积金贷款84笔,金额2538万元。

2018年12月27日,省住建厅、财政厅、人民银行济南分行联合下发《关于深化"一次办好"改革加强和改进住房公积金服务工作的意见》,要求"落实住房公积金异地个人住房贷款政策"。经日照市住房公积金管委会研究通过,于2019年4月1日正式恢复办理异地贷款业务,2019年全年办理业务84笔,共计2000余万元,为外市人才来日照创业提供了住房资金保障。

(六)信息化管理体系不断优化

2012年,日照市住房公积金信息化管理系统建设开始起步。按照严格标准建设完成的高标准机房,为住房公积金信息管理系统的建设提供了基础,各区县管理的分散的住房公积金管理数据将统一纳入全市住房公积金管理系统。

2013年,日照市住房公积金信息化管理系统有了里程碑式的飞跃。一是2013年7月1日,基本完成了网络化信息管理系统的软硬件建设并正式上线运行,实现了全市联网,通过网络化、信息化手段,建成了对全市住房公积金进行统一核算、统一管理、数据处理运转高效的住房公积金信息管理平台。二是借助信息管理系统,拓展服务方式,开通了网上查询、自动查询机查询、12329热线查询和短信平台查询等多种查询渠道,为缴存单位和职工提供更加方便快捷的服务。

2014年,日照市住房公积金信息化管理系统水平进一步提升。一是数据处理运转高效。通过网络化手段,办理各银行账户的收付款结算业务,实现了资金的实时结算,住房公积金的提取、贷款实时到账,提高了资金结算效率,彻底改变资金在途时间过长的情况,做到了日清月结。二是建立了先进的多层次住房公积金风险防控系统。实施前台受理和后台管控分离机制,完善了岗位分级授权管理,在每个关键环节设置廉政风险预警节点,通过对每个业务流程的实时监控和事后稽查,形成了"事前预警、事中控制、事后稽核"的风险控制机制,有效防范了资金运行风险。三是建立了全省领先的电子化档案管理系统。通过在受理环节对提取、贷款等业务原始资料进行扫描、录入,形成电子化档案。在后续的业务流程中,只需传递电子档案,不再传递纸质档案,加快了业务办理速度。可在事后对各类电子档案信息进行查询和开展内部审计稽核,大大提高了办公效率,推进档案管理规范化、科学化。

2015 年,日照市住房公积金信息化管理水平在"安全"和"便民"上下功夫。一是建设完成了莒县和泰安的数据异地灾备中心,实现了两城三中心,维护了数据安全。二是按照公安部和工信部等部门的规定和要求,对中心网站和信息系统进行了网络安全等级保护测评,为堵塞网站和业务系统安全漏洞、维护系统安全奠定了基础。三是为缴存职工发放了住房公积金有效凭证——住房公积金卡,该卡集公积金信息查询和业务办理功能于一体,为职工了解公积金信息和办理住房公积金业务提供了便利。四是设立了 12329 服务热线人工座席,为广大职工提供清晰、快捷的咨询服务,日均接话量达 120 余通。

2016 年,日照市住房公积金信息化管理水平有了质的提升。一是积极推进完善了 12329 住房公积金综合信息服务平台。实现短信平台、数据交换平台、行业内部办公平台以及与人民银行、民政、公安等部门的信息数据的共享互通。二是利用"互联网+"技术,开展网上服务厅、微信公众号、手机 App、自助查询机、银行 ATM 机等线上线下多种服务渠道建设。三是完善住房公积金信息系统功能,建立完善住房公积金贷款数据管理系统,将分散在各家贷款经办银行的公积金贷款数据全部纳入住房公积金信息管理系统,实现了住房公积金贷款自主核算,提升贷款风险防范能力。四是加快推进"双贯标"工作。贯彻落实信息化建设有关标准规范,接入全国银行结算系统,实现业务处理和资金划转实时对接,

2017 年 5 月,全省住房公积金信息化建设工作推进交流会在日照市召开

提高资金风险防控能力,提升住房公积金管理效率和服务水平。

2017 年,日照市住房公积金管理中心信息化建设在全省住房公积金领域走在前列。一是在全省率先建成了住房公积金综合服务平台,并率先开通全部 8 种服务渠道,被住建部和省建设厅通报表扬,进一步强化了信息化服务水平。二是积极推动"双贯标"工作,是山东省第一个达到了住建部验收标准的市。三是加大对 12329 短信提醒业务的优化,共停发 3 项、改进 9 项、取消 1 项、新开 1 项短信提醒业务,优化服务的同时,每年可节省资金 2 万余元。四是开通了全国住房公积金异地转移接续业务,使公积金在全国范围内实现了"账随人走,钱随账走"。

2018 年,日照市住房公积金管理中心对公积金综合业务系统进行了升级,"互联网+住房公积金"迈上了一个新台阶。根据省委《关于推进新旧动能转换重大工程的实施意见》的要求,2018 年底,日照市政务信息系统整合基本完成,形成了"电子政务一片云,电子政务内外网两张网"资源框架,各部门政务热线、门户网站也被纳入资源整合范围。住房公积金综合业务系统正是借助市政府"市政务云+政务外网"资源完成搭建,实现"系统上云,网络进网",并将市政府整合

2018 年 7 月,"双贯标"项目顺利通过住建部验收

的网站(公积金门户网站)、12329 热线渠道一并纳入平台中,避免重复建设、资源浪费。升级后的系统依托强大的政务信息资源数据共享功能,为"一次办好""零跑腿""零材料""全市通办""资金秒到账"等提供了强大的技术支撑。一是实现了与市不动产登记中心、房管局、民政局、公安局、编办等部门单位之间的政务信息资源数据共享,充分利用"手机公积金"App,在全省率先实现公积金业务利用手机终端离柜办理,为全市公积金缴存单位和缴存职工提供更加便捷、快捷的服务,并强化了资金风险防控。二是将住房公积金信息数据输出到有关部门和银行,充分发挥住房公积金信息数据的增值服务作用。通过信息数据互换共享,打造"智慧公积金",强化了内部管理,切实提升了缴存职工的服务体验。相关工作经验被省政府办公厅、省政务信息系统整合共享专项工作组分别收录刊发,并在全省进行推广学习参考。

2019 年,日照市住房公积金管理中心信息化建设继续夯实。一是拓展共享数据范围,现已实现了与 9 个部门 19 类数据的输入类共享应用,处于全省领先地位。二是扩展业务办理渠道,年内新增支付宝、"爱山东"App、省政务服务、个人网厅等业务渠道,离柜服务渠道已达 13 种。三是扩大业务"掌上办"范

2018年12月,公积金新系统上线新闻发布会

围,年内新增外地、本地户籍职工租房提取、按月提取签约和解约、贷款提前还本和提前结清等手机App业务,掌上可办具体业务达到10项。四是先后开通单位网厅、个人网厅。单位网厅基本涵盖了所有单位类公积金业务,个人网厅除信息查询外,已实现提取申请、贷款申请功能。五是成功接入全国公积金异地转移接续平台。2019年6月份起,跨地市调动工作时,公积金转移可在新工作地"就近办理",实现"帐随人走、钱随帐走"。六是开通"单位线上缴存""个人线上缴存"。企业、职工签约后实现线上自动划款、自动分配到职工个人公积金账户。年内单位线上缴存签约率已达到71%,人数覆盖率达76%。七是将住房公积金政务服务系统接入全省统一身份认证系统,在公积金中心门户网站、省政务服务网、"爱山东"App等平台部署应用,推动实现公积金业务"一网通办"。八是创新推出公积金贷款抵押"多网共办"新模式。实施"部门联动、数据交互、线上办结"的贷款抵押新模式,通过公积金业务系统和不动产登记系统对接和数据共享,实现线上办理公积金贷款抵押手续,抵押登记时间从原来的15～20日以上,提速到2个小时内就可办结。该项目的工作经验被省住建厅作为全省住房公积金管理创新典型经验做法予以通报表扬,并入选为全市2019年度"创新种子"。

(七)各项指标快速增长

2011 年至 2019 年,日照市住房公积金各项指标发展迅速。缴存人数从2011 年的 13.7 万人增至 2019 年的 22.8 万人,年度平均增长率达 6.6%;年度缴存额从 8.3 亿元增至 37.7 亿元,年度平均增长率达 20.8%;年度提取额从3.6 亿元增至 26.1 亿元,年度平均增长率 28.2%;年度贷款发放额从 2.3 亿元增至 21.5 亿元,年度平均增长率达 32.3%;公积金余额从 19 亿元增至 96.8亿元;贷款余额从 6.4 亿元增至 102 亿元(含贴息贷款);年住房公积金增值收益从 1023 万元增至 1.18 亿元。

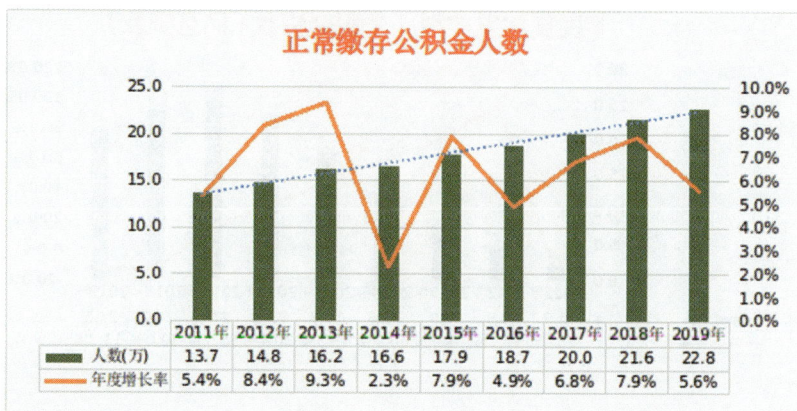

正常缴存公积金人数

	2011年	2012年	2013年	2014年	2015年	2016年	2017年	2018年	2019年
人数(万)	13.7	14.8	16.2	16.6	17.9	18.7	20.0	21.6	22.8
年度增长率	5.4%	8.4%	9.3%	2.3%	7.9%	4.9%	6.8%	7.9%	5.6%

2011 ~ 2019 年日照市住房公积金正常缴存人数变化情况

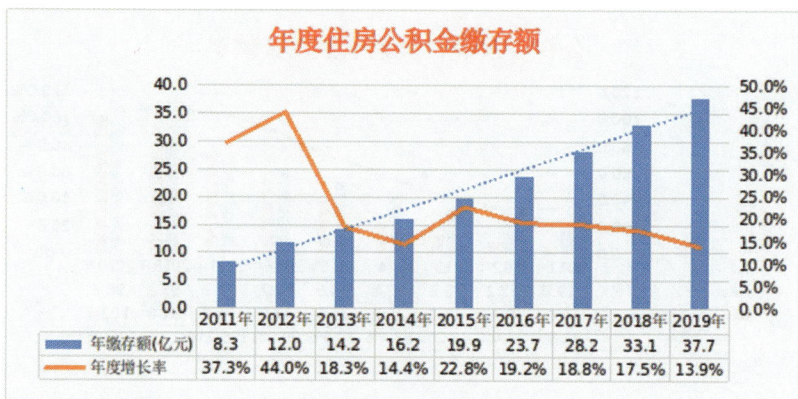

年度住房公积金缴存额

	2011年	2012年	2013年	2014年	2015年	2016年	2017年	2018年	2019年
年缴存额(亿元)	8.3	12.0	14.2	16.2	19.9	23.7	28.2	33.1	37.7
年度增长率	37.3%	44.0%	18.3%	14.4%	22.8%	19.2%	18.8%	17.5%	13.9%

2011 ~ 2019 年日照市住房公积金缴存额变化情况

年度住房公积金提取额

	2011年	2012年	2013年	2014年	2015年	2016年	2017年	2018年	2019年
年提取额(亿元)	3.6	3.8	6.1	7.6	9.3	15.5	18.0	20.8	26.1
年度增长率	2.3%	6.5%	61.6%	23.2%	22.4%	67.2%	16.0%	15.9%	25.4%

2011～2019年日照市住房公积金提取额变化情况

年度贷款发放额（公积金贷款＋贴息贷款）

	2011年	2012年	2013年	2014年	2015年	2016年	2017年	2018年	2019年
当年发放额(亿元)	2.3	4.5	7.9	12.6	18.3	23.8	27.5	24.2	21.5
年增长率	-13.7%	97.1%	74.4%	60.0%	45.3%	30.4%	15.7%	-12.0%	-11.3%

2011～2019年日照市住房公积金贷款发放额变化情况

公积金余额、贷款余额及贷款率

	2011年	2012年	2013年	2014年	2015年	2016年	2017年	2018年	2019年
公积金余额(亿元)	19.0	27.2	35.2	43.8	54.5	62.7	72.9	85.2	96.8
贷款余额(亿元)	6.4	9.4	15.2	25.2	39.5	57.0	76.7	91.8	102.0
贷款率	33.8%	34.4%	43.2%	57.4%	72.5%	90.8%	105.2%	107.7%	105.4%

2011～2019年日照市住房公积金余额、贷款余额及贷款率变化情况

2011 ～ 2019 年日照市住房公积金增值收益变化情况

三、日照市住房公积金发展的主要特色和成效

经过近 30 年的发展,住房公积金在推动城镇住房制度改革、提高居民居住水平、促进房地产市场稳定发展等方面发挥了重要作用。日照市住房公积金业务凭借多年潜心耕耘,收获了较好成效。

(一)充分发挥职能作用,让制度红利惠及更多企业和职工

经过多年发展,住房公积金在保障职工基本住房资金需求方面的优势作用越来越明显。截至 2019 年底,全市已累计发放公积金贷款 140.87 亿元,解决了 6.42 万户家庭的住房问题。2019 年,全年发放公积金贷款达 7142 户,共计 21.5 亿元,支持职工购建房 90.2 万平方米,年末个人住房贷款市场占有率达到 14.8%。2019 年,与商业住房贷款相比,通过申请公积金贷款,为全市职工节省购房利息支出 3.8 亿元。

(二)注重信息化建设,技术支撑保障能力持续提升

多年来,市公积金中心高度重视信息化建设,深入开发和挖掘信息数据资产价值,打造"互联网+住房公积金"政务服务"智慧公积金"服务品牌。一是山东省内首个接入全国住房公积金银行应用结算平台的城市,资金结算覆盖全业务、全账户,业务驱动资金、资金驱动财务,全流程封闭式运作,资金管理更加安全规范。二是接入全国公积金异地转移接续平台,跨地市调动人员的公积金可在新工作地"就近办理",实现"帐随人走、钱随帐走"。三是打造"互联网+

公积金"政务服务综合平台。服务渠道从柜台延伸到微信、手机公积金 App
等 15 种方式。"三厅一端"业务办理主渠道可网办事项达九成以上。四是打
造"智慧公积金"数据共享平台。数据输入共享方面已实现与人民银行、房
管、不动产等 9 个部门 19 类数据的共享应用。部分共享数据系统直接调取
用于业务核查和审批,减少办事要件,节省业务处理时间;数据输出共享方
面已与建行、中信等 16 家银行合作开展网络消费在线贷款,实现公积金数据
资产增值,发挥公积金数据资产的社会效益。为民政精准救助、安居工程审计、
个税附加扣除等提供数据支持;支持诚信体系建设,单位和个人公积金缴存情
况纳入人民银行征信范围;参与全市金融服务平台建设,为评估企业资质提供
有效数据支撑。

(三)注重信用价值,助推社会诚信体系建设

自 2006 年起,市公积金中心连续 15 年按月向中国人民银行征信系统
上传全市企业和个人公积金缴存信息,相关数据被广泛应用于企业上市、银
行授信、个人贷款核准等各个方面。2019 年报送人行征信系统公积金缴存
数据 330 余万条。2015 年,作为全省公积金系统第 3 家接入人民银行征信
系统的单位,职工申请公积金贷款时,无需再到银行打印征信报告,授权后
即可由公积金中心直接查询打印,推动公积金贷款现场审核、一次性告知变
成了现实,极大提高了贷款审批效率。2020 年被人民银行济南分行列入第
一批开发使用第二代征信报数程序的 3 家公积金中心之一,征信工作继续
走在全省公积金行业前列。2019 年,市公积金积极参与全市政务信息资源
共享平台(金融服务平台)。此外,《日照市住房公积金管理办法》明确规定,
使用虚假材料违规提取、骗贷的,责令其退回违规款项,并采取向单位通报、
纳入住房公积金诚信档案、暂停 2 年内的住房公积金提取资格和 3 年内的
住房公积金贷款资格的惩戒措施。同时,实行公积金贷款审批与信用挂钩。
对存在连续 3 期、累计 6 期及以上不良逾期信用的职工,不予发放公积金贷
款。楼盘准入与企业信用挂钩。开发商申请楼盘准入公积金贷款时,要求企
业信用良好,信用等级 A 级及以上。对合作期内开发商企业信用等级降为 B
级,或者开发资质降级、取消开发资质的,公积金中心予以终止合作。通过以

上措施,日照市住房公积金管理中心为营造良好的社会诚信氛围贡献了重要力量。

执 笔 人:张传良　杨智宏　王龙梅

审 稿 人:王继明

撰稿单位:日照市住房公积金管理中心

日照海关立足职能
促进日照经济社会发展历程及成就

中华人民共和国海关是国家的进出关境（以下简称进出境）监督管理机关。海关依法监管进出境的运输工具、货物、行李物品、邮递物品和其他物品，征收关税和其他税费，查缉走私，并编制海关统计和办理其他海关业务。日照海关（原名"石臼海关"，1992 年更名为"日照海关"）自 1986 开关以来，按照与社会主义市场经济体制相适应、与扩大对外开放相配套、与国际通行做法相衔接的目标，不断改进工作作风，深化业务改革，提高队伍素质，全力支持服务对外开放事业和日照经济社会建设。

一、起步时期（1986 ～ 1993 年）

海关总署于 1986 年 1 月正式提出了"促进为主"的方针，这一方针适应了当时国家对海关工作的全面要求，在海关转变传统观点、适应改革开放的需要，促进进出口贸易发展，推动海关自身建设等方面发挥了极为重要的历史作用。1986 年 5 月 19 日建关之后，日照海关在这一方针指导下，内强素质、外树形象，全力推动日照口岸不断深化对外开放，支持日照市外向型经济迅猛发展。

（一）营造良好通关环境

为支持全市对外经济快速发展，营造快捷高效的通关环境，建关以来，日照海关不断简化、优化通关手续，加快验放，对外贸企业遇到的实际困难，坚持从实际出发，妥善解决。在通关环节，对大中型国有企业、外商投资企业或其他外向型企业进口急需物资，实行先放行后跟踪查验；对一些纳税有困难的企业，采取短期缓税或担保放行的办法,加速企业通关。在货管环节,采取灵活的监管方式,对大宗进口货物需要在港口马上分装国内小型运输船舶运往其他港口的,在做好数量监管的前提下,允许直接过驳,为企业节省大量费用。1992 年 12 月,日照海关驻岚山港办事处开始对外办公,1993 年开办货管业务,极大方便了岚山口岸货物的进出。在出口退税环节,针对日照口岸煤炭出口退税经常涉及几个省的数家煤炭企业的实际问题,日照海关打破常规,改"一船一单"为"一船多单",为企业办理出口退税提供便利。在科技应用方面,为了进一步提高通关效率,日照海关于 1991 年启动了 H883 报关自动化工程的建设,1993 年 1 月 1 日正式运行,全年录入报关单 663 份,初步实现了海关通关手续自动化处理,使通关效率有了质的飞跃。

(二)做好行业和市场培育

建关初期,日照海关针对日照市开放初期经济相对落后、开放意识比较淡薄的实际,全关上下树立"揽活"意识,主动出击,开展海关政策宣传、市场调研和行业培育,力促口岸货运量的提高。一方面多次会同港口、代理等部门,采取

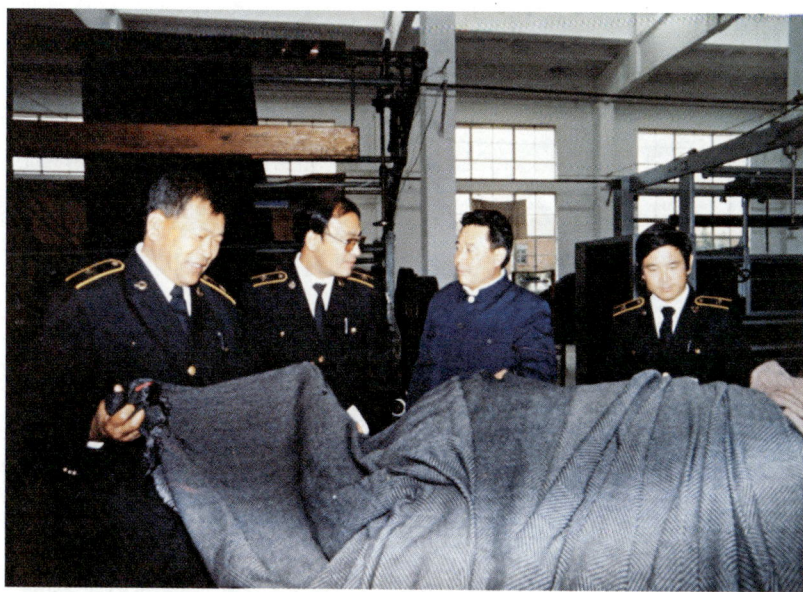

1986 年 7 月,石臼海关(现日照海关)关员到企业现场调研

"走出去、请过来"的方式,赴兖州、徐州、河南、山西等地,深入大中型生产出口企业,大力宣传日照港、岚山港的区位优势;1991 年,日照海关针对煤炭这一口岸主要货源,组织人员深入山西省煤炭生产企业开展调查研究,有针对性地解决煤炭出口问题,支持石臼口岸成为全国第二大煤炭输出港。另一方面,日照海关树立服务观念,把课堂摆到了市、县委党校,市、县委中心学习组和广大外贸企业培训班,多种渠道宣传海关政策,帮助企业用足用好优惠政策,1986 年至1993 年,日照海关举办或参与各类外向型经济培训班 100 余次,培训普及面近千人次,主动为社会提供海关政策咨询千余人次,累计培训报关人员 120 余名。日照海关还大力宣传和推行保税制度,1992 年批准岚山液体化工产品储运有限公司、日照土畜产外贸公司、日照对外供应公司 3 家企业建立了保税仓库。自开关至 1993 年底,日照海关共监管进出口货物 2166.39 万吨,监管进出境船舶3443 艘次,进出境人员 17977 人次,征收关税代征税 39472.74 万元。

(三)支持新型贸易形式发展

随着 1987 年 7 月 1 日《海关法》的正式实施,日照海关开始承担临沂地区(含日照市)吸收外资新型贸易的登记备案、减免税审批、后续管理和核销工作,并办理了辖区内首笔加工贸易保税业务。为全力支持新型贸易形式发展。1992年,日照海关制定了《办理外商投资企业减免税登记备案手续的工作规则》,从接单到各环节的审批时间都作了明确规定,同时印发了《外商投资企业总经理须知》,将办理海关手续需提交的文件、单证明确告知企业。自 1993 年起,为提高工作效率,日照海关围绕对外商投资企业、加工贸易合同登记备案和减免税审批流程进行改革,由以往多人负责、多环节交接改为每人条线负责、一办到底,极大方便了企业的业务办理,受到企业广泛好评。此外,日照海关主动为企业出谋划策,引导企业用好用足国家优惠政策,如 1991 年为中日合资投资 38亿日元的兖日水煤浆有限公司主动提供咨询服务,快速办理减免税手续,允许进口大宗设备直接从口岸运到工地,现场验放;1993 年针对莒县酒厂处于非开放区,只能减半征税进口设备的情况,及时向工厂介绍外商投资企业的政策,鼓励他们走技改嫁接合资企业进口设备的路子,使企业享受到关税全免的优惠政策,节省资金 30 万元。截至 1993 年,日照海关共为 445 家三资企业、325 份加工贸易合同、23 个技改项目办理登记备案和减免税手续,审批减免税总额 4.03 亿元。特别是 1993 年,全年共登记三资企业 293 家、加工贸易合同 252 个,审批减免税 2.08 亿元。

(四)做好对上建言献策的工作

日照海关始终以支持地方经济发展为己任,为当地政府发展经济当参谋。1992 年,日照海关以邓小平同志南巡讲话和党的十四大精神为指导,结合海关工作实际,向日照市提出《石臼海关关于支持日照市和临沂地区扩大开放 大力发展外向型经济的八条措施》,并多次参与日照市制定促进外向型经济发展的有关政策和措施,取得良好效果。1993 年,日照海关在深入调查分析日照口岸易货贸易现状的基础上,向日照市政府提出《关于进一步发展与苏东二十六国易货贸易的建议》。同年,日照海关针对全市加工贸易落后的状况,提出发展加工贸易的意见建议,引起市委、市政府高度重视,日照市政府在海关召开市长办公会,专门听取日照海关对利用优惠政策、发展经济的意见建议并整理印发全市学习。

(五)重拳打击沿海走私浪潮

随着改革开放的不断深入和对外经济贸易的迅速发展,一些走私违规现象也有所增加。1987 年,日照海关以《中华人民共和国海关法》实施为契机,召开社会座谈会,广泛开展宣传,进一步规范口岸对外贸易秩序。1991 年,针对海上走私北移的趋势,日照海关与公安、司法、工商、税务及口岸有关单位建立了联合查私协调制度,共同加强沿海走私打击力度,同时充实查私队伍,配备查私器械和交通工具,严肃查处走私违法行为,全年查处走私违规案件 10 起,案值 82.53 万元,罚没收入 48.63 万元。1993 年,随着海上走私违法活动迅速蔓延,日照海关把反走私工作作为当年的重点工作,周密部署,团结奋战,严厉打击走私活动,取得显著成效。全年查获走私违规案件 19 起,其中 4 起移交公安机关追究刑事责任,查获走私汽车 274 辆、摩托车 28 辆等,案值 5918.6 万元,上交所罚没的收入 366.58 万元。

二、加快现代化进程时期(1994 ～ 2001 年)

随着 20 世纪 90 年代中期全国进出口贸易持续迅猛增长,传统的海关业务管理体制和通关管理模式已无法适应新形势的需要,1994 年海关总署党组明确提出建设中国特色社会主义海关管理体系,就是建立现代海关制度,这标志着我国海关的改革与发展进入了一个新的时期。1998 年《海关总署关于建立现代海关制度的决定》正式出台,进一步明确了海关改革和发展的战略目标,清晰地勾画了现代海关制度的总体框架。日照海关自觉在全国改革与发展的总格局中把握自身各项改革与发展工作,逐步建立起适应社会主义市场经济体制和对外开放需要的、充满生机与活力的海关管理新体系,高质量地实现海关执法、征税、进出境监管和服务等各项职能。

(一)将通关作业改革作为建立现代海关制度突破口

1994 年,日照海关突出改革这一主题,集中开展通关作业改革。一是试行"四位一体"通关制度。简化通关手续,对进出口货物实行预先报关、现场报关、集中报关和事后报关"四位一体"的通关模式,针对日照港煤炭出口量大且专营的特点,由原先的"一票一报"改为"信任放行、集中报关",煤炭出口企业只需要每月集中一次到海关报关即可,不仅为企业节省了报关和船舶滞港费用,也保证了煤炭及时交货,赢得了企业在外商中的信誉,有力地促进了国家出口创汇。二是改革船舶联检制度。1994 年 4 月 5 日起,对日照口岸所有进出境船舶不再参加联合检查,按国际惯例由船方或其代理人向海关办理进出境手续,正常进出境船舶可事先向海关办理手续,船舶靠港后即可上下人员、装卸货物,便利船舶进出口和货物装卸。三是改革保税监管模式。把推行保税制度作为促进进出口业务发展的一个重要手段,扩展保税仓库功能,试办综合型、多功能保税仓库;放宽保税仓库存放种类限制;改革保税仓库现行管理模式,使保税仓库出入库手续更为简化、便捷。1994 年批准建立保税工厂、保税仓库 24 家。通过这些制度改革,方便了口岸进出口活动,提高了社会综合效益。1994 年,日照海关共监管进出口货物 536.4 万吨,货值 4.35 亿美元,同比分别增长 61.7% 和 38.9%。

与此同时,日照海关以"科技强关"为指导思想,不断探索通关过程的系统化、信息化联网应用,全力打造"电子海关"。1994 年至 2001 年,日照海关自行开发业务系统 13 个,移植系统 8 个。1996 年,在 H883 系统成为日照海关主要

1994 年 5 月,日照海关举行保税工厂(仓库)发证仪式

业务技术处理手段基础上,完成了 H883/PC 系统网络升级,为实现 EDI(电子数据交换)通关系统工程做好准备;1997 年 5 月,日照海关成功安装报关自动化系统工程(H883EDI/PC 系统),并在业务现场试运行。该系统把各海关分散、独立的 H883 系统统一汇总到青岛海关计算机系统,采取相同作业模式进行统一处理,提高了海关业务工作效率、服务水平,优化了通关环境。1999 年 6 月,日照海关顺利切换海关总署 H883EDI5.0 版通关系统,涵盖审单、征税、放行、统计、查询等多个功能。报关自动化系统的运用使日照海关在货运监管报关制度的改革上迈进了一大步,标志着海关通关作业改革取得阶段性成果。

(二)推动日照市外向型经济加快发展

20 世纪 90 年代初期,我国提出建立社会主义市场经济体制,对外贸易和外向型经济在日照市经济中的作用日益突出。日照海关顺应日照市对外开放形势的需要,为创造宽松和谐的进出口环境,于 1994 年推出 8 条新举措。1996 年围绕办公程序、办公时限和服务质量向社会做出 8 项承诺;同年,国家税收政策调整很大,大部分税收优惠政策执行到年底,为使企业及时了解、掌握、用好国家政策,海关组织人员赴各区县、企业开展宣讲,帮助企业解决实际问题,使外贸企业顺利搭乘国家优惠政策末班车,全年办理减免税款1.13亿元人民币。1997年,结合日照实际,日照海关研究制定了《日照海关关于支持日照市经贸发展的七条措施》。1999年,为贯彻落实全省关检贸协作会议,日照海关制定《日照海关支持扩大外贸出口的六条措施》,并成立支持扩大外贸出口领导小组。2001年,日照海关在主要业务量保持高速增长的情况下,切实提高通关效率,制定了《支持扩大外经贸发展的八项举措》,建立通关应急制度,对突发问题给予及时解决。

支持海产品出口创汇增效。针对日照市拥有百千米海岸线、海产品出口在全市占据重要地位的特点,日照海关主动在海产品出口创汇、海产品增值等方面帮助企业做文章,采取3条措施加快验放,提高海产品"鲜活率":一是打破常规,上门监管,现场办理报关、验放手续。二是对船到而货不齐或货齐手续尚不齐的,采取先查验放行,事后补办手续的方式。三是报请上级海关批准岚山港口岸部分渔业船舶在海上随捕捞随销或捕捞后直接驶往国外目的港销售,返回后再向海关补办有关出口手续。1994年全市出口鲜活海产品771吨,创汇235万美元。

支持集装箱运输业迅速发展。随着日照市对外开放程度的不断加深,日照港集装箱运输业的发展尤为迫切,为促进日照港集装箱运输业发展,日照海关积极协助外运、港口等部门,开通集装箱运输航线,对转至日照港的集装箱实行集中监管,货物随到随验随放行,1996年共监管进出境集装箱2518箱次,同比增长51%。2001年报请青岛海关批准日照外运公司开展日照口岸集装箱货物在青岛的中转业务和上海浦海航运有限公司开展外贸内支线业务,提高了口岸进出境集装箱数量,全年进出境集装箱10908箱次,同比增长68%。

支持加工贸易产业扩大规模。1995年,日照海关为使国有大中型企业强筋壮骨、走向国际市场,先后4次到五莲纺织工业集团现场办公,帮助集团建立保税工厂,开展加工贸易业务,并在通关、合同备案和核销等环节给予优惠便利,使之自营出口实现零的突破,当年出口货值1151万美元。1997年,日照海关围绕如何促进日照市加工贸易发展课题研究制定了8条措施,并与市经贸委联合举办加工贸易实务培训班,深入宣传保税制度,鼓励和引导企业开展外贸加工业务,收到良好效果,全年备案加工贸易合同235个,金额7033.1万美元,同比分别增长53%和54%。

(三)探索建立企业管理制度

日照海关坚持"便利、顺畅、高效、简化"原则,积极营造高效运作、宽松便捷的通关环境,着力建设海关与企业彼此尊重、相互理解、真诚合作的新型"伙伴关系"。1994年,日照海关对辖区进出口企业进行了初步摸底调查,将出口企业分为A、B、C三类,于当年公布了首批10家A类企业;同年10月18日,日照日荣水产有限公司成为日照市首家被青岛海关授予"信得过企业"的外贸企业,享受海关制定的10项优惠政策,效果明显。1995年,日荣水产有限公司出口创汇同比增长一倍。1995年,日照海关又将加工贸易合同备案纳入风险管理,对A类"信得过"企业实行信誉管理,并推行MOU(谅解备忘录)制度,在相互谅解、互相信任的基础上,与中煤日照分公司等5家企业签署谅解备忘录,为进一步与社会各界合作,共同打击走私违法活动,维护正常贸易秩序做了有益尝试。1997年2月18日,日照海关进一步规范代理报关行为,要求船舶代理人持证报关,并为参加首期船舶代理报关员培训班考试合格的23名船舶代理人核发船舶代理报关员证,同年3月15日起,日照海关对辖区的报关企业及报关员进行集中年审。

1999年6月,全国海关正式对企业实施分类管理办法,海关根据企业的经营管理状况、报关情况、遵守海关法律法规情况等,设置A、B、C、D 4个管理类别,对企业实施动态的分类管理。日照海关向地方政府和企业开展广泛宣传,分发宣传材料60余份,推荐上报的19家日照市企业中,有13家被评为A类企业,享受优先办理货物申报、查验、放行手续、免收保证金、降低查验比例等多项优惠政策。

(四)打私工作向专业化方向发展

随着打私工作深入开展,海上走私得到有效遏制,但加工贸易、货运等渠道的走私活动呈现上升态势。1996年,日照海关选准加工贸易这一重点,加大对重点敏感商品查验力度,查发走私违规案件17起,案值2.223亿元人民币,其中查发某公司以伪报来料加工的方式走私进口毛豆油20000吨,案值1.4亿元。1998年,党中央、国务院召开全国打击走私工作会议,作出组建专职打击走私的缉私警察队伍等3项重大决定。1999年,日照海关成立走私犯罪侦查支局

（2002 年更名为"日照海关缉私分局"），全面实行以海关为主，公安、工商等执法部门联合缉私，对查获的走私案件由海关统一处理的制度。

三、加速改革时期（2002～2012 年）

进入 21 世纪以后，科技进步日新月异，全球范围的产业结构加速调整，企业生产、经营和运销方式发生了深刻的变化，贸易便利化的呼声日益强烈。2002 年，海关总署明确提出，在当前形势下，从中央到地方以及社会各界对海关保持高压态势、严防走私回潮的要求丝毫没有降低；同时，对海关提高通关效率、支持扩大出口给予了更高的期望，严密监管与高效运作已成为新时期海关工作主要矛盾。在这种时代背景下，"依法行政，为国把关，服务经济，促进发展"成为海关工作的新方针，日照海关以新的海关工作方针为指导，把自身作为"大通关"的重要一环，在确保有效监管的前提下，集中深化改革，提高口岸贸易效率。

（一）实施"大通关"战略

2002 年，日照海关开始推动"大通关"战略实施，推出"快速通关"模式，实现舱单提前传输、企业提前申报、海关提前审征、货物到港后快速验放，营造既严密监管又高效运作、既依法行政又宽松快捷的通关环境，将实施"大通关"战略提升到新的高度。此后，日照海关以"无纸通关工程"为重点，深入实施"大通关"战略，营造高效通关环境。

2003 年 10 月，日照海关"网上付税"系统测试成功，这种支付方式准确、方便、快捷，企业足不出户即可完成付税工作。自 2003 年之后，网上付税方式在日照市外贸企业中的应用比例迅速增长：2004 年日照海关网上付税额 2.91 亿元，占总税额的 9.5%；2005 年超过 30 家企业开通网上付税业务，网上付税额超过 9 亿元；2006 年网上付税额 44.8 亿元，占税收总额的 77.4%。

2004 年，日照海关试点新型加工贸易联网监管模式，实行以企业为单元建立电子账册，实现了加工贸易监管的无纸化、电子化、网络化，原先在外经贸委、海关、银行三大环节办理的业务，通过网上可以一次办理。

2005 年，日照海关改变出口通关模式，推行出口"无纸通关"，直接对企业联网申报的货物报关电子数据进行无纸审核、验放处理，实现 24 小时不间断无纸报关和跨地域、远距离报关,单票报关单费用由120元降至15元。2006年,日照海关加大"无纸通关"宣传推介力度,签约"无纸通关"企业200余家,无纸报关单比例达到60%以上。

2006年,日照海关推行"多点报关、口岸验放""区域通关"等通关新模式,当年启动与黄岛、大港、临沂、淄博海关的"多点报关"试点和武汉海关的区域通关业务,实现了"家门口报关,口岸海关验放",全年多点报关单票量4200票,给全市外贸便利化进程带来质的提升。截至2012年,日照海关共与青岛关区外14个现场海关开通"属地申报、口岸验放"业务。

(二)口岸功能更加丰富完善

口岸开放在日照改革开放格局中发挥着不可替代的重要作用。日照海关始终将支持口岸扩大开放作为促进日照经济社会发展的重要工程,通过支持申建保税物流中心、开通中韩航线、发展集装箱业务等具体措施,推动形成辐射鲁南腹地的口岸开放新格局,增强了日照口岸竞争力。

中韩客货班轮航线开通。2003年,为确保日照至韩国平泽客货班轮航线顺利开通,日照海关在时间紧、任务重、无监管经验、人员机构尚没有完全到位的情况下,抽调10名业务骨干成立旅检业务筹备组,克服各种困难,主动加强与政府各部门、青岛海关的联系沟通,先后赴威海、石岛等海关跟班作业,学习监管技能并制定了详细的岗位职责和操作规范。同年6月30日,日照港至韩国平泽港客货班轮航线开通,日照海关当日监管进境旅客222人次、集装箱7个标箱。自此日照海关增加了旅检业务门类,负责对进出境旅客行李物品实施监管。全年监管旅客1.9万人次,被日照市政府授予"通航工作先进集体",3名同志分别荣记二、三等功。

保税物流中心成功运营。2005年,为进一步优化日照市投资环境,加大招商引资力度,日照海关撰写上报了《关于建设日照保税物流中心的建议》,建议整合港口、仓储、物流等各方面优势,搭建一个综合性的物流服务平台,引起市政府高度重视。随后,日照海关派员先后到苏州、青岛等地实地考察保税物流中心建设,对保税物流中心的选址、经营提出诸多建议,发挥了较好的参谋助手作用。2008年12月26日,日照保税物流中心成功获批,成为日照市首个国家级

日照港—韩国平泽港航线承运客货班轮"日照东方"号

海关特殊监管场所。2009年9月2日,日照保税物流中心(一期)项目正式通过海关总署、财政部、税务总局、外汇管理局国家四部委联合验收;同年12月15日,日照保税物流中心正式运营。2010年,作为日照保税物流中心封关运作后的首个完整年度,日照海关共监管进出日照保税物流中心的货物15.67万吨,价值6554万美元;商品涉及化肥、钢材、生铁、设备、氧化铝、纺织品、水产品、电子产品等;业务种类及范围涵盖了出口入中心退税、出口入中心保税、进口入中心保税、船舶配件供应、流通性简单加工等多个种类。

口岸集装箱物流发展。随着日照市外向型经济的快速发展和腹地企业外贸箱量的迅猛增加,缺乏国际远洋集装箱干线航线已经成为日照市物流发展的"瓶颈"。为完善口岸功能,提高综合竞争能力,2005年,日照海关配合市委、市政府提出的"港口立市"战略,推动港口向亿吨大港迈进。为缓解港口物流压力,日照海关采取"一船一批"的方式,允许船舶停靠日照港、岚山港尚未对外开放验收泊位,全年审批靠泊船舶538艘次,接卸货物1819万吨,缓解了货物滞港压力。同时,日照海关实行驻港监管,调整监管验放模式,将货物放行职能与查验合并,对进出口货物由室内放行改为场站实货放行,减少了企业往返港区与海关之间的频率,缩短了港区作业时间,使原来每票单证的通关时间由原来的3个小时压缩到30分钟。

2006年,日照海关实施"海运直通"、对韩"整车物流"等通关新模式,于2月和9月分别开通了"岚山—青岛""日照—青岛"海运直通业务,使全市企业有效利用青岛口岸主干远洋航线开展进出口贸易,相当于把远洋干线的装卸港"移"到家门口,加快了通关速度,降低了企业成本,与通过青岛港或连云港进出口相比,每个标准集装箱节省100元左右的运费。当年日照海关办理海运直通进口业务852笔、6194标箱、4.48万吨。

(三)推动日照市产业升级

2003年至2012年,日照海关先后出台了《日照海关支持扩大外经贸发展八项举措》《促进加工贸易发展七项措施》《日照海关支持扩大外经贸发展十项举措》《日照海关支持日照市国家木材贸易加工示范区八项举措》《日照海关支持日照市蓝色经济发展十项服务举措》等多项措施,不断顺畅港口物流,建设快捷的通关环境,全力打造和谐顺畅的服务环境,扶持地方特色经济快速发展。10年间,日照市外贸呈现高速稳定发展态势,2003年日照市外贸进出口总值12.9亿美元,2012年日照市外贸进出口总值252.9亿美元,10年间增长近19倍。

2005年,日照海关组织编写并发放《海关政策宣传手册》400余份,深入港口和大型临海企业开展政策宣讲,与各区县外经贸主管部门联合举办4期加工贸易政策宣传及业务培训班,对120余家进出口企业的负责人和业务人员进行培训,并且简化加工贸易备案、核销手续,备案时间由2天缩短为半个工作日,每票手册核销成本从原来的100元降低为10元,受到加工贸易企业的广泛赞誉,全年新增加工贸易企业10余家,全市开展加工贸易企业达到百余家。同年,针对加工贸易政策调整情况,日照海关主动走访日照钢铁控股有限公司,帮助企业在政策截止前办理140万吨加工贸易合同备案手续,免缴进口环节税款1亿元。

汽车及零部件产业是日照市重点打造的优化产业升级发展的重点项目,2006年,由日照港(集团)有限公司与韩国威亚株式会社、现代自动车株式会社、起亚自动车株式会社投资成立的中外合资企业——威亚汽车发动机(山东)有限公司在日照海关注册登记。该项目投资总额 4.9 亿美元,主要从事汽车发动机、发动机零配件、汽车用铸锻毛坯及汽车关键零部件的设计、开发、制造和销售,是同期山东省最大的外资企业。针对该项目进口设备数量多、品种杂,新旧设备都有的特殊情况,日照海关专门成立了咨询服务小组,在设备到港之前,共对 320 余项设备进行了商品归类预审,为公司顺利办理相关手续提供了技术支持,也为设备到港后能够快速办理通关手续节省了一周左右的宝贵时间。此外,为了解决公司项目设备进口遇到的特殊情况,日照海关主动争取上级支持,对公司进口设备实行区外监管,并派员为 9 批、价值 3968.6 万美元的设备实施监管到厂,解决了企业的燃眉之急。在威亚公司取得商务部批准证书、法人营业执照等海关注册所需手续后,日照海关仅用 2 个半天即为该公司办好了海关注册、减免税项目备案手续,用 1 天时间办完了 18 票进口设备免税手续,免征关税和进口增值税近 8000 万元。时任日照市委书记李兆前对日照海关主动服务的做法作出批示,认为“在威亚发动机项目建设过程中,海关等部门依法行政、为国把关、严格执法,同时又积极主动地服务经济发展的需要,使项目能够顺利地实施,不仅为企业解忧,而且为日照市树立了良好的对外形象”。2007 年 2 月8 日,该公司第一台发动机下线,标志着日照市机械制造业进入一个新的发展阶段。随后裕罗(日照)电子科技有限公司、岱摩斯汽车传动系统(日照)有限公司等一大批与之配套的企业也随之发展起来,汽车制造业成为日照市蓝色产业集群战略的重要组成部分,截至 2012 年,日照市以现代威亚发动机为龙头的韩资汽车生产及配套企业已达 20 余家,项目总投资 85 亿元,日照市已成为全国重要的汽车核心零部件制造产业基地。2012 年,针对威亚发动机公司工厂扩能1.9 亿美元进口设备项目、现代派沃泰自动变速箱有限公司年产 40 万台自动变速箱等项目,日照海关加大政策宣讲力度,并派员提前参与,指导企业办理好相关进口设备减免税手续,力争帮助企业用足用好国家优惠政策,全年审批涉及汽车制造业进口设备减免税 8855 万元,占同期减免税总额的 97%。

(四)探索与企业建立新型合作关系

2005 年,日照海关经过长期企业调研,根据对日照市企业进出口和遵守海关法律法规情况的记录,选取了山东日照森博浆纸有限责任公司等 13 家信誉良好、进出口行为规范的外贸企业,与之签订了"海关信誉审价、企业加快通关"合作备忘录,实行"信誉审价",签约企业将享有免征审价保证金,即先按照申报价格通关,再进行后续稽查等优惠措施,加快了通关速度,有效解决了企业流动资金周转问题,真正体现了守法便利。

2006年10月,日照海关举行"诚信企业签约仪式",与日照辖区内首批被授予"诚信企业"称号的4家企业签订了"共同推进贸易守法管理合作备忘"。海关对诚信企业实施贸易守法管理,改变海关对企业进出口货物逐单审核、逐票验放的作业模式,依据企业信誉程度,借助企业的自主管理机制来实现海关的监管目的和要求,实现海关由管货物、管单证向管企业、管机制的转变,引导企业以自身优质的诚实守信和守法自律赢得通关过程中的最大便利。

2009年10月和2011年1月,日照海关分别启动出口和进口货物分类通关模式,按照风险高低对进出口货物实施分类,实行差别化作业的通关管理,日照口岸货物通关进入读秒时代。

根据日照市政府关于口岸大通关改革的工作安排,2010年1月,日照海关业务现场入驻鲁南(日照)国际贸易与航运服务中心,为口岸通关业务和管理相对人提供"一站式服务"。同年7月,为深入转变行业作风,与辖区内进出口守法企业建立起诚实互信的新型合作伙伴关系,更好地服务地方经济社会发展。日照海关还推出"关企联络员"制度,选取200家重点外贸企业,设立专人专岗为企业提供更加优质便捷的服务。

四、日照海关事业深化改革时期(2013 ~ 2019 年)

2013年,中共中央发布了关于全面深化改革若干重大问题的决定,指出改革开放是党在新的时代条件下带领全国各族人民进行的新的伟大革命,是当代中国最鲜明的特色。特别是十九大以来,以习近平同志为核心的党中央坚定不移地推进全面深化改革,2018年2月,党的十九届三中全会审议通过了《中共中央关于深化党和国家机构改革的决定》和《深化党和国家机构改革方案》,日照海关迅速把思想和行动统一到党中央的决策部署上来,从讲政治的高度,不折不扣地完成机构改革各项任务,机构改革后,海关的职责更宽广,队伍更壮大,日照海关进入了一个崭新的发展阶段。同时,在深化改革背景下,日照海关不断构建新型监管机制,力争在政府"有形之手"的干预上做"减法",在市场"无形之手"的能力上做加法,还权于市场、让权于社会,建设中国特色社会主义新海关。

(一)大力推进通关模式流程再造

2013年9月,习近平主席在哈萨克斯坦提出共同建设"丝绸之路经济带"的战略构想。海关总署迅速做出"丝绸之路经济带区域通关一体化"作业改革的部署,涵盖山东、河南、青海、新疆、西藏等9省(区)10个海关,并决定由青岛海关牵头承办。日照海关作为改革板块重要节点口岸,于2015年5月1日正式运行丝绸之路经济带海关区域通关一体化,实现企业通关"自主选择、属地验放"、区域内"多地通关,如同一关"、报关企业"一地注册、多地报关"、沿线海关"执法统一、十关一体"等通关模式,与沿线海关通力合作,打通了东连日韩、西至欧洲的国际物流大通道,同时带动日照市在更高水平上的对外开放程度。

在区域通关一体化的基础上,2017年7月1日起,日照口岸进口货物全面实现全国海关通关一体化,在区域通关一体化的基础上实现了更高维度的全面延伸,日照企业不仅可以在全国范围内任意选择通关报关的地点口岸,而且通过"一次申报、分步处置""自主申报、自行缴税"等新改革享受到了更多的通关便利,全市2600余家外贸进出口及代理企业从中受益。改革实施以来,辖区进出口无税报关单自动接单率大幅上升,其中2017年7月至10月份进口无税报关单系统自动接单率81%,较改革前提升23.2个百分点;10月份出口报关单除有纸、无舱单货物、联网许可证管理商品报关单外,全部实现了计算机自动接单放行。

为进一步加强关检协作,构建和谐口岸,提高通关效率,降低通关成本,海关总署和质检总局决定共同推进关检合作"三个一",即实行"一次申报、一次查验/检验检疫、一次放行",并于2014年8月全国推广。2014年11月11日,青岛翔通报关行有限公司日照分公司使用"一次申报"系统,向日照海关和日照出入境检验检疫局成功申报报关单1票,标志着关检合作"三个一"在日照取得重大突破,当年该关通过"一次申报"系统接受申报报关单20票。2015年2月6日,日照海关与日照出入境检验检疫局联合对日照欧申贸易有限公司申报进口的 3 票废塑料实施现场查验,并快速办理了实货放行手续,这标志着日照口岸关检合作"三个一"中"一次查验"工作的正式启动运行。2015 年实现一次报关 603 次、一次查验 228 次,完善并固化了废塑料、植物油、葡萄酒等商品查验流程。据估算,"三个一"实施以来,关检重复申报项目和申报时间均减少约 30%,"一次到场、一次开柜"使查验时间和费用均节省约 50%,有效解决了企业重复申报、重复开箱的问题,给广大进出口企业带来了实实在在的效益。

2018 年,中共中央印发《深化党和国家机构改革方案》,明确"将国家质量监督检验检疫总局的出入境检验检疫管理职责和队伍划入海关总署"。2018 年 4 月 14 日,原质检总局出入境检验检疫管理职责和队伍划入海关总署,正式完成转隶。按照海关总署统一部署,4 月 20 日,一线执法公务员和参照公务员管理人员统一着海关制服、佩戴关衔并对外执法,实施"统一申报单证、统一作业系统、统一风险研判、统一指令下达、统一现场执法"。日照海关在业务整合的基础上,探索基层监管查验领域改革,设立"查验中心(虚拟)",通过查验管理机制、查验运行机制、查验业务调度、人力资源管理、查验作业保障、查验质量管控"六

2019 年 9 月 30 日,日照海关关检综合业务融合作业试点成功

个统一",实现了省人力、简流程、降风险、提能力的预期目标。

(二)大力推进简政放权和费用减免

十八大以来,日照海关认真贯彻落实国务院、海关总署关于简政放权、转变职能工作的决策部署,坚持"效能、安全、责任、监督"的原则,以"接得稳、放得准、转得出、管得住"为目标,扎实推进简政放权工作。

严格清理和规范经营性收费。按照海关总署要求,2012年10月起,日照海关停止收取出口收汇核销单、进口付汇单、出口报关单退税联打印费;取消海关监管手续费;海关事业单位及所属经济实体停止收取报关单条码费。自2013年1月1日起,日照海关取消货物行李物品保管收费。自2015年4月15日起,日照海关取消海关预归类服务、纸质和电子《代理报关委托书》、安全产品后续服务(包括补卡、变更、延期、解锁)等3项经营服务性收费。2016年4月6日起,日照海关实施免除查验无问题集装箱货物查验费政策,改革1年来,日照海关查验无问题集装箱1426标箱,测算应由财政支付的查验配套服务费74.93万元,惠及249家外贸企业,可为进出口企业节省90%的查验费用。自2016年9月19日起,日照海关停止收取报关单预录入费、加工贸易台账合同预录入费等经营性收费项目,并杜绝延期收费、改头换面继续收费情况。

取消、下放审批事项。2013年11月底,国务院发布了《关于取消和下放一批行政审批项目的决定》,要求取消"加工贸易备案(变更)、外发加工、深加工结转、余料结转、核销、放弃核准""进境货物直接退运核准""报关员资格核准""报关单修改、撤销审批"等审批事项,下放"减征、免征关税及进口环节海关代征税审批""减免进口货物滞报金审批""关税及进口环节海关代征税延期缴纳审批"。2014年,配合青岛海关做好11项行政审批事项取消下放的落地承接工作,作为隶属海关承接了报关企业注册登记许可、减免进口货物滞报金审批下放,对报关单修改/撤销、直接退运和通关事务担保3个岗位的取消层级审批。试行经办关员责任制,试行后,报关单修改/撤销业务办理时间由以前的1～2天缩短为0.5～2个小时;直接退运业务办理时间由以前的2～3天缩短为0.5个工作日之内,通关时间大幅缩短。

2014年3月,海关总署公布了新的《中华人民共和国海关报关单位注册登记管理规定》，日照海关根据管理规定进一步改革报关企业管理模式，包括改革现行报关从业人员资质资格管理制度，取消报关员资格考试，对报关人员从业不再设置门槛和准入条件，释放就业活力；降低报关企业注册登记的准入门槛，取消原报关企业需要 150 万元人民币的注册资本、报关员不少于 5 名的限制，简化报关单位注册登记手续；取消原进出口货物收发货人 3 年换证的模式，代之以每年向海关提交《报关单位注册信息年度报告》。这些举措进一步为日照市报关企业增添了活力。

2015 年 6 月 30 日起，日照海关实施行政审批"一个窗口"受理工作，整合内部行政审批工作职责，所有行政审批事项全部在一个窗口受理，所有批准文件、证书全部在窗口摆放，实现"一站式审批"，选派业务骨干担任"一个窗口"受理人员，实行首问负责、一次性告知，承诺办理时限，提供全程咨询服务，实现"责任审批"。

机构改革后，日照海关落实《全国通关一体化关检业务全面融合框架方案》，将检验检疫作业融入风险防控和现场海关作业，对申报项目进行整合，取消"入境/出境货物通关单""入境/出境货物报检单"，报关报检合并为一张报关单及一套随附单证，在监管环节实施"查检合一"，在后续监管环节实施"多查合一"，在企业管理环节合并企业资质注册登记或备案管理，统一企业信用管理。

（三）支持日照市尽享深化改革红利

积极在日照市复制推广自贸区监管创新制度。设立中国(上海)自由贸易试验区(以下简称上海自贸试验区)是党中央、国务院作出的重大决策，在转变政府职能、促进贸易投资便利化等方面进行了积极探索，形成了一批可复制、可推广的改革创新成果。2014 年，经党中央、国务院批准，上海自贸试验区的可复制改革试点经验在全国范围内推广。日照海关充分认识上海自贸试验区海关监管创新制度复制推广工作对于日照市全面深化改革、稳定外贸增长、同步分享改革红利的重要性和紧迫性，在客观评估业务需求、实施条件和软硬件差距的基础上启动海关监管创新制度复制推广工作。2015 年 8 月 18 日，经海关总署同意，青岛海关正式批准大连商品交易所在日照港股份有限公司所属的日照物流公用型保税仓库开展铁矿石期货保税交割业务，该项业务的成功获批，标志着复制推广上海自贸试验区 14 项海关监管创新制度首次在日照市落地。截至

2017 年,引入中介机构开展保税核查、核销和企业稽查、区内企业货物流转自行运输、集中汇总纳税、批次进出/集中申报等 8 项制度已先后在日照市复制推广或基本复制推广。

支持日照市企业受惠中韩中澳自贸协定。《中国—大韩民国自由贸易协定》《中国—澳大利亚自由贸易协定》(以下简称"两协定")于 2015 年 12 月 20 日正式实施,日照海关主动作为,积极开展政策宣传,助力企业利用协定扩大进出口。积极开展自贸政策宣讲,2016 年共举办各种政策推介会 6 次,为百余家企业进行政策宣讲,让更多企业了解和利用协定扩大进出口;设立专用通关窗口,加快自贸协定项下货物通关速度;优化通关流程,积极推动、落实协定项下报关单填制新政和原产地系统上线工作,便利企业通关。截至 2016 年 12 月 19 日,"两协定"实施一周年以来,日照市企业中韩自贸协定项下进口货物 14 亿元,减免税款 0.67 亿元;中澳自贸协定项下进口货物 18.4 亿元,减免税款 0.83 亿元,减免税款额度均为全省首位,共有 29 家企业参与受惠。

服务港口扩大口岸对外开放。根据港口物流发展的需求,2013 年日照海关支持 6 个新建泊位通过开放验收,开放泊位达到 47 个,审批验收海关监管场所13 个,扩容 2.4 万立方米,提高口岸货物年周转能力 6000 万吨。

为全面落实中央、海关总署促外贸稳增长政策措施,2015 年,日照海关积极支持港口转型,批准进口原油仓储能力新增 390 万立方米,全年接卸原油3223 万吨,同比增长 21%。其中瀚坤能源有限公司通过保税监管场所进出境货物方式进口原油 69 万吨、价值 15.6 亿元,直接拉动日照市进出口增速 0.7 个百分点,取得日照市外贸攻坚战重大战果。2016 年,日照海关又采取措施提升港口作业效率,指导港口合理安排原油靠泊计划,全年共监管进口原油船舶 420艘次,原油接卸量超过 3300 万吨,同比分别增长 15.5% 和 13%,原油滞港时间同比减少 42%。

推动港口功能进一步升级。2016 年日照市启动了省级跨境电子商务综合试验区申报工作,弥补了外贸新型业态的一块短板。日照海关积极参与项目评审、监管场地建设、业务学习等前期准备工作,保障了业务顺利开展。2018 年 11月 11 日,日照出口跨境电商业务正式开通,海关共办理跨境电商出口业务 1423

票,包含服饰、日用品等商品,价值 10.8 万元。2019 年,跨境电商产业园共验放出口货物 150 万票、1050 万美元,居全省第 3 位。

2018 年 11 月 11 日,日照首批跨境电商出口商品通关,海关关员正在对跨境电商出口商品开展通关验放

2015 年 6 月 14 日,日照市政府向山东省政府提交了《关于设立日照综合保税区的请示》,日照综合保税区正式进入申建环节。日照海关立足海关职责,多次赴海关总署、青岛海关请示汇报,开展了大量基础性工作。2018 年 5 月 31 日,国务院批复山东省人民政府、海关总署同意设立日照综合保税区,2019 年 4 月 8日,日照综合保税区关区代码获海关总署批准设立,自 2019 年 4 月 20 日起实施,将为入区企业向海关申请办理注册登记、进口自用机器设备、提前享受综保区税收政策等提供便利,这是自《国务院关于促进综合保税区高水平开放高质量发展的若干意见》出台后山东省首个"提前适用政策"的应用事项。2019 年 7 月 16 日,日照综合保税区(一期)顺利通过国家联合验收组验收;8 月 16 日,日照综合保税区首单货物正常入区,全年海关受理报关单 2300 余票、监管货值 13.7 亿元。

山东省是我国肉类产品消费大省,也是重要的肉产品生产、加工、集散地,日照市内目前已有经备案的进口肉类贸易商 18 家。日照海关积极支持日照市进口肉类指定监管场地的申请工作,2019年4月28日,海关总署批准设立日照石臼港进口肉类指定监管场地。指定监管场地的设立,使进口肉类可以直接登陆日照口岸,并以原集装箱、原封识、原证书的方式直接调离至指定监管场地,有利于提

海关关员正在日照综合保税区内葡萄酒生产企业开展实地调研

日照综合保税区(一期)

高通关便利化水平、降低企业物流成本、提升日照口岸的整体辐射带动效应。

(四)严打走私保外贸健康发展

2013年,日照海关深化关警融合,关注重点领域,加强协作配合,提升缉私整体效能。开展了"13·02"打击农产品走私专项行动,共查发刑事立案3起,案值1.06亿元,涉税3107万元。其中日照海关主办的山东某公司走私农产品案件为海关总署二级挂牌督办案件。

2014年,日照海关以缉私协作区牵头局确立为契机,探索推进主办侦查员负责制、"一警双权、一案到底"等配套改革,落实集体议案等制度,整改执法办案场所,提升打私能力。连续查获涉嫌走私武器弹药系列案件,刑事立案3起,抓获犯罪嫌疑人3名,缴获气步枪2支、气手枪1支、汽枪弹4000余发。此案件得到山东省公安厅高度重视,专门成立了"3·06"专案组对案件展开联合侦办,成功摧毁一个枪支部件仓库。同年,日照海关参加"12·11"打击资源性商品出口走私跨关区联合行动,在日照、连云港等地同时开展查缉行动,抓获涉案犯罪嫌疑人6名,查扣涉案货物镁砂42个集装箱,共1134吨。

2015年,日照海关积极围绕"五大战役",打击农产品走私成果显著。针对重点农产品走私活动,重拳出击,持续施压,加强对走私链条的深度打击,坚决遏制高发势头。立案侦查何某等涉嫌走私进口普通货物案、开封某纺织公司涉嫌走私普通货物案等案件。9月18日,立案侦办日照某进出口有限公司走私进口腰果、花生等农产品案,案值2640万元,涉税240万元。

2016年,日照海关围绕农产品、高新电子产品、毒品、枪支、骗退税等8个重点攻坚领域,深入开展"国门利剑""国门勇士""猎狐""春雷2016"等专项行动,查发走私枪支弹药、走私进口冻小鱿鱼、进口自动变速箱配件税则号列申报不实等案件。同年,全面推广"两简"案件在业务现场即查即决办案模式,全年办理"两简"案件49起,有效提升了对轻微违法案件的打击效率和力度。

2017年,日照海关深入开展"国门利剑2017""蓝天"等专项行动,查发2起走私废物案,涉案废物584吨,案值300万元;查发2起国家禁止进出口货物案,查获旧彩色B超设备4台,案值240万元;查发武器弹药走私案件4起,缴获查获疑似枪支13枝,气枪铅弹、钢珠弹6000余发,气枪配件若干;参加公安部禁毒局直接指挥的"921"缉毒专项行动,缴获可卡因62公斤;查发山东某公司税则号列申报不实违规案,案值2亿元。

2018年,日照海关开展"国门利剑2018""国门勇士2018""蓝天2018"等专项行动,查发低报价格走私大豆案1起,涉案巴西黄大豆6.6万吨,案值366.8万元;查发走私枪支弹药案1起,查发莒县某厂涉嫌走私废物案等7起案件,涉案固体废物8万余吨,案值6.1亿元。

2019年,日照海关开展"蓝天2019""国门勇士2019"等专项行动,查发走私象牙等珍贵动物制品案9起,现场查获象牙制品、犀牛角、虎骨、穿山甲鳞片等珍贵动物制品。查发走私木炭案、走私出口国家禁止进出口货物案、走私国家禁止进出口货物案、绕越设关地走私进口白糖案、走私进口日用品进境等一系列案件。

执 笔 人:周晓真 李 月
审 稿 人:姚志杰
撰稿单位:日照海关

日照检验检疫机构
守卫国门安全服务改革开放

　　日照检验检疫机构肇始于 1982 年 8 月设立的青岛进出口商品检验局石臼筹备处,其主要职能是负责石臼港出口煤炭检验和临沂地区出口商品的产地检验。1983 年 7 月,青岛动植物检疫所石臼分所成立;1985 年 12 月,青岛卫生检疫所石臼港检疫站成立;1989 年 5 月,岚山动植物检疫所成立;1989 年 6 月,岚山卫生检疫所成立;1989 年 9 月,岚山进出口商品检验局筹备处成立。至此,石臼、岚山两个对外开放口岸的检验检疫职能管理机构总体架构正式形成。

　　为建立适应社会主义市场经济和对外贸易发展需要的、与国际通行做法相符合的行政执法体制,1998 年 3 月,九届全国人大一次会议通过的国务院机构改革方案决定,原国家进出口商品检验局、原农业部动植物检疫局和原卫生部卫生检疫局"三检合一",共同组建新的国家出入境检验检疫局。与之相对应,经过数次机构调整之后的日照进出口商品检验局、日照动植物检疫局、日照卫生检疫局合并组建日照出入境检验检疫局(以下简称日照检验检疫局,同类名称亦使用简称);岚山进出口商品检验局、岚山动植物检疫局、岚山卫生检疫局合并组建岚山检验检疫局。新组建的日照检验检疫局、岚山检验检疫局均于 1999 年 11 月 25 日正式挂牌成立。

　　2008 年 1 月,山东检验检疫局决定岚山检验检疫局由日照检验检疫局代管,保留岚山检验检疫局编制序列,机构名称和规格不变。2010 年 9 月,国家质量监督检验检疫总局决定撤销岚山检验检疫局,设立山东检验检疫局岚山办事处,为山东检验检疫局直属机构。2013年10月,山东检验检疫局对日照地区检验检疫机构作出调整决定,山东检验检疫局岚山办事处由日照检验检疫局代管。

2018年3月,十三届全国人大一次会议审议通过了国务院机构改革方案,明确"将国家质量监督检验检疫总局的出入境检验检疫管理职责和队伍划入海关总署"。4月20日,日照检验检疫局正式以日照海关名义对外开展工作。自此,日照检验检疫机构完成历史使命,检验检疫职责由日照海关履行。在近36年间,日照检验检疫机构始终忠实履行法律法规赋予的职责,守卫国境卫生安全、国内生态安全和进出口商品质量安全,以忠诚和担当推动日照市经济社会持续健康发展。

一、日照检验检疫机构分置设立时期(1982～1999年)

(一)服务煤炭出口

改革开放初期,为充分利用我国丰富的煤炭资源换取发展所需的宝贵外汇,国务院决定在石臼建设深水专业码头。1982年,石臼港第一期煤码头工程动工,青岛进出口商品检验局石臼筹备处(后更名为石臼进出口商品检验局,简称石臼商检局)同步设置。1985年,石臼港煤码头建成投产,与之配套的石臼商检局煤炭实验室采制样及化验设备也同时启用,保证了腹地煤炭的顺利出口,当年煤炭出口量2.36万吨。1990年12月2日,石臼商检局煤炭实验室通过国家商检局二级实验室检查评审,检验能力进一步提升,当年圆满完成110.19万吨出口煤炭的检验任务。为适应外贸吞吐量的快速发展,石臼商检局不断提升完善软硬件建设水平,1991年11月21日,国家商检局批准石臼港二期工程商检配套设施建设,这是增强商检实力、提高检验水平、扩大商检影响的一项重要工程。1994年10月,日照商检局(1992年更为此名)煤炭实验室顺利通过国家商检局一级实验室考核认证,把关服务水平实现新突破。1987年至1995年,日照商检局不断加强煤炭实验室检测能力建设,"水煤浆密度检验方法研究"等4项科研成果获得国家商检局科技奖,为保证煤炭及相关产品的出口提供了强有力的技术保障。1998年亚洲经济危机给国际煤炭市场带来冲击,日照商检局结合实际制定了《日照商检局支持外经贸发展的八条意见》,在国际市场供大于求的情况下保证了煤炭出口持续增长,全年出口煤炭636万吨,净收汇2.1亿美元,分别完成国家计划的106%和112.8%。

(二)出口商品质量管理

改革开放后,日照市对外贸易发展很快,至1987年,出口商品共有粮油、食品、土产、工艺品、畜产品、五金矿产、化工产品、机械产品、丝绸、纺织品等10大类110多个品种,出口总值为913.9万元人民币。1989年,出口总值达到4650万美元,出口商品结构也有很大变化,纺织品、化工产品、五金、食品、服装等工业产品占比增加,农副产品相对减少。1994年,全市出口商品共有23个大类、212个品种,比1989年增加了9个大类、100多个品种,全年经检验的出口商品达3940批、货值2.9亿美元。

伴随着出口商品的快速增长,商品的质量问题也日益凸显。1994年,日照商检局对部分瓜干收购点进行检查,发现多起掺杂作伪现象,有的整车瓜干恶性杂质达到40%以上。日照商检局印发了《关于出口饲料质量管理暂行规定的通知》,规范整治瓜干的收购、储运秩序,并积极向市政府汇报。8月23日,日照市政府召开全市出口商品质量工作会议,要求打击掺杂使假行为,确保出口产品质量。会议还转发了日照商检局与市检察院、市经贸委联合印发的《关于加强出口商品质量管理打击制销假冒伪劣商品的通知》,并对前期查处的掺杂作伪案件处置情况进行了通报,对出口假冒伪劣商品的行为形成了有效震慑,推动了日照市出口商品质量的总体提升。

1995年,日照商检局进一步加强检验前的管理,对出口企业实施出口产品生产企业质量许可证和管理,并对不同企业分类管理,将监督管理工作延伸到生产、加工过程。同时,日照商检局加强ISO9000系列国际标准的宣传推广工作,将条件较好的企业列为评审试点单位,帮助结晶集团成为日照市首家通过ISO9000国际标准认证的出口企业。

1996年起,日照商检局将推行ISO9000认证作为提升企业质量管理水平的重要抓手,在出口食品生产企业中大力推行HACCP体系。截至1999年底,有8家企业通过ISO9000认证,18家出口食品企业通过HACCP体系评审。

(三)开展外商投资财产鉴定业务

改革开放初期,日照市外商投资增长十分缓慢,至 1989 年,全市仅有 2 家 "三资"企业投产。随着日照市招商引资力度的增大,1989 年以后,外商投资规模迅速扩大,到 1994 年底,全市投(试)产"三资"企业已发展到 165 家,外商投资财产数目也随之迅速增长。但是,外商虚报用以投资的财产价格,甚至以二手设备冒充新设备,以骗取高额股份的案件时有发生。1993 年 3 月,日照市商检局正式开展外商投资财产鉴定业务。统计数据显示,1994 年、1995 年,日照市商检局分别完成外商投资财产鉴定业务 17 批次、19 批次,为合资中方挽回损失 70 万美元、101 万美元。

(四)进出境动植物检疫

青岛动植物检疫所石臼分所(1992 年更名为日照动植物检疫局)是日照地区首家进出境动植物检疫机构,1989 年 5 月 6 日正式对外办公,先后在 1994 年 11 月 30 日从俄罗斯原木中首次截获检疫性害虫云杉八齿小蠹、1995 年 5 月 21 日首次截获一类危险性害虫菜豆象。

在守好国门、保证生物安全的同时,日照动植物检疫局积极支持日照市外贸企业的发展。1994 年 12 月 6 日,日照动植物检疫局召开进出境动植物检疫工作会议,公布实施了《日照动植物检疫局深化改革、促进外贸发展的十条措施》,实行 24 小时报检服务、提高集装箱验放速度、加急检疫、现场发证、对进境装载非动植物产品的船舶实行靠泊后检疫等一系列创新型服务举措,极大提高了外贸便利化水平。1996 年开展进出境植物产品生产、加工、存放、经营单位的注册登记工作,推动了日照市外贸事业健康有序发展。1998 年,经过多方努力,重启日照市对俄罗斯出口猪肉检疫工作,采取 3 项措施保证健康发展,全年共实现猪肉出口 1184 吨。

(五)国境卫生检疫

1986 年 8 月下旬至 1987 年 7 月中旬,石臼卫生检疫站对石臼港进行了为期一年的鼠类、蝇类分布情况调查,为石臼港创建"无鼠害港"和"卫生港"提供了科学依据。1994 年 9 月,印度肺鼠疫爆发性流行,由石臼卫生检疫站升格而来的日照卫生检疫局会同日照市口岸委发出"关于加强卫生检疫,防止鼠疫传入"的紧急通知,对来自疫区的船舶严格实施锚地检疫,并对口岸 63 个单位和 21 个外贸货场进行了一次大规模灭鼠行动。

随着口岸对外贸易的发展,日照港口岸卫生检疫工作日益繁重。1986 年,石臼卫生检疫站完成出入境船舶检疫 25 艘次、检疫出入境人员 395 人、船舶卫生处理 9 艘次、传染病监测体检 119 人。到 1999 年,日照卫生检疫局全年完成出入境船舶检疫增加至 791 艘次,检疫出入境人员达到 17170 人次、船舶卫生处理 177 艘次、传染病监测体检 251 人。为更好地服务日照市的对外开放工作,1994 年,日照卫生检疫局按照国务院提出的联检改革意见,结合日照港口实际情况,对船舶检疫方式进行了改革,除来自疫区或者有特殊情况的船只,其他入境船舶可直接靠泊,再办理入境手续并进行卫生检疫,极大地提高了港口泊位使用效率。

岚山港卫生检疫工作由 1989 年 6 月成立的岚山卫生检疫所承担,1992 年更名为岚山卫生检疫局。1989 年,岚山卫生检疫所仅检疫出入境船舶 3 艘次、检疫出入境人员 58 人次,到"三检合一"前的 1998 年,全年累计检疫出入境船舶 258 艘次、出入境人员 4067 人次。1994 年,岚山卫生检疫局大胆改革,优化出入境船舶检疫手续办理方式,将入境检疫、卫生监督、出境检疫三次登轮整合为一次登轮,试行进境集装箱和一般货物报关后卫生监督,有效缩短了出入境船舶的通关时长。

二、日照检验检疫机构在深化改革中传承发展(2000～2013 年)

1999 年 11 月,经"三检合一"改革,山东检验检疫局在日照地区组建成立了日照检验检疫局、岚山检验检疫局。2000 年 1 月 1 日起,检验检疫系统全面实行"一次报验、一次取(采)样、一次检验检疫、一次卫生除害、一次收费、一次发证放行"的"六个一"管理模式。站在历史的新起点,伴随着 2001 年我国加入 WTO 迎来的重大机遇和挑战,日照检验检疫事业发展进入了新的历史阶段。

(一)在机构改革和管理体制调整中传承发展

为不断适应日照市外贸经济发展的需求和检验检疫工作的需要,在山东检验检疫局的领导下,2000年至2013年日照检验检疫机构经历了3次机构改革或管理体制调整。

2008年1月,岚山检验检疫局改为由日照检验检疫局代管。2010年9月,山东检验检疫局岚山办事处(正处级)设立,撤销岚山检验检疫局,负责日照港区、岚山港区和日照保税物流中心的所有出入境人员、货物及交通工具的检验检疫、鉴定监管和签证放行业务。2013年10月,山东检验检疫局岚山办事处划归日照检验检疫局代管。

在历次的机构改革和管理体制调整中,保持人员和业务稳定,做好传承和发展始终是局(办)党组高度重视的问题,也涌现出较多优秀做法。例如,2008年日照检验检疫局、岚山检验检疫局整合过程中,抽调骨干成立标准化办公室,借鉴ISO9000、HACCP管理理念,历时3个月完成了158项、34万多字的《日照检验检疫局管理制度与工作规范汇编》,确保行政和业务管理尽快实现制度化、标准化和规范化。2010年山东检验检疫局岚山办事处成立伊始,迅速开展抓提速、抓规范、抓学习、抓安全的"四抓"活动,巩固和保证新体制新机构下业务正常运转。2013年日照检验检疫局、山东检验检疫局岚山办事处整合过程中,坚持融入发展到位、人员优化到位、业务理顺到位、体系融合到位、营造氛围到位"五个到位",确保了业务不断、队伍不乱、人心不散,呈现出崭新气象。

(二)严格执法把关,筑牢口岸安全屏障

进出口商品检验。2000年以来,日照辖区进出口商品种类、数量不断增长,进口法检商品主要为矿产品、机电产品、食品及其原材料、纺织原料、化工品等,出口法检商品主要为食品农产品、轻工、纺织、机电产品、矿产品等。日照检验检疫机构加强对品质、数重量、安全、卫生、环保的检验监管,对不合格进口商品实施销毁、退运或出具证书,帮助国内企业索赔。同时严把出口商品质量关口,维护中国制造声誉。较典型的案例主要有:2003年,对2700吨夹带大量生活垃圾的韩国废钢铁作出退运处理;2006年,与日照海关联合查处进口韩国牛皮革边角料夹带大量生活垃圾和近万只蝴蝶标本逃避报关报检案件;2008年,在出口饲料中检出三聚氰胺;2011年,退运2批有害元素不合格的铜精矿、1批固体废物、1批掺杂限制类进口固体废物氧化皮的铁矿、1批货证严重不符的炼焦煤,

国家质检总局为此发布全国警示通报 3 份;2012 年,对 6 批不合格进口机电产品、6 批不合格矿产品进行退运处理;2013 年截获 1 批 3.99 万吨、货值 2564 万美元的以其他燃料油名义报检的废油,是全国截获的数量最大、货值最高的一批假冒燃料油。先后多次查发进口水产品中致病微生物阳性,进口冻鱼中携带寄生虫,进口植物油碘价不合格、溶剂残留超标,进口水产品铅、镉等重金属超标,进口木薯干重金属、黄曲霉毒素超标等问题。

进出境动植物检疫。国际动植物疫情日渐错综复杂,随着 2001 年中国加入 WTO,对外贸易迅速发展,严防境外动物传染病、寄生虫病以及植物危险性病虫害、杂草输入的任务更加艰巨。日照检验检疫机构多次在进境植物产品中检出松材线虫、云杉八齿小蠹、鹰嘴豆象、赤拟谷盗、鳞翅目蛾虫等有害昆虫,腥黑粉菌孢子、大豆疫霉病、大豆北方茎溃疡病等植物疫病,以及假高粱、黑高粱、曼陀罗、豚草、意大利苍耳等有害杂草,依法对相关产品实施除害、控制使用等处理措施。其中多个检出案例属山东或全国口岸首例,如 2000 年在全省口岸中首次从日本进境垫舱木中截获松材线虫;2003 年在全国口岸首次从进境澳大利亚木片中截获红褐齿谷盗;2010 年在全省口岸中首次检出大豆北方茎溃疡病;2012 年在全国口岸中首次截获检疫性有害生物北美刺龙葵。加强进口活动物检疫监管,在 16 批、46370 头进口种牛中检出赤羽病、牛病毒性腹泻、牛结核病、牛副结核病、牛地方流行性白血病等二类动物疫病阳性 114 头,对阳性种牛依法实施了扑杀和无害化处理。

国境卫生检疫。2000 年至 2013 年,日照检验检疫机构共对 5.2 万艘次船舶、212 万人次出入境人员实施卫生检疫。2003 年,在抗击"非典"工作中,共排除疑似症状人员 7 人次。在出入境人员传染病监测工作中多次查发乙肝、肺结核、艾滋病、性病、肝炎等传染病病例,其中 2009 年在全省海港口岸中首次查发输入性甲型 H1N1 流感确诊病例。在医学媒介生物监测工作中多次查发进境船舶携带黄胸鼠、褐家鼠等啮齿类动物以及美洲大蠊、库蚊、伊蚊等病媒昆虫,对相关船舶及时实施卫生除害。其中,2011 年在来自朝鲜的巴拿马籍"顺腾"(SAFE RISE)轮上检获鼠类 20 只,是当时日照口岸在船舶检疫中发现鼠患最为严重的一次。妥善处置了多起船员死亡、中毒、伤病等口岸突发公共卫生事件。2008年查获3起将进境鸽子擅自卸离船舶并运离的案件,及时将22只进境鸽子追回并扑杀销毁,有效消除了禽流感疫情的传播风险。加强国际航行船舶食品监督,对来自非洲猪瘟、疯牛病、口蹄疫、禽流感等一类动物传染病疫区的船舶所携带的畜禽肉一律实施了封存处理。2012年和2013年,石臼、岚山口岸核心能力建设分别通过国家质检总局考核验收。

(三)完善检验检疫配套设施,服务日照港高速发展

日照港煤码头检验检疫配套设施。为有效提升出口煤炭检验效能,满足日照港煤炭业务发展需求,自2002年5月到2005年3月,日照检验检疫局推动完成了日照港煤码头检验检疫配套查验设施改扩建工程立项的请示、批复、招标、签约等工作。该工程总投资为人民币2320万元,2008年4月顺利通过国家质检总局验收。配套查验设施包括1个制样综合楼、2个制样工作间和两套煤炭机械取制样系统。2套系统可覆盖4条煤炭专用装船皮带,机械化程度高、采制样工作精密度好、工作效率高。制样间内安装了破碎机、研磨机等制样设备,能够满足日照口岸进出口煤炭和矿石的制样工作。2008年前后,煤炭查验小区拥有山东口岸建设规模最大、设施最为齐全的煤炭专用配套设施。

日照港矿石码头检验检疫配套设施。为了更好地服务日照港矿石吞吐量大幅增长的需要,提升矿石检验工作效率,确保检验结果公正、准确,从2004年8月至2006年10月,日照检验检疫局推动完成了日照港矿石码头检验检疫配套设施工程立项的请示上报、批复、招标、签约等工作。工程总投资为人民币3469万元(其中含300万美元外币),2008年12月顺利通过国家质检总局验收。日照港矿石码头检验检疫配套设施覆盖日照港东10#和东11#两个大泊位,在全国口岸中率先采用了检验机器人取制样技术,达到了国内领先、国际先进水平。该套设施投入使用后,大大提高了检验检疫工作效率,助力日照港进口矿石迅猛增长,并于2010年超过青岛港,连续数年保持全国进口铁矿石最大港口地位。

日照港进口木片检验检疫配套设施。随着日照森博浆纸项目的建成投产,以及日照港两个4万吨级木片专用码头泊位的投入使用,日照港成为全国最大的木片进口港。传统的人工取样方式已无法满足业务需求,在港口配备木片机

械自动取样设备势在必行。经日照检验检疫局积极指导配合，2010 年 5 月，投资近 300 万元、全国自动化水平最高的木片取样系统在日照港投入运行，提升了取样效率和精度，有力助推了进口木片的快速通关和浆纸产业迅速发展。

日照口岸检验检疫集中查验平台。日照和青岛、烟台、黄岛等 4 个口岸是山东第一批全面实施检验检疫集中查验的海港口岸。日照检验检疫局本着立足实际、方便高效、适度超前的原则，与日照港积极协商，于 2013 年 8 月规划建设了日照港检验检疫集中查验平台，10 月完工，11 月投入使用。该查验平台有接卸平台 2 个，查验库约 2000 平方米，规划红酒、橄榄油、其他食品、不合格食品 4 个相对分离的存放区域，库房配置视频监控、消防、通风设施，同时由港口配置办公室、更衣休息室、库房管理人员办公室。

规划建设"两部八区一馆"。2010 年 9 月，新成立的山东检验检疫局岚山办事处根据职能调整和流程改革要求，制定了"两部八区一馆"规划建设方案，作为"十二五"期间的一项重点工作。"两部"是指岚山办事处总部、石臼港区分部；"八区"包括化矿产品查验一区、化矿产品查验二区、集装箱查验区、旅客检疫查验区、保税物流中心查验区、进口木材检疫除害处理区、油品自动取制样查验区、精品钢基地查验区；"一馆"是指日照口岸核心能力展览馆。2011 年，日照港将"两部八区一馆"的建设规划列入《日照港总体规划》。

(四)扶持食品农产品出口产业,积极服务"三农"

帮扶辖区食品农产品出口企业。食品农产品历来在日照市出口产品中占据重要地位。日照检验检疫机构坚持从服务"三农"的高度认识食品农产品出口的重要性，加强对 WTO 规则特别是 TBT、SPS 协议的研究分析，积极收集国外技术壁垒动态，及时向企业以及地方政府提供信息、政策服务。同时突出抓好源头管理，指导企业建设自检自控体系，降低国外通报频次，全力扶持和培育出口龙头企业做大做强，增强在国际市场上的竞争力，逐渐形成以水产品、蔬菜、花生、肉类制品为代表的特色出口产业体系。积极助力出口突破，帮助辖区企业首次出口大蒜素(也是我国首次)、海水养殖活水生动物、供港蔬菜等产品，首次向韩国和日本出口活鲤鱼，首次向韩国出口泡菜，首次向欧盟出口蘑菇等。推动成立日照市出口贻贝行业协会，帮助日照贻贝从一个地方小产业发展成为国内外知名的大产业。

出口食品农产品质量安全示范区。2008年4月8日,莒县出口食品农产品质量安全区域监管中心正式揭牌,是全省继安丘之后的第二个区域监管中心。2010年,力促莒县出口食品农产品质量安全示范区成为全省首批12家出口食品农产品质量安全示范区和全国首批重点推进的25个出口食品农产品质量安全示范区,力促东港区成为全省第二批出口食品农产品质量安全示范区之一。2012年,主动服务区域发展和结构调整,成功创建全国第二个出口农产品质量安全示范市。

进口种牛隔离检疫场。随着我国畜牧业的持续发展,对引进国外优质种用动物资源的需求也日益迫切。2004年,日照岚山区高兴镇、虎山镇进口动物临时隔离场分别通过国家质检总局考核并允许投入使用。虎山隔离场在2004年完成1批进口种牛隔离检疫工作后未再使用;高兴隔离场分别于2004年、2010年至2016年承担了15批进口种牛、1批种羊隔离检疫工作。两场合计隔离检疫种牛(羊)近5万头,经检疫合格的种牛(羊)放行至新疆、陕西、内蒙古、黑龙江、天津、北京、安徽、山东等地牧场,有力促进了当地种群结构优化和畜牧业的快速发展,带来了良好的社会效益和经济效益。

(五)积极推进贸易便利,严格落实费用减免政策

流程优化创新。在业务改革发展中不断探索工作流程优化和创新,大力缩短检验周期,提升便利化水平,降低贸易成本。2003年,日照检验检疫局出台了包括检验限时、出证及时等13项具体措施以及促进加工贸易、班轮集装箱和鲜活动物业务、旅检通道快验快放等实施意见。2006年,因进口铁矿石检验周期压缩成效明显,被时任山东检验检疫局副局长张纳称名为"日照速度"。2011年,日照检验检疫局制定出台了《促进日照市外经贸发展和扩大出口十项措施》,推行检验监管模式改革,降低抽检批次减轻企业负担834万元,检验检疫周期大幅缩短,为企业节省人员、交通和通关时间,以及原产地关税减免等间接带来经济效益4200多万元。2010年1月,日照检验检疫局进驻鲁南国际贸易与航运中心,实行敞开式、一站式、标准化服务,检验检疫综合办事效率提高近50%。2013年,日照检验检疫局实行检务代签,全年为企业代签证书1.89万

份,代签比例87%,为企业节省时间约2.13万小时。

促进外贸措施保障。2000年,日照检验检疫局制定出台了《促进日照市加工贸易发展实施意见》和《促进日照市外经贸发展实施意见》;2001年,为落实国务院《关于进一步提高口岸工作效率的通知》的要求,制定支持外经贸发展的9条措施;2007年,先后出台《促进日照市机电产品和高新技术产品出口八项措施》《促进日照市外经贸发展二十项措施》《促进民营经济、农产品龙头企业发展的十项措施》,力促全市外经贸产业发展;2008年,研究制定促进日照外经贸发展的33项措施、促进民营经济和农产品龙头企业发展的10项措施。2009年,制定服务外经贸发展帮扶企业的10项措施,从检验监管模式转变、收费减免、缩短检测周期等方面对企业进行重点帮扶;2010年,发布实施《日照检验检疫局帮扶进出口企业十项措施(试行)》;2013年,印发《日照检验检疫局当前形势下促进外贸稳定增长工作措施》,提出服务地方经济发展、促进对外贸易发展、提升产品质量安全水平、提高执法把关能力等4个方面的13条具体措施。

落实减费降费政策。严格落实国务院、国家质检总局关于检验检疫费用减免政策,免收2012年第四季度出入境检验检疫收费。从2013年1月1日起实施降低后的出入境检验检疫收费标准,当年8月1日起免收出口商品法定检验费用。2013年全年,日照检验检疫局累计减免检验检疫费1.48亿元,惠及广大进出口企业。

(六)持续夯实业务基础,保障执法服务能力

信息化建设。2001年应用CIQ2000系统实施报检管理,在重点企业推广电子报检和电子签证,开办电子转单业务。2003年大力推进"三电工程"(电子申报、电子转单和电子通关),辖区内80家重点企业全部开通电子申报,电子报检率、电子签证率、电子转单一次成功率达到100%。2006年,推进电子执法工程建设,全年安装电子监管软件企业137家,上线运行133家,每年为企业节省费用343.8万元,缩短检验放行周期。对检验检疫证稿全面试行无纸化流转,每批货物节省通关时间1~2个小时。

实验室检测能力。保障辖区内主要进出口商品实现就地检测,对于提高货物通关速度,促进产业快速发展具有重要意义。2003年,日照检验检疫局水泥

实验室和煤炭实验室分别被列为国家质检总局的国家级重点实验室和区域性中心实验室;植检实验室5月份组建成立,被列为全省系统8个农产品实验室之一,丝类商品实验室也通过了国家质检总局的开验许可,成为全国24个重点生丝实验室之一。2004年,日照检验检疫局组建综合技术服务中心,自筹资金20余万元购置原子荧光仪等设备,全面承担起辖区内的农产品检测任务。

科研制标。立足日照口岸进口大宗散货优势和辖区出口产品特点,积极开展科研制标,加强成果转化应用,强化对检验检疫执法的科技支撑。2002年至2009年,共有11个科研项目获得国家质检总局或山东检验检疫局奖项,其中"出口半无烟煤配煤煤质主要指标可加性研究"等3个项目获得国家质检总局科技兴检三等奖。2011年至2013年,先后有"芦笋茎枯病综合防治技术研究"等14项科研成果分获山东检验检疫局、山东建设技术创新和日照市科技成果奖励。

三、日照检验检疫事业深化改革时期(2014～2018年)

2014年以来,我国外贸形势复杂严峻,世界经济复苏缓慢,全球贸易保护主义持续升温,转变外贸发展方式、培育外贸竞争新优势、促进外贸稳定增长的任务更加繁重紧迫。十八届五中全会把"以提高发展质量和效益为中心"写进"十三五"时期我国发展的指导思想,我国外贸由"大进大出"向"优进优出"转变,日照市迎来外贸高质量发展时期。2014年,日照市被山东省列为"一带一路"重要节点城市;2015年,市委、市政府作出"突破园区、聚力招引"重大决策部署;2017年,提出"一个目标、三个导向、五大战略"总体发展思路,"开放活市"成为五大战略之一。随着"一带一路"、自贸区、山东半岛蓝色经济区、新旧动能转换综合试验区等国家战略及山东省"两区一圈一带"、鲁南经济带等发展战略的实施,在更大范围、更深层次上对检验检疫部门服务发展、促进贸易便利化提出更高要求。日照检验检疫局秉持国家质检总局"抓质量、保安全、促发展、强质检"的十二字方针,深度对接日照市"开放活市"重大战略和"突破园区、聚力招引"头号工程,找准在日照市加快建设海洋特色新兴城市中的职能定位,以提高把关有效性和服务外贸发展为着力点,积极融入日照市经济社会发展大局。

（一）聚焦"抓质量、保安全"，检验检疫监管有效性不断提升

严格出入境检验检疫把关，不断提高检验检疫监管有效性、提高疫病疫情和有毒有害物质检出率、提高检验检疫检测鉴定结果准确性、提高服务地方发展贡献率、提高服务对象满意率，维护国家和人民利益，保障国门安全。

严把重点敏感商品质量关，严厉打击掺杂使假等贸易欺诈。2014 年以来，年均检出不合格进口货物约 3700 批次、83.7 亿美元，产品涉及大宗矿产品、食品、轻工制品等，均按国家相关规定或贸易双方约定采取退运、销毁、索赔等处理措施，有力维护了贸易公平。2014 年，退运 1 批次含 MIR162 转基因成分的美国玉米，为日照口岸首次退运转基因粮食。加强对进口铁矿、煤炭等大宗资源性商品的放射性检验、夹带杂物查验和有害元素监测坚决，严格执行《商品煤质量管理暂行办法》，维护生态环境安全。2017 年，查获 1 批、4.4 万吨"以废充矿"非法入境固体废物，涉案重量、货值均为山东口岸历年来最高。充分发挥检验检疫把关服务作用，每年度向市委、市政府报送日照口岸进出口商品质量状况分析情况报告，为政府决策提供信息、技术支持，助力日照市外向型经济更好更快发展。

严把口岸卫生检疫关，有效防止传染病传入。紧盯国际疫病疫情发生、发展形势，采取疫情风险评估、重点查验、联防联控等 8 项措施，做好口岸传染病疫情防控。联合海关、边检、卫计委以及港口营运企业等相关部门开展口岸传染病防控演练，不断强化口岸核心能力建设。2014 年以来，年均检疫查验入出境船舶 6000 余艘次、出入境人员 20 余万人次，传染病监测体检年均检出艾滋病、肺结核、澳抗阳性等传染病和传染病阳性标志物 160 余例。2017 年检出山东口岸首例入境船员水痘病例、检出首例 II 型人副流感病毒。

严防进境动植物疫情，严把国门生物安全。全国首次截获银毛龙葵、美云杉齿小蠹、橡胶材小蠹、中刺天牛等检疫性有害生物，山东口岸首次截获楔天牛、黑双棘长蠹、硬雀麦、翅蒺藜、法国野燕麦、西黄松齿小蠹、狭颈动白蚁、山松大小蠹等检疫性有害生物。加强进境旅客携带物查验，开展"美丽中国、绿蕾护航"专项行动，全省口岸首次截获活体动物蛞蝓。强化进境活动物检疫工作，顺利完

成 5 批次、13977 头进境种牛、种羊隔离检疫,对检出副结核、牛病毒性腹泻、赤羽病的 20 头种牛作扑杀处理。利用"互联网+二维码"技术强化进境粮谷流向监管,实现进境粮谷加工全流程闭环管理。大力开展"全民国家安全教育日暨国门生物安全"主题宣传活动,提高全民生物安全防控意识。

持续推进检验检疫科技创新,把关服务技术支撑能力进一步增强。2016 年 11 月 10 日,承办国家煤炭检测实验室联盟第一届理事会第五次会议。2017 年,国家级木材及植物检疫实验室获批筹建,入选 2017 年度日照十大科技新闻。《进口石油焦快速检测技术及燃烧过程中有害微量元素迁移和多环芳烃生成特性的研究》课题顺利通过验收,为 10 年来首次通过验收的国家质检总局课题。日照检验检疫局综合技术服务中心获得 CNAS 认可的检测项目增加至 48 类、786 项,技术保障能力进一步增强。

(二)深化落实简政放权、提效降费,贸易便利化水平进一步提高

积极落实"放管服"。2014 年,认真落实国家质检总局取消机电产品、食品接触产品等 1729 个 HS 编码商品的出口法定检验,山东五征集团有限公司等 10 余家企业受益。全面开展涉企收费清理规范工作,制定印发《日照检验检疫局清理规范涉企收费工作方案》,对照国务院及相关部委的规定,逐项对所有涉企收费法律法规依据、收费标准依据、工作流程、服务质量等进行了梳理,在门户网站开设"收费管理"专栏进行公示。规范进口木材、木薯、木片和进境集装箱的检疫处理流程和处理范围,明确了检疫处理委托程序。

全力压缩流程时限。把压缩流程时限作为服务外贸稳定增长的重要举措,强化检验检疫流程测算及管理,在"管得住"的前提下,实现"放得快"。推进放行模式改革,对优质企业出口产品实施"即报即放"模式,"窗口放行"达 31%。优化集装箱查验流程,简化放行手续,进一步整合适载检验职责,优化集装箱查验监管模式。加强对进口铁矿、原油的风险分析,在确保风险可控的前提下,允许企业凭自检结果或第三方检测报告提货,进口原油平均滞港时间缩短 4 至 5 天,日照钢铁集团进口铁矿从卸船完毕到发运至厂平均用时 3 天左右。

大力推行无纸化申报。将无纸化报检覆盖范围扩大到 B 类企业,出口无纸化实施率达 99%,原产地签证无纸化签证率达 78%。出台通报通签通放作业规

范,充实完善"自助报检区"功能,岚山办事处、航贸中心、日照保税物流中心 3 处报检窗口"通报通签通放",打造集约化窗口,实现出口申报、放行一体化,实现日照口岸通关大厅"一站式办理、一条龙服务"。基本解决进口水产品异地申报问题,75% 进口水产品可在日照实现报检、计费、通关、检验和出证等全部业务,据测算每年可为企业节省相关费用 560 余万元。

用足用好原产地优惠政策。加大原产地优惠政策的宣传力度,提高广大出口企业利用原产地优惠的自觉性,推进生态原产地认证等工作,扩大原产地优惠政策的覆盖面。2013 年,取消原产地备案企业年审,当年新增产地证签证企业 20 家。2015 年,推进与日照市商务局原产地备案"两证合一",简化办事环节、减轻企业负担,原产地证书无纸化签证率达 78%,得到国家质检总局和山东检验检疫局的认可并作为典型推广。2017 年,积极对接转化国家自贸区战略,出台扩大自贸协定政策覆盖、一对一精准帮扶等 9 条措施,实现"优惠政策进千企",推出原产地证"智慧申签零等待""申签足不出户"等便捷举措,办理流程缩短 80% 以上。2013 年以来,年均签发原产地证书 10000 余份,为日照市企业节约清关关税 4000 余万美元。

深入推进监管互联互通工作。2015 年,与日照海关签署全面推进关检合作"三个一"实施方案,重点对山东省电子口岸建成前的执法协作进行了细化,结合辖区实际,在进口酒类、预包装植物油类、废物原料等商品中率先实行集中查验工作,实现关检现场查验场地共享共用,当年即截获并退运 3 批次不合格进口废塑料。推进与日照市商务局原产地备案"两证合一",简化办事环节、减轻企业负担,得到国家质检总局和山东检验检疫局的认可并作为典型推广。

创新进出口商品检验检疫模式。实行进口资化类商品物流与检测、签证流程相对分离,出口成品油依据"企业合格保证+企业实验室检测结果"先行办理通关手续。2017 年,进口铁矿、原油、木片检验周期同比缩短 13.6%、16.7%、41%,出口成品油流程缩短 1 ~ 2 天,中联化公司两次向山东检验检疫局发送感谢信。对重点企业进口的零部件落实集中查验、共同检验等便利化措施,保障了山钢日照精品钢基地等 7 项省、市重点项目进口的总货值 1.7 亿美元大型设备及零部件及时安装和投入生产。

(三)加大进出口企业帮扶支持力度,检验检疫政策红利进一步释放

在外贸环境日趋复杂、出口形势不容乐观的背景下,日照检验检疫局积极落实党中央、国务院和国家质检总局、山东检验检疫局促进外贸稳定增长的各项部署,全面服务日照市进出口企业。

全力以赴促外贸稳增长。2015 年,深入落实省委省政府外贸工作专题会议精神,印发《日照检验检疫局关于印发促进外贸稳增长落实措施的通知》,制定 25 条针对性帮扶措施。结合日照口岸实际,印发《日照检验检疫局关于复制推广中国(上海)自由贸易试验区首批检验检疫创新制度的通知》,制定推广上海自贸区检验检疫创新制度分解举措。印发《日照检验检疫局关于助推"一带一路"倡议工作的意见》,出台助推"一带一路"倡议的 16 条对接措施;全力推进中韩、中澳自贸区优惠政策落实,中澳自贸区第一张优惠性原产地证书"花落日照",山东新闻联播对此进行了报道。2016 年,积极扶持日照市重点企业,对其中涉及的进出口业务进行梳理归类,全面掌握相关企业的需求,制定帮扶措施,真正实现"一企一品一策"式服务。对接转化国家自贸区战略,出台扩大自贸协定政策覆盖、一对一精准帮扶等 9 项措施,深入开展"自贸区优惠原产地政策进万企"活动,新增备案企业同比增长 20%,签证破"零"的小微企业超过 50 家,签证量和货值同比增长 12.30% 和 39.73%,企业可享受关税优惠约 2164 万美元。

积极开展技术性贸易措施工作。将技术性贸易措施工作摆到更加重要的位置,使其成为检验检疫参与省市经济战略的切入点和服务经济社会发展的立足点。切实做好技术性贸易措施影响调查,形成符合日照地域特色的技术性贸易措施研究和应对体制机制。针对日照市重要出口行业或产业,强化对国外重点国家标准、法规、合格评定程序的信息收集和比较研究,强化对国外通报退运和风险预警信息的应用转化,积极参与对外技术性贸易壁垒评议工作,积极开展咨询服务、技术支撑、对外交涉等高附加值服务。2014 年,制定了《支持口岸扩大开放促进外贸科学发展工作措施》《对全市 60 家重点培植骨干工业企业的帮扶措施》,对全市 60 家培植骨干工业企业中 33 家有进出口实绩的企业提供"一对一"帮扶措施。

（四）全面开展出口食品农产品质量安全示范区建设，支持食品农产品出口健康发展

食品安全大于天，要打造出口优势，扩大食品农产品出口，就必须按照国际通则和国家级质量安全示范区的标准组织农业生产，确保食品农产品"舌尖上的安全"。

推动质量安全示范区创建。日照检验检疫局积极协调，推动地方对示范区建设给予政策、资金等支持，全力推动出口食品农产品质量安全示范区建设。2013年12月31日，东港区、岚山区和莒县3个出口食品农产品质量安全示范区成功入围全国144个国家级出口食品农产品质量安全示范区名单，打造了省级出口食品农产品质量安全示范市升级版，向实现全市国家级出口食品农产品质量安全示范区全覆盖迈进一大步。2014年继续深化巩固出口食品农产品质量安全示范区建设成果，用足用好简化备案注册程序、优先对外推荐注册、便利出口检验放行、推动境外通关便利、加大技术服务力度、协调政策经费支持等6项优惠政策，培育"莒州生姜"等7个农产品名牌，不断提升出口食品农产品企业的质量管理水平，助推涉农出口企业和广大农民增收，支持全市出口食品农产品质量安全示范区做大做强。

助推食品农产品出口。2016年，面对外贸下行压力持续加大的严峻形势，大力促进食品农产品出口。共推荐到国外注册食品企业9家，辖区内出口食品备案企业已达155家，出口农副产品11.9亿美元，同比增长6.4%，出口食品国外通报率下降72.3%。2017年，深入开展"质量提升"行动，将进出口食品检验监管领域纳入"双随机"范围，对全市141家出口食品农产品企业制定"逐一帮扶"计划，对符合条件的出口水产品和国家级出口食品农产品质量安全示范区内企业采信第三方HACCP认证结果，出口食品备案流程时限缩短80.7%，全年出口食品农产品批次、货值同比增长6.4%、10.6%。

深入开展"同线同标同质"工程。推动实施"同线同标同质"工程，既能帮助外贸企业解决进入国内市场的标准衔接问题，也有助于推动内外销产品标准统一，更好地满足国内市场消费升级的需求。日照检验检疫局大力推动出口食品"同线同标同质"示范企业创建活动，以"增品种、提品质、创品牌"为目标，制定

出口食品企业"逐一帮扶"行动计划,指导16家企业、24个备案号成功上线"三同"平台,指导14家企业进驻商超并实现销售额1700余万元,7家企业入驻电商平台。在继2016年山东恒宝食品集团有限公司入选出口食品、农产品"三同"示范企业后,2017年又指导2家企业申报了全国"三同"示范企业。

(五)深化对接"突破园区、聚力招引",助力临港产业快速发展

日照检验检疫局立足检验监管职能,全力打造"速度最快、费用最低、服务最好"口岸,力争检验检疫成为通关链条上最便捷的一环,为日照市经济转型升级和创新驱动发展注入强大动力。

全力服务"开放活市"。围绕市委市政府重大部署,日照检验检疫局制定了《服务"突破园区、聚力招引"工作方案》,会同口岸办、海关等部门出台《加快口岸改革支持园区发展十条措施》,积极为辖区内大项目营造"全天候"服务环境,促进大项目跨越式发展。2015年,服务中韩产业园建设,助推加快石臼港区布局调整,跟踪抓好第3个30万吨级原油码头、岚山港区30万吨级矿石码头、日照钢铁精品基地配套码头建设等重点工作项目服务,加快推进岚桥港中澳冷链物流园区建设政策支持。2018年,全力服务日照海港口岸"南散北集"区划调整、综合保税区、中澳(日照)产业园、空港产业园区建设工作。在高端石化产业、精品钢、汽车整车及零部件等重点工业项目精准发力,"一对一"制定个性化服务措施,确保进口先进设备、零部件及时到位。

助推新旧动能转换。制定出台《打造"三最"口岸助推新旧动能转换工作方案》,明确19项具体任务,制定帮扶山钢精品钢基地建设4项措施,对项目引进的先进技术设备、关键零部件实施前置预检、共同检验、集中查验等多种便利化措施,全力保障项目建设。2013年,完成威亚工厂扩能、派沃泰工厂二期、森博浆纸三期等大项目共1.08亿美元的进口成套设备的检验工作,力促汽车零部件生产加工产业成为全市重要产业。对重点企业进口的零部件落实集中查验、共同检验等便利化措施,保障了山钢日照精品钢基地等重点项目的大型设备及零部件及时安装和投入生产。

(六)全力推动口岸扩大开放,口岸功能进一步丰富完善

根据外贸发展新形势和新要求,2014年4月,日照检验检疫局出台支持口岸扩大开放、促进外贸科学发展的一系列举措,提出了服务地方经济发展、支持口岸扩大开放、促进对外贸易发展、提升监管服务水平等 4 个方面的 20 条具体措施。

推动五大指定口岸申建。围绕日照市"突破园区、聚力招引"战略,积极推动进口粮食、肉类、水果、屠宰肉牛、冰鲜水产品等五大指定口岸的申建;扎实开展工作调研,编制《指定口岸申报指南》。日照港(集团)有限公司裕廊码头查验点、日照港集团岚山港务有限公司查验点于 2014 年 10 月 9 日被国家质检总局批准为全国第一批进境粮食指定口岸查验点;进口肉类指定口岸于 2017 年 2 月获国家质检总局批复筹建,进口冰鲜水产品指定口岸依托进口肉类指定口岸同步规划建设,基础建设基本完成;日照港进口集装箱粮食指定口岸(B 类)于 2017 年 11 月 20 日获国家质检总局批准。积极推进进口屠宰肉牛指定口岸申建,完成隔离场选址,2017 年 12 月总投资 3 亿元的进口澳大利亚肉牛屠宰深加工项目完成签约。持续推进进口水果指定口岸、进口马属动物(驯化驴)指定口岸建设。

推进陆海空全方位开放。日照检验检疫局及时跟进日照机场作为航空口岸临时对外开放需求,按照国家对外开放口岸出入境检验检疫设施建设管理规定,指导完善机场对外开放检验检疫配套设施,建成检验检疫业务用房 1000 平方米、航站楼配套场地 260 平方米、国际货检共用场地约 1000 平方米。2016 年 12 月 7 日,日照检验检疫局作出"拟同意临时对外开放启用验收"的意见上报山东检验检疫局,在日照各口岸查验单位中率先完成日照机场临时对外开放预验收,为日照机场对外开放创造了良好条件。全力支持港口开通外贸集装箱航线和国际班列,支持日照港开通照蓉欧班列、日照—澳大利亚件杂货班轮等航线,为日照外贸可持续发展注入新动力。

建成国内规模最大的国家级木材检疫处理区。日照岚山口岸自 1999 年首次进口原木以来,进口量连续多年位居全国沿海港口前列。岚山地区逐渐发展成为我国北方最大的海运进口原木加工、贸易和集散中心,拥有国家级木材贸易加工示范区,年加工能力 800 万立方米。为解决岚山木材产业快速发展遇到的问题,2013 年 10 月,山东检验检疫局在岚山港召开现场办公会,启动岚山口岸进境木材检疫处理区建设项目。该项目包括岚山港、岚桥港两个检疫处理区,设计年熏蒸能力 400 万立方米,总投资 2.82 亿元,为国内规模最大、处理效率最高的进境原木检疫处理区。项目由日照市政府、岚山区政府主导,山东检验检疫局、日照检验检疫局提供政策支持和技术指导,列入日照市 2014 年重大项目规划、2015 年 100 个大项目。

2014 年岚山口岸获批国家质检总局全国海港口岸唯一进口木材便利化政策,可采取临时妥善措施解决港内堆场严重不足的问题。2015 年 5 月 24 日,岚山口岸进境木材检疫处理区项目技术方案获国家质检总局批复,6 月 19 日项目开工建设,2016 年 5 月 20 日建设完工,12 月 10 日通过国家质检总局验收,2017 年 8 月 31 日正式获国家质检总局批准投入使用。该项目对强化岚山口岸进口木材优势、做大做强岚山木材加工产业、增强林业生态安全防护能力起到重要保障作用。2017 年岚山口岸进口原木突破 639 万立方米,进口量创历史新高。

完善日照口岸检验检疫配套设施。为适应港口散货和集装箱业务的迅速发展,2015 年,石臼港区建成集装箱查验区 2.6 万平方米,岚山港、岚桥港建成检验检疫综合查验区 5358 平方米,实现港口检验检疫配套设施集约化管理。日照港裕廊码头建成进口粮食自动化取样系统,引进美国 Intersystems 公司采样系统,采用手动、半自动、自动 3 种控制方式,实现散粮定量采样为主、定时采样为辅的自动化取样。2015 年 10 月 30 日,经国家质检总局动植司同意,山东检验检疫局组织开展项目验收,认为该系统达到 ISO24333 国际标准要求,在国内属于首例。2016 年 4 月,在岚桥港通用 5 号泊位建成矿产品机械取样设施。随着口岸配套设施水平的不断提升,检验检疫服务开放发展大局的基础和条件更为完善,创造了良好的社会效益和经济效益。

执 笔 人:杨永茂 相湛昌 李 欣
审 稿 人:姚志杰
撰稿单位:日照海关

日照银保监事业
发展历程、成就及经验

习近平总书记强调，"金融活经济活，金融稳经济稳"。金融是现代经济的核心，银行保险业是金融行业的主体，对于国民经济的稳定健康发展和供给侧结构性改革的深入推进意义重大。银行保险业监管作为金融监管的一个重要组成部分，其架构的安排既要与金融业的总体发展和监管安排相适应，又要与市场约束、银行保险内部管理相协调。日照银保监事业同全国一样，诞生于改革开放的时代大潮中，伴随着改革开放的不断深化而发展壮大，为推动日照银行保险业的发展进步发挥了重要作用。

一、日照银保监事业的发展历程

日照银保监体系大致经历了从混业监管到独立的银行监管体系初步建立、全面建立、日益完善，再到银行保险双重监管体系确立4个发展阶段。在市委、市政府的领导下，日照银保监分局始终贯彻落实"管法人、管风险、管内控和提高透明度"的监管理念，坚持依法监管、为民监管的宗旨，通过创新监管思路、改进工作方法，引领全市银行保险业创新金融服务产品、优化信贷资源配置、强化风险防控基础、加快改革转型发展、改善金融服务环境，推动和见证了日照市经济金融事业的蓬勃发展。

（一）从混业监管到独立的银行监管体系初步建立（1978年1月至2004年5月）

1978年至1989年6月，日照属于临沂专区，人民银行对辖区银行业机构行使金融监管职权。1989 年 6 月日照市升格为地级市,人民银行日照市中心支行下设专门的金融机构监管科室对辖区银行业金融机构行使监管职权。2003 年,按照中国共产党第十六届二中全会审议通过的《关于深化行政管理体制和机构改革的意见》和十届人大一次会议批准的国务院机构改革方案,将中国人民银行对银行、金融资产管理公司、信托投资公司及其他存款类金融机构的监管职能分离出来,并和中国金融工委的相关职能进行整合,成立中国银行业监督管理委员会。在这种背景下,在原山东银监局和市委、市政府的支持和领导下,原日照银监分局作为国务院银行业监督管理机构的派出机构,于 2003 年 12 月 19 日正式挂牌成立并对外履行职责。

1. 银行业独立监管体系初步建立

筹备组建原日照银监分局。按照原山东银监局部署,日照市委、市政府推动分局成立筹备组,一手抓监管,一手抓筹建。人民银行日照市中心支行与原日照银监分局筹备组联合召开了党委会和副科以上干部会议,分别传达人民银行济南分行和原山东银监局的会议精神。成立由筹备组直接领导的筹备办公室,从监管人员中选派 5 人具体负责筹建期间的办公、行政等工作,其余监管人员仍按原岗位集中精力抓好日常监管,保持工作的连续性。同时,向日照市政府进行了专题汇报,并向市委办公室和市政府办公室提出了关于公文处理和机要文件传递等有关事项的报告;向辖区内各银行业金融机构下发通知,于 2003 年 12 月 8 日正式开始对外办公,并与人民银行有关科室理顺关系,全面接手辖区银行业监管工作职责,实现业务对接。筹备工作顺利结束后,2003 年 12 月 19 日,中国银行业监督管理委员会日照监管分局在机关办公楼会议室举行成立大会,正式挂牌成立并对外履行职责。

各项监管工作有序开展。在日照市委市政府的推动下,2004 年 3 月,原日照银监分局完成对辖区 404 家银行业金融机构的新版金融许可证的换发工作;组织成立了行政处罚委员会,设立了罚款专用账户;召开全市统计工作会议,部署 2004 年监管统计工作,建立了过渡时期监管统计工作制度框架。

进一步完善监管架构。2004 年 5 月,根据原山东银监局批复,完成了分局机关内部机构的设立及县监管办的设立、挂牌事宜,完成县监管办负责人的考察任免工作,内部组织架构和人员基本配备完成。

2.推动银行业改革起步

早在 2000 年 12 月 28 日,按照现代商业银行制度,日照城市信用社股东转股组建了地方性股份制银行——日照市商业银行。日照市商业银行成立伊始,就瞄准现代商业银行制度,建立先进的经营管理体制机制,按照规范股份公司的模式,实行股东大会、董事会、监事会和董事会领导下的行长负责制,形成了决策、执行、监督、经营功能完备的公司治理结构,日照辖区银行业自身改革起步。

2004 年 2 月,原日照银监分局制定了《日照市深化农村信用社改革实施方案》《日照市农村信用社增资扩股工作意见》和《日照市农村信用社内部机制改革实施意见》,审核各区县联社制定的改革方案。2004 年 4 月 6 日,日照市召开了全市深化农村信用社改革工作会议,在独立银行业监管体系推动下的日照辖区银行业改革拉开序幕。

3.银行业风险管控制度初步建立

欲行监管,制度先行。原日照银监分局组织力量对原以人民银行名义下发的地区性监管制度进行了清理规范,结合全市银行业实际和监管工作实际,进行了积极的制度建设和完善。起草修订了《银行业金融机构网点管理指引》《银行业金融机构高级管理人员任职资格管理指引》《日照银监分局银行业金融机构存款市场监督管理办法》《日照市银行业金融机构不良贷款"双降"监控考核办法》,为监管工作的实施开展提供了制度保障。

(二)独立的银行监管体系全面建立(2004 年 6 月至 2009 年 4 月)

2003 年 12 月至 2004 年 5 月,日照市独立的银行监管体系初步建立,各项工作稳步开展。但是随着银行业改革的深入推进、金融消费者维权意识的增强,金融发展过程出现的一些新矛盾、新问题亟待解决,迫切需要加强风险管控能力、提升监管人员监管能力、完善组织架构,这促使独立的银行监管体系进入全面建立阶段。

1.银行业监管组织架构成熟完善

为全方位提高员工队伍素质,提升监管能力水平,根据《关于加强党员经常性教育的意见》的要求,原日照银监分局每年初科学拟定教育培训计划,由领导带头授课,各部门齐抓共管,建立了学习考勤制度、学习笔记检查制度、定期进行学习心得体会交流制度,开展了党建知识培训、业务知识培训、读书交流会等多种形式的教育培训活动。

为服务辖区银行业金融机构会员单位、实现共同发展,维护会员单位的合法权益和消费者权益,2005年5月31日成立日照市银行业协会,其主要职能为自律、维权、协调、服务,主要职责包括制定日照市银行业服务规范和准则,组织会员签订自律公约及实施细则,共同维护公平竞争的市场环境。2007年5月17日,日照市仲裁委员会驻银行业协会办事处正式挂牌成立。2007年11月30日,由日照市银行业协会牵头工商银行、农业银行、中国银行、建设银行、城商行、农信社、邮储等7家金融机构与中国移动日照分公司成功签订代收费合作协议,自律组织发挥的作用日益明显。

2004年9月起,原日照银监分局组织开展"文明单位"创建活动,建立创建档案,制定创建方案,成立创建工作领导小组,认真贯彻落实科学发展观,紧紧围绕监管中心落实"一岗双责",坚持"文明单位"创建与监管业务工作同部署、同落实、同检查、同考核、同奖惩,推动分局各项监管工作取得良好成效。2006年,原日照银监会分局被授予"市直级文明单位"荣誉称号、2008年被授予"市级文明单位"荣誉称号。2005年10月,原日照银监分局团委正式成立,并任命了团委书记及团委委员;2005年11月,原日照银监分局工会委员会正式成立,组织架构日益完善。

2.稳步推进银行业改革

推进全市农村信用社改革工作。为加快不良贷款盘活清收,推进全市农村信用社改革进程,2004年9月,原日照银监分局组织召开全市农村信用社清收盘活不良贷款调度会;2006年4月20日至21日,与省联社日照办事处联合举办农村信用社贷款五级分类培训班,全市农村信用社500余名高管人员参加培训;2007年8月6日,原山东银监局到莒县农村信用社联合社就农村金融服务情况进行专题调研,推进日照市农村信用社改革工作。

指导日照银行成功引进战略投资者。不谋全局者,不足以谋一域,银行业要想做大做强,需要坚持"引进来"和"走出去"相结合的发展战略。原日照银监分局支持日照市商业银行"引进来"和"走出去"战略的实施,督导该行抓住机遇,充分推动其利用与南京银行自 1998 年开始在货币市场业务中建立的良好合作关系,积极推动双方展开纵深合作洽谈。2004 年实现本外币一体化经营。2006年 3 月,双方决策层接触洽谈,7 月达成并签署《战略合作协议》,结成长期、全面的战略合作伙伴关系。这也是全国首例城市商业银行间的股权联合和战略合作,原中国银监会对此给予了充分肯定。2007 年,原中国银监会允许并鼓励符合条件的城市商业银行进行跨区域经营发展。2008 年 12 月 22 日,日照银行青岛分行获批筹建。2009 年 3 月 26 日,日照市商业银行更名为日照银行。同年 4月 19 日,日照银行首家异地分行青岛分行开业。从此,日照银行开启了跨区域扩张发展的步伐。

推进金融服务工作有序开展。金融服务工作要体现依法监管和为民监管的宗旨,原日照银监分局对接日照市委、市政府的工作安排,召开金融联席会议,部署金融工作。2006 年 3 月 13 日,日照市 2006 年第一次金融联席会议在建设银行召开,人民银行日照市中心支行、原日照银监分局和辖区六大银行业金融机构的主要负责人参加了会议。按照日照市委、市政府部署,开展金融服务督导工作。2006 年 3 月 6 日,组织召开了银行业金融机构促进小企业贷款专题会议,对辖区小企业贷款工作进展进行全面分析;2006 年 5 月 25 日,日照市人大财金委组织全市各银行业金融机构主要负责人到辖区部分金融机构营业网点视察。推动引入银行业金融机构,服务日照市改革开放大局,2008 年 4 月 23日,推动中国邮政储蓄银行日照市分行正式挂牌成立。

3.银行风险管控能力日益提高

日照市银行业风险管理面貌发生了积极的变化,具体表现在以下方面。一是风险管理对象从对公不良贷款,向包括个人贷款、表外资产、非信贷资产乃至过程监控转变。二是风险管理内容由传统的信用风险为主,向包括信用、市场、操作、流动性、合规等在内的全面风险管理转变。三是风险管理方式由事后处置向事前预警、事中控制和事后处置相结合转变,前移风险关口。四是风险管理对象由单笔贷款、单一行业、单纯的风险监测向客户或集团的整体风险、资产组合管理和风险收益的整体监测转变。五是风险管理文化由风险管理与业务发展的对立向二者和谐统一转变。

(三)日照市独立的银行监管体系日益完善(2009 年 5 月至 2018 年 11 月)

2008 年全球金融危机爆发以来,党和政府对银行监管工作持续提出新要求,银行监管的功能定位、目标任务和技术方法等都出现新变化,呈现新特点。随着全面深化改革的快速推进,银行监管的经济环境、科技环境都发生了深刻变化。这些新变化集中体现了新形势下国家治理和经济社会发展对银行监管工作的新需求,赋予了银行监管新的责任和使命,银行监管工作进入完善阶段。原日照银监分局审时度势,及时调整工作思路,主动适应新常态,积极践行科学的银行监管理念,用银行监管的实际成效,为辖区经济社会发展做出了新的贡献。

1.银行业改革完善阶段

推进村镇银行设立。市委、市政府重视村镇银行的引入和设立,2009 年 7 月 3 日～6 日,到新疆一师阿拉尔市考察村镇银行设立事宜。2010 年 5 月,日照市第一家村镇银行——莒县金谷村镇银行获批筹建,2010 年 11 月 17 日,批准莒县金谷村镇银行开业;2011 年 12 月 9 日,日照市第二家村镇银行——日照九银村镇银行获批开业;2012 年 8 月 15 日,日照市第三家村镇银行——日照沪农商村镇银行获批开业;2013 年 2 月 26 日,日照市第四家村镇银行——五莲中银富登村镇银行获批开业;2016 年 2 月 2 日,日照市第五家村镇银行——日照蓝海村镇银行获批,至此,日照市各区县均设立了村镇银行,实现了市内全覆盖。

推进城商行走出去,参与市场化竞争。一是跨区域经营初见成效。按照市委、市政府工作部署,推动日照银行走出去参与市场化竞争,2010 年 4 月 8 日,原山东银监局批复同意日照银行济南分行开业。2013 年 2 月 28 日,在监管部门指导下,日照银行四届十五次董事会审议通过了《日照银行 2012 — 2016 年战略发展规划纲要》,这个五年规划确定了日照银行"一基两翼"的发展战略,即以日照本土市场为根基,以半岛城市群和鲁南经济带为"两翼"进行网点布局。2013 年 4 月 18 日,日照银行临沂分行开业,这是日照银行的第三家异地分行,

2015 年 3 月 25 日，日照银行与南京银行全面深化战略合作
签约仪式举行

也是日照银行在鲁南经济带布设的第一家异地分行，标志着"一基两翼"战略迈
出新步伐。随后，又相继开设了潍坊、济宁、枣庄、威海、烟台等异地分行，跨区域
发展布局了山东省大半个版图。二是全面深化战略合作。2015 年以来，为适应
经济新常态，应对利率市场化等金融改革挑战，日照银行与南京银行一同把合
作关系推向了全面深化战略合作的新阶段。双方共同成立了战略合作委员会、
业务合作委员会，分别实行双主任制，制定了工作规程，定期召开会议评估合作
情况、解决合作问题、决定合作项目。为南京银行跨区域经营提供了条件，切实
解决了日照银行分行发展中遇到的困惑和问题。本着区域经济特点相近的原
则，日照银行 8 家分行、6 家中心支行全部与南京银行相关分行、中心支行签署
结对子协议，为分行(中心支行)发展开辟了交流合作通道。与此同时，双方还在
培训教育、业务经营、基础管理等方面进行密切深入交流，战略合作成果全方
位、多领域实现双赢。三是专业创新能力提升。2016 年，原日照银监分局指导日
照银行加强资本管理，逐步压降票贷比、保存比，出台经济资本管理方案和资产
负债限额管理指导意见，制定 5 年资本管理规划，推进资本补充，该行 15 亿元
的二级资本债项目获原山东银监局批复。指导该行开展债转股试点，初步筛选
合格标的资产，拟定债转股工作方案。督导加强流动性管理，累计发行同业存单
121.3 亿元、大额存单 22.36 亿元，拓宽了资金来源渠道；申请 3 笔再贷款，共
计 6 亿元，专项用于发放小微企业贷款；启动资产负债系统建设，启动流动性及

银行账户利率风险管理咨询项目。提升产品创新能力,针对到期仍有资金需求的小微企业推出循环贷款、年审制贷款产品;动产质押融资业务解决方案获2016年中国金融创新奖。

推动银行业体系多元化建设。进行农村资金互助合作探索。2011年11月3日,原山东银监局到日照市日照街道办事处进行调研,听取了相关负责人关于拟设立农村资金互助社的可行性汇报。引导辖内银行业金融机构制定发展规划,优化网点布局,下沉服务重心。辖区2016年新设1家社区银行和1家普惠型特色支行。2016年以来,日照蓝海村镇银行、临商银行日照分行、光大银行日照分行、民生银行日照分行、平安银行日照分行、恒丰银行日照分行、齐鲁银行日照分行等7家银行业金融机构相继开业。支持符合条件的大型企业集团设立财务公司,日照港集团财务公司于2016年5月顺利开业。

推动辖区农村信用合作联社改制完成。日照市政府印发《日照市人民政府办公室关于成立日照市进一步深化农村信用社改革领导小组的通知》。按照市委、市政府的工作部署,原日照银监分局推进法人农合机构银行化改革进程,进行股权和股东资格管理以及监督审查,在清收核资验收、筹建和开业材料等环节提前介入指导,对法人治理、股东资格、不良处置、置换资产、清产核资等内容逐项审核把关,确保组建质量。推动网点转型,提高差异化服务水平。为争取山东省政府和原山东银监局同意并批复,向区县政府发函,及时传达监管政策,肯定各联社支持地方经济发展和服务三农所取得的成绩,并请政府部门给予政策扶持和利益优惠,为银行化改革创造了良好条件。针对辖区内农村信用社不良贷款压降进展缓慢的问题,持续加大对各联社的督促力度,重点关注非应计贷款和借新还旧贷款,通过每月核查贷款、定期监测调度、强化高管考核、加大处罚力度等手段,多措并举,强力推动不良贷款压降,促进了各项监管指标尽快达标。一是从市场准入政策、组建程序等方面对五莲、莒县联社进行了前期辅导,做到有的放矢。二是全力以赴,派专人全程跟上,加强过程指导,帮助修改完善申报材料,多想办法,解决改革过程中遇到的难点问题。三是加强与省局的沟通联系,做好与新准入政策的衔接,并邀请省局负责市场准入的同志进行了现场指导。四是组织对筹建前期的准备工作进行验收,重点对组建程序、股权结构、发起人资格、清产核资报告等进行审核,严格把关。其中五莲联社筹建申请材料实现"零补正",一次审核通过,得到原中国银监会和原山东银监局领导的高度评价。指导东港联社根据区位环境和服务群体等因素,将现有网点规划为旗舰网点、全功能网点、基础网点、自助网点四大类别,分别界定服务功能,提供差异化、特色化金融服务;科学实施功能分区,网点内设置咨询服务区、填单区、现金区、非现金区、电子银行区、自助服务区、公众教育及消费者权益保护区等功能区域,改善客户体验,提高客户满意度。推动流程转型,提高经营运行效率。指导五莲农商行以标杆银行和流程银行为目标,以完善授信管理流程为突破口,推进营销中心、审查中心、放款中心、贷后管理中心和贷款复议中心"五大中心"建设,划分各中心职能,进行人力资源配置,完善分层授权机制,缩短业务处理链条,强化业务操作环节监督制约,推进授权授信管理流程化、标准化、集约化运作。推动业务转型,提高市场竞争力。拓展代理国际业务,开办货币市场业务,通过同业、债券和票据市场拓宽资金运用通道,促进资产业务种类和经营收益多元化。五莲农商银行于 2013 年 12 月 23 日挂牌成立。其中,"日照银监分局成功推动五莲、莒县联社成立农村商业银行"项目获 2013 年度日照市机关工作创新奖。2014 年 3 月 28 日,莒县农商银行挂牌成立;2014 年 9 月 26 日,岚山农商银行挂牌成立;2015 年 12 月 28 日东港农商银行成立,至此辖内 4 家农商银行全部改制完成。

2016 年,原日照银监分局引导改革后的农商行增强战略规划意识,督促制定"深化改革三年规划",从业务发展、财务发展、资本管理、风险管理四大方面细化战略目标及措施。推动业务创新发展,指导岚山农商行取得货币市场业务资格,东港、五莲农商行取得贷记卡发卡业务资格,五莲农商行取得外汇业务开办资格,推动五莲、莒县农商行开办自营理财业务。截至 2016 年 12 月 31 日,辖内农商行已全部取得贷记卡发卡、外汇业务、货币市场业务资格。督导农商行推动流程银行建设,通过定人定岗的方式重新梳理岗位和人员配置,优化人员业务匹配度。改制后的农商银行服务功能日益完善,服务能力也日益增强,对完善日照市银行业组织体系和服务体系、支持"三农"和小微企业及县域

2013 年 12 月 28 日,山东五莲农村商业银行股份有限公司开业暨加快
地方金融发展推进会

经济发展发挥了重要作用。

2.探索银行业风险管理体系日益完善

银行监管法规日益完善。2010 年 5 月 9 日,原日照银监分局举办了日照市
银行业政策法规培训班,重点对"三个办法一个指引"①进行培训;2011 年 8 月 3
日,组织召开了辖区银行业"三法一指引"走款比例和中长期贷款合同修订补正
工作座谈会,不断提升银行业金融机构监管能力。

专注风险防控。防范风险是金融工作的生命线,也是维护金融稳定、促进
经济持续健康发展的根本要求。原日照银监分局认真践行管风险理念,坚持
在处置风险中健全持续发展的长效机制,坚持在化解风险中把握科学发展的
战略机遇,坚持在稳健发展中前瞻动态地防范化解风险隐患,推动全市银行

---

①三个办法一个指引是指《流动资金贷款管理暂行办法》《个人贷款管理暂行办法》《固定资
产贷款管理暂行办法》和《项目融资业务指引》,它初步构建和完善了我国银行业金融机构
的贷款业务法规框架。

2014 年 9 月 26 日,日照岚山农村商业银行股份有限公司挂牌开业

2015 年 12 月 28 日,日照东港农村商业银行股份有限公司成立

业消化历史包袱,构建了较为健全完善的风险防控机制。一是突出顶层设计,构建现代银行风控体系。实施逆周期监管政策,夯实"以丰补歉"的风险抵御防线,加强对资本水平和质量的监管,约束商业银行信贷扩张冲动和短期行为,提高银行体系的风险抵御能力。督促辖区银行业明确董事会、高管层、监事会的风险责任,从注重传统信贷风险转变到同时兼顾表内外关联风险、外部风险传染;从被动应对处置风险转变到前瞻管理防控风险。督导健全风险

识别、监测、评估、预警体系,动态开展压力测试和风险排查,银行业风险防控的内生动力明显增强。二是强化审慎监管,防控重点领域风险隐患。坚持问题导向,细化风险分类,实施不同的盯防战略。盯细信用风险,开展大额授信风险排查、风险分类真实性排查,通过约见谈话、风险提示等方式,传导监管压力,督促提高精细化管理水平,督导制定不良贷款处置计划,积极争取上级行处置资源、加大清收处置力度。先后建立了债权人联席会议、债权人委员会制度,为密切银行间合作、实现风险化解的共进共退搭建了有效的沟通平台。盯牢案件风险,坚持案件风险季度排查,按季召开案防例会、每年组织案防知识考试,开展案防培训,建立问题台账,强化违规问责。强化员工行为管理,实施银行从业人员处罚信息登记,及时开展员工异常行为排查。盯住声誉风险,按季组织声誉风险排查,制定舆情管理办法,建立舆情监测队伍,24 小时不间断开展舆情监测。盯紧信息科技风险,重点强化法人机构信息科技风险防控,督促加强信息科技风险治理体系建设,建立灾备中心,加强业务连续性管理。盯好流动性风险,组织法人机构定期开展压力测试,及时关注和掌握资金头寸变化情况,督促法人机构留足备付,防范风险。三是有效防控地方政府融资平台、房地产等领域的风险。地方政府融资平台、房地产等领域在经济社会中辐射面广、影响力大,同时积聚了较大规模的银行贷款,对金融安全有系统性影响。在地方政府融资平台贷款方面,坚持不增加地方债务风险,同时考虑地方建设实际,分类处置、逐步化解,落实"逐包打开、逐笔核对、重新评估、整改保全"的清理要求,开展"分解数据、四方对账、分析定性、汇总报表、统一会谈、现场检查"工作,严格执行"降旧控新"要求,不仅控制住了平台贷款的总量增长,还满足了重点项目"保在建、保续建、保完工"的合理资金需求。房地产贷款方面,坚决贯彻落实国家房地产调控政策,出台差别化住房信贷政策、规范土地抵押、实施房地产企业"名单制"管理等一系列政策措施。按照风险可控、商业可持续原则,支持保障性安居工程建设。辖区地方政府融资平台贷款、房地产贷款风险整体可控。2003 年以来,实施名单制管理、台账式监管等方法,积极防范顶冒名贷款、地方政府融资平台贷款、房地产贷款、产能过剩、大额授信风险、流动性、信息科技等领域存在的风险隐患,加大真实性监管力度,做到了风险早识别、早暴露、早化解,提高了监管前瞻预判能力,守住了不发生系统性、区域性金融风险的底线。

监管手段和监管机制日益多样化。随着科技的发展,金融消费者的金融需求高涨,银行业金融业务创新趋势明显,促使监管手段和监管机制日益多样化。原日照银监分局运用多种监管手段开展工作。2014 年 1 月,对日照银行、五莲农村商业银行进行了 2013 年度信息科技和数据质量监管评级,其中,对农村商业银行的评级工作为首次开展,之后每年对辖内各法人机构进行信息科技和数据质量监管评级工作。2014 年 2 月至 3 月,参加原山东银监局信息科技监管处上办的 EAST 系统①监管数据标准化规范 2.0 细则制定工作,制定标准化规范的实施细则并下发全省参照使用。2016 年 8 月 16 日至 9 月 8 日,开展 2016 年执法监察工作,检查范围涉及 2015 年 1 月 1 日至 2016 年 6 月 30 日受理的 121 项行政许可事项。创新警银联动机制,2014 年与日照市公安局联合开展了防范和打击网络电信诈骗"警银联动"活动,建立了警银联动机制。2017 年,加大担保圈识别系统在辖区银行业的推广应用。全年共开通部门账号和机构账号 32 个,将担保圈图谱和数据共享到辖区各家机构,是担保圈分析的有力工具。2017 年和 2018 年,全方位推进 EAST 应用,成效显著。一是成立 EAST 应用小组,每周牵头进行案例讲解和模型设计,重点讲解深入整治市场乱象的违规点和模型。二是以劳动竞赛为推进抓手,不断优化团队人才培养机制,以"赛、考、讲"为提升手段,激发团队学习主动性和积极性,本次劳动竞赛,分局有 1 人获全省第二名、4 人进入全省前 30 名。三是持续优化模型设计,按照能用尽用的原则,在多个现场检查项目中建立专题小组,让系统应用渗透到每一个检查环节。

(四)银行保险双重监管体系确立阶段(2018 年 12 月至 2019 年 12 月)

1. 保险行业全面纳入监管范围

合并成立日照银保监分局。2018 年 5 月,为深化金融监管体制改革,优化监管资源配置,逐步建立符合现代金融特点、统筹协调监管、有力有效的现代金融监管框架,根据《国务院关于提请审议国务院机构改革方案的议案》的规定,

---

① EAST 系统是指现场检查分析系统。

2018 年 12 月 26 日，中国银行保险监督管理委员会日照监管分局正式挂牌

组建中国银行保险监督管理委员会，不再保留原银监会、保监会。同年 12 月，日照银保监分局完成合并工作，正式挂牌成立。

全面履行保险监管职能。银保监管合并后，2019 年 5 月，山东银保监局正式下放保险监管事权，日照银保监分局高标准、严要求推进保险监管工作，不等不靠，快速调整工作，进入监管角色。在全面摸清辖区保险机构底数的基础上，多维度入手设计形成辖区保险机构概览、制作辖区保险市场统计月报，便于监管工作有序开展。注重与市保险行业协会的沟通对接，多次召开对接会议，交流研讨辖区保险业情况、行业管理等问题。重拳推进现场检查，每月选取一家保险公司开展"报行合一"专项检查，对发现的问题严格处罚问责，同时开展对其他多家保险机构的全面检查，着力推动保险机构规范经营。组织各保险机构开展以全员集中培训、全员测试、"践行行业规范，提升服务水平"主题宣传、主流媒体报道、亮点信息等为主要内容的保险规范建设"五个一"系列活动，有效强化了保险从业人员的规范意识。

2. 银行保险业规范化水平不断提升

深入开展"行业规范建设年"活动。2019 年，在银保监管开元之年，为协同推进全辖区银行保险机构落实好中央金融改革工作部署、习近平总书记"规范金融运行"指示精神、银保监会工作部署和省委省政府"工作落实年"的要求,根据山东银保监局的安排部署,日照银保监分局在全辖区银行保险机构开展"行业规范建设年"活动。活动以"打基础、强基本、重基层"为工作基调,以"立规矩、订规章、明规则、树规范"为工作目标,通过集中开展"行业规范建设年"活动,初步构建起辖区银行保险行业道德规范、行为规范、服务规范、管理规范。辖区各银行保险机构将"行业规范建设年"作为全年的工作主线积极推进,平安人寿日照中心支公司开展"不忘初心、牢记使命"主题党建活动,组织员工参观日照市抗日战争纪念馆,缅怀革命先烈,将党建融入日常工作中,发挥党员先锋模范作用,夯实自身道德建设;日照银行持续编发《审计监督快报》,通过及时整理监管罚点和案例,重点分析苗头性风险问题,打造"重合规、守合规、行合规"的合规管理氛围,着力实现行为规范;工商银行日照分行在全辖区网点组织"看监控、查问题、找亮点"服务提升活动,全面提升服务质效;各农商银行全面梳理评价现行制度规范和业务流程的科学性、严密性、完整性,充分发挥制度"防火墙"作用,从源头上防控风险。2019 年,辖区各银行保险机构共完善从业人员行为管理制度 195 件,完善合规制度 612 件,共涉及 699 个环节,开展合规宣讲、知识竞赛等 3524 次,合规测试 192 次,打造了以"令行禁止"为核心内涵的合规文化;进一步加强内控管理,对关键制度、关键问题和关键人员开展内部检查 341 次;持续加强金融消费者权益保护,将消保工作从后端投诉处理逐步扩展至经营全流程。收到消保投诉争端 1383 件,解决 1332 件,解决率达 89%。通过"行业规范建设年"活动,全辖区银行保险机构的规范化水平得到进一步提升。

纵深推进"巩固治乱象成果 促进合规建设"工作。2019 年,日照银保监分局在全辖区银行保险机构开展"巩固治乱象成果 促进合规建设"活动,为打好防范化解金融风险攻坚战、推动银行保险业实现高质量发展打下坚实基础。日照银行开展"监管评级问题销号晋级"活动,对公司治理、风险化解等领域的问题逐一挂牌销号;各农商行开展"风险大起底""股权规范整治百日攻坚行动"等工作,提高经营管理规范化水平。保险机构深入开展从业人员执业登记数据清核、数据真实性乱象整治以及 4S 店兼业代理机构捆绑销售车险乱象整治等活动,全辖区银行保险业违规乱象得到初步遏制,市场环境得到进一步优化。辖区对 2018 年整治乱

2019年9月27日,"迎70华诞　树行业新风"——日照市银行保险机构"行业规范建设年"观摩交流会举行

象工作中发现问题的整改率达92.74%,较去年末提升10.1%;2019年各机构开展排查和内部检查341次,发现问题整改率已达91.11%。辖区各法人机构切实加强"两会一层"等治理主体履职尽责,通过增强内部控制的充分性和有效性,提升机构内控合规水平。各机构强化内部控制架构建设,建立起科学明晰的业务授权体系;强化内部控制制度流程建设,对各项业务活动制定全面、系统、规范的业务制度和管理制度,严格执行会计准则与制度,确保信息系统的有效性;强化内部控制的动态完善机制,建立健全对内控充分性和有效性的评价体系、问题整改机制和管理责任制;强化合规文化培育,引导员工树立合规意识,推行诚信与正直的职业操守,将合规文化作为企业文化建设的重要内容。通过"巩固治乱象成果　促进合规建设"活动,辖区银行保险机构的合规根基得到进一步巩固、金融生态得到持续优化、服务实体经济水平和能力得到稳步提升。

3.金融支持经济高质量发展态势更加明显

更多资金惠及实体经济。日照银保监分局紧紧围绕日照市"一三五"总体发展战略和"五城同创""十大突破"发展布局,积极推动新旧动能转换,引导辖区银行机构围绕战略性新兴产业、现代农业等重点领域和重点项目加大对接力度,确保项目对接到位、资金投放到位。同时强化银行保险协同发力,充分发挥保险的社会"稳定器"、经济"助推器"、风险"减震器"作用。

营商环境不断优化。日照银保监分局推动辖区银行业积极深化"便捷获得信贷行动",进一步建立健全限时审批制度。据统计,辖区1千万元以下新授信、有抵押的小微企业新增贷款平均办理信贷所需环节、时间以及所需材料等主要指标居全省各地市前列。联合市自然资源和规划局等部门,在全省率先推行不动产抵押登记业务"一站式办理",实现了不动产抵押登记从"多次办完"到"一次办好"。截至2019年末,该业务模式已推广到辖区18家银行机构,累计办理业务1.51万笔,涉及金额56.06亿元。该模式使不动产抵押登记业务的办理时间由原来的2～3天缩短到最快半天。与自然资源和规划、住建等部门协作,推广不动产抵押登记业务"不见面服务"和"两进模式",实现不动产抵押登记业务电子登记、全市通办,以及预购商品房预告登记申请进售楼处、预购商品房抵押

2019年4月28日,日照银保监分局会同日照市自然资源和规划局组织举行不动产抵押登记全程电子化暨电子不动产登记证明启用仪式

金融支持民营和小微企业发展暨合作签约活动

2019.11.5 中国·日照

2019年11月5日,在日照市举办的金融支持民营和小微企业发展暨合作签约活动上,发布了由日照银保监分局与日照地方金融监督管理局、中国人民银行日照市中心支行联合印发的《关于公布无还本续贷企业(300家)白名单的通知》

预告登记进银行,实现不见面受理,流程无缝衔接。

普惠金融深度覆盖。日照银保监分局积极发挥好监管考核的"指挥棒"作用,督促辖区银行健全内部激励机制,完善尽职免责工作实施细则,提高不良贷款容忍度,增强支持小微企业发展的内生动力。联合市金融监管局、市人民银行建立无还本续贷企业"白名单"制度,分两批共确定300户企业开展试点,推动小微企业贷款持续增长。推动信贷资金向"三农"领域倾斜,加大对农业"新六产"的投放力度,以全产业链方式介入客户金融需求。指导全市各农商银行开展新一轮文明信用工程,完成整村授信930个,用信户数达2.67万户、金额14.47亿元。积极推动辖区保险业机构探索开展茶叶、苹果、网箱及生猪价格指数等商业保险产品,保障农民利益。辖区保险业为全市41.7万名职工提供1244.09亿元职工补充医疗保障及829.39亿元大病医疗保障,已赔付3517万元,充分发挥了保险机制的保障作用。

二、日照市银保监事业发展成就

日照银保监事业在市委、市政府的领导下,监管体系日益完善,辖区银行保险业金融体系不断健全,服务经济社会发展的作用不断增强,安全形势持续稳定,取得了令人瞩目的丰硕成果。

(一)银行保险监管队伍建设、体制建设得到加强

日照银保监分局自 2003 年成立以来,监管力量日益壮大,现有员工 39 人,内设办公室(党委办公室、党委宣传部)、人事科(党委组织部、工会、团委)、纪委办公室、现场检查科、统计信息与风险监测科、大型银行监管科、中小商业银行监管科、农村银行机构监管科、保险机构监管科 9 个科室,下辖莒县、五莲 2 个监管组,监管范围从建市时的 11 家银行业金融机构增加到 2019 年末的 34 家银行业金融机构、44 家市级保险公司和 92 家保险中介机构,监管范围和监管能力日益加强,各项监管法律制度日益完备,监管体制建设得到加强。

(二)银行业金融安全形势持续稳定

持续推进信用风险防控工作。日照银保监分局围绕辖区信用风险处置攻坚这一工作重点,成立信用风险防控领导小组,实行重点风险客户包干处置,落实局领导和监管科室包干责任,推动债权人委员会的组建和运作,约谈各债权人委员会主办行,督促主办行主动联系异地债权银行参与债权人委员会,对签约进度实施定期调度。下发《关于进一步加强辖区债委会工作的通知》,指导日照市银行业协会制定《债权委员会工作考核办法》《银行业机构联合惩治公约》,强化公约效力,推动提升债委会工作成效。加快不良资产处置,组织各机构摸排风险底数,定期调度工作进展,建立了辖区《不良贷款监测台账》《大额授信风险重大事项报告台账》《涉诉企业台账》等;督导各行真实反映处置不良资产的情况,争取政策倾斜,提升风险抵御能力;督导各行尽最大可能争取上级行处置政策支持,落实内部包干责任,用活呆账核销、债权转让、以资抵债等手段加大处置力度。自 2016 年以来,辖区各银行机构累计处置不良贷款近 1000 亿元。

(三)服务经济社会发展的作用不断增强

2003 年末,日照市各项存款余额为 224.13 亿元,各项贷款余额为 211.28

亿元。2019年末,日照市各项存款余额为2678.85亿元,是2003年的11.95倍;各项贷款余额为2545.1亿元,是2003年的12.05倍;辖区保险业实现保费收入22.4亿元,同比增长5.61%;赔付支出13.42亿元,同比增长16.36%,保险覆盖面进一步扩大、保障力度进一步增强。经过16年的发展,日照银保监分局服务日照市经济社会发展的能力明显增强。

(四)普惠金融服务体系不断健全

截至2019年末,日照市各类银行业金融机构总计34家,全国性银行除浙商银行、渤海银行、广发银行外,均已落户日照,大型银行、股份制银行、城商行、村镇银行已经实现县域机构全覆盖,4家农合机构全部改制为农商银行,新设1家财务公司。在营业网点方面,日照银行总行成立小企业金融部,负责小微企业发展规划、营销推动、考核管理、产品研发等职能;辖内大型银行建立支持民营经济组织架构体系,落实普惠金融领域专门信贷政策。工商银行、建设银行、中国银行的日照分行都成立了普惠金融事业部,邮储银行日照市分行设置了专营部门,牵头协调涉农、扶贫及其他普惠金融业务,服务效率进一步提升。农商银行还设立了金融惠民服务站,设有自助服务终端、点钞机等配套设备,能够办理存取款、领取低保、惠农补贴、工资等业务。从保险类金融机构来看,至2019年,全市44家保险公司中,财险类保险公司在县域地区设立分支机构达43家,寿险类保险公司在县域地区设立分支机构36家,且县域地区分支机构数量均远超城区数量,保险金融服务的"触角"不断向下延伸。

三、日照市银保监事业发展的经验

现实是历史的延续,历史是现实的向导。日照市银保监事业发展的主要经验是从日照实际出发,加强组织领导,坚持党建统领,突出监管主业,坚持依法监管和为民监管的宗旨。

(一)强化服务意识,依法维护消费者合法权益

加强信访维稳工作,督促辖区已开办个人投资类金融产品销售的银行业机构按时完成销售专区和录音录像系统建设工作,组织对辖区代理保险业务开展检查,督促有关银行叫停整改销售人员从业资质不健全、出单不合规等问题。结

合信访投诉反映问题,规范个人投资类产品销售以及保险承保、理赔流程等;督导银行保险业金融机构制定落实"首问负责制"的内部管理办法,深化公众金融知识教育服务;组织开展了"金融知识进万家"等金融知识宣教活动,推进提升监管服务,维护消费者合法权益。

(二)突出监管主业,坚守系统性、区域性风险底线

配合市委、市政府政府开展打击逃废银行债务行动。建立打击逃废银行债务组织领导机制,推动银行间维护债权合作。协助日照市市政府起草《致各银行机构及银行从业人员的一封公开信》,下发《关于积极配合落实打击逃废银行债务专项活动的通知》,增强银行业惩戒逃废债行为工作的合力,指导市银行业协会加强与法院执行局合作,共享失信被执行人名单,共同营造"一处失信、处处受限"的高压氛围,持续净化区域金融环境。保持案防高压态势,推动落实案防主体责任。制定了辖区银行业重大案件(风险)约谈告诫制度,推动辖区银行业金融机构落实遏制重大案件(风险)发生的主体责任;推动从业人员提升案防意识和技能,深入开展电信网络违法犯罪打击治理,与日照市公安局深入合作开展"警银联动",防范打击网络电信诈骗行动,强化警银联动。寻求风险化解合力,向市政府作专题报告并向各区县政府分别发函,反映辖区部分银行机构的风险形势和面临的困难,争取政府相关部门的政策支持和帮扶,取得了较好效果。

(三)实施科学引领,持续推动银行业改革发展

推动辖区银行业金融机构体系多元化建设。引导辖区银行业金融机构制定机构发展规划,优化网点布局,下沉服务重心,指导银行业金融机构加快机制转换。引导改革后的农商银行增强战略规划意识,督促各银行业金融机构制定"深化改革三年规划",从业务发展、财务发展、资本管理、风险管理四大方面细化战略目标及措施。推动业务创新发展,指导村镇银行发挥股东作用。引领发起行切实履行大股东职责,通过"三方会谈"制度加强与村镇银行、发起行的沟通交流,及时发现村镇银行潜藏的风险,发起行对相关业务进行风险承接和兜底处置。引导城商行加强内部改革,推进"走出去"的发展战略。

(四)强化组织领导,分步推进风险化解工作

山东省委、省政府对日照市风险化解工作始终高度重视,提供了化解风险

的"工具包""政策包"。市委、市政府事不避难、勇于担当,通过高层沟通、释放一抓到底的强烈信号、破除企业重组发展基金落地障碍、统一思想认识和行动等,有力地稳定了各方信心。通过定任务、压担子,有效落实各区县属地管理责任。通过实施各级政府上下联动和部门间的同级联动,形成了化解的工作合力,助推实现了风险化解的"日照速度"。在风险化解中,市委、市政府结合不同时期亟须解决的问题特点,统筹谋划,将处置进程科学地划分为三个阶段,打赢风险化解的阻击战、攻坚战、决胜战。明确各阶段工作目标,并分别围绕稳控局面、分类处置、实现"两个基本完成、一个重新构建"目标有的放矢,制定相应的工作举措,避免了工作的盲目性,成为风险化解工作向前推进的重要途径。

(五)聚焦合规经营,推动银行保险行业规范建设

始终把"规范"作为监管事业长远发展的根本保障,深入推进"行业规范建设""巩固治乱象成果"等相关工作,为监管工作稳步推进和银行保险高质量发展"正本清源"。在省内率先建立"行业规范建设年"半月刊,刊发机构工作进展、亮点案例和困难问题等,部分机构典型做法被各银保机构广泛学习采用。确定2家银行、1家保险机构为"行业规范建设年"样板单位,统一组织各机构到样板单位参观学习和交流经验,取得了互学互促、借鉴提升、激发创新的良好效果。市银行业协会结合"行业规范建设年"组织开展了银行业员工案防知识测试,保险行业协会专门提出打造行业样板、全面推动落实等工作要求,营造了深化行业规范建设的浓厚氛围。指导日照银行开展"监管评级问题销号晋级"活动,组织农商行开展"风险大起底""股权规范整治百日攻坚"行动,深入推进保险从业人员执业登记数据清核、数据真实性乱象整治等,推动提高经营规范化水平。针对中小银行人员频繁流动、机构间信息不对称等问题制定《从业人员流动公约》,从录用、培养、离职审查等方面制定16项细则,约束频繁"跳槽",稳定行业队伍。根据辖区5家村镇银行业务和风险特点,按"重点监管""重点监测""指导发展"三类落实分类监管,实现精准发力。

(六)全面从严治党,深化基层党建工作

在山东银保监局党委和市委、市政府的正确领导下,日照银保监分局充分发挥党建统领作用,积极践行监管理念,健全监管组织体系,加强监管能力建

设,推进银行保险业发展,切实防范化解金融风险,提高了辖区银行保险业监管水平。在日照银监分局组建的过程中,面对千头万绪的工作任务和"非典"疫情,分局党委充分发挥了党组织的凝聚力,强化干部队伍思想政治工作,迅速稳定了干部队伍,在较短时间内顺利完成了机构组建,并确保了组建过程中银行监管工作的有序衔接。在推进辖区银行业改革的过程中,发挥引领作用,召开党委会研究改革事项,党委成员分工靠上、推进督导,重大问题由党委出面沟通汇报,指导辖区城商行不断深化股份制改造,农信社成功改制为农商行,村镇银行法人机构不断完善公司化治理,辖区银行业组织体系不断健全完善。在应对国际金融危机的过程中,原日照银监分局党委及早预判形势,提出防范贸易融资风险"一单一控"原则,制定防范贸易融资风险"十三条"规范,指导辖区银行业机构从严审查贸易融资背景真实性,合理设置授信期限,严防信贷资金被挪用。在处置化解贸易融资风险和打击逃废银行债务工作中,分局党委牢固树立"四个意识",将该项工作列入重要议事日程,督促银行机构加强向上级行争取政策支持,加大向市政府的汇报力度。自2014年下半年贸易融资风险集中暴露以来至2019年末,辖区银行业累计处置不良贷款950亿元,重点企业风险化解基本完成,面上风险化解取得明显成效,实现了风险化解的"日照加速度"。在保险行业监管发展的过程中,日照银保监分局不等不靠,快速调整工作进入监管角色,从零开始制定一系列制度,为抓紧抓实保险监管提供了强有力的保障,推动保险监管成效初显。在强监管、治乱象的过程中,日照银保监分局党委不断坚定"监管姓监"的政治站位,带头加强政治理论学习和监管业务学习,创新开设"灯塔课堂"等学习培训,不断提高实务操作能力,切实提升监管本领,真正做到恪尽职守、敢于监管、精于监管、严格问责,履行好法定监管职责。

执 笔 人:孔昱程　刘倩倩

审 稿 人:蒋代明

撰稿单位:日照银保监分局

日照市气象现代化建设的历程

　　气象事业是经济建设、国防建设、社会发展和人民生活的基础性公益事业。改革开放初期,日照气象部门人员少、仪器简单,业务和服务手段单一,办公和生活条件艰苦。党的十一届三中全会后,日照气象部门及时传达中央会议精神,调整领导体制,建立了基本业务、有偿服务、综合经营"三块"事业结构,工作重点逐渐向气象现代化建设转移。气象现代化是气象支撑经济社会发展、生态文明建设和保障人民安全福祉的重要基础,是气象综合实力不断提升的重要标志。日照的气象事业不断发展,科技实力显著增强,基本建成了较为完善的气象业务与服务、管理体系和防灾减灾体系。

一、日照市气象事业调整探索阶段(1978～1991年)

(一)气象管理体制的调整

　　改革开放前,日照市气象部门以地方领导为主,人财物等归驻地政府管理,业务由上级气象部门指导。这种体制与气象工作高度分散、高度集中的特点不相适应,突出表现在气象服务不适应经济发展的需要,基础业务不适应气象服务的需要,气象科技不适应气象业务的需要,业务管理不适应气象事业现代化和业务工作的需要,后勤保障不适应全面发展的需要。1954年12月日照气象站建立,由山东省气象局领导;1958年8月体制下放后隶属日照县政府,由县农业局代管;1964年7月体制回收后隶属气象部门;1971年1月实行军事部门与地方政府双重领导,改由日照县人民武装部领导;1973年8月始由日照县革命委员会领导；1980 年 5 月 17 日,国务院批转了中央气象局《关于改革气象部门管理体制的请示报告》,将气象部门的管理体制改成"气象部门与地方政府双重领导,以气象部门领导为主",隶属临沂地区气象局和日照县人民政府领导。

20世纪60年代的日照气象观测场

(二)气象基本业务的调整

一是气象观测业务。日照气象观测站为国家基本观测站,地面观测项目有云、能见度、天气现象、空气温度、空气湿度、降水、蒸发、风、地温、冻土、雪深、雪压、气压、日照等;每日 8、11、14、17、20 时观测 5 次;参加国际天气资料交换。1980 年 1 月 1 日增加电线积冰观测;1989 年,地面气象观测开始使用 PC-1500 计算机编发气象电报;农业气象观测开展土壤水分观测。二是气象预报和服务业务。改革开放初期,气象部门利用广播、电话、简报等传播长、中、短期预报。长期天气预报提供未来 10 天以上的天气变化趋势,有月、季(包括重要农时季节、汛期等)等多种预报,主要内容是旱涝趋势和冷暖趋势,如月、季的总降水量、平均气温等。中期天气预报提供未来 10 天(旬)的天气预报,主要是天气过程、降水量、平均气温、极端最高气温或极端最低气温。短期天气预报主要提供未来

24、48 小时的晴雨、最高气温、最低气温及风向风速。1980 年,开始应用数值预报产品 MOS 预报;1983 年起开始接收北京、日本的传真天气图;1986 年配备省—地、地—县甚高频电话,地面气象观测用 PC-1500 计算机编发气象电报,为地县党政领导安装了微机服务终端。

(三)有偿服务和综合经营的尝试

改革开放初期,气象部门的全部服务都是无偿的。随着社会主义现代化建设的发展,一些单位迫切需要气象部门为其量身定做针对性强、更具体、更细致的服务。鉴于当时国家对气象部门的资金安排只能维持公益服务的需要,1985 年 3 月,国家气象局在总结广东气象台站开展有偿服务经验的基础上,向国务院呈送了《关于气象部门开展有偿服务和综合经营的报告》。1985 年 3 月 8 日,国务院办公厅转发了这个报告,允许气象部门在做好无偿公益服务的同时,逐步推行有偿专业服务,并围绕气象事业发展开展综合经营。1987 年,日照气象部门认真贯彻落实文件精神,在做好公益服务之外,积极开展气象科技服务,针对县政府、乡镇、村及渔业生产、港口等用户提供气象情报服务,主要采用寄送气象旬、月天气预报和生产建议文字材料以及电话告知 1 ～ 3 天短期天气预报等服务方式。建成无线气象警报广播系统,主要面向沿海渔业生产开展有偿服务,为用户提供每天早、中、晚 3 次气象服务节目。节目内容包括天气预报、气象知识、气象生活服务等,节目时长 20 分钟。有偿专业服务和综合经营扣除成本费用的纯收入部分用于技术开发、改善技术装备,初步弥补了气象现代化建设的经费缺口,拓宽了气象部门的视野。

二、日照市气象事业发展提高阶段(1992 ～ 1999 年)

(一)行政管理职能的加强

1995 年 12 月,经山东省气象局和日照市人民政府协商,报中国气象局批准,日照市气象局由县级局(站)升格为地级市气象局(台);1996 年 2 月成立日照市气象局升格筹备领导小组,日照市人民政府投入 60 万元作为启动资金,用于气象业务现代化建设。1996 年 5 月 18 日,日照市气象局挂牌成立,原分别属于临沂地区气象局的莒县气象局、潍坊市气象局管理的五莲县气象局划归日照市气象局管理,实行以气象部门为主、气象部门和地方政府双重领导的管理体制。地和县气象部门的业务、服务、财务和干部管理等由山东省气象局统一管理,党团工作、生活管理归地和县党政部门领导。调整后的地区气象局内设办公室、业务科、政工科、预报科、纪检组,辖莒县、五莲县气象站。1996 年底,全市气象系统共有在职职工 68 人。气象部门逐步完善规章制度和运行机制,规范管理、严格考核,形成了运转高效的管理机制和公正透明的监督机制。

日照市气象局观测场全景(1999 年)

(二)气象业务系统的完善

一是气象综合探测系统。1996 年,日照气象观测系统增加了莒县国家基准气候站、五莲国家一般气象站地面气象观测业务和莒县国家农业气象基本站观测业务,莒县开展辐射观测和作物、物候观测业务。1999 年 1 月 1 日,日照国家基本气象站迁至市区山东路 687 号,并于同年 4 月 1 日增加 EL-1 型蒸发器观测,初步建立了日照市气象观测系统。国家基本观测站昼夜守班,观测内容包括云、能见度、天气现象、气压、温度、湿度、风、降水、蒸发、雪深、雪压、日照、冻土、地温、电线积冰,每 3 个小时向北京气象中心发电报 1 次,参加东亚气象资料交流。二是气象信息网络系统。1995年10月,建成气象信息产品服务终端、微机局域网和卫星云图接收处理系统、GMS-5卫星云图接收处理系统。建成9600bps气象信息广域网和到山东省气象局的拨号网络,实现气象信息省—市—县三级传输。根据中国气象局《气象卫星综合应用业务系统》("9210"工程)的安排,日照市气象局于1997年建立气象信息卫星通讯VSAT小站,初步建成以卫星通信为主、地面通信为辅的市、县气象信息网络系统。三是基本气象信息加工分析预测系统。1992年,天气预报实现自动填图,由自动设备代替人工分析;1998年,天气预报资料通过"9210"系统信息化,建成MICAPS工作平台,形成以党政领导、公众、专业用户为对象,以长、中、短期天气预报以及温情、雨情、墒情、灾情及作物苗情监测信息为主要内容的气象服务体系。2002年,天气预报项目增加城市空气污染气象条件等环气象预报、沙尘天气预警、紫外线预报、空气质量预报、一氧化碳中毒气象潜势预报和霾预报,开展概率天气预报。四是综合气象服务系统。市县气象部门通过手机短信、电话、传真、互联网、政府决策服务网及纸质简报向政府领导提供决策气象服务;通过电视、广播、报纸、互联网等媒体向公众提供重要天气预报、警报、预警信号。

(三)气象科技服务与产业的发展

气象科技服务与产业的发展。1996年7月市气象局升格后,除继续维持天气警报器专业服务、避雷针检测业务外,依据《国务院关于进一步加强气象工作的通知》等文件精神,先后开展了施放氢气球、拱门、电子礼炮等庆典服务业务,依托电视天气预报节目开展广告业务,拓展日照港、岚山港及电力等企业的专业气象服务项目。1996年7月11日,电视天气预报节目在日照电视台开播;1998年,莒县、五莲县实现电视台天气预报节目在地方电视台播出,节目制作使用微智达天气预报制作系统,配音加图像录制到录像带,然后送录像带到电视台,成为公众气象服务的主要手段。1996年6月与电信局合作开通气象预报"121"电话自动答询系统,系统平台由电信局提供。1996年后,防雷检测业务逐步规范,每年对重点行业、重要设施、中小学校及城区建筑物等防雷设施进行全面安全检测服务。1998年成立防雷专业技术服务机构,主要服务项目有防雷工程图纸设计、施工、竣工验收、防雷装置年检、雷击事故鉴定等。1999 年开始通过气象寻呼台向用户提供气象预报文字信息。有偿专业服务的收入进一步缓解了气象事业维持和发展的资金短缺，提高了气象服务的针对性，检验了气象服务能力。

三、日照市气象现代化全面推进阶段（2000 ～ 2019 年）

（一）全面提升行政管理职能

2000 年 1 月 1 日，《中华人民共和国气象法》正式实施，是我国第一部规范社会气象活动和行为的法律；2006 年《关于加快气象事业发展的若干意见》印发，为日照市气象现代化奠定了法制基础。日照市气象部门提出了"公共气象、安全气象、资源气象"的发展理念和建设"一流装备、一流技术、一流人才、一流台站"的目标，依法发展的理念得到加强。根据山东省气象局安排，全市 2 个县气象机构实行一个机构两块牌子，既是气象局，也是气象站。2002 年气象行政审批纳入日照市政府行政审批大厅，行政审批项目、时限等面向全社会公开，行政管理工作进一步规范。2008 年建成日照气象应急管理平台，实现与市应急管理平台的互联互通和资料共享。2012 年，市政府印发了《关于建立日照市气象灾害防御工作联席会议制度的通知》。2012 年第 10 号台风"达维"影响日照期间，市气象局圆满完成了防台气象服务。2015 年，气象与水利、水文部门数据共享，由气象部门统一发布雨情。市气象局被纳入市农村工作领导小组、安委会、突发事件应急管委会等综合协调机构，与应急办、环保、城管等 27 个部门加强了防灾减灾联动。2017 年争取市财政资金 400 万元，组织完成 53 个区域的自动气象站升级换代工作。2018 年加快发展"向海经济"行动计划，提升海洋气象监测预警能力；申请并实施海洋一期工程，完成海岛自动气象站建设的各项准备工作。2019 年，发挥气象在推进政府治理体系和治理能力现代化中的重要作用，加快推进地方气象法规、政府规章的清理修订和立法工作，推进《日照市气象设施和气象探测环境保护办法》的颁布实施，做好行政规范性文件的合法性审核，不断健全气象法治体系。深化气象领域"放管服"改革，推进行政审批"一网办理"，提升政务服务质量和效率，切实减轻企业负担，不断优化营商环境。

2019 年日照市气象局办公大楼

2019 年日照国家基本气象站全景

(二)全面提升基本气象业务能力

一是气象观测。2002 年,全市 3 个国家级气象观测站建成自动气象观测站,实现了大气温度、空气湿度、气压、降水、地温、风向和风速等观测项目的自动化观测;2003年1月1日,市气象局开展酸雨观测;2004年增加紫外线观测任务。2006年新建区域气象站30个;2008年,莒县、五莲增加GPS\MET水汽监测;2009年新建风能源观测塔1座,海上气象浮标1个。2012年、2014年新建土壤水分自动观测站4个,2013年、2015年新建设施农业小气候观测站2个。2007年至2013年期间,新建区域气象观测站50个;2015年1月,全市国家级气象观测站新建新型自动气象站,增加能见度观测仪,实现能见度自动观测。日照国家基本气象站迁至山海路北(南距清大华创440米),建成了气象观测场高清实景监控系统;新建1个气溶胶观测站。通过全面推进气象现代化建设,气象观测系统日臻完善,实现了乡镇、重点区域气象监测全覆盖,实现了由地面到高空、海洋的立体气象观测网络,气象观测能力和水平实现了质的飞跃。二是气象预报。2002年开展紫外线等级、森林火险等级、舒适度、医疗气象、穿衣指数等预报;2003年10月,开始制作发布海洋天气预报;2004年开展短时临近预报和空气质量预报,并安装等效雷达用于短时临近预报和短期预报;2005年开展了CO_2中毒潜势预报、霾预报和地质灾害等级预报,同年,预警信号开始发布;2006年开始制作上级指导预报订正预报和雷电潜势预报;2007年使用DVB-S接收卫星云图。2004年建成省—市电视会商/会议系统,解决了省市天气会商的问题;2006年建成市—县电视会商/会议系统,并配备了DLP大屏幕显示系统,实现了省—市—县三级电视会商;2012年完成市县会商系统升级改造;2017年完成省—市—县高清会商系统建设;2005年6月份开始用手机短信为党政领导服务,并逐渐形成了通过决策服务网站、电子邮箱、手机短信、简报、公报等多种方式为市、县、乡、村党政领导服务,通过电视、广播、报纸、电子显示屏、微信、微博、手机客户端开展公众气象服务的服务模式。三是人工影响天气业务。2000年,日照市人民政府成立人工影响天气领导组织机构,2003年开始开展人工影响天气作业。2003年至2006年,莒县、五莲县政府先后成立人工影响天气领导组织机构,开展人工影响天气作业。2002年全市仅有一部流动作业火箭车,年发射火箭30余发,增雨6次;2012年发展到拥有6部火箭车,全市开展人工增雨作业14次,防雹作业3次,发射火箭弹231枚。据初步统计,2011年至2015年,共组织人工增雨(雪)、人工消雹作业63次,出动流动火箭车337辆次,参与

2008年4月1日,日照市气象局装备保障中心利用移动气象台为全运会提供气象服务

2019年6月11日,日照市气象局装备保障中心工作人员对海上浮标站进行维护

指挥和作业人员 1296 人次，发射火箭弹 2800 余枚。在增加降水、改善生态环境、缓解旱情、服务农业、增加效益等方面都取得了显著成绩。在 2014 年"5·6"九仙山森林大火和 2015 年"7·16"岚山石大科技着火爆炸事故中，市人工影响天气办公室主动出击，积极参加应急救援，抓住有利时机，行动迅速，积极争取空域管理部门支持，及时增雨，为扑灭火场和净化空气起到了积极作用。2016 年 3 月 18 日，日照市人民政府组织召开了日照市人工影响天气现代化建设推进会议，就全市人工影响天气工作作出了全面部署，提出了工作要求。2016 年 4 月 5 日，日照市机构编制委员会批复同意设立日照市人民政府人工影响天气办公室和政府购买服务事项。日照市人民政府人工影响天气办公室的成立，开创了日照人工增雨工作的新局面，为日照市人工影响天气工作的组织协调、技术培训、人影装备和弹药订购、供应及调拨。以及全市人工影响天气作业装备和通信设备进行年检、维修、维护等提供了有力保障。按照《政府向社会购买服务管理办法》的规定，市气象局流动火箭作业车作业、人工影响天气作业弹药储存和运输等事项通过政府购买服务的方式解决，为日照人工增雨事业打下了坚实基础。2015 年，全市投入人工影响天气维持经费 134 万元，专项经费 550 万元，分别在莒县、五莲县建设了 8 个标准化作业站点和 4 座增雨雪燃烟炉。2016 年又投入 500 万元在东港区、岚山区建立 8 个标准化作业站点和人工增雨效益评估监测站。2019 年，全市拥有标准化作业点 16 个，流动作业点 23 个，作业区域实现全覆盖。

（三）有偿服务和综合经营的发展与终止

随着传呼机、手机等通信工具的出现与普及，日照气象部门的天气警报机服务逐渐萎缩，至 2000 年停止运行。为保障经费，日照气象部门于 2003 年开展手机气象短信发布业务，气象科技服务的内容从单一的天气预报发展到各种生活指数预报。2000 年起依法开展雷击事故鉴定，组织防雷知识培训、雷电灾害调查评估、防雷检测监督检查；2001 年起开展防雷工程设计、施工、安装等业务，成立日照市防雷有限公司，开展防雷工程施工，具有乙级资质。2003 年起开展建筑物图纸审核和竣工验收服务业务。2006 年，在原有的 2 分钟晚间天气预报节目的基础上，增加了 4 分钟的早间、午间和晚间电视气象节目，分别在日照综合频道、公共频道、科教频道播出；增加了出镜主持人的录制，每周录制 3 次气象知识,在4分钟的早间、午间和晚间天气预报中播放。2006年后,日照市县气象部门逐渐主动停止施放气球服务。2007年完成了虚拟演播室系统建设,虚拟演播室的启用使节目质量有了很大的提高。2007年8月开始为五莲、莒县气象局制作电视天气预报节目,有力地提高了县一级的电视天气预报节目播出质量,更好地树立了气象部门的整体形象。2011年,实现了天气预报节目的光缆传输。2014年开始,日照气象部门落实上级行政审批制度改革的要求,开展涉及防雷行政审批的中介服务清理,将防雷装置设计技术评价和新建、改建、扩建建(构)筑物防雷装置竣工检测工作委托有关机构开展,不再向行政相对人收取费用,取消了雷电灾害风险评估等有偿服务。2016年继续取消气象部门防雷专业工程设计、施工单位资质许可等服务,主动与住房和城乡建设部门沟通,按上级要求做好将房屋建筑工程和市政基础设施工程防雷装置设计审核、竣工验收

位于帆船基地的自动气象站

许可等服务整合纳入建筑工程施工图审查、竣工验收备案的协调工作,并与水利、交通运输等相关行业主管部门对接,细化清单、明确责任。同时,全面开放防雷装置检测市场,鼓励社会组织和个人参与防雷技术服务,加强市场监管。有偿气象服务和综合经营完成了保障气象事业发展的使命,正逐步退出历史舞台。

四、日照市气象现代化建设取得的成就

(一)建成较为完善的现代化综合气象观测系统

截至 2019 年,日照市建成由 3 个国家级气象站、87 个无人值守区域自动气象站、7 个土壤水分自动观测站、2 个 GPS/MET 水汽观测站、2 个港口能见度观测站、1 座海洋气象浮标站、1 部应急气象服务车和 1 套"综合气象观测网络运行监控与应用平台"组成的现代化综合气象观测系统。完成现代农业气象服务保障工程、海洋气象综合保障工程、山洪地质灾害气象保障工程等项目的建设。为政府科学指挥防灾减灾救灾,人民群众及时防灾避险,提供了强有力的科学支撑。

(二)建成精细化气象预报预警业务体系

以省—市—县灾害性天气监测预警平台为支撑,充分利用气象卫星、天气雷达、自动气象站等资料建立了暴雨、强对流、寒潮、高温、大雾等灾害性天气的监测预警业务,灾害性天气监测报警、灾害预警联防以及灾害性天气落区预报能力不断提升。不断加强对本地灾害性天气客观规律和预报方法的研究,加强数值模式产品释用、综合信息集成、天气形势分析、灾害风险预警服务,预报准确率稳步提高。完成国家突发事件预警信息发布系统的建设,保障预警发布业务稳定高效运行。完成全市气象灾害预警信息接收人信息更新,确保预警信息及时送达。结合机构改革的要求,与原有 15 个接入部门重新开展对接。

(三)建成较为完善的现代化人工影响天气体系

全市建成 16 个标准化人工影响天气作业点,启用全市人工影响天气安全管理平台,全部完成人工影响天气物联网建设,实现对库房存储、火箭弹运输及人工影响天气作业全部环节的跟踪及智慧管理;开展人工影响天气安全巡检,在全国人工影响天气安全检查中获得优异成绩,工作经验在全省推广。开展人工影响天气"大竞赛、大比武"活动,理论培训、实际操作、技能比武结合起来,做

2019年5月8日，时任山东省气象局党组书记、局长史玉光（右三）到日照调研气象为农服务情况

到培训有成果、操作更规范、安全有保障。

日照市气象局坚持以习近平新时代中国特色社会主义思想为指导，坚决贯彻落实党的十九大决策部署，深入谋划和全面推进新时代气象现代化建设、改革发展和全面从严治党。大力推进气象现代化建设，发展更好地服务群众、惠及民生的气象服务。坚持"以人为本、无微不至、无所不在"的气象服务理念，运用物联网、云计算、大数据等现代化信息技术，实现气象服务的广覆盖和高质量发展。围绕推动生态文明建设、提升防灾减灾救灾能力、应对气候变化、脱贫攻坚、乡村振兴战略、军民融合战略等一系列目标任务，谋划气象服务、业务、科技、管理体制改革。奋力推进更高水平的气象现代化建设和新时代气象事业的高质量发展，为日照经济社会高质量发展贡献力量。

执 笔 人：张建军

审 稿 人：郑美琴

撰稿单位：日照市气象局

日照市岚山区水利事业发展历程

日照市岚山区自设立以来,工农业发展迅速,城镇化步伐加快。水资源是制约全区社会经济发展的重要因素。大气降水是境内地表水的主要来源,岚山区地形西高东低,河道纵深较短,水资源拦蓄条件差,水资源总量不足,资源性缺水是岚山区的基本区情。全区多年平均降雨量897.8毫米,多年平均水资源总量2.51亿立方米,其中地表水资源量2.22亿立方米,地下水资源量为0.59亿立方米(重复计算量为0.3亿立方米)。人均占有量591立方米,不到全国人均占有量的1/4,远远低于世界公认的人均1000立方米的最低安全保障线。山区丘陵区地下水主要是裂隙潜水,分布在碑廓、虎山、巨峰、黄墩等山区;平原区主要是孔隙潜水,分布在沿海及绣针河、龙王河两岸地带;地下水主要贮存于各类沙层的空隙中,主要靠大气降水补给。加大蓄水措施,合理利用水资源,保障城乡居民供水和工农业用水,是岚山区水利事业发展的主要任务。

一、改革开放初期(1978 ～ 1993 年)

党和政府历来重视水利事业和防灾减灾工作,作为保障民生、发展生产的重要工作常抓不懈。改革开放后,原有的水利设施和农田水利建设成果发挥了重要作用。改革开放初期,由于农村组织形式的改变,政府在缺乏大型机械和新技术工艺及新的组织形式的情况下,无法与以往一样组织大会战兴修水利。除河道整治和堤防岁修外,新建水库塘坝很少。改革开放10年后,随着新的管理模式的逐渐成熟、大型工程机械的普遍运用和管道输水、喷灌滴灌等新技术工艺的运用以及小流域治理开发等措施的实施,水利事业进入新的发展阶段。

(一)防汛抗旱减灾工程建设及管理工作

1.水土流失治理

1981年至1989年,随着农村联产承包责任制的实行,按国务院颁布的《水土保持条例》和日照市《水土保持普查区划规划》大纲的规定,各乡镇街道有计划、有步骤地进行水土保持工作,重点开展小流域治理。

梭罗树小流域位于虎山镇西北部,总面积33.5平方千米,其中水土流失面积25.5平方千米,涉及16个行政村。自1985年开始重点治理。治理前,水土流失微度面积占0.5%,轻度占27.6%,中度占67.5%,裸岩面积占4.4%。根据"防治并重,治管结合,全面规划,综合治理"的方针,实行工程措施与生物措施相结合的办法,分期治理。封山造林2平方千米,同时整修水平梯田142亩,建拦砂蓄水谷坊69座。治理后,森林覆盖率达到75%以上,植被覆盖率86.5%,水土流失程度大大减轻。

峪子小流域治理位于中楼镇西南部山区,包括彭家峪、崔家峪、两山口、蒋家峪、马家峪5个村,面积15平方千米,1984年规划莒县水土保持办公室,中楼乡组织治理。到1988年,共修拦砂谷坊806座,拦水谷坊112座,塘坝20座,整平梯田3.2平方千米,植树造林5.8平方千米,治理水土流失面积12.3平方千米,占流域面积的82%,林草植被率达42.42%,土地利用率达90%,年土壤侵蚀深度由1984年的4毫米减到2毫米,土壤流失量比1984年减少4万吨。完成土石方24.5万立方米,工日19.6万个,总投资33.7万元,其中国家投资7万元,群众自筹26.7万元。1988年域内粮食平均亩产比1984年增加180千克。

2.河道治理

日照市岚山区境内大部分河流呈树枝状发育,河浅源短,河系上游支流密布,河道窄,比降大,自然岸多;下游主河道单一,地势平坦,比降很小,水流缓慢,大部分为人工岸堤。雨汛季节洪水暴涨,如遇海潮顶托,屡有滞洪现象发生。

中华人民共和国成立后,党和政府对河道治理十分关心,始终将其当作水利建设的主要项目来抓。1976年至1980年,日照县先后对傅疃河、龙王河、川子河等主要河流彻底截弯取直、挖河筑堤、修桥建闸,河道防洪能力不断提高。1993 年,由日照市水利勘测设计院设计,虎山乡政府组织施工,对龙王河下游 8 千米的河道进行河床清淤及堤坝加固,1994 年 3 月竣工,投资 120 万元。通过治理,龙王河下游洪涝灾害基本解除。

3.防风暴潮

20 世纪 80 年代前,沿海部分村居曾在集中居住区或养殖生产区域修建防潮设施,或修建木篱笆挡沙防浪,但无统一规划,工程建设标准低,防风暴潮效果较差,岚山区海岸得不到充分开发利用。这一时期应对风暴潮危害的措施,主要是根据天气预报提前预警,组织危险区域人员撤离,加固防潮设施,灾情发生后积极组织抢险救灾,灾后组织恢复生产等。

(二)农田水利、灌溉工程建设发展情况

中华人民共和国成立后,打井抗旱得到党和政府的重视。1950 年至 1953 年,在农闲季节打井浇地的方式,由打土石井发展到打水车井、浅机井、大口井,并在部分地区推行使用铁制水车;1957 年,在高兴乡牟家村进行了井下泉试验;20 世纪 70 年代开始逐渐向机井发展。1976 年,日照县水利局引进人力回转钻,在虎山公社大庄子湖打井成功,水量足,耐使用,很快在碑廓、虎山万亩湖进行推广。

域内水库多数建成于 20 世纪 60 年代,20 世纪 70 年代主要抓了小型水库与塘坝的灌溉配套工程,20 世纪 80 年代后,重点工作为库塘工程管理。

(三)农村供水工程

日照市岚山区山丘面积占岚山区总面积的 62.4%,有些地层如变质岩、火成岩分布区,风化壳发育不深,裂隙少,赋水性差,地下水位受地形影响,随季节变化而变化,地下水不足;碎屑岩分布区主要由细砂岩、泥岩、砂页岩等组成,孔隙性差,遇到干旱年份,水源严重不足,人畜饮水困难。

1978 年 9 月,日照县水利局打井队在虎山公社四门口大队用钻井机打井,三移钻点,于 1979 年打成一口 38 米深的自来水井,砌建石料水塔,铺设铁制管道,总投资 3 万余元。1980 年底,该村全部用上了自来水。1984 年,中楼孟家西楼村在村东打大口井,村集体投资 5 万元,每户集资 30 元,第二年全村吃上了

自来水。其后,各乡镇街道驻地村及沿海村相继打井,建砖结构水塔,开通了自来水。1988 年,在绣针河下游车庄段建供水设施,设计日供水量 1 万立方米,为安东卫街道开通了自来水。

二、系统发展阶段(1993 ~ 2004 年)

1993 年岚山办事处成立,设立水利事业管理机构,岚山水利事业进入系统发展阶段。随着开发区招商引资、大力发展工商业和城市建设加快,岚山区水利工作的重点向保障城市居民用水和工业用水转移。

(一)防汛抗旱减灾工程建设及管理工作

1. 水土流失治理

1993 年至 2003 年,采取工程措施和生物措施相结合的做法,集中连续治理梭罗树小流域,共建塘坝 19 座,修谷坊 729 座,筑路 12 条,整修水平梯田 5290 亩,植用材林 2960 亩、经济林 2203 亩、水保林 13376 亩,总投资 107.7 万元(其中国家投资 3 万元,群众自筹 104.7 万元),治理面积 23835 亩。治理后,林木覆盖率 44.6%,植被覆盖率 87.8%,土地利用率 88.6%,土壤年平均流失量由治理前的 9.83 万吨减少到 3.92 万吨,侵蚀深度由治理前的 2.9 毫米减到 1 毫米。2002 年,流域内粮食平均亩产 450 千克,比 1992 年增加 150 千克。

弯沟河小流域位于碑廓镇东北部,东、北两面环山,中间为丘陵,内有 27 个行政村。流域面积 31.11 平方千米,其中水土流失面积 24.5 平方千米。1993 年到 2003 年共治理流失面积 9.34 平方千米,占流域面积的 38%。修筑拦砂谷坊 194 座,拦水谷坊 83 座,塘坝 56 座,拦河坝 14 座,打大口井 11 眼,整修水平梯田 10.2 平方千米,总投资 48.87 万元(其中国家投资 6 万元,群众自筹 42.87 万元)。治理后流域内林木覆盖率达到 42.6%,土地利用率达到 90.7%,年水土流失量比 1992 年减少 4.48 万吨。2002 年流域内人均收入 2912 元,比 1996 年增加 1412 元。

阿掖山生态旅游工程流域面积 22.4 平方千米,涉及 21 个行政村,内有丰富的旅游资源。自 1993 年开始,为保护自然风景和开发人文景观,对风景区的道路、沟道进行综合治理,修建道路 13.6 千米,治理河道 38 千米,建各类蓄水保土工程 36 项,发展水保风景林 4.4 平方千米。

2.河道治理

自 1997 年至 2003 年,每年对绣针河险工要段进行岁修加固。治理后,中下游主河道行洪流量由原来的 300 立方米/秒提高到 700 ~ 800 立方米/秒,基本解除了洪水威胁。

1993 年,由日照市水利勘测设计院设计,虎山乡政府组织施工,对龙王河下游 8 千米河道进行河床清淤及堤坝加固,1994 年 3 月竣工,投资 120 万元。通过治理,龙王河下游洪涝灾害基本解除。

3.抗旱工作

1997 年,域内发生春、夏、秋相连的严重旱灾,降雨少且时空分布不均。受旱时段主要在 6 月 1 日至 8 月 18 日、9 月 10 日至 11 月 10 日两个阶段。在旱情最严重的夏季,全岚山办事处 10 万亩农作物和 5 万亩经济园林受旱,重旱达 7.5 万亩,山坡小树干死,部分岭坡地玉米、花生苗枯死。120 个村、7.9 万人饮水困难。岚山办事处拨款 16 万元通过绣针河从莒南县大山水库购水 100 万立方米,但因河道渗漏损失和被沿途抢用,水量所剩很少。

水利部门科学调配既有水源,积极开源节流,推广先进节水灌溉技术,兴建应急水源工程。利用机电井 1120 眼,抽水泵站 225 处,水库 13 座、塘坝 70 座,提水设备 1000 余台套,运水车辆 50 部,投入抗旱资金 2000 万元。累计抗旱浇灌面积 27 万亩次,浇果树 375 万株次。

2002 年,春、夏、秋连旱,域内平均降雨量 509.3 毫米。2001 年 11 月至 2002 年 3 月,平均降雨量仅 64.1 毫米。岚山办事处全部小型水库、塘坝蓄水仅剩 88.5 万立方米,占兴利库容的 8%,有 8 座小(二)型水库达到死库容,120 座塘坝干枯,河流断流,15 万亩农作物、4 万亩经济园林受旱。面对旱情,干部群众同心协力抗旱保收,保苗 13 万亩,造墒播种 8.2 万亩,保经济园林 4 万亩。

4.防洪防汛防潮工作

1998 年,岚山办事处安装 ZK-98H 卫星云图接收机 1 台,自动监测预报云图和台风动向,为及时、快捷掌握天气状况和沿海台风走向提供了可靠依据。2001 年,安东卫街道、虎山镇、碑廓镇设置自动雨量站。办事处水利部门根据天气资料,编制各类防汛预案,加强水库塘坝运行调控,岚山工委、办事处实行处级领导包防汛重点工程和部门领导包乡镇防汛工作责任制,采取切实措施,加强抢险救灾和灾后重建工作,有效减轻了洪涝灾害损失。

1999年至2004年,由国家投资,岚山区沿海共进行了五期防潮堤工程建设:第一期,分为岚山头段和虎山段两部分。其中岚山头段位于环海路居与王家庄子之间的潮间带,堤中心线长1.233千米,设计等级为二级,设计标准为50年一遇,采用梯形断面,内外边坡及堤顶三面防护。虎山段自龙王河入海口左岸沿自然沙堤向北至东湖一村坞台,堤中心线长1.439千米,将东湖各村防潮堤联成一体,形成一道防风暴潮屏障,设计等级为三级,设计标准为20年一遇,采用直立式挡土墙防护。工程于1999年7月20日开工,2000年1月完工。第二期,位于岚山头街道王家庄子村南的潮间带,以第一期工程尾端为起点,向西南延伸185米,折向西延伸85米,共计270米,设计等级为二级,防潮标准为50年一遇,相应防潮水位3.15米。2000年7月开工,同年10月竣工,总投资307.36万元。第三期,位于岚山头街道环海路居南面的潮间带,长350米,为续建环海路防潮堤,设计等级为二级,防潮标准为50年一遇。2002年5月开工,同年10月完工,总投资601.98万元,其中国家预算内专项资金200万元。第四期,续建岚山头街道环海路居防潮堤150米,设计等级为二级,防潮标准为50年一遇。2003年3月开工,同年6月竣工,总投资306.27万元,其中中央预算内专项资金100万元,地方自筹资金206.27万元。第五期,续建岚山头街道环海路居防潮堤150米,工程等级为二级,设计标准为50年一遇,2004年3月26日动工,同年6月竣工,总投资300万元,其中水利国债100万元。

(二)农田水利工程建设发展情况

1997年6月,岚山区水利局组建打井队,引进3台测水仪,其中测仪2台,SDJ-4激发极代仪1台,引用济南产150型号钻机打井。灌溉用井的井深一般在15~20米,出水量在20~100立方米/小时。

2001年,在碑廓农业综合开发区打大口井60多眼,采用石砌,每眼井出水量20~30立方米/小时;在虎山万亩灌区打直径5米以上的大口井15眼,每眼井出水量超过100立方米/小时。

(三)城乡供水工程

1.村村通自来水工程

1997年,岚山办事处开始实施村村通自来水工程,至2003年,共兴建农村饮水工程91处,解决了108个行政村10.3万人的吃水问题,2003年全处自来水普及率达到73.5%。其中韩家营子联合供水工程是岚山农村第一处联合供水工程。

韩家营子联合供水工程位于虎山镇东部沿海,是为了解决因海水倒灌、水源地水质恶化,造成虎山东部沿海11眼井水变咸、无法饮用的问题而建设的。2000年底,岚山水利局在虎山镇高家村附近找到水源,为水质良好的承压基岩裂隙水,补给区位于高家村北部面积较大的山丘区,与2千米之外的咸水区之间有不透水层阻隔。该工程在水源地打机井1眼,井径1米,井深30米,铺设直径110毫米管道达7030米,设计日供水800立方米,总投资60.54万元,于2001年5月竣工,解决了高家村、韩家营子村、申张村、东湖一村、东湖二村、东湖三村的吃水问题。

2.输水工程

2002年以前,岚山城市供水主要依赖绣针河。1988年,在绣针河下游车庄段建供水设施,设计日供水量1万立方米。由于海水倒灌,水质恶化,1997年该设施报废。

1997年6月至1998年6月,在绣针河车庄水源地上游10千米处的碑廓镇朱曹村段,采用地下截潜、地表拦蓄措施建设供水设施。地下截潜用混凝土连续墙防渗,长450米。地上河槽内建自动翻板闸,挡水高度2米,闸室长110米,闸前建有集、引水廊道420米,集水井1眼,集水子井6眼,封闭式机房1座,配水泵机组3台套。在安东卫设加压站,建3000立方米清水池1座,二级加压泵站1座,配水泵机组3台套,采用变频调速技术,直接向城区供水,共铺设9.8千米的直径500毫米的钢筋混凝土输水主管道,配水管道6.2千米,设计日供水量2万立方米,总投资1080万元,基本解决城区正常年份用水需求。

2001年发生特大干旱,绣针河断流,岚山办事处4次到上游大山水库协调调水,仍不能满足居民生产生活用水。

2002 年 11 月 18 日开始建设岚山应急供水工程,2003 年 3 月竣工,设计供水规模每日 0.8 万～1 万立方米,保证率 95%。工程采用巨峰水库放水补源、河道堤外取水、两级泵站加压方案,一级泵站及水源地位于东港区涛雒镇高旺庄西北 2 千米处的巨峰河下游南岸,二级泵站及前池位于虎山镇大尧沟村东、坪岚铁路南侧,调蓄池设在小尧沟村南 1 千米处,泵站与泵站、泵站与调蓄池采用管道连接蓄水。打直径 8 米的大口井 1 眼,建集水廊道 150 米,建泵站 2 处,泵站前池 1 座,容量为 1000 立方米,建调蓄池 1 座,容量为 2000 立方米。该项目总投资 988 万元。

2003 年,为满足日照工业园用水,建设从日照水库向岚山供水工程,设计日供水量 5 万立方米,工程铺设 36 千米的直径 1000 毫米的钢筋混凝土管,总投资 6000 万元。同时建设虎山 2 万吨净化水厂 1 座,设计供水规模 2 万立方米/日,保证率 98%,日照水库放水至水厂,经沉淀、过滤、消毒、加压至城区用户。该水厂设 4 台机组,建 2000 立方米清水池 1 座,沉淀池 1 座,铺设 2.6 千米的直径为 200～700 毫米的管道,总投资 460 万元。

本阶段防汛减灾工作取得的重大成就是投入大量资金完成了沿海防潮堤五期建设工程,建成了系统的防潮屏障,有效保护了沿海居民的生命财产安全和沿岸工农业设施。

三、全面快速发展阶段(2005～2019 年)

岚山区建立后,社会经济发展迅速,城镇化进程加快,城市扩展,城乡居民用水和工农业用水量不断加大,水资源蓄量和合理利用成为保障岚山区发展的重要因素。由于区委、区政府的高度重视和区水利机构的完善,岚山区水利事业进入快速发展阶段。

(一)防汛抗旱减灾工程建设及管理工作

1.水土流失治理

圣公山小流域位于碑廓镇东北部圣公山下,流域面积 10.08 平方千米,其中水土流失面积 7.28 平方千米,内有 9 个行政村。治理流失面积 3.5 平方千米,占流域面积的 48%。共修筑谷坊 3 座,塘坝 1 座,整修梯田 0.7033 平方千米,水保林疏林补密 0.95 平方千米,新增经济园林 0.5735 平方千米,林木覆盖率 38%,新建道路 3 千米。项目于 2007 年 10 月开工,2008 年 10 月完工,总投资 103.86 万元,其中国家投资 30 万元,地方配套资金 30 万元,群众自筹 43.86 万元。项目实施后,年增加净效益 60 万元。

陈家沟小流域位于黄墩镇东南部甲子山下,流域面积 28.3 平方千米,其中水土流失面积 23 平方千米。内有 10 个行政村,治理流失面积 8 平方千米,占流域面积的 28%。共修筑谷坊 10 座,塘坝 1 座,整修梯田 4.245 平方千米,植水保林 0.225 平方千米,新增经济园林 1.196 平方千米,林木覆盖率 43.82%,新建道路 3.2 千米。项目于 2007 年 7 月开工,2008 年 10 月完工,共用工日 6.35 万个,总投资 186.6 万元,其中国家投资 50 万元,地方自筹 136.6 万元。项目实施后,年增加净效益 261.2 万元。

南北山小流域位于巨峰镇西部山区,流域面积 9.24 平方千米,其中水土流失面积 7.48 平方千米,属于鲁东南强度侵蚀重点治理区,内有 12 个行政村,共治理流失面积 2.32 平方千米,占流域面积的 25.1%。新建蓄水谷坊 4 座,建设基本农田 0.556 平方千米,发展经济园林 0.437 平方千米,疏林补植 0.493 平方千米,封山育林 0.829 平方千米。项目于 2008 年 12 月开工,2009 年 6 月完工,用工日 4.14 万个,总投资 150.23 万元,其中国家投资 45 万元,地方自筹 105.23 万元。

陈家官庄小流域位于岚山区西北部低山丘陵区,流域面积 6.1 平方千米,其中水土流失面积 3.83 平方千米,内有 1 个行政村,治理水土流失面积 2.87 平方千米,占流域面积的 47%。共修筑谷坊 6 座,整修梯田 0.282 平方千米,植水保林 0.318 平方千米,新增经济园林 0.1307 平方千米,疏林补植 0.819 平方千米,封山育林 1.3228 平方千米,林木覆盖率 58.44%。项目于 2009 年 9 月开工,2010 年 10 月完工,共用工日 2.1 万个,总投资 151.19 万元,其中国家投资 50 万元,地方自筹 101.19 万元。

2.河道治理

2012 年,对绣针河西起于家庄(岚山区和莒南县交界处)、东至和平岭村的河段进行治理,全长 14.6 千米。恢复干流堤防 18.55 千米,加固干流堤防 5.45

千米,恢复支流河口段堤防 3.5 千米;浆砌石河道护岸 8.8 千米;新建穿堤涵洞 69 座;绣针河干流左堤顶修筑防汛道路 14.6 千米。工程总投资 7946 万元,其中省级资金 3128 万元,市、区自筹 4818 万元。2012 年至 2013 年,实施了绣针河一期治理工程,治理范围西起岚山区与莒南县交界处的于家庄,东至潘庄二村村西,治理河长 14.6 千米,工程共完成投资 7015 万元(水利上级专项资金 3922.6 万元),主要建设内容包括河道治理、以堤代路路基、和平岭橡胶坝、2 道截潜和畜禽养殖区污水管网工程。2016 年至 2019 年实施绣针河综合治理工程,通过 PPP 模式与市水务集团合作,共投资 2.18 亿元,分两期实施,治理范围自安东卫街道潘庄二村至荻水村,共计 8.7 千米,主要建设内容包括河道治理、沿河景观绿化、车庄橡胶坝建设等。

　　1980 年至 2005 年,傅疃河部分堤段堤身单薄,堤脚冲刷较重,加之河道内私采乱挖河砂,造成河床部分高洼不平,影响了河势稳定,给河道行洪安全造成

巨峰水库原放水洞,库名"山旺水库"

严重威胁。2005年汛期前,岚山区水利局投资50万元,对傅疃河小代疃段渡槽下游段进行了护砌。2007年11月,修建傅疃河小代疃段护岸工程,投资32万元。

2011年至2012年,实施了巨峰河一期治理工程,治理范围自邱后村南桥至平家村西桥,治理河长8.5千米,工程批复概算投资2559万元,主要建设内容包括河道开挖、疏浚,修筑堤顶道路和拦河坝建设等。2016年9月,根据林水会战的要求,启动了巨峰河二期综合治理工程,治理范围分两段:一是岚山区界至平家村西交通桥570米,二是邱后村南桥至巨峰水库溢洪道及巨峰河北支后崖上河,并对一期治理工程中青赵公路交通桥至邱后村段左岸堤顶路进行完善,共治理河长8.5千米,概算总投资4500万元,主要建设内容包括河道疏挖、整治,生态护坡,新建7道拦水工程,新建管理道路等。

2006年春,莒县水利局与中楼水利站又组织劳力对浔河进行全面清淤,治理后达到50年一遇的防洪标准。2018年至2019年开展浔河治理工程,本次治理段位于岚山区黄墩镇,自南陈家沟水库溢洪道至黄墩三村西侧,全长10.5千米。2018年1月26日,省水利厅对浔河治理工程初步设计进行了批复,概算总投资2686.73万元。工程主要建设内容包括:河道扩挖疏浚10.5千米,修建路基长13196米,左右岸护岸工程长650米,新建、改建与维修加固建筑物39座,堤防路两侧道路绿化等。工程防洪标准为20年一遇,堤防级别4级。

2016年林水会战启动了龙王河综合治理工程,治理范围自车箱水库溢洪道至沿海公路桥15千米,共投资3.2亿元,分2期实施,主要建设内容包括河道开挖疏浚,新建、整修两岸堤防,新建生态护坡,新建拦河坝,堤顶道路硬化,沿河景观绿化林带及休闲广场建设等。

2018年至2020年开展川子河治理工程,治理范围自六合村塘坝至夏陆沟村,治理总长度12.8千米,工程预算总投资3600万元(其中建筑工程投资3000万元,由区水利局组织实施;地面附着物及房屋清理投资600万元,由高兴镇负责),主要建设内容包括河道开挖疏浚、新建改建建筑物、修筑堤顶道路等。工程设计标准为20年一遇,排水标准为10年一遇。工程于2018年12月12日开工,2020年6月18日完工,完成河道疏浚12.785千米,加固堤防17.4千米、新建交通桥 5 座、新建漫水桥 1 座、维修加固漫水桥 4 座、新(改)建穿堤涵洞 79 座、新(改)建拦砂坎 6 座、维修加固现有拦砂坎 42 座等。

3.林水会战项目

2015 年 11 月 17 日,市委、市政府召开林水会战动员大会,向全市发出了"苦干三年打好林水大会战,建设山清水秀美丽日照"的动员令,岚山区积极响应市委、市政府号召,上下广泛动员,加大造林治水投资,实施"七绿八水工程"。

2016 年规划建设的 226 处(其中自主规划项目 46 处)各类水利工程均已全面完成,完成总投资 21941 万元,其中完成自主规划项目投资 2228 万元。投资 1100 万元的新增农田水利项目县项目完成并通过了市、区验收;农村饮水提质改造工程全面完成,完成投资 710 万元,受益人口 2.69 万人;小型水库除险加固工程按期完成,完成投资 730 万元;回龙山小流域治理及库区移民后期扶持项目均已完成全部投资;三大高标准农田建设工程完成建设高标准农田 5.74 万亩;龙王河治理工程治理河道长度 4.6 千米,完成投资 5400 万元。

2017 年计划开工建设的 216 处各类水利工程均已全部完工。计划投资 2.7017 亿元,实际完成投资 4.7135 亿元,形象进度 174%;未列入规划项目 5 处,完成投资 451 万元,共计 4.7586 亿元。龙王河治理工程、绣针河治理工程、巨峰河治理工程完成投资 3.6 亿元,开挖疏浚河道 22.9 千米。投资 2200 万元的新增农田水利项目县项目完成并通过了市、区验收;农村饮水提质改造工程全面完成,完成投资 2000 万元,新建集中联片供水工程 1 处,改造集中联片供水工程 2 处,解决了 48 个村、4.08 万人的饮水安全问题;投资 1323 万元的实施移民后期扶持项目中,33 处已全面完成;建设小微型水源工程 37 处;开展浔河峪库区移民综合治理项目,带动社会资本投资,打造水利风景区 1 处。

2018 年全区规划建设 17 项 217 处各类水利工程,计划投资 4.4125 亿元,现已开工 23 项,完工 22 项,完成投资 6.1398 亿元,形象进度 139%。一是扎实推进农村饮用水集中联片工程。该工程投资 2508 万元,建设规范化水厂和农村饮水安全巩固提升延伸工程,实行公司化运营,解决了 64 个村居、5.56 万人的饮水安全问题,农村集中供水率达到 80% 以上。二是村庄汪塘恢复整治工程。结合乡村振兴和美丽乡村建设,对农村汪塘进行恢复整治。规划投资 1500 万元,整治汪塘50个,种植岸滩景观植物,使农村生活污水通过汪塘进行三级净化,改善村居环境。三是村庄门前河清洁工程。规划投资2250万元,对45条村庄门前河进行整治,开展河道清淤、垃圾清理、植物栽植、水质净化工作,结合汪塘整治,改善村庄水环境。四是现代水网工程。该工程投资4000万元,建设岚山水厂双水网调水工程,全线8.5千米,岚山区境内3.5千米。五是重点河道治理工程。继续推进"清清河流"行动,投资3.19亿元,实施了龙王河、绣针河、巨峰河、浔河、川子河等7条河道治理工程,治理河长32.3千米。六是农田节水工程。投资2200万元,建设了2018年度农田水利项目县工程,新建泵站、大口井、拦河坝等工程,发展高效节水灌溉面积1.61万亩。投资1174.11万元,发展高标准农田0.834万亩。七是水库堤防工程。该工程投资900万元,建设14座小型水库除险加固工程,巩固和提升水库防洪保安全的能力。八是水土保持工程。投资1.1555亿元,实施了黄墩镇竹林寺流域、中楼镇白公山流域、石屋子山流域综合整治,建设了中楼镇狼窝山片区和窑里片区综合治理工程。九是水利扶贫工程。该工程投资1017万元,实施22处移民后期扶持项目,包括塘坝建设、自来水改造、道路硬化、管道灌溉等,惠及中楼、黄墩等5个乡镇20个村1.1万人。十是建立水利工程长效管护机制。大力推行水利工程管护"三员合一"、物业化管理、农民用水合作组织管理等模式。"三员合一"已完成,同时进行了水管员培训,并投资1100万元推行河长制湖长制,进行确权划界等工作。

2019年,全区规划建设12项重点水利工程,计划投资4.1027亿元,现已全部完工,完成投资4.1027亿元。一是实施农村饮用水集中联片工程,该工程投资2500万元,解决了66个村5.2万人的饮水安全问题,现已全部完成,完成投资2500万元。二是实施汪塘整治门前河清洁工程,投资4550万元,整治汪塘门前河115条。三是做好重点河道治理工程,投资5500万元,实施浔河、川子河等4条重点河道治理工程,累计治理河长23.3千米,完成全部投资5550万元。四是实施小型水库除险加固工程,投资765万元,除险加固小型水库10座。五是实施小流域治理项目,投资2.56亿元,实施黄墩镇、中楼镇、巨峰镇3处小流域治理项目。六是实施移民后期扶持项目,投资1972万元,实施49处移民扶持项目,改善村庄生产生活条件。七是实施赵家村节水灌溉工程,投资140万元,新建泵站,铺设供水管网。

4.抗旱工作

2010年9月11日至2011年6月25日,降水持续偏少,几乎无有效降雨,旱情迅速发展。农作物受旱面积7.8万亩,其中重旱3.2万亩,轻旱4.6万亩。虎山镇西山、黄泥沟,后村镇崔家峪,巨峰镇小王家沟、大岭、老龙窝等村部分村民饮水受严重影响,只能限时限量供水。据统计,全区受饮水影响的群众有1.5万人,涉及55个村庄。

2012年1月1日至6月26日,全区平均降雨仅100.5毫米,比多年同期少143毫米,偏少60.1%,特别是4月26日至6月26日,没有有效降雨,旱情严重。全区作物受旱面积15.5万亩,其中重旱5.5万亩,无抗旱条件的4万亩,白地缺墒12.97万亩。

根据旱情发展,各水库及时开闸放水,为抗旱服务,为春播服务,为夏种提供适宜的墒情。全区投入抗旱劳力75.5万人次,抗旱面积49.8万亩次,无因旱灾出现人畜死亡现象。

2014年8月,全月降雨仅79.9毫米,比多年同期少97.5毫米,出现了严重的夏伏旱。由于气温较高、土壤失墒快,旱情迅速发展。全区在田作物29.5万亩中有15.3万亩作物发生不同程度旱情,其中轻旱5万亩,重旱10.3万亩,重旱多发生在山区、丘陵地区。共有14个村5600人的饮水受到影响。旱情发生后,区委、区政府及部门、乡镇高度重视,加强抗旱工作。全区1座中型水库、32座小型水库提闸放水,累计放水196万方,投入抗旱劳力2.66万人,动用设备5000余台套,机电井1万余眼,浇灌作物15.3万余亩次,解决了2000余人的临时饮水问题。

5.防汛工作

2004年设区后,黄墩、高兴、后村、巨峰4处乡镇的自动雨量站划归岚山区。2011年,岚山区水利局投资500多万元,建设全区山洪灾害防治非工程措施建设项目,包括15套自动雨量站,8套自动雨量、水位一体站,2处六要素气象站,9处多媒体气象接收站,8处镇办(镇、街道办)级预警发射主站,60处村级预警接收系统,100处简易雨量站,40处简易水位站,200套简易预警报警设备,建立了覆盖全区的雨情、水情、风情等自动网络信息查阅平台。2012年,中楼镇划归岚山区,后村镇划归东港区。中楼镇有1处六要素气象站,3处自动雨量站,1处多媒体气象接收站,1处镇办级预警发射主站;后村镇的自动雨量站1处及山洪灾害防御设备划归东港区。2015年投资741.58万元,新建成自动雨量站7个、自动水位站42个,综合视频站36个,视频监控站2个,视频监控系统1套,无线预警Ⅱ型广播主站3个、从站200个,简易雨量站50个,简易水位站60个。

新的设施极大地提高了预警能力,实现了对天气、水情的实时监控,有利于政府决策,对防御和减轻洪涝灾害起到了重要作用。

6.防潮堤建设

2005年至2010年,由国家投资,岚山沿海共进行了四期防潮堤工程建设:第一期为西潘防潮堤工程,于2009年3月动工,北邻西潘渔港,接凤凰河右岸向南侧延伸410米。自2008年12月起,在岚山头街道王家庄子渔港西侧共进行了三期海州湾防潮堤工程建设,总投资1440万元。

截至2016年,岚山共建成防潮堤31.76千米,其中沿海防潮堤18.76千米,入海口防潮堤13千米。

7.防汛抗旱指挥部调整

2019年,根据机构设置、人员变动情况和工作需要,岚山区政府决定将日照市岚山区人民政府防汛抗旱指挥部调整为日照市岚山区防汛抗旱总指挥部(以下简称总指挥部),并对总指挥部组成单位和人员进行相应调整。总指挥部下设水利工程、沿海、城市3个防汛分指挥部,办公室分别设在区水利局、区海洋发展局、区住建局,分指挥部调整事宜由分指挥部或其办公室所在部门行文印发。指挥部办公室设在区应急局,承担区防汛抗旱总指挥部日常工作,并由区应急管理局主要负责同志兼任办公室主任。

(二)农田灌溉工程、水利工程建设与管理工作

1.打井

2011年,岚山区为应对全区旱情,大力建设应急水源工程,新建大口井79处,机井176眼。至2019年,全区共有机井、大口井20780眼,控制灌溉面积约

11.6万亩。

2. 塘坝

2019年底,岚山区共建有塘坝1318座,总库容约为2074.47万立方米。

3. 水库建设与小型病险水库除险加固

2006年5月,岚山区开展巨峰水库安全鉴定,编制了《除险加固工程可行性报告》;同年11月,经水利部大坝安全管理中心核查,确定巨峰水库大坝为三类坝。2008年4月,编制完成了《山东省日照市岚山区巨峰水库除险加固工程初步设计报告》;是年11月,水利部淮河水利委员会复核工程总投资为2713万元;12月,山东省发展和改革委员会对初步设计予以批复。2009年9月15日,巨峰水库除险加固工程开工。工程投资批复2713万元,其中国家资金900万元,省级资金430万元,地方配套1383万元。2010年7月5日,巨峰水库除险加固工程通过投入使用验收,同年12月31日通过竣工验收。

巨峰水库现貌

2007年8月,岚山区水利局编制完成《日照市岚山区小型病险水库保安全加固五年规划》,自2008年开始进行小型水库除险加固工作。其中2016年完成投资1000万元,加固完成新出险小型水库12座。投资850万元实施库区移民工程项目26处,项目涉及巨峰、中楼、高兴等乡镇,主要进行水源工程建设、河道整治和村庄整治项目等。

至2019年,全区78座小型水库全部完成除险加固,其中小(一)型水库10座,小(二)型水库68座;恢复和改善灌溉面积14.72万亩。

至2019年,岚山区有中型水库(巨峰水库)1座;小(一)型水库10座,其中黄墩镇1座,巨峰镇1座,高兴镇1座,虎山镇2座,安东卫街道1座,碑廊镇3座,中楼镇1座;共建有小(二)型水库68座,其中岚山头街道1座,虎山镇8座,碑廊镇6座,高兴镇6座,黄墩镇18座,巨峰镇15座,中楼镇14座。

4.机灌与节水灌溉工程

黄墩镇草涧风力提水工程是日照市第一处利用风能资源发展灌溉的试点工程。一期于2005年8月建设,安装风车6台套,二期工程于2007年10月完工,安装风车6台套。两期工程共投资49万元。

2016年,全区共有固定机灌站103处,装机4572千瓦,控制有效灌溉面积7.4717万亩。

2004年3月,开工建设碑廊镇宋家庄节水灌溉工程,为2003年度国家节水灌溉增效示范项目,2005年5月30日全面竣工。节水灌溉面积5500亩,其中粮田管灌5240亩,茶桑管灌260亩;农艺节水措施1600亩,其中秸秆覆盖1000亩,地膜覆盖600亩。工程利用低压管道,采用虹吸原理,实行自流灌溉,共建泵房3处,架设输电线路1800米,安装电机水泵2台(套),真空泵1台(套)。工程总投资302.72万元,投工4.1万个。

2008年2月,开工建设巨峰镇万亩优质绿茶基地高效节水灌溉示范工程,2008年11月30日竣工。工程建成后,减少了渗水损失,灌溉水利用系数由0.55提高到0.9,扩大了灌溉面积,提高了茶叶及粮食产量,年灌溉效益150万元。

2012年11月,开工建设2012年度小型农田水利重点县高效节水灌溉试点县项目(属国家第四批小农水重点县高效节水灌溉项目)。项目涉及高兴、中楼 2 个镇,新建泵站 21 处,安装机电设备 40 台套。节水灌溉总面积 2.73 万亩,总投资 3757 万元,受益区群众投劳折资 257 万元。

2013 年投资 4231 万元,建设 2013 年度小型农田水利重点县项目。涉及巨峰、黄墩、中楼 3 个镇,建设高效节水灌溉面积 2.92 万亩。

2014 年投资 3659 万元,建设 2014 年度小型农田水利重点县项目。

2015 年投资 1100 万元,完成新增农田水利项目县项目,新建泵站 9 处,新建大口井 6 眼,新建蓄水池 6 座,铺设管道 45 千米,发展高效节水灌溉面积 0.8 万亩。

2016 年投资 2200 万元,完成 2016 年度新增农田水利项目县项目,共发展高效节水灌溉面积 1 万亩。

2017 年投资 2200 万元,完成 2017 年度新增农田水利项目县项目,共发展高效节水灌溉面积 1.39 万亩。

2018 年投资 2200 万元,完成 2018 年度新增农田水利项目县项目,共发展高效节水灌溉面积 1.61 万亩。

截至 2018 年底,全区建成高效节水灌溉面积 23.13 万亩。

(三)水资源合理开发、生态环境用水的统筹兼顾及保障情况

岚山区水资源时空分布差异大。受大气环流和地形等因素影响,岚山区降水量总的分布趋势是自东南向西北递减。降水季节分配不均匀。年内降水多集中于汛期(6 月至 9 月),占全年降水总量的 72.7%。河川径流由降水补给,其时空分布变化规律与降水基本一致。

1.水资源开发利用

岚山区用水量包括农田灌溉、林牧渔畜、工业、城镇公共、居民生活和生态用水等 6 个方面。根据《岚山区 2015 年度水资源公报》,岚山区 2012 年用水量为 1.167 亿立方米,其中,农田灌溉用水量 5686 万立方米,林牧渔畜业用水量 529 万立方米,工业用水量 4365 万立方米,城镇公共用水量 152 万立方米,居民生活用水量 907 万立方米,生态环境用水量 35 万立方米。工业总用水量 4.85 亿立方米,重复利用水量 4.41 亿立方米,工业用水重复利用率为 91%;单位工

业增加值用水量为每万元 16.4 立方米。城镇人均生活综合用水量每人每天109.7 升(含居民生活和城镇公共用水)。农田实灌面积 20.1 万亩,农田灌溉亩均用水量 282.9 立方米,灌溉水有效利用系数为 0.61。农业用水所占比重较大,占总用水量的 48.71%;其次是工业用水,占总用水量的 37.39%。根据岚山区水资源可持续利用规划,计划通过水资源开发利用等工程措施,增加地表水拦蓄水量和雨洪水、矿坑水利用水量;扩建污水处理厂,加大污废水处理回用量;优化水资源调配,对工业、农业及城镇生活等各行业采取节水措施,岚山区供水量和用水量基本平衡,水资源可持续利用支持工农业快速发展。

2. 城乡供水工程——村村通自来水工程

2004 年设区后,岚山区委、区政府提出在全市率先实现村村通自来水的规划。2005 年,国家实施农村饮水安全工程,岚山区充分利用国家扶持政策,不断增加投入,全区农村饮水安全工程迅速推进。

2005 年,新建巨峰镇驻地集中联片供水工程,设计日供水能力 5000 立方米,解决了镇驻地企事业单位及 10 余个村庄的饮水安全问题。

2006 年,新建黄墩镇驻地集中供水工程,设计日供水能力 2000 立方米,解决了 2 个村 1400 余人的饮水安全问题。

2007 年,共解决了 7 个乡镇 40 个村庄 2 万人的饮水安全问题,其中集中联村供水 32 个村,城区管网供水 8 个村。

2008 年,实施后村镇驻地集中联片供水工程和岚山区城郊管网延伸工程,解决了 2 个镇 1.59 万人的饮水安全问题。是年 5 月,岚山区被山东省人民政府授予"全省村村通自来水先进区县"称号。

2009 年,新建黄墩镇粮山集中联片供水工程,实施岚山区城郊管网延伸供水工程,共解决了 2 个乡镇 20 个村 2.27 万人的饮水安全问题。

2010 年,新建黄墩镇陈家沟集中联片供水工程和高兴镇尧王集中联片供水工程,解决了 35 个村 1.71 万人的饮水安全问题;建设后村镇龙口水库集中联片供水工程管网延伸工程和高兴镇毕家村集中联片供水工程管网延伸工程,解决了 9 个村 8932 人的饮水安全问题。

"十一五"期间,共解决 12.72 万人的饮水安全问题,完成投资 4434 万元。

2011 年,投资 1716 万元新建巨峰镇土山河集中联片供水工程、黄墩镇陈家沟水库管网延伸工程和后村镇龙口水库管网延伸工程,解决了 47 个村 3.52 万人的饮水安全问题。

2012 年,投资 1383.2 万元新建高兴镇集中联片供水工程、黄墩镇陈家沟水库集中供水管网延伸工程、巨峰镇土山河集中联片供水管网延伸工程和城市供水管网延伸工程,解决 35 个村 2.86 万人的饮水安全问题。

2014 年,投资 532 万元完成黄墩陈家沟水库集中供水管网延伸工程和巨峰土山河水库集中供水管网延伸工程的建设,解决 14 个村 1.08 万人的饮水安全问题。

2015 年,全区农村饮水安全工程概算投资 3668 万元,涉及安东卫街道、虎山镇、碑廓镇、黄墩镇、巨峰镇和中楼镇 6 个乡镇街道 111 个村 9.46 万人的饮水安全。

"十二五"期间,共解决 16.92 万人的饮水安全问题,完成投资 7299.2 万元。

2016 年,投资 2111 万元建设岚山区 2016 年农村饮水安全巩固提升工程,解决 48 个村 4.05 万人的饮水安全问题。

2017 年,投资 1597 万元建设岚山区 2017 年农村饮水安全巩固提升工程,解决 64 个村 5.56 万人的饮水安全问题。

2018 年,投资 1428 万元建设岚山区 2018 年农村饮水安全巩固提升工程,解决 41 个村 3.99 万人的饮水安全问题。

2019 年,投资 2500 万元推进岚山区农村饮水安全两年攻坚行动,解决 66 个村 5.6 万人的饮水安全问题。

执 笔 人:李函颖
审 稿 人:叶昌同
撰稿单位:日照市岚山区水利局

日照市岚山区化工产业
发展历程及成就

改革开放前,日照市岚山区的经济以农业、渔业为主导,地方工业大多数是以家庭为单位的个体手工业。1978 年 12 月,随着中共十一届三中全会序幕的拉开,岚山区的工作重心也逐步转移到经济建设上来,个体私营经济迅速发展成为工业企业的主体。岚山区化工产业按照市委、市政府的工作要求,结合自身实际,锐意进取,开拓创新,牢牢把握"将日照工业园放在岚山"和岚山化学工业区成立两大战略机遇,在摸索实践当中实现化工产业的跨越式发展。岚山区是日照市重工业发展集聚区,而岚山化工产业则是区域内的重要经济支柱产业之一。梳理总结其建设发展历程,主要分为初步发展阶段和园区化发展阶段。

一、初步发展阶段(1993 ~ 2008 年)

改革开放前,岚山区主要发展纺织、染坊、印刷等民间手工业。1993 年岚山办事处成立后,村办、个体工业企业开始大量涌现,成为岚山区工业主体。1993 年至 2008 年是岚山区化工产业初步发展阶段,该阶段以 2003 年市委、市政府"将日照工业放在岚山"的工作部署为重要转折,逐步形成了以石油仓储、精细化工、石油化工三大行业为支撑的化工产业格局。这一时期,岚山区化工产业的发展取得了显著成效,积累了较为丰富的经验,为产业园区集聚发展奠定了基础。

20 世纪 50 年代,岚山区零散存在着以家庭为单位的染坊、印刷等个体手工作坊,因生产技术、生产规模等因素的限制未形成产业。20 世纪 90 年代,岚山办事处成立以后,一些化工企业开始落户岚山区,岚山区化工产业由此逐渐发展起来。在产业发展过程当中,青岛和连云港的快速发展,使日照处于"南北夹击"的激烈竞争中,岚山区作为日照市化工产业的重要规划布局区,也同样面临着各地产业振兴的新挑战。

岚山区设区以后,经济保持了较快的发展速度。但从整体上看,工业发展相对滞后,工业基础差、底子薄、规模小的产业状况仍未得到根本改变,岚山区工业在工农业总产值中的比重仍低于全省平均水平。数据证明,岚山区经济与全省先进地区相比,主要差距还在工业领域。

1993 年 11 月,市委、市政府发布《关于实施工业带动战略的意见》,要求抓住当前有利时机,尽快把日照市经济搞上去,力争到 20 世纪末跨入全省先进行列。岚山区根据建立社会主义市场经济体制的需要和实际,实施工业带动战略,集中力量加快工业发展步伐,大力扶持个体私营经济,岚山工业企业进入快速发展的新阶段。

(一)石油仓储

岚山区于 20 世纪 90 年代就开始建设油品、液化品码头,经过 20 多年的努力,经营主体和码头数量不断增加,化工园区配套不断完善,已形成港口与园区联动、石化与仓储并进的发展格局。

1989 年至 1992 年,国家对国民经济进行治理整顿,实行紧缩财政、紧缩信贷的"双紧"方针,因资金紧张、市场疲软等因素,乡镇企业增长速度明显放慢,许多乡镇企业被迫关停并转。日照市进行产权制度改革试点,岚山区乡镇企业通过调整产业、产品结构,强化内部管理,开拓市场,引进外资、技术、设备,整体素质和竞争力得到了提高。1991 年 10 月,岚山港液体石油化工品储运站一期建设完工,开始接卸液化品。随后,岚山港先后与日本三菱株式会社、河南省石油总公司、山东省石油集团总公司、香港加德士公司、青岛凯源公司等企业合资建设了总容量 14.4 万立方米的煤焦油、柴汽油、润滑油、高品质沥青储罐项目。

1993 年,省委、省政府为日照市确立了"加强港口管理,搞好对外开放,开发建设鲁南,振兴山东"的建市指导思想,并把日照市列为山东对外开放的前沿阵地。为完成这一历史重任,市委、市政府决定实施工业带动战略,以党的十四大精神为指针,以加大投入和强化管理为主要手段,通过大力发展工业,增强经济实力和城市依托、辐射能力,实现日照市及腹地资源优势向经济优势转化,以此带动鲁南经济腾飞。岚山区积极部署实施,解放思想,抓住机遇,加大措施,并进一步贯彻落实市委、市政府《关于加强企业技术改造的意见》,加大投入,突出重点,在保证投资效益的情况下,努力实现现有企业规模扩张。1993年,山东岚山吉泰液体石油化工储运有限公司(现更名为山东岚山孚宝仓储有限公司)化工罐区建成投产。1994年,岚山工委、办事处为强化个体私营经济发展对产业发展的带动作用,制定了《关于鼓励和加快个体私营经济发展的若干规定》。1994年2月,岚山港务有限公司和星光沥青有限公司(香港)合资成立日照雪佛龙沥青有限公司,并成为加德士沥青品牌在中国大陆的唯一代理商。

1997年,为增强扩大对外开放的支撑能力,增强港口配套设施承载力,岚山港区不断加快液体石油化工码头的建设进度,增强口岸基础设施建设投入力度,积极为港口石油储运创造条件。1999年,童海港业18万立方米成品油库建成投产。岚山区化工产业的发展步伐进一步加快。

(二)精细化工

20世纪90年代末,精细化工在岚山区仍为新兴产业,由于起步晚、底子薄,精细化工产业生产总量小、产品档次低、企业包袱重、经济效益差等问题仍比较突出,已经成为化工产业发展中亟待解决的关键问题。岚山区精细化工企业主要是位于安东卫街道玉泉二路的日照岚星化工工业有限公司。

1998年10月10日,市委、市政府为进一步吸引和鼓励国内外高层次人才落户,加快开发现有人才智力资源,促进日照市经济和社会各项事业快速发展,制定了《加快高层次人才智力引进开发的暂行规定》。岚山工委、办事处积极谋划,出台各类人才优惠政策,对高校、科研院所、高层次人才实施奖励规定,有效带动岚山区化工产业向精细化、高附加值方向迈进。特别是1998年后,每年筛选一批骨干民营企业,列为岚山区重点培植项目,给予优惠政策、重点扶持,引导企业创新经营理念,突破粗放型经营模式,为岚山区工业企业创造发展空间,使化工产业实现了快速发展。1998年,岚山渔港水产品加工厂与山东大学和武汉大学合作成立了日照岚星化工工业有限公司,研究开发生产硅烷偶联剂系列有机硅产品,生产产品主要有r-氯丙基三氯硅烷、r-氯丙基三乙氧基硅烷、Si-69、Si-75、甲基Si-75、KH-570、Si-264,产品广泛运用于橡胶行业中。其中,Si-69、Si-75产品先后通过山东省科技厅鉴定,获日照市科技进步一等奖、山东省科技进步二等奖。

2000年8月,岚山工委、办事处深入落实市委、市政府研究制定的《关于推进全市高新技术产业化的实施意见》,将高新技术产业发展摆在经济优先发展的位置,把高新技术产业化作为调整优化经济结构,培育新的经济增长点,实现高起点、跨越式发展的根本途径和战略措施。2000年,岚星化工工业有限公司与青岛科技大学合作,进行科技成果转化、职工培训,并建立了博士后工作站;同年,经山东省科技厅审核,岚星化工工业有限公司被认定为山东省高新技术企业。2001年,岚星化工工业有限公司被山东省科技厅认定为山东省优秀民营科技企业,其生产的Si-69、Si-75产品被列为国家"火炬计划"项目。

2006年,日照岚星化工工业有限公司经山东省科技厅批准设立山东省硅烷偶联剂工程技术研究中心。

(三)石油化工

个体私营经济是社会主义市场经济的重要组成部分,是最富活力的新的经济增长点。它以投资少、见效快、机制灵活、适应性强的独特优势,在解决劳动就业、繁荣城乡市场、加快奔小康步伐、促进社会稳定、配置新资源等方面发挥着积极的作用。岚山工委、办事处充分认识到加快发展个体私营经济的重要意义,1994年召开个体私营经济工作会议,制定下发《关于鼓励和加快个体私营经济发展的若干规定》,推动个体私营经济持续、快速、健康发展,真正把思想从自然经济、计划经济的禁锢中解放出来。1995年,岚山区按照"大胆放手、大力支持、先发展、后规范"的原则,就发展民营经济提出"三不限、三放宽"(不限制发展比例、不限制发展速度、不限制发展规模,放宽经营范围、经营主体、经营方式)的发展模式,同时在信贷、税收、用地等方面给予扶持,因势利导,开放发展,进一步加大鼓励与支持力度,为个体私营经济的发展创造平等竞争的外部条件,促进个体私营经济向上规模、上档次、增效益方向发展。

20世纪末,市委、市政府提出建设"海上日照"战略,为日照市海洋经济取得长足发展奠定了基础。建设"海上日照",对调整优化产业结构、拓展日照市经济发展空间、培植新的经济增长点、促进可持续发展、确保实现跨世纪的战略目标具有重要作用和深远影响。岚山石化产业依托港口逐渐发展,实施建设"海上日照"战略,为岚山区港口石化企业进出口原料产品拓宽了运输渠道。岚山工委、办事处认真贯彻落实党的十五届三中全会精神,增强加快发展海洋产业的责任感、紧迫感和使命感,充分发挥岚山区的港口优势,不断强化海洋意识,把海洋开发纳入经济发展规划,促进海洋产业持续、健康发展。石油化工产业依托这一重要历史机遇实现了突破性进展。2000 年,岚山港 5 万吨级液化品专用码头建成投产,岚山区成为江北较大液化品集散地之一。

2001 年,日照市委、市政府制定出台了《关于积极引进大学和科研院所建设大学科技园发展大学经济的意见》,重点引进大学和科研院所来投资建设科技中心、研发基地,兴办高科技公司,并与企事业单位开展多种形式的经济技术合作。岚山区在积极招引高等院校和科研院所的基础上,确定实施"大开放、大招商、大发展"的发展战略,成立招商引资委员会,按照"经济部门与非经济部门有所不同,乡镇之间有所不同、职务高低有所不同"的原则,将招商引资任务分解到各产业各部门,为化工产业吸纳投资营造了良好的招商环境。2001 年,源丰沥青有限公司落户岚山区。

2003 年后,为贯彻落实市委、市政府"港口立市、工业强市、科教兴市、生态建市"的发展战略,岚山区抢抓建设亿吨强港的机遇,将石化产业作为五大临港产业之一重点培育,不断加大对石化产业的招商力度,将石化产业作为促进岚山区经济发展的重要支柱产业之一。2004 年设区后,岚山区委、区政府提出"港口带动、工业强区、开放兴岚"三大战略,积极发展培育"钢铁、液体化工、粮油加工、木材加工、海产品加工"五大临港产业,在融资、技术、土地要素上给予民营经济以倾斜。同时,设立区级应用技术研究与开发专项资金和科学技术进步奖,对科研项目进行奖励和扶持;组织开展"一企一技术中心"活动,引导企业建立和完善技术研发机构。

2005 年,山东岚桥集团投资 3.85 亿元成立岚桥港口石化有限公司,建设80 万立方米储运罐区,以及公用工程、配套设施等,利用重质原料油、180 号燃料油进行原料深加工,主要生产柴油、石脑油、渣油、蜡油、液化石油气、石油焦、硫黄等石油化工衍生产品。

二、园区化发展阶段(2009年~2019年)

岚山区化学工业区的成立是岚山区化工产业发展历程中的重要里程碑,期间编制的园区总体发展规划对化工行业项目招引、企业落户、园区配套建设都具有深刻的指导意义。2009年至2019年是岚山化工产业的园区化发展阶段,该阶段化工产业发展规模初见成效,上下游产业链合作模式基本形成,已建立起产业集聚发展的良好态势。

(一)岚山化工产业园区化规划的发展

根据市委、市政府突出抓好东部沿海"两区一廊"(日照、岚山开发区和沿204国道石臼—岚山沿海通道的工业走廊)的产业布局部署,岚山区委、区政府大力发展以水产加工、海洋化工、能源、原材料等为主的临海工业,突出抓好技术改造,尽快扩大现有企业规模,优化产业和产品结构,形成各具特色、布局合理的工业经济体系。为促进岚山化工产业规范化管理和长远发展,岚山区委、区政府于2009年开始筹建岚山化学工业区。2010年7月中旬,石油和化学工业规划院与岚山经济开发区管委会达成协议,承担《岚山化学工业区总体规划》的编制工作。2010年7月28日,石油和化学工业规划院相关人员赴岚山化学工业区,与相关部门进行了交流,并对规划区等进行了现场调研。在此基础上,完成了14.37平方千米的岚山化学工业区的总体规划。2011年9月19日,根据岚山化学工业区的开发建设进程及各级提出的发展要求,石油和化学工业规划院对规划进行修编,规划面积扩大至39.5平方千米。2014年9月18日,日照市岚山区人民政府批复同意实施《岚山化学工业区总体规划》。2014年11月21日,日照市环境保护局对《岚山化学工业区环境影响报告书》给予审查。2015年12月31日,经日照市岚山区机构编制委员会研究,并报市编委批复同意设立岚山经济开发区化工产业服务中心,负责做好化工产业项目的协调等相关工作,协调有关部门做好安全生产、环境保护和消防等工作。

2016年4月,岚山区政府启动了《岚山化学工业区总体规划》修编工作;同年 9 月 2 日,举行了《岚山化学工业区总体规划》修编专家评审会,规划团体根据专家意见以及规划局的意见进行修改完善;同年 10 月 14 日,总体规划修订稿等化工园区申报材料上报日照市化转办;同年 11 月 19 日,日照市化转办召开了岚山化学工业区审查评审会,并提交市政府常务会议研究通过,岚山化工产业园区规划修编完成。规划由《岚山化学工业区总体发展规划》和《产业发展方案研究报告》两部分组成,园区规划总面积 33.2 平方千米,分东、西 2 个主要区域,其中东区面积 7.75 平方千米。东区规划范围东至安岚大道,西至玉泉二路,南至阿掖山北路,北接日钢厂区、龙王河;西区面积 25.45 平方千米,规划范围东至汾水大道,西接临沂临港产业区,北至碑廓镇王公山,南至坪岚铁路。

2016 年 11 月 17 日,日照市水利局批复关于岚山化学工业区水资源论证的报告。2016 年 12 月 23 日,经日照市政府批复同意设立岚山化学工业区,由岚山区政府管理。2016 年 12 月 27 日,日照市环境保护局组织有关部门代表和专家召开《岚山化学工业区总体发展规划环境影响报告书》审查会,对报告书进行了审查。

岚山化学工业区总体发展规划图

2017年10月28日,山东省政府办公厅下发了《山东省化工园区认定管理办法》,省内化工园区重新认定工作正式开始。同年11月6日,岚山区成立化学工业区认定工作领导小组,加快推进认定工作协调、推进和督查。6月26日,山东省人民政府办公厅发布了《关于公布第一批化工园区和专业化工园区名单的通知》,公布全省第一批31家化工园区名单,岚山化工园区东区认定成功,批准园区名称为岚山化工产业园,批复面积为6.95平方千米,批复四至范围为东至岚桥石化东侧院墙、沿海路,西至稍坡河河道,南至阿掖山北路,北至凤凰河。西区已启动化工园区认定工作,规划面积调整为10.6平方千米。

(二)化工产业园区化发展

园区管理机构成立并逐步完善。2008年8月,成立岚山经济开发区管理委员会化工产业办公室,与虎山镇合署办公,负责化学工业区的规划设计和项目协调推进管理工作。2011年9月,成立日照市岚山区化工产业办公室,为正科级事业单位,编制5人,内设综合科、产业项目科2个科室,负责编制产业发展规划、园区总体规划和详细规划;负责园区基础设施建设、公用工程管理及公用事业运行;负责园区对外推介、招商引资及项目协调、推进等工作。2017年3月,园区管理机构岚山区化工产业服务中心撤销,由岚山经济开发区招商局承担化工园区项目招引、推进及相关管理职责。2019年12月,市政府批准设立国有独资公司——日照市岚山经济发展集团有限公司,承接岚山经济开发区产业发展、"双招双引"、科技创新等主要管理服务功能,主要负责各园区重大招商引资项目协调、推进和服务等业务经营范围。

园区基础设施建设不断推进。2009年至2012年,在东区开工建设了阿掖山北路、厦门路、黄岛路(后改名为宁波路)、化工大道、黄海路5条道路,全长19千米;沿路铺设了雨水、污水、自来水、燃气、弱电等地下管线,架设了高压电力线路。2009年,将岚桥港至岚桥港口石化有限公司的液化品管廊向西延伸至广信化工科技有限公司,作为东区公共管廊;2012年,设计了港区至碑廓圣公山段工业管廊。2012年6月,开工建设了园区消防特勤站,位于厦门路与黄海路交叉处西北角,占地面积2万平方米,主要承担园区内企业的消防监护和保卫任务,同时兼顾园区周边社区及其他公共消防安全任务,于2013年7月建成启用。2012 年 10 月,开工建设园区污水处理厂,工厂位于厦门路以东、钢城大道以南,设计日处理能力 2 万立方米。

园区内石化企业发展壮大。2009 年 12 月,有三家大型化工企业相继成立。一是金石财富投资(集团)有限公司联合产业优势资本企业共同注资 4.622 亿元,投资成立上市公司——山东金石沥青股份有限公司,主营高品质沥青的研发、生产、加工、销售。二是教育部直属重点大学中国石油大学(华东)全资公司青岛中石大控股有限公司注册成立山东石大科技石化有限公司,该控股企业总投资 30 亿元,主要从事重油综合加工利用及其产品的销售。三是由中国广庆集团有限公司注资 1.2 亿元成立日照广信化工科技有限公司,专业从事聚丙烯的精细化工产品生产。

2010 年,岚山区委、区政府印发《岚山区关于进一步促进中小企业发展的实施意见》,先后开展“项目推进年”“区级领导包联项目”“百家企业大走访”等活动,全力推进项目建设。2010 年 3 月,山东华信工贸有限公司和鲁昕物贸有限公司共同投资成立现代仓储物流企业瀚坤能源发展有限公司,注册资金 1 亿元,主营石油原油和燃料油的储运业务。

2010 年 12 月,山东金石沥青股份有限公司通过股权增发,重组并控股了新疆金石沥青股份有限公司 48.18% 的股份,形成了 2 家沥青专业公司和 3 座现代沥青生产基地的格局。

2011 年 7 月,瀚坤能源发展有限公司同日照港油品码头有限公司合资成立了日照科嘉油品管道运输有限公司,专业从事油品管道管理及运输业务,主要管理运营从岚山港油品码头到瀚坤能源罐区 22.3 千米的输油管线。同年,日照实华 30 万吨原油码头及中石化日照罐区正式投入使用。

2012 年,岚山区建立工业经济季度分析会议制度,帮助企业理清发展思路、共商发展对策。同年 7 月,岚山行政服务中心窗口成立岚山区中小企业公共服务平台,专门为中小企业提供政策、融资、技术、人才培训、法律咨询等服务,为中小企业落户岚山、扎根日照提供了有力的政策支持和保障,拉动起中小企业对经济增长发展的带动作用。为延伸有机硅上下游产业链,日照岚星化工工业有限公司投资 3.5 亿元,在岚山化学工业区开工建设万吨级硅烷偶联剂项目,该项目获得了"国家战略性新兴产业专项资金"扶持。同年 9 月,山东石大科技股份有限公司二期 180 万吨/年劣质油综合利用及配套工程项目建成投产。同年 10 月,山东金石沥青股份有限公司高品质沥青项目投料试生产。项目主要产品包括 SBS 改性沥青、SBR 改性沥青、橡胶改性沥青、道路石油沥青、机场跑道沥青等 7 大系列、数十个规格的沥青产品。

山东石大科技有限公司生产设备

2012 年 11 月,日照中博化工有限公司成立。

12 月,日照新三明化工有限公司成立。

至 2012 年,岚山区拥有石大科技有限公司、山东金石沥青股份有限公司、岚桥港口石化有限公司、广信化工科技有限公司、天旭散装化工有限公司等石化企业,从国外或国内市场购进原油、渣油、燃料油、丙烯、苯乙烯等化工原料,加工生产汽油、柴油、液化气、沥青、石油焦、聚丙烯等产品,年加工能力可达到 1000 万吨。

液化品储运有中石化日照公司、中石油日照公司、山东童海港业股份有限公司、滨海石油化工有限公司、日照港油品码头有限公司、瀚坤能源发展有限公

岚桥港口石化有限公司生产设备

司、山东岚山孚宝仓储有限公司、吉泰液体石油化工储运有限公司、华东蓝海石油化工有限公司、新绿洲液化仓储有限公司、日照星光沥青有限公司等企业,在岚山区从事成品油、燃料油、液化气、沥青等石化产品大宗贸易,年罐储周转能力可达3000万立方米。

至2019年底,园区已落户中海外能源、岚桥石化、金石沥青、广信化工、中博化工、岚化化工、盈德气体、首联环境科技、科施佳沥青9家企业,石化产业已具备3000万吨储运周转能力和1000万吨加工能力。

山东金石沥青股份有限公司

岚山石化港区由日照港油品码头、岚山港液体化工码头、岚桥港、山东童海港业四大港区组成,已建成30万吨级原油码头3个,3000～100000吨级原油及液化品泊位7个,能接卸原油、成品油、醇类、烯类、烷类、苯类、酸碱类等近百种化学品,港区配套罐区罐容达737万立方。岚山港区已成为我国长江以北较大液化品集散地和北方重要的原油上岸基地之一。

三、岚山区化工产业发展的成就

岚山化学工业园区自2009年1月规划建设以来,区委、区政府始终坚持高起点规划、高标准建设,不断加大资金投入,努力形成产业集群;2016年12月岚山化学工业区成立后,加紧落实完善基础设施配套,积极招商选资,使园区内产业规模效应逐步显现。同时,岚山化工产业以园区充分发挥化工园区稀缺性和独特区位优势,积极招引烯烃类高端化工项目,逐步淘汰落后产能,致力打造起高端绿色化工产业园区。

(一)岚山区化工产业总体实力不断提升

2019年,石油化工产业完成总产值111.4亿元,实现主营业务收入176.7亿元。截止到2018年底,中海外能源、岚桥石化、金石沥青、广信化工、中博化工、岚化化工、盈德气体、首联环境科技、科施佳沥青共9家化工企业落户园区,其中,产值过亿元的企业有7家;液化仓储罐区有储运加工企业32家,建成大小储罐525个,总容量1017万立方;岚山港区完成石油天然气及制品吞吐量6174万吨,岚山石油化工产业已初具规模。

(二)岚山区化工产业基础配套日趋完善

岚山区委、区政府按照"五个一体化"理念,扎实落实各项规划要求,不断加大园区基础设施建设力度,完善了道路、供水、供电、管架等基础配套,建设了消防站、污水处理厂等公共设施,园区承载能力持续提升。

园区道路:东区修建了阿掖山北路、厦门路、宁波路、化工大道、珠海路、黄海路、规划一至四路共计约30千米的园区道路,道路框架已经形成。西区胜利路、西昌路已建成。园区供水:东区铺设直径为50厘米的供水管道43千米,日供水能力7万立方。园区供电:东区建设了220千伏、110千伏变电站各1座,已实现双回路供电;西区现有 110 千伏变电站 1 座,已规划 1 座 220 千伏变电站,建成后将实现双回路供电能力。管廊通道:岚山港区至金石沥青、瀚坤能源地下输油管道已投入使用,岚桥港至广信化工公司油品及化学品输运管廊已建成(未投入使用),由市公交集团投资 16 亿元建设的港口至西区 22.5 千米的油品及化学品工业公共管廊正在加快建设。公用工程:东区特勤消防站、污水处理厂已建成使用;西区消防特勤站已建成投用,污水处理厂正在加快推进;固废处理中心、废矿物油处理中心等公用工程正在加快推进;蒸汽管网项目(一期)全长 5500 米,基本建成并具备使用条件;应急安全环保一体化平台依托智慧岚山已投入运营。

(三)岚山区化工产业布局规划更加科学

2016 年 9 月,石油和化学工业规划院修编完成《岚山化学工业区总体发展规划》。根据化工产业总体规划发展定位,依托岚山区化工产业的现实条件,岚山区委、区政府依托深水港口资源优势和目标市场区位优势,坚持科学发展,把承接产业转移与推进自主创新结合起来,按照"一个主体,两大特色,六大板块"的发展思路,东区重点发展石化下游深加工产业、化工新材料及高端化学品产业项目;西区重点发展原油仓储及多元烯烃原料加工项目。推动相关产业协调发展,形成上下游联系密切、特色鲜明的石化产业基地。

同时,石油储备、泊位码头等相关产业的发展规划也在研究制定当中,岚山港区总体规划泊位 202 个,包括 30 万吨级原油码头 4 个,5 万至 30 万吨级泊位 16 个,3000 吨至 50000 吨级泊位 18 个,分南、中、北 3 个作业区,其中,中作业区作为石油、液化、危险品作业区,集中发展原油、成品油及液体化工品运输。

(四)岚山区化工产业集聚效应不断增强

岚山始终坚持以企招商的招引理念,严格落实包联企业制度,及时协调解决项目建设中手续审批、供水、供电等有关问题,形成项目推进的强大合力;同时积极推进银企合作,对化工企业进行分类管理,对市场竞争力大、运行正常的企业,积极争取银行对企业的支持,化解企业融资难的问题;在服务好现有落地项目的同时,加强与岚桥石化、广信化工等园区企业的沟通,依托其资本技术实力及原料产品储备,鼓励帮助企业引进科研人才、精密仪器设备,革新生产流程与工艺,不断提升生产运营的质量和效益。

(五)岚山化工产业项目招引成效初显

招商引资是积蓄经济活力,促进化工产业全面发展的必然要求。要实现产业规模化发展,就需要加快推进新建项目,培植新的经济增长点。岚山区深入贯彻落实"突破园区,聚力招引"的招商理念,根据岚山区化工产业发展提升规划,统筹园区布局和产业衔接,切实打造良好招引环境,实现园区项目高度链条化、一体化发展格局。

专业招商。组建专业招商队伍,采取抽调人员与新招聘人员相结合的方式,深入研究石化产业的发展态势和产业政策,梳理产业链条,找准招商产业目标,将精细化工作为招商选资的重点,编制精细化工产业招商目录,重点招引丙烷脱氢制丙烯、聚乙烯项目、ABS 树脂和化工新材料等项目,确保招商取得实效。

以企招商。认真研究石油化工产业的国内外骨干龙头企业的发展布局,摸清其战略规划和投资意向,集中力量招引对园区有支撑力和带动力的大项目。新招引的日照交通发展集团沥青添加剂项目顺利开工;积极服务上海自由化工福瑞泰克皮革助剂项目手续办理;切实保障德国赢创硅烷及硅烷偶联剂外资项目顺利推进。

精准招商。根据市委、市政府关于绿色化工产业发展定位,围绕发展"油头""化尾"的方向,主动出击,向延伸上下游产业链条和产业转型升级目标开展招商引资活动,聚力招引化工新材料、高端精细化工项目。按照查缺补漏、宁缺毋滥的原则,坚决摒弃高风险、有污染、效益低、成长性差的项目,聚力招引一批有高新技术支撑、延链补链强链、发展前景好的项目。

执 笔 人:李白羽

审 稿 人:王 倩

撰稿单位:日照市岚山经济开发区

架起政民沟通桥梁
——莒县"网上问政"工作的基本做法、主要成效及经验

莒县充分发挥互联网便捷、互动、高效的优势,把网络平台作为政民沟通的桥梁,构建起"网上问政"、政务微博、公众微信平台、线下网民论坛立体互动载体,实现了政民对等、高效、多层次、全天候的沟通。通过线上线下立体互动交流,群众可及时了解党委和政府的政务信息,党委和政府则通过问政、问需、问策于民,及时解决困扰群众的民生问题,适时吸纳社会意见建议,科学施政。这一举措使网络成为拉动全县各项事业科学发展的"宝马良驹",党群干群关系不断密切,党委和政府公信力进一步增强。

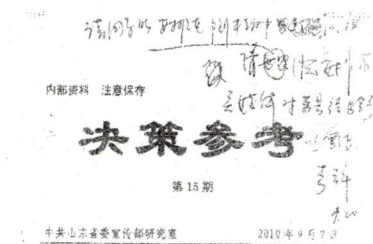

山东省委宣传部《决策参考》刊发莒县"网上问责"文章

2010年,时任山东省省委常委、宣传部部长李群,日照市委书记杨军对莒县"网上问政"的工作经验作出重要批示。中央、省、市主流媒体对该做法进行了宣传报道,2015年,新华网内参对该经验予以刊发,引起了较大反响。

一、开展"网上问政"工作的起因

莒县是拥有110多万人口的大县,常年在外务工人员达20多万,县域内南北距离长达110千米,最远的乡镇离县城有70多千米,群众进城咨询办事不方便。如何构建群众办事的"绿色通道"、如何快捷地了解群众诉求成为莒县县委、县政府需要着力解决的问题之一。同时,随着互联网技术的迅猛发展,新媒体成为人们发布、获取信息的主渠道,上网方式和平台更加多样化,网络的力量日趋强大、作用日益凸显,逐渐成为人民群众行使知情权、参与权、表达权和监督权的重要载体,特别是随着网民参政议政、维权意识的提高,为他们打造一个政民沟通的平台成为当务之急。

莒州网莒县论坛截图

2008 年底,莒县县委宣传部尝试性地开通了"莒州网莒县论坛",2009 年12 月底,注册网友就超过了 6 万,日点击率在 8 万人次以上,发帖量超过 70 余万,成为全县人气最旺的论坛。网友"文心葫芦"在论坛上发帖反映,自己是库山乡一大棚蔬菜种植户,种植基地的电线被刮断了,卷帘机和保温设备无法正常使用,现通过论坛紧急求助。论坛管理人员及时将这一情况反馈给莒县供电公司,该公司派人在 3 个小时内将线路修好,种植户未出家门问题就解决了,他在网上发帖表示感谢。莒县县委、县政府从这一实事中受到启发,因势利导,精心将"莒州网莒县论坛"打造成群众表达诉求的主要载体,不断完善拓展论坛的版块和功能,通过这一渠道了解社情民意,为民排忧解难。

二、"网上问政"工作的发展历程及做法

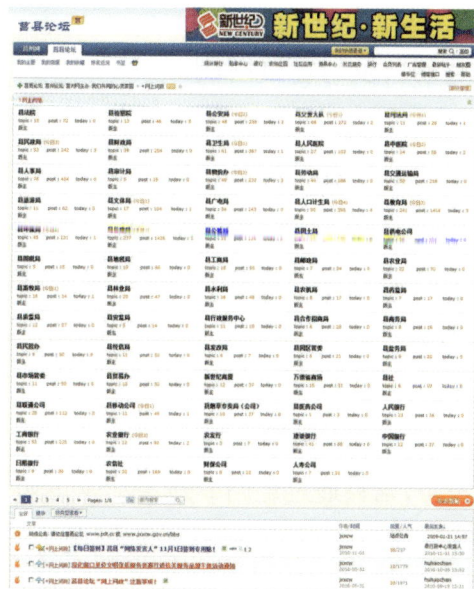

莒州网 "网上问政" 版块截图

为让网民问有其"道"、问有其"主"、问有其"果",莒县依托莒州网莒县论坛开设了"网上问政"专用版块,为全县 64 个窗口服务部门单位和 20 个乡镇(街道)设立了网上问政子版块,各部门单位选配一名政治素质好、业务能力强的同

志担任网络发言人,负责本单位政策信息发布、意见建议征集和网民反映事项回复工作。同时,召开专门会议,制定下发了《关于切实做好深化窗口单位文明优质服务竞赛活动打造机关服务品牌主题活动的通知》("网上问政、媒体访谈、网上评议"三项主题活动),重点对网上问政工作进行宣传动员和安排部署。在此基础上,加大对网上问政工作的宣传力度,通过《莒州通讯》、莒州网、莒县论坛发帖、电视宣传等方式,告知广大网民"网上问政"的方式方法及有关事宜,让更多的网民参与进来。

随着新媒体的迅速发展,莒县立足实际,不断拓展"网上问政"工作平台,率先开通了政务微博"莒县发布"和公众微信平台,并要求各部门单位开通政务微博,对已经开通政务微博的部门单位进行资源整合,建立了政务微博发布厅,实现了信息资源的共享,将"网上问政"的范围延伸至经济、社会、民生、文化等各领域。

(一)开展"在线互动",及时答疑解困

莒县立足"网上问政"平台,组织县直各部门单位主要负责人定期开展"在线互动"。县里统一制定时间表,提前向社会公布,让网民知晓,请网民参与,提高互动的针对性和实效性。县直各部门单位主要负责人以实名注册,按时上线,读帖回帖,围绕履行部门职责、重点工作推进和干部队伍建设等情况,与广大网友直接在线交流,坚持开诚布公、坦诚相待,不说空话,对网民咨询认真答复、反映问题及时处理、意见建议科学采纳,并切实抓好督导落实。

(二)举办"线下论坛",倾听民声民意

为弥补"网上"的不足,莒县通过定期举办"线下网民论坛",针对群众关心关注的自来水价格、供暖、城市管理、教育、医疗等问题,合理设置议题,分类列出拟需解决的问题,邀请网民代表参与,组织各部门单位精通业务的分管负责人参加座谈,建立专门的问题台账,及时汇总、解答网民提出的问题,帮助群众排忧解难。

(三)明确运作流程,提高办事实效

定期举办在线部门单位网络发言人培训班,提高他们运用网络的能力水平。明确要求网络发言人每天至少浏览2次"网上问政"内容,对网上反映的问

题 3 个工作日内给予回复,形成了"网上问题收集——提出办理意见——分管领导批示——职能科室处置——领导签批——网络发言人回复"的办理流程。各在线部门单位都建立健全了"网上问政"管理制度,对群众反映的问题有记录、有措施、有落实、有反馈;明确主管领导、明确责任科室、明确办事人员、明确工作职责、明确考核办法。工作中,各网络发言人对网上反映的问题能及时答复的及时答复,不能及时答复的明确答复时限;对需要解决的困难和问题,转报有关领导和科室,尽快予以解决;对因政策、体制或其他原因一时不能解决的,耐心做好解释工作,确保事事有回音、件件有落实。

(四)强化监督考核,建立长效机制

为保障"网上问政"工作的扎实开展,提高这一为民品牌的公信力,莒县从流程探索、形式创新、机制建设等方面入手,制定出台了一系列监督考核措施,取得了显著成效。

深入开展"网上评议"。将在线部门单位工作职责、服务承诺及班子成员工作分工在"网上问政"版块公布,并及时发布有关工作信息及重点工程、重点项目进展情况,由网友跟帖进行评议。评议内容包括单位依法行政、廉洁从政、办事效率、政务公开、服务质量、行为规范以及网络发言人答复情况等方面,主动接受群众监督。

定期组织"媒体访谈"。组织莒州网、莒县电视台等新闻媒体组成新闻采访组,深入与群众生产生活密切相关的服务行业和行政执法窗口单位,围绕重点工作进展、机关服务品牌创建等情况以及群众普遍关心的问题,形成媒体访谈材料,在莒州网莒县论坛刊登,通过莒县电视台播出,自觉接受社会监督。

严格实行"网上通报"。按照"反映即受理、受理即跟踪,问题有落实、件件有反馈"的原则,建立健全了登录签到、定期通报、总结反馈、督查督办等规章制度,坚持"每日一签到、每周一总结、每月一通报",每天将网络发言人的登录情况、问题回复情况在网上公布,每周总结在线回复情况,提交在线单位,以便及时总结和改进工作,每月对各部门单位"网上问政"的回复情况通过政务网进行通报。对超过 3 个工作日未作回复的单位,实行电话督办;超过 7 个工作日的,在全县通报,限期整改。将"网上问政"在线回复情况纳入年度精神文明建设考

核、文明单位申报复核内容,作为行风评议、评先树优的重要依据。

(五)实现载体联动,放大合力效应

为实现信息资源共享,莒县将电视、报纸内容整合到莒州网,同时把微信公众号、党务政务微博整合到一个平台,及时发布县域内新闻,回应群众关切,搭建了报、网、台、微信、微博一体化融媒体宣传载体。在一次次具体事件的应对中,在每件为民实事的办理过程中,这一"立体互动网络载体"日趋成熟。

网友"意见建议"在莒县住建局问政版块反映:"文心广场是群众健身休闲的场所,现在有时环境脏乱差,周末有摆摊的、卖烧烤的,没人管理,广场的健身器材有损坏的,维修更换不及时,希望住建局等有关部门制定措施,把管好用好广场作为教育实践活动的一件为民实事办好。"该局网络发言人发现这一帖子后,立即向单位领导汇报,两日后,网友反映的问题得到解决,并通过网站、微信把这一问题进行了解释说明,网上赞声一片。

网民"老菜鸟"在微博上反映:"天旱农民都急着加油浇麦子,可是去加油站人家说没身份证复印件不给加,说是派出所规定的,农民加油浇麦子和身份证有什么关系?这是我们莒国公安的首创吧。"莒县政务微博管理人员看到这一信息后,通过政务微博发布厅告知莒县公安局,该局当日作出回复:"你好,为全面加强和规范加油站散装汽油销售安全管理工作,堵塞管理漏洞,严防不法分子利用私自购买的汽油实施个人极端行为等违法犯罪活动,山东省公安厅、山东省经济和信息化委员会决定建立加油站散装汽油销售"实名登记"和及时报告等管理制度。群众购买散装汽油需要实名登记。为了公共安全,请广大群众理解和配合。"该局于当天在其官方微博上发出了权威信息,并在县公安局"网上问政"版块发布了相关信息,群众的情绪逐步稳定下来。

"我媳妇家是威海农村的,并参加了当地的新农合,目前户口还没有迁过来,现在莒县工作,怀孕两个月了,计划在莒县人民医院生产,请问这种条件的能否报销一些检查费及生孩子期间住院费?如果可以,报销比例是多少?报销手续怎样办理?"网友"wjf0310"在微信中说。看到这一留言,莒县公众微信平台的管理人员10分钟内联系到莒县卫生局网络发言人,发言人给予了这样的答复:"您好,莒县新农合对住院分娩费用是不予报销的,只给予定额300元的营养补

助。您媳妇的户口及参合地仍然在威海,因此您需要咨询威海当地的有关政策。"

三、"网上问政"工作的主要成效

莒县"网上问政"的开通,搭建起了质询平台、建议平台、监督平台、政民沟通平台、形象展示平台,取得了良好的效果。据统计,截至 2019 年 5 月 2 日,网友提出问题、意见和建议 3.8 万余条,发帖 15 万余个,回复率达 99%,网友满意度达 95%。

(一)开门纳谏,提升科学决策水平

部门单位通过在线交流,能听到平时听不到的声音,看到平时看不到的问题,促进了科学决策、民主决策,助推了工作作风和干部作风的转变。截至 2019 年 12 月 10 日,全县共开展"在线互动"680 次,收到问题和建议 36000 余条,为民办实事 9000 余件。2013 年 1 月 3 日,时任莒县县委书记对网友"箫音追月"发布的《"文明"更需"闻名"》的帖子作出批示:"这是莒县论坛 1 月 2 日出现的一篇帖子,一篇很有分量的帖子……尤其是对我县文化事业、文化产业,莒县人的精气神塑造有独到的见解,对我们今后开展文明创建提升工程大有裨益。请组织宣传文化、旅游系统的同志们认真学习借鉴……"网友"赫赫"在"网上问政"版块发表了《招商引资怎样才能有大的突破?》《当前莒县的城镇化路在何方》《生态文明乡村建设该往何处去》3 篇系列解读文章,对莒县的招商引资、城镇建设和生态文明乡村建设提出了较有价值的观点,县领导要求有关部门认真组织学习"赫赫"的系列评论文章。

(二)为民解困,架起服务群众"连心桥"

"网上问政"的宗旨就是把群众的困难更好地在第一时间解决。自开展以来,每一个"民声"、每一桩"民忧"、每一件"民难"都得到快速高效的处理,一大批群众生活中的难事、烦心事通过"网上问政"成功解决。针对网友提出的 206 国道莒县城区段过往车辆多、出行不安全,建议设隔离墩等问题,莒县公路局高度重视,在深入调研的基础上,投资 760 万元,安装隔离墩 19.26 千米,保障了群众安全出行,得到社会各界的一致好评。网友"爱我中华"反映,夏庄镇驻地连

荣数码通信和成田超市的高音喇叭,严重影响周围其他单位的正常办公、中心小学的正常上课及周边住户的正常生活。夏庄镇发言人看到这一问题后,立即向有关部门反映,解决后及时回复:夏庄镇城镇办已于 1 月 23 日对上述反映问题进行清理,现在周围环境已恢复安静。

(三)解疑释惑,打造网上宣传平台

如今老百姓想咨询政策、反映问题和建言献策的,就直接发到莒县论坛"网上问政"版块,使能及时得到答复。网友"¥好心情¥"问,结婚四五年了,女方和新生儿户口都有,却一直没有分到土地。对于这一类情况的,村里是不是应该给一定的补贴?城阳发言人给予答复:根据《中华人民共和国农村土地承包法》第28 条规定,如果村集体经济组织预留机动地或者依法开垦方式增加土地,或有承包方依法自愿交回的土地的,可以将这些土地承包给新增人口;若没有则无法分配,需要等到有多余土地时再调整分配。至于村里是否给一定的补贴,目前尚无这方面的规定。

网友"王以了"反映:"你好,我是第五年的城镇户口兵,今年要退伍了,请问如果选择自谋职业有多少补助?可不可以在参加完安置考试后再选择,在等待安置期间有没有生活保障?"莒县民政局发言人回复:"这位网友您好,如果城镇户口退役士兵选择自谋职业,根据日照市的规定,5 年退役士兵自谋职业金 3万元,报自谋职业的时间在公开选择单位大会当天为截止日期。等待安置期间的最低生活保障金每年需到财政部门申请。"

(四)树立标杆,弘扬社会清风正气

在宣传社会主义核心价值观,弘扬清风正气、选树道德模范等方面,莒县充分发挥网络传递信息快捷的优势,精心制作专题专页,开通网上展馆,及时通过网络平台发现道德模范典型,宣扬真善美,汇聚正能量。

网友"莒县丫头"发了一个题为"见义勇为的模范孙靖杰"的帖子,在莒州网上成为热帖,该帖反映莒县一在青岛打工的青年冒着生命危险,在青岛栈桥滔天的巨浪中救出了落水的父子。看到这一信息后,莒县立即派出采访组到青岛对这一典型进行采访,并通过多家媒体对孙靖杰的事迹进行了报道,莒县文明委也授予孙靖杰"道德模范"称号。此后,心系汶川灾区的放羊老汉孙元玉,拾金

不昧的葛安平、严业同，急人之困的"最帅熊猫血兵哥哥"徐从安……一大批道德模范从网上"浮出"，很多家庭困难的群众得到救助。仅 2013 年一年，莒县通过"立体互动网络载体"发现先进典型 9 个，救助困难群众 50 余人。基于此，莒县提出了打造"大义莒县"品牌的号召，并在莒县论坛开设了"大爱莒县"版块，用于宣传道德模范、好人好事和各类志愿服务活动，在网民中引起了强烈反响。

四、"网上问政"工作的经验启示

"网上问政"是基于解决群众反映的困难、适应形势发展需求而探索出的经验做法，它既是工作方式方法的创新，又是政民沟通载体的尝试，需要在实际工作中不断完善和提升。

（一）准确把握网络传播规律，是推行"网上问政"工作的基础条件

"网上问政"是对传统监管工作的创新，必须在思想上、方法上、行动上适应网络特点，营造有利于"网上问政"的氛围。思想上坚持情系群众，尊重网民，只有理解和尊重网民，耐心听取他们的想法，设身处地为他们办实事，才能赢得网民的支持和尊重，才能提高党委政府的公信力。在交流的过程中，宜低调不宜高调，切忌显摆张扬、高高在上、盛气凌人地说话，这样只会激化矛盾，于事无补。方法上坚持开诚布公，坦诚相待。要展现真诚，就是要说实话，把事实真相告诉老百姓，不要害怕老百姓说话，况且政府机关的工作不可能十全十美，要善于倾听群众的建议意见，勇于接受批评和指责。工作上坚持少说空话，狠抓落实。"网上问政"的其中一个目的，就是为了提高工作效率，体现政府部门雷厉风行办实事、求实效的工作作风。工作中，必须认真对待网民反映的问题，根据实际情况，能够即时答复的马上答复；需要调查处理的，则在不违反有关规定的原则下，适时地告知进展情况。只要扎扎实实地把群众反映的问题解决好，"网上问政"就能真正发挥作用。

（二）健全完善监督管理长效机制，是"网上问政"高效运转的关键环节

一项新举措的推行，不光需要勇气和智慧，还得靠过硬的制度和务实的管理来支撑。纵观全国各地的"网上问政"举措，有开设投诉网站、电子信箱的，有将干部照片、职务职责公之于众的，也有领导与网民直接对话聊天的，形成多

样,但不少还是流于形式、形同虚设,群众反映的问题往往如石沉大海、有去无回。莒县开展"网上问政"活动之所以能得到人民群众的广泛关注与热烈响应,就在于它建立了定期登录、定期通报、定期反馈、督查督办等一整套制度,认真采纳建议,及时查处问题,做到了件件有落实、事事有回声。

(三)用好用活互联网载体,是加强新形势下宣传思想工作的重要手段

在移动互联网时代,党委政府在利用传统媒体加强宣传工作的同时,应以全媒体视野打造综合传播载体,着力创新宣传方式、拓展宣传阵地、扩大宣传影响。从发展的趋势看,新兴媒体发展迅速,影响力日趋强大,借助互联网平台可以使宣传工作实现全覆盖。要有强烈的危机意识,未雨绸缪,整合资源,充分发挥融媒体的作用,努力拓展"网上问政"的覆盖面,创新网上互动载体,探索更受群众喜爱的沟通交流方式,丰富"网上问政"工作内涵,真正把"网上问政"打造成群众信任支持的民生阵地。通过这一载体积极引导网络舆论,回应社会关切,掌握社情民意。同时,莒县"网上问政"的实践证明,要正确引导网络舆论,变"堵"为"疏",不仅不会产生负面效应,还能解决问题、化解矛盾,促进社会的和谐稳定。

(四)以"网"为"镜"正视解决问题,是提升执行力服务科学发展的有效途径

在一些地方、一些部门和单位仍然不同程度地存在"门难进、脸难看、事难办"的现象,建立网上问政机制,可以从一定程度上解决这一问题。直接从网络上解答和处理群众的问题或直接从网络上办理相关事务更为方便、经济、高效,优势非常明显。莒县开通"网上问政"平台,坚持问政于民、问需于民、问计于民,党委政府能快捷地了解社情民意及群众关心的热点、难点问题,各项决策经过民意调查而更接地气、更有可行性,还能有效凝聚汇集各方面力量,推动经济社会各项事业跨越式发展。

执 笔 人:朱庆波
审 稿 人:张甲伟
撰稿单位:中共莒县县委宣传部

莒县岳家村"公心文化"的形成及影响

　　莒县城阳街道岳家村,始建于明正德年间,隶属城阳街道办事处,位于莒县城东区,沭河西岸,面积 1.03 平方千米,2019 年居住人口 5626 人。岳家村先后荣获"全国文明村镇""全国先进基层党组织""全国敬老模范村""全国绿色小康村"等荣誉称号。

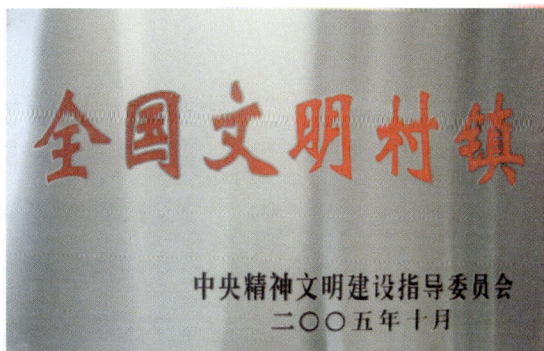

岳家村获得"全国文明村镇"称号

　　岳家村自 20 世纪 80 年代末开始发展,经过了 30 多年的艰苦奋斗、公心创业,取得了优异成绩,引起了社会各界的广泛关注与认可,岳家村的发展也成为一种模式和文化现象。这是岳家村当家人许传江带领党员干部几十年来,坚持公心向党、公心为民、公心处事、公心律己,落实公心实践,开拓公心之路,弘扬"公心文化"的成果。纵观岳家村公心实践的 30 年,其"公心文化"的发展历程可分为三个阶段:萌芽期、形成发展期和成熟推广期。

岳家村 20 世纪 80 年代的住房

改造一新的岳家村住房

　　在岳家村,"公心"成了一种思想意识、行为示范和价值观,外化成一种力量,成为全体村民的自觉精神与集体意识。因为公心,岳家村由一个贫穷落后、脏乱差的村庄,一跃成为环境优美、高楼林立的"全国文明村"。

中国特色社会主义进入新时代之后,对岳家村"公心文化"进行了全面深入的探究与梳理,发扬其公心实践的优秀传统,向社会推广其公心精神。"公心文化"对于这个时代,更具有思想文化与实践推广的深远意义。

一、"公心文化"的发展历程

(一)"公心文化"的萌芽时期(1982～2000年)

1."公心文化"萌芽时期

公心一词最早见诸先秦诸子杂家尸佼的《尸子》,书云:"夫私心,井中也,公心,丘上也。"距今已有2300多年之久。《荀子·正名》中提出了:"以仁心说,以学心听,以公心辨。"《傅子·通志》中称:"有公心必有公道,有公道必有公制。"这时的公心已经进入制度层面。《礼记·礼运》中"大道之行也,天下为公"的说法,说明公心已经进入社会层面。民主先行者孙中山先生早在1919年就为复旦学生题书"天下为公",提出了大道公心的民主思想理念。

20世纪80年代,在日照市莒县的岳家村,有一个人让公心在一个人的身上悄然萌发,并从此开始了对公心的探索与实践,进而影响与带动了一个村庄的文化发展,这个人就是许传江。

许传江担任岳家村党支部书记的15年,是"公心文化"形成的萌芽期。这一时期"公心文化"的特点是许传江个人公心意识、公心思想萌发与自觉形成,同时带动和影响其他党员干部公心意识的形成,将公心意识化为公心实践,在物质文化层面给岳家村带来翻天覆地的变化,在精神层面形成岳家村独有的"公心文化"。这一时期,岳家村村民致富,村办企业发展迅速,第一次旧村改造全面完成,党支部有了凝聚力与向心力,干部群众的公心意识与公心实践初步形成。

2.以公心求发展的实践探索与"公心文化"的初步形成

岳家村紧邻莒县城东沭河西岸。1986年初,全村人口1382人,耕地500亩。因地处沭河边,岳家村地势低洼,十涝九旱,村民年均纯收入不足200元;村集体负债7000多元,村党支部没有一间办公室。村穷民心散,村里一派萧瑟。

1984 年 10 月,刚好而立之年的许传江被党委提名,由全体党员推举为村党支部书记。村民们对这个年轻的支书提出了 3 个要求:一要一碗水端平,二要有饭吃,三要有活干。

岳家村成规模的传统手工制作豆腐坊

许传江认真总结历任班子的工作经验与教训,调整思想,统一认识,确立了"集体抓工业,群众搞副业"的发展思路和"群众的需要和愿望就是我们努力的方向"的奋斗目标。

为了让村民尽快实现脱贫致富,许传江带领村民先从搞家庭副业入手,除鼓励发展豆腐坊、油坊、面食加工、栽果木、种西瓜等传统项目外,还根据本村的土地特点,确定发展大棚种植项目,促进村民增收。

为创造发展条件,许传江四处找门路,动员家属自掏腰包、自筹资金,架工业电;动员党员带头建大棚,帮困难户建大棚,让村民尝到了产业结构调整的甜头。随后,重心转移到发展工副业上,办企业、建厂子。

1987 年,经多方考察,决定先办油漆厂,但资金仍然没到位。许传江自己借来了 6 万元,作为启动资金,进而影响带动村民自发地把为女儿买嫁妆的钱都拿了出来,为儿子盖房子的钱也献了出来,称油打盐、卖鸡蛋的钱也凑了起来。当年年底,一个投资 25 万元的油漆厂就办起来了。

20 世纪 90 年代,岳家村引进鸵鸟养殖项目

后米由于技术欠缺,许传江外山求技术,多次吃闭门羹,在吉岛等待了 3 天,终于使厂子有了转机,赚到了集体创业路上的第一桶金。后来又搞起了塑料厂、橡胶厂、化工厂、服装厂等 10 余个村办企业。仅用了 3 年时间,就满足了群众"有饭吃、有活干"的要求。1989 年,岳家村实现经济总收入 120 余万元,人均纯收入达到了 700 元。岳家村村民富裕了,集体有钱了。面对破旧的村庄,许传

2002 年,岳家村村企合办服装厂

江心中一个新的愿景已经酝酿成熟了。

20世纪80年代的岳家村，全村老少住的依旧是低矮的土草房，环境脏乱差，晴天一身土，雨天一身泥，街道不足2米宽，到处是土堆、粪堆、柴草堆，常常污水横流。许传江觉得是时候让村庄彻底变个样了，于是他积极策划，全面进行旧村改造。

旧村改造牵扯到村民的切身利益，许传江从动员拆迁、宅基地分配到规划建设，本着贴合民心、主持公道的原则，克服重重困难，坚持四个统一，即统一规划、统一标准、统一面积、统一安排宅基地位置；突出三个特色，一是宅基地分配不抓阄，由"两委"研究，根据各户情况统一安排，二是"孤老残弱贫"优先，三是确保公平公开公正。利用5年时间完成了旧村改造和新农村建设，1998年完成全村所有街道和进户巷的水泥硬化，共计48000平方米，铺设排水暗道5400余米。1996年，岳家村被山东省建设委员会与山东省人事厅共同授予"村镇建设明星村"称号。

工作中，许传江带领全村党员干部处处发挥先锋模范作用，想办法、解难题、带头干，赢得了群众的信任。岳家村人选择了许传江，许传江以公心为本，还

岳家村讨论研究第一次旧村改造

岳家村一个发展奇迹,这也是岳家村历史发展的重要机遇与转折。

岳家村的发展是许传江带领一班人确立公心思想、倡行公心实践,以公心求发展、求变革,一心为群众、全面谋发展的结果。如果舍弃公心,岳家村的发展是不可能的。归根结底,就是一个简单、朴素的词——公心。公心在岳家村、在许传江身上,得到了实践和传承。

许传江的工作理念,体现着他的公心思想,蕴涵着"公心文化"。自1982年许传江上任之时,他就抱定了这样的公心思想:群众能过上好日子,就是我最大的心愿;群众的需求和愿望是我努力的方向。这个心愿与其支点就是公心,而想要实现它,必须处之以公心思想,动之以公心实践。许传江用坚定不移的公心实践找到了解决问题的"万能钥匙"。

1997年8月,许传江总结了十多年来的公心实践,体会到在农村当干部就要做到吃苦、吃亏、吃气。2008年,县里规划修筑振兴路,他还总结出了"吃亏经":吃亏越大,发展越快,面对集体利益,个人吃亏能树立威信;面对全县利益,集体吃亏有利于推动经济发展。这是他身为村支部书记,一直遵循的工作作风,经过十几年的实践,形成了公心理念与思想,成为"公心文化",也初步形成了"公心文化"的基本内核,奠定了岳家村"公心文化"发展的基础。

15年来,许传江也从一名普通农民出身的村党支部书记成长起来,从朴素的公心出发,经过不断的探索与实践,进行自我塑造、自我砥砺、自我加压。1996年,许传江当选为县人大代表,1999年被评为市级劳动模范与市农民企业家,2000年被评为市优秀共产党员。

许传江带领村党员干部经过15年的艰苦奋斗,以公心精神、公心思想统领全村工作,以此形成了独特的"公心文化"。

他经年累月地带领支部"两委"班子,坚持学习、坚持例会;坚持批评与自我批评;处处以公心处事,甘于吃亏、吃苦、吃气;以公克难,以集体利益为重,引领党员干部为公而干、干公光荣;树正气,淳民风,当干部就别想当老好人,别想占便宜。

旧村改造是村里的大事,也是领导干部治村能力的重要体现。在岳家村的旧村改造中,村民充分感受到了党员干部的公心精神。在宅基地分配上,许传江带领党员干部自觉把好的宅基地让给困难户或普通村民,出工出力跑在最前,昼夜靠上干,没有一个有怨言的。岳家村党员干部的公心精神在这次旧村改造中得到了充分体现。

自许传江接任村党支部书记后的 15 年间,岳家村发生了翻天覆地的大变化。1986 年,村集体负债 7000 多元,村民年均纯收入不足 200 元。到 2000 年,集体固定资产达 2020 万元,工农业总收入 1.0538 亿元,实现利税 390 万元,人均纯收入 3850 元。不算固定资产发展总量,只人均纯收入一项就增加了 20 倍。

岳家村的党员干部们见证和参与了村庄的建设与发展,真切体验与感受到了"公心文化"的巨大优势与攻无不克的内在力量。

许传江就如一块公心磁铁,形成了强大的磁场,使公心成为党员干部的自觉意识和行为,"公心文化"的氛围也日渐浓厚。

许传江带领的岳家村先后被省委、省政府、省精神文明办公室授予"村镇建设明星村""思想政治工作先进单位""省级文明单位""省创安工作先进村"和"省先进基层组织"等荣誉称号。

这个阶段的"公心文化"的形成有两个层次:第一个层次是许传江公心意识的萌发与公心思想的自觉形成;第二个层次是在许传江公心思想带动影响下,"公心文化"在党员干部中被认同。这些思想意识化为公心实践,造福于村民、村集体、造福于社会,也形成岳家村独特的发展模式与"公心文化"发展之路。

15 年来,岳家村党总支书记许传江带领班子成员凝心聚力,艰苦创业,敢担重任,不负众望,以无私无畏的精神,吃苦在前,享受在后,坚信"一公天下无难事,心底无私天地宽"。在公心实践中,"靠清白站稳脚跟,靠实干树立形象,靠真诚赢得群众的信赖",岳家村已经成为新时期公心实践的一种发展模式。

岳家村公心实践的形成,靠的是许传江带领的党员干部公心意识的自觉萌发,靠的是对社会经济发展的正确把握和抉择,并将发展成果与村民共享,带领村民走上了一条共建、共富、共享的科学发展之路。

15 年来,许传江一心扑在村里的大小事务上,牢记"群众的需求和愿望就是我们努力的方向",村里大小事全部实行"全民公决。"

许传江把当官看得很淡,但把清白看得很重。他和其他村干部共同约定,身外财一分不拿,大小便宜一点儿不占,绝对不允许自己的亲属利用职权谋利。为了让岳家村群众齐走致富路,他没少动脑筋,但从没考虑过自己。2000年时他自己算过一笔账:妻子一年种两个大棚,养两头肥猪收入2000元,再加上他2000元的工资,一家平均收入也在4000多元,也算达到了村里人均纯收入水平。

这15年的发展至关重要,为岳家村的全面发展打下了坚实的物质与精神基础,奠定了岳家村在新时期,尤其是改革开放以来的发展基础。15年的公心实践,许传江找到了岳家村发展的支点、信心与信念,也使"公心文化"从萌芽渐次丰满,涵盖了岳家村发展过程中的各个层面,使岳家村"公心文化"具有强大的生命力。

(二)"公心文化"的发展时期(2001～2009年)

2001年至2009年是岳家村发展的第二阶段,是进入21世纪以来社会经济民生福利发展提速的时期,也是"公心文化"发展的重要成熟期。

这一时期,"公心文化"的特色是公心节的举办。许传江带领下的岳家村干部群众的公心实践,促成了公心联谊会的成立以及公心节的举办,"公心"第一

岳家村第一届公心节与会人员在公心亭合影

次以思想文化活动节日的形式来体现与展示,公心节成为传播与弘扬公心实践及"公心文化"的独特载体。

2001年至2009年,岳家村公心联谊会的系列活动从未间断,公心节以村干部登台述职、群众点评为主要内容,通过文艺宣传和征文、诗会、笔会等形式,将"公心文化"搞得有声有色,而且越来越活跃、越来越丰富,公心锤炼了干部、感召了群众,成为村经济发展的强大推动力。

从第一届公心节开始,每届公心节都有主题,有公心实践成果。公心节会议上,村"两委"上台述职,接受群众的评议和监督,受到社会各界的认可与好评,吸引各方前来观摩、宣传。

把"公心"具化为一个节日,这在全国独一无二,而连年举办更是稀少,这也说明了许传江及其他党员干部对公心的深刻理解与发自内心的认同。这为公心思想与"公心文化"的不断发展创造了条件。依托这一载体,公心意识已经从党员干部当中走向村民之中。

2000年以来,随着城市化进程的推进,在新的城市规划中,许传江带领一班人顺应发展形势,秉承公心思想,抓住县政府城东区沭河公园规划建设之机,遂

1997年,岳家村合作创办莒县华星学校

步实现居住楼房化、环境公园化、就业合理化、分配按需化、福利完善化。再次让岳家村实现大变样。一系列公心实践给村民带来了福祉,催生了"公心文化"在村干部与群众中的形成。

2001年开始,村党支部根据形势发展需要,通过优化投资环境,加大固定资产投资力度,主动出击找伙伴,借助外力谋发展。先后引进了荣丰橡胶、银河制衣、诚凯制衣有限公司、东旺食品、东兴产业园等项目,合作创办了华星学校、莒县职业技术教育中心和正骨医院。

2004年至2008年,岳家村建成居住楼房38座。全村790户、2186人分批次全部住进崭新的楼房。2008年底,总投资3190万元的村老年幸福公寓建成并投入使用,全村260位老人统一住进了配套设施齐全老年公寓。真正实现了全村居住楼房化、老年集中供养的目标,村民幸福指数不断提高。

到2009年底,村集体固定资产达到1.2亿元,实现工农业总产值2.3亿元,利税780万元,人均纯收入8800元。村先后荣获"山东省先进基层党组织""全国小康建设明星村""全国敬老模范村居""全国文明村镇"和"全国绿色小康村""全国平安家庭创建活动示范村"等荣誉称号;村党总支书记许传江被评为

2008年建成的莒县老年幸福公寓开始提供集中供养服务

省"十佳好当家人"、省优秀共产党员、省劳动模范,当选省第十届、十一届人大代表,日照市十届、十一届党代表。

2008年振兴路东拓,涉及198户村民搬迁,时间紧,任务重。在这件事上,198户村民中有68户党员干部及亲属带头拆迁,体现了党支部的战斗堡垒作用和党员的先锋模范作用。当时村里的楼还没有全盖起来,群众拆迁后没地方住,很多人想不通。许传江与党支部一班干部挨家挨户地做工作,鼓励党员干部带头搬迁,鼓励乡亲们相信县委、县政府的决策,相信越拆环境越好,越拆日子越好,吃亏越大,发展越快。通过耐心细致的思想工作,岳家村人发扬公心精神,服从大局,勇于牺牲个人利益,他们顶着烈日当头的三伏天,用了不到半个月的时间就全部完成搬迁。由于莒县新城区规划建设新的公园,岳家村沿沭河1200多亩栗子园、果园、蔬菜大棚的土地,作为沭河公园的建设用地,被政府无偿划归国有,村里有5处企业需异地搬迁,所有500多户被拆迁户表示出了对政府与许传江的充分信任与坚决支持,他们深明大义,毫无怨言,不打折扣,不计得失,行动迅速。有了公心实践成果不断惠及群众的好基础,许传江带领全体岳家村人为服务全县而体现出的大局意识、发展意识和奉献精神令人钦佩。

进入21世纪的前9年,是岳家村"公心文化"的重要发展期,在这个阶段,"公心文化"在干部群众中不断发展,是岳家村"公心文化"发展成熟的主要体现。

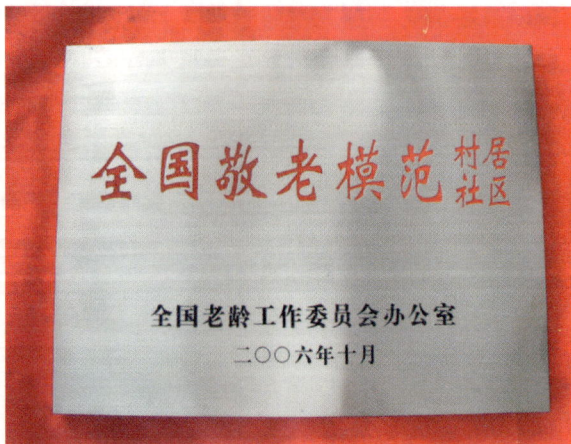

2006年,岳家村被评为"全国敬老模范"村居社区

这个阶段,公心节的确立与举办成为"公心文化"发展的重要媒介和形式,也是"公心文化"在深度与广度上的进一步推进。公心节使"公心文化"更好地走进了村民之中,这种真实可感的节日形式也使公心更加具象化、更普及化,也推动了"公心文化"在岳家村干部群众中的形成。

"公心文化"在岳家村干部群众中的形成,是岳家村"公心文化"发展的重要时期,这种文化,能聚合起强大的力量,产生巨大的公心效应,有力调动全体村民的正能量,推动村里各项事业正确健康发展。

2009年11月1日,县委组织全县农村党支部书记参加第九届公心节,总结推广岳家村的"公心实践"活动。

2009年11月10日至12日,时任中央深入学习实践科学发展观活动巡回检查组副组长的张龙之一行来日照,就第二批学习实践科学发展观活动开展情况到岳家村进行检查指导。张龙之欣然提笔写下了"德为良田百代耕之有余,许传江同志公心为民向您致敬",表明了对岳家村及许传江公心实践的认可和鼓励。

(三)公心文化的推广期(2010~2020年)

公心文化在岳家村的形成与良好发展,已成为新时代推动社会政治经济改革与全面发展的精神动力、思想财富与行动基石。

许传江在多年的公心实践中,以个人的工作经验为基础做了如下总结:

公心实践包含四个境界:亦公亦私、先公后私、公而忘私、大公无私。

公心实践有四个途径:公心向党、公心为民、公心处事、公心律己。

公心实践有五项准则:以公心思想凝聚力量、以公心文化启迪心智、以公心精神提升境界、以公心标准规范行为、以公心成果惠及百姓。

公心实践有八大载体:经济发展、管理民主、生态优美、村风文明、家庭幸福、崇德尚孝、安居乐业、富乐和谐。

许传江对公心实践的"四个途径"进行了深入探索,有着深刻的阐释。

在公心向党上,公心为念,党性为尺;唱响主旋律,凝聚正能量;以党性筑牢理想信念,以公心规范思想行为。几十年来,村党总支一班人始终以公心向党为旗帜,秉持公心实践,不断探讨公心理论,发扬"公心文化",把处以公心、公道办事作为价值追求和自觉行动。把听党的话、跟党走作为最大的"公心",时刻与上级党组织保持思想一致、工作一致、步调一致,树立了服从大局的浩然正气。

在公心为民上,公心是则,民心是镜;拓出新天地,开创新生活;以公心赢取百姓真心,以民心检验执政成果。始终把群众的需求和愿望作为努力方向,心系群众,公心为民,竭尽全力为群众办实事,解难题,谋福利,赢得了群众的信赖和支持,凝聚了民心,激发出了强大的向心力、凝聚力、战斗力。

在公心处事上,公心立德,身正立信;顾大局讲原则,怀公道慎用权;以公心维护群众利益,以公道倡树正气淳风。村党总支一班人一心为公,办事公平、公正、公开、透明,在涉及群众利益的问题上不分亲疏远近、不分门户大小,一律做到一碗水端平;不让强者得便宜、不让弱者吃亏,不让一户掉队,不让不正之风得逞。干部群众做到了利益面前体现公心,无私奉献践行公心,群众评议见证公心,各界参与弘扬公心,树立了优良的村风民风。

在公心律己上,公心常铭,清廉常记;严律己宽待人,去私欲戒奢靡;以公心还原公仆本色,以清廉摒除"四风"侵蚀。新形势下,岳家村一班人认识到,公心是最好的"防腐剂",必须把社会主义核心价值体系融入干部群众教育和村庄远景发展规划中,探索公心与廉政教育的接点,前置防腐关口,培育"公心廉政"文化品牌和价值理念,用公心廉政文化来凝聚力量、鼓舞斗志、引领方向。

随着岳家村公心文化的形成与产生的社会影响,以及基础设施投资建设的逐步完善,社区化功能日益凸显。根据城市社区建设的要求与岳家村的发展需求,2010年4月6日,岳家村社区正式成立。社区化改造进一步加强了沭景嘉园、沭河湾、沭河公园三期、莒国大饭店、盛世城、中央公馆、如意桃园、第五实验小学、青岛路小学等周边重点项目的推进,实现了经济发展与社区服务的同步共赢。

许传江提出的"发展城市化、服务社区化、管理制度化、环境生态化、福利全民化"的"五化"目标逐步得到了实现,社区村民的幸福指数也不断提高,这是许传江及社区党员干部公心思想的追求和实践结果。

纵观岳家村的发展历程,公心贯彻整个创业过程的主线。古语说"天下为公",无数的历史事实也雄辩地证明,公心是成就事业辉煌的法宝。许传江公心为上的工作作风成就了岳家村的今天,这是岳家村集体的财富与荣耀。同时,他

莒县城阳镇岳家村社区、大湖社区、海纳社区授牌仪式

的公心精神已从点到线、从线到面地影响到一个地区并产生了巨大的效应,成为强大的精神动力之源。

2009年11月初,莒县县委就各乡镇基层党员干部专门举行了公心思想交流座谈会,内容是学习岳家村的公心理论。县里根据岳家村公心节的活动成果,提出了学习岳家村公心实践的倡议。

2010年11月,以"公心文化"为主题内容的公心阁正式建成,作为岳家村公心廉政文化基地,这也是岳家村公心文化对外传播推广的重要载体。自此,公心阁迎来了全国各地的参观学习者,岳家村的"公心文化"也以另一种途径与方式开始对外推广。这也标志着岳家村的公心思想与实践、岳家村的"公心文化",进入了宣传推广期。

2011年11月1日,岳家村第十一届公心节暨公心文化研究会召开,在原有莒县公心联谊会的基础上,莒县公心文化研究会正式成立。从此,岳家村的"公心文化"进入理论研究、文化探讨层面,也为"公心文化"的推广确立了理论阐发的基础。

2012 年岳家村第十二届公心节主题为"公心融入社区,共建美好家园"。从本届公心节开始,主办方已经由岳家村升级为岳家村社区,社区充分发挥各项组织机能,实施联合办公。自此开始,公心节的主题、公心节的成果、举办层次、质量、高度都得以升华。通过举办公心节,不仅社区党员干部要讲公心,也带动社区居民讲公心,形成良好的政风、民风。讲公心已经成为整个社区党员干部的行为理念,在全社区蔚然成风。

2013 年 11 月 1 日,岳家村第十三届公心节召开之际,县委发文并组织全县农村党支部书记以及乡镇机关干部参加并观摩公心节大会,会议向全县直播。时任县委书记刘守亮出席大会并作了重要讲话。公心自此在莒县全面正式推广。将岳家村的公心思想、"公心文化"、公心实践推向全县,岳家村的当家人许传江也成了当代公心思想的实践家,成为"公心文化"的缔造者。这是公心思想和实践的历史机遇与时代要求,是"公心文化"持续发展的必然结果。

第十三届公心节以来,公心节的主题更加切近国家的政治导向,更加切合党的基层路线方针政策。例如,第十三届公心节的主题为"公心向党,公心为民,公心处事,公心律己";第十四届公心节的主题为"以公心实践践行党的群众路线";第十六届公心节的主题为"不忘初心,践行公心"。第十六届公心节会议期间,公心文化研究会主席刘庆贺在发言中说,我们倡导公心、弘扬公心、践行公心,就是要自觉地把公心思想与长征精神结合起来。在政治上与党中央保持高度一致,在思想上坚定对马克思主义的信仰、对社会主义和共产主义的信念。公心实践与学习贯彻党的十八届六中全会精神,相生发,相融合。

第十七届公心节的主题为"学习十九大,公心得民心"。第十七届公心节以来,公心实践已经上升至制度层面,"五个公心"学习会议制度已成常态。

第十八届公心节的主题为"弘扬公心精神,推动乡村振兴"。第十八届公心节期间,县委组织部召开全县"弘扬公心精神,推动乡村振兴"专项行动推进会议,印发了《关于全县弘扬公心精神推动乡村振兴专项行动的实施方案》文件。18 年来,公心节的主题不断创新,公心思想不断深化,"公心文化"影响深远。岳家村社区以全县"弘扬公心精神　推动乡村振兴"会议为契机,在新时代背景下,积极探索公心的新形式、新路子,以组织振兴为基础,用"公心文化"、公心实践示范带动党员干部群众,探索公心善治,形成良好的政风民风家风,推动新时代农村的高质量发展,为打造乡村振兴齐鲁样板贡献力量。

2018年,许传江当选为全国人大代表,3月5日代表全县广大基层党员干部参加全国两会。会议期间受到了习近平总书记的亲切接见。会后,许传江将习近平总书记重要讲话暨全国两会精神传达到乡村振兴的村村落落。

城阳街道岳家村社区第十八届公心节庆祝大会现场

第十九届公心节的主题为"初心不改,公心为民"。岳家村的发展,使老百姓过上了幸福的生活,一靠党的领导,二靠公心的力量,三靠实干精神。公心就是岳家村发展的金钥匙。岳家村社区各项工作如鱼得水,公心治理的善治效应更加显著。许传江作为受邀嘉宾,在日照市建市30周年发展大会上就公心实践助力乡村振兴做典型发言。

讲公心就要讲政治,讲担当,讲作为。公心节举办到十九届,其影响范围也从原先的一个村逐步发展为全社区、全街道。随着中央和省市县媒体对岳家村"公心文化"的深入发掘报道,"公心文化"的影响也越来越大。

2018年以来,许传江作为全国人大代表,每年都要参加近百次的以公心为主题的访谈、报告、演讲等活动,并连年被各地邀请给党员干部授课。许传江总是将自己对公心思想的实践、公心实践的经验、"公心文化"的感悟,毫无保留地传扬出去。

"公心文化"不仅在全县、全市,甚至在全省、全国范围内都影响广泛,引得前来参观学习者络绎不绝,"公心文化"也成了一种文化现象,引起了理论界的关注与探讨。

30多年来,以许传江为代表的岳家村人,坚持以公心思想为治村之本,秉持"公心育人、文明兴村"的发展理念,处处以公心向党、公心为民、公心处事、公心律己为行为准则,全村干群团结,风清气顺,村级经济和社会事业得到了健康发展。

岳家村"公心文化"的全面发展以及在全县的推广产生了广泛的社会影响。随着村公共设施及居民服务水平的不断发展,岳家村于2010年4月进行了村改造,成为社区,这既是公心实践的结果,也是公心推广的一个层面。岳家村的公心实践与"公心文化",在社区建设与发展中产生影响与效应,成为全市新农村建设的一面旗帜。岳家村也成为全市第一个国家级文明村、全市"公心实践"的先进典型。

2013年3月,时任山东省委常委、宣传部部长孙守刚在莒县督导工作时,高度肯定了岳家村公心节的做法,指出了公心节是实行基层民主很好的形式,充分体现了习近平总书记在参加河北省委民主生活会时对"衡量党性强弱的根本尺子是公、私二字"的阐述。

至2019年,岳家村实现固定资产6.1亿元,集体经济收入3600万元,人均纯收入32000元。拥有莒州文街、新世纪蓝湾超市、医养结合体、岳泰大酒店等多处骨干项目,提供就业岗位2300多个,有力地促进了集体经济的发展。村党支部书记许传江当选为十三届全国人民代表大会代表,是山东省第十届、十一届、十二届人大代表,全国劳动模范。

2020年的第一天,莒县岳家村上央视《新闻联播》了。在央视《新闻联播》播出的《天南地北 喜迎新年》新闻中,出现了许传江与岳家村里的老年人一起聚餐喜迎新年的画面。

2020 年第一天,央视《新闻联播》播出许传江与岳家村里的老年人一起聚餐喜迎新年的画面

所有这些成就,都体现了岳家村的公心文化在传播推广期的深远影响,也必将产生深远而广泛的社会意义。

二、"公心文化"的影响

(一)公心节成为约定俗成的重要节日

岳家村公心实践的发展引起社会各界的广泛赞誉与高度评价,也得到了有识之士的热切关注。2001 年秋,在社会各界的倡议支持下,岳家村成立了第一个以公心命名的联谊会;同年 11 月 1 日,岳家村举办第一届公心节暨公心联谊会第一次代表大会。公心就这样以一种节日的形式弘扬传播开来;公心的内涵,也由当初的公心治村、公心理事、大公无私的朴素理念,紧跟时代的发展与经济社会的要求,不断地进行调整与提升、挖掘与梳理。公心节作为一种基层民主交流形式,已经成功举办了 19 届。随着公心节的举办,公心联谊会和公心文化研究会的设立,"公心文化"已经融入社区建设、融入乡村振兴的工作中,为乡村振兴提供了公心力量。

这对岳家村人来说,公心节早已成了约定俗成的重要节日。因其意义和魅力,四邻八乡的人,甚至外地人也热切关注、向往并参与着这个节日。

（二）公心实践活动成为党员干部的自觉行为

许传江个人的公心实践带动和影响了岳家村的党员干部,公心实践已经成为岳家村人的一种自觉行为。

在20世纪90年代的旧村改造中,许传江不分昼夜亲自带头干,创业初期条件艰苦,常常没有材料、没有资金,求亲告友借钱购买;没有工人,他就自己带头干,筹义务工。许传江经常累得体力不支,晚上挂吊瓶,但从未间断去工地干活。党员干部群众看在眼里,服在心里。可以说,是公心的力量,形成了岳家村旧村改造的合力。

1998年,村党员群众自发捐款16000元,在村前公园的荷塘内建起了凉亭,取名"公心亭"。取这个名字,就是为了让大家记住像许传江这样的为岳家村出过力、流过汗、具有公心意识的人,也激励后人为公而干,干公光荣。公心亭的建造就是岳家村党员干部一心为公、为民造福的见证,也是岳家村人在奔小康大道上的里程碑,汇聚起干部群众不断前进的强大动力。

2003年,占地110亩,实际总投资3800万元的学校工程,就是在村集体毫无资金的状况下奇迹般地建成了。在工程建设的关键时候,靠的正是许传江一

岳家村修路期间,党员干部带领大家义务出工修路

班人的公心精神,公心的力量,公心文化的影响。

(三)公心成为农村工作的制胜法宝

30多年来,平凡的岳家村之所以能够在经济波动的大形势下,实现发展、迎来巨变,靠的就是公心。

因为公心,许传江才能将一个脏乱差的小村庄彻底改观;因为公心,许传江才能在村里原地拆迁、腾地,有序推进十几处项目的建设。

许传江用30多年的经验摸出路子:只要有公心,就没有办不成的事;以"公"天下无难事,心底无私天地宽。

因为公心,岳家村成为全国农村工作发展的典型之一,获得众多国家及省市荣誉称号。事实再次证明了,公心是农村工作的制胜法宝。

(四)公心融入村风民风

岳家村的公心实践带来了翻天覆地的大变化,除了村容村貌的变化外,村风民风的变化也体现了公心的力量与影响。

岳家村从前脏乱差,究其根源,村穷民困是最大的物质因素,缺少公心意识是思想因素。

许传江上任之后,坚持物质、精神两个文明一起抓,"公心与文明"的和谐理念深入民心。

以公心理念指导工作,以"公心文化"丰富生活,以公心实践凝聚力量,已成为岳家村干部群众发展路上的文明行为规范。

三、"公心文化"的发展经验

岳家村"公心文化"的发展告诉我们,公心是做人之本,公心是为官之道,公心是成事之基。这也是岳家村公心思想、公心实践凝聚成的"公心文化"成熟发展的历史经验。

(一)公心是做人之本

公心是做人之本,这在许传江身上得到了很好的体现。岳家村的今天,是许传江带领岳家村人树立公心、实践公心、大行公心的结果。许传江在潜心实践中体会到,只有破私心,除私欲,修养自己,才能讲公心、树立正气、消除怨气、让群众服气。

因为一个人私心重，则私利生，集体利益必然受损。以公心干事业，追求先公后私，公而忘私，大公无私，则家道旺、村风正，事业兴。

公心是做人之本，公心出成绩，公心成大业。公心成就了许传江等倡行公心者的智慧人生。

(二)公心是为官之道

习近平总书记指出："作为党的干部，就是要讲大公无私、公私分明、先公后私、公而忘私，只有一心为公、事事出于公心，才能坦荡做人、谨慎用权，才能光明正大、堂堂正正。"而这正是岳家村人提倡公心、探索公心、践行公心、发展公心的一贯努力与追求。

"村看村，户看户，群众看党员，党员看支部，支部看书记。"作为一名农村支部书记，许传江时时刻刻牢记，并带头做到无官心、无傲心、无私心，做到"一碗水端平"，想办法，解难题，带头干。公心为民，公道处事，在涉及切身利益的问题上，村里没有门户大的欺负门户小的、族大的欺负族小的，特别是弱势群体，不仅吃不着亏，还得受照顾，这让老百姓心里踏实亮堂。这一切都是将公心作为为官之道的结果。

公心制度化

许传江经常说:"村民不一定最富有,但幸福指数一定要高。"他严于律己,自己及家人带头参加义务劳动,把家里的积蓄拿出来为困难村民盖大棚、看病;自己个人获得奖金不下 10 万元,全部捐给了老年公寓。为了不让一户村民在致富的路上掉队,他在村里也号召集体帮助盖房子,担保贷款,发放养老助学优待等,保证让每家每户分享村里的发展成果。能走到今天,许传江始终坚信,公心就是为官之道。

公心就像一把尺子、一面镜子。村干部有了这个标杆,经常拿它量一量、照一照,工作也就有思路了,也逐渐做到了对村里的工作开支精打细算。所以,多年来没有一例违纪行为发生,村干部都经受住了考验。做到了"楼要盖起来,人也要站起来"。

在岳家村,始终坚持大事让群众做主,有事让群众知道。公心节就是其中一个民主议事平台,逐步建立起了公心促公制、"五个一"公心学习制度:每天一次公心晨会,每周一次公心例会,每月一次公心讲堂,每半年一次公心体检,每年一次公心节。

2000 年以来,每次村"两委"换届,许传江和其他"两委"成员几乎都是全票连任,在社区"两委"选举中,也是全票当选,这一切,的确体现了公心是为官之道这一道理。

(三)公心是成事之基

自 1984 年许传江同志担任岳家村党支部书记,特别是 2001 年开始举办第一届公心节以来,以许传江为代表的岳家村人,在"公心育人,文明兴村"的思想指导下,不断深入探讨"公心文化"践行公心思想,牢固树立公心立村的治村理念,从初立公心亭、建立公心阁、设立公心节,到 2001 年成立莒县公心联谊会、2010 年成立莒县公心文化研究会,创造性地将公心理念融入经济和社会各项事业的发展中,他倡导只有心系于公,才能践行于民;只有立足于公心,才能站稳脚跟;只有牢记公心,才能正气存身;只有发扬公心,才能成就事业。正是公心的力量,使岳家村从"脏乱穷"村完成了到"全国文明村"的嬗变。

岳家村 30 多年的发展说明,公心是成事之基,主要体现在以下几个方面。

党员干部讲公心、讲奉献。许传江担任支部书记 30 多年,对此有深刻的体会。凡事出于公心,甘于吃苦、吃亏、吃气,就没有克服不了的困难。村里每项新工作的推进都有困难,但是干部必须以身作则,带头发挥模范作用、体现奉献精神。凡事让村民知道,让村民做主。每次开村民会,许传江总是掏心掏肺,带头述职,虚心接受大家的批评意见建议。

党员干部的模范奉献精神体现在方方面面:带头让宅基、拆屋、迁坟、企业腾退,这些都为岳家村的发展赢得了机遇,在广大群众中树立了良好形象。

讲公心是成事之基,凝聚了众力,公心成就了今天的岳家村。只要人人讲公心、事事讲公心、时时讲公心,就没有办不成的事。公心是力量,讲公心是智慧,讲公心可成大业。

科学发展村级经济,实行共同富裕。按照"人尽其才,物尽其力,地尽其用"的经济发展思路,积极实施"村里办企业,家家有副业,人人有收入"的强村壮民工程,引导群众调整产业结构,搞农副业和第三产业,鼓励自主创业。老年人全部实现集中养老,基本实现了共同富裕。村办企业已发展到近20家,固定资产超过6亿元,吸纳本村及周边剩余劳力2800多人。

岳家村公心文化广场

成大事要有担当,要顾全大局。近年来,岳家村捐出沭河河套 1200 多亩耕地、200 多户养殖区,198 户村民无条件拆房让路。

2010 年,岳家村在完成楼房化改造的基础上,完成了社区化改造。社区辖周边 22 个企业单位,有居民 3.6 万人,社区公共服务设施配套齐全,高标准建设了集休闲、娱乐、购物为一体的公心文化广场,实现了经济发展与社区服务的同步共赢。

许传江发展不忘众乡村,致富首先关照弱势群体。他经常深入走访群众,为失地群众维权,协助政府推行工作。2015 年以来,许传江代理了塘子村的支部书记,还结队帮扶付家洼、钱家村、人桃园、慕家庄子村等村庄调解了矛盾纠纷,理顺干群关系。许传江首先带头学习,学好政策方针、领导讲话、先进做法,并学以致用、带头挑担子、啃骨头;其次是带头外出取经,再结合当地实际情况开展工作。近年来,对棚改安置区、村街小区打造"红色物业",党支部负责管理物业,提高为民办事效率,积极开展为民服务活动,提高居民主人翁意识,提高治理水平。通过干群共同努力,率先完成了 9 个村内近 5000 户村民的棚改拆迁安置工作,配套完成居住、供暖、保健、健身娱乐等公共设施。腾空土地 2000 余亩,服务全县十余处大项目建设。

大力发展公共福利事业。自 1997 年开始,村集体对考上大中专学校的学生给予 1000 ~ 2000 元奖励;对 65 岁以上的老人每季度给予 180 元、100 斤面粉的优待补贴,常年免费查体,并优先照顾独生子女户、"五老"及弱势群体。为 500 余名村民每人补贴 1 万元办理失地农民医疗保险,新农合也由村集体全额补贴办理。

针对老年人安置问题,岳家村于 2008 年建成老年公寓。2020 年启用莒县和泰医养中心、岳泰大酒店,开工建设沭东花园小学、莒国大饭店二期。

成大事,要坚持廉政建设。许传江非常注重干部作风建设,坚持"请吃不到,送礼不要",靠清白站稳脚跟,靠实干树立形象,靠真诚赢得群众的信赖,工作中不怕吃亏、吃苦、吃气,做到"无官心、无傲心、无私心",赢得了群众的拥护和支持。在村"两委"的引领下,村里户户争当模范家庭,人人争做文明的使者。清洁队、义务帮工队、文艺宣传队等志愿队伍不断壮大,好人好事层出不穷。

日照市和泰颐养中心建成开业

在岳家村,许传江经常组织党员干部开展公心思想的学习与讨论,一致认为讲公心必须首先做到廉洁,如果处事不公、公私不清,群众的民主监督作用无法发挥,必然会基础不牢。

一直以来,岳家村搞了许多的建设工程,没有发生一例违纪行为。公生明,廉增威,在全村社区化改造的艰难历程中,许传江在大脑里始终绷着一根"廉政弦"。他时刻警示自己:绷紧"廉政弦",就等于抓住了安全线。

许传江总是以身作则,号召带动每个村干部以高度的责任心和清正廉洁的作风,磨炼出闪亮的公心之盾。他们正是靠着火热的公心、善心、责任心,坚决做到了"吃请不到,送礼不要",抵制住了社会不良风气的腐蚀,赢得了广大村民和社会各界的一致好评。正是因为有了"楼要盖起来,人要站起来"的正气,村党总支才克服了建楼、分楼过程中的所有阻力,树立了良好的执政形象,赢得了民心。

实践证明,要"干成事,不出事",公心实践是关键。所以,在岳家村,所有人一致认同:公心是勤政之基,公心是廉政之源。

(四)公心是善治之道

为了实现全村经济健康、稳定发展,及时把握好党建的引领作用,许传江用几十年的工作实践启发大家:要发挥党员、党建的引领作用,要和风细雨,有公心、耐心、责任心,推行"公心善治"。要尊老爱幼,行善积德;办事公道,无私坦荡。群众事无小事,花大力气做好小事情,把小事做细,把细事做透。

尤其近几年来,岳家村社区承担了大量的拆迁工作,也遇到了许多难题,岳家村的党员干部始终坚持胸怀公心,善于啃硬骨头,发挥党员攻坚克难的作用,怀着细心、耐心、责任心去做思想工作,将党的温暖传递到老百姓心里,引领老百姓知党恩、感党恩,得到了老百姓的真心理解和支持。基层党组织是实施乡村振兴战略的"主心骨",通过夯实基层党组织建设,引领党员干部把群众的需求和愿望作为努力的方向,以公心作为行为准则、价值追求、工作方法,提振党员信心,凝聚民心,谋求发展,提质增效,使社区各村都得到了发展,广大老百姓得到了实惠,走出了具有公心特色的乡村善治之路,形成了宝贵的公心善治经验。

岳家村新貌

公心乃为公之心，也是良心、党心和民心，公心育人，文明兴村。在乡村振兴的道路上获得的巨大成功，是推动岳家村、引领社区发展的成事之基、善治之本、幸福之源，为建成小康社会，实现老百姓的和谐梦、幸福梦提供了典型范例和有效方案。

执 笔 人：柳树营

审 稿 人：汤启香

撰稿单位：莒县城阳街道办事处岳家村社区

后 记

　　《日照市改革开放实录》丛书征编工作，是贯彻落实中央、省委关于突出中国特色社会主义时间段历史研究部署的重要举措。经日照市委同意，2016年8月，市委办公室印发《〈日照市改革开放实录〉征编工作方案》。按照方案要求，市委党史研究院（2019年市委党史研究室改革为市委党史研究院）选调精干力量成立课题办公室，具体负责组织协调、业务培训、编辑出版等工作，2016年11月召开全市改革开放实录征编工作会议，全面启动实录征编工作。

　　值中国共产党成立100周年之际，《日照市改革开放实录（第五卷）》的付梓，标志着《日照市改革开放实录》丛书全部顺利出版。《日照市改革开放实录》重点选取全市经济社会发展各领域的专题稿件，展示改革开放以来全市经济、政治、文化、社会、生态文明和党的建设的重大发展变化。各专题以翔实的文字资料、生动形象的图表图片，准确叙述了重大事件的来龙去脉，全面展现了各行各业取得的辉煌成就，客观总结了在实践中创造的典型经验。

　　该丛书征编工作历时5年，共5卷，总计230余万字，收录了市直部门单位和国家省属单位、区县各部门单位撰写完成的103篇专题，既有综合性题目，又有典型性、专门性题目。由于征编时间跨度长，各卷收录专题内容的截止时限不尽相同。《日照市改革开放实录（第五卷）》内容截至2019年底，共收录28篇专题，近60万字。

　　《日照市改革开放实录（第五卷）》各撰稿单位撰稿人认真撰写、仔细修改，有关领导多次审定，付出了巨大的努力和心血。最后的审核定稿环节，各单位认真审阅把关，提出了很多宝贵的意见和建议。在此，一并致以衷心的感谢。

　　由于编写水平有限，书中难免有疏漏或不当之处，恳请读者批评指正。

中共日照市委党史研究院

日照市地方史志研究院

2022 年 4 月